Walter Töpner

Chiemsee & Chiemgau gehmütlich

Impressum

Bibliografische Information der Deutschen Nationalbibliothek
Die Deutsche Nationalbibliothek verzeichnet diese Publikation in der Deutschen Nationalbibliografie; detaillierte bibliografische Daten sind im Internet über http://dnb.d-nb.de abrufbar.

Lektorat: Dorothea Forster
Grafik und Produktion: Nadine Kaschnig-Löbel
Coverfoto: megula/shutterstock.com
Grafiken: franzi/shtterstock.com
Karten: Arge-Kartografie
Druck: Ortmann Team GmbH, Ainring

ISBN 978-3-7025-0895-1

www.pustet.at

Bildnachweis: shutterstock.com: alexilena/shutterstock.com 22–23; alpinenature/shutterstock.com 8–9, 55; Arman Zender/shutterstock.com: 200; FooTToo/shutterstock.com 16, 21, 119; Fritz Schwarzmann/shutterstock.com 157; Jesus Fernandez/shutterstock.com 70; Jochen Netzker/shutterstock.com 213, 253; Jolanda Aalbers/shutterstock.com 33; kb-photodesign/shutterstock.com 64–65; Mario Saccomano/shutterstock.com 279; milosk50/shutterstock.com 61; Pecold/shutterstock.com 199; PeJo/shutterstock.com 187, 225; Traveller Martin/shutterstock.com 25, 32, 35, 190–191; travelview/shutterstock.com 247; 1stGallery/shutterstock.com 94; alle anderen Fotos von Walter Töpner

Alle Routenbeschreibungen wurden von Autor und Verlag nach gründlicher Recherche und derzeitigem Wissensstand erstellt. Eine Haftung für die Richtigkeit der Angaben wird nicht übernommen. Die Verwendung dieses Wanderführers erfolgt ausschließlich auf eigenes Risiko und auf eigene Gefahr.

Walter Töpner

Chiemsee & Chiemgau gehmütlich

wandern
radeln
entdecken
erleben

VERLAG ANTON PUSTET

Inhalt

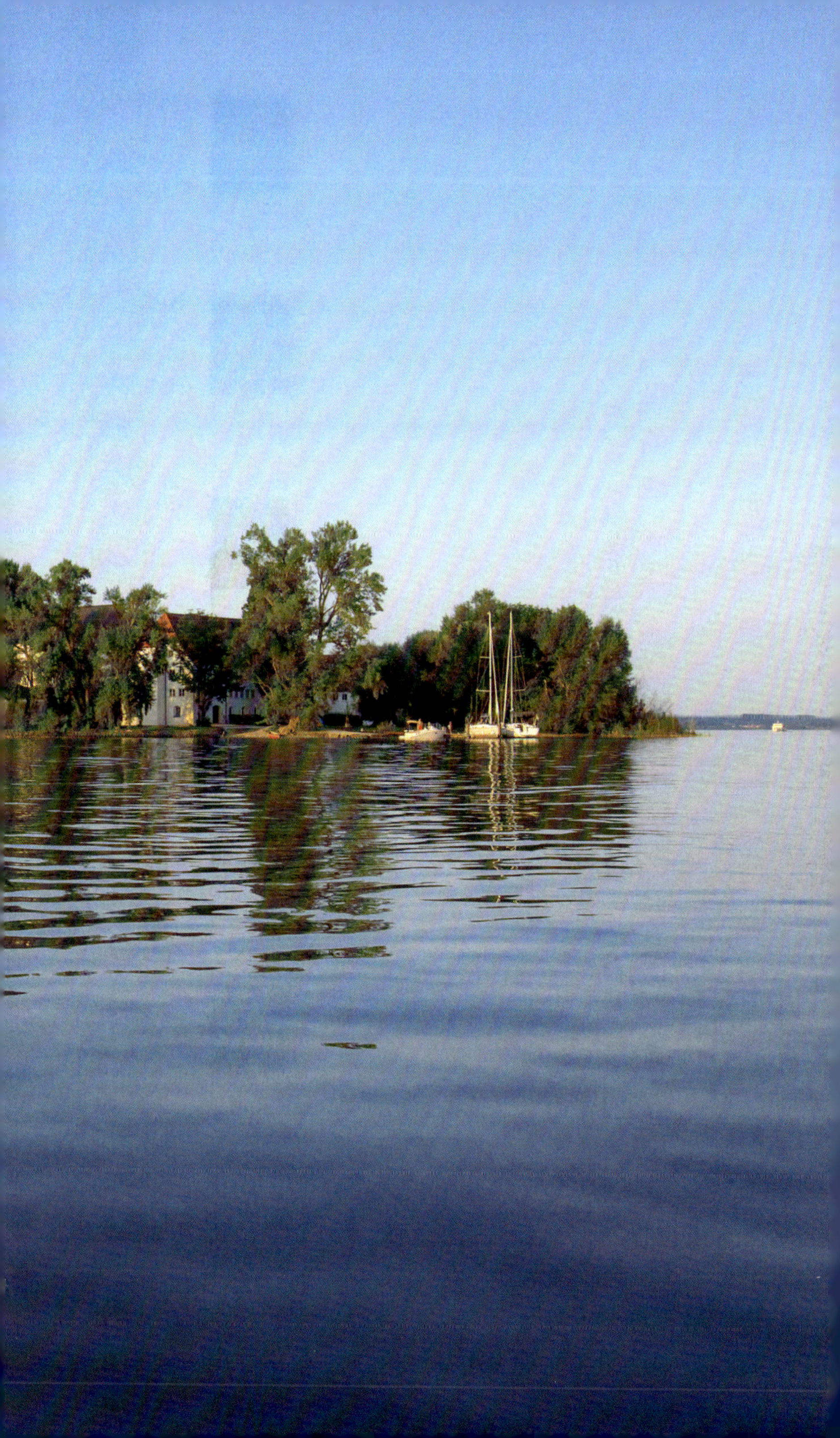

Vorwort

Man sagt, es seien drei Dinge, die den Chiemsee als Urlaubs- und Freizeitregion so beliebt machen: die zu großen Teilen naturbelassenen Ufer, die grünen Inseln und die allgegenwärtigen Berge der Alpen. Und wer einmal dort gewesen war, der weiß: Es stimmt wirklich. Neben den viel gerühmten Ansichten des Bayerischen Meeres, wie man den Chiemsee gerne nennt, bietet auch das schöne Hinterland des Chiemgaus eine Fülle von landschaftlichen und kulturellen Sehenswürdigkeiten. Sogar mancher ungehobene Schatz schlummert hier noch im Verborgenen. Als man in der zweiten Hälfte des 19. Jahrhunderts den Chiemgau neu entdeckte, waren es zuerst die Maler, die es hierherzog. Mit ihren ausdruckvollen Bildern hatten sie großen Anteil daran, dass der Chiemgau in der weiten Welt bekannt und viele Besucher vom See mit seinen Inseln angelockt wurden. Auch Dichter wie Victor von Scheffel, Felix Dahn, Ludwig Thoma, Ludwig Ganghofer und Christian Morgenstern waren von diesem Gebiet sehr angetan, dessen Anmut sie in ihren Gedichten, Reisebeschreibungen und Geschichten besangen.
Die sanfte Hügellandschaft des Chiemgauer Voralpenlandes bietet ideale Voraussetzungen für Wanderungen und Fahrradtouren. Unterwegs warten Naturdenkmäler, bedeutungsvolle Orte des frühen Christentums, Burgen und Schlösser des Mittelalters sowie zahlreiche Wallfahrtskirchen und Kapellen darauf, entdeckt zu werden. Manche der kunstgeschichtlichen Sehenswürdigkeiten wie die ehemaligen Klöster von Seeon oder Baumburg liegen zwar etwas abseits der Hauptrouten, lohnen aber einen Besuch. Die Städte Prien und Traunstein sind ebenso sehenswerte Ziele. Unterwegs laden im Sommer neben den Chiemseeufern auch kleinere Seen wie die Eggstätter Seenplatte oder Flüsse wie die Alz bei Truchtlaching zum Baden ein. Dazu erwarten den Besucher in einer dramatischen Bergwelt besondere Landschaftsabenteuer.

Dieser idyllische und zugleich kontrastreiche Landstrich lässt sich auf vielen abwechslungsreichen Wegen entdecken. Wanderer und Fahrradfreunde kommen voll auf ihre Kosten, denn ein weites Gebiet kann hier erkundet werden. Die Voralpenlandschaft ist verkehrsmäßig erschlossen und verfügt über eine gute Infrastruktur. Ein dichtes und zuverlässig ausgeschildertes Netz von Rad- und Wanderwegen bietet ideale Voraussetzungen für eine leichte Erreichbarkeit mancher stillen Schönheit abseits der großen Verkehrswege. Die hier zusammengestellten Touren führen zudem durch Gegenden mit attraktiven Einkehrmöglichkeiten. Dem Rastsuchenden bieten sich zahlreiche Biergärten und gemütliche Gaststuben in den Dörfern für einen geruhsamen Aufenthalt.
Eine Erholungs- und Erlebnisregion also, wie man sie sich schöner kaum vorstellen kann. Um ihren unverwechselbaren Charakter zu entdecken, muss man sich Zeit nehmen. Besonders das Innehalten an schönen Stellen ist wichtig, denn erst beim Blick in die weite Runde kann man die Seele einer Landschaft ganz erfassen und lieben lernen. Unvergesslich aber bleiben für jeden auch solche unterwegs gemachten Erfahrungen: der würzige Duft von frisch gemähtem Gras, das gemütliche Ausruhen im Schatten alter Kastanienbäume in der Nähe der Inselklöster und immer wieder hinreißende Wolkenbilder, Seen- und Alpenblicke. Es sind dies Bilder, die in unserer Seele einen Anker geworfen haben.
„Reich an stimmungsvoller Poesie ist die Landschaft des bayerischen Chiemgaus.“ Mit diesen Worten leitet Felix Dahn seinen historischen Roman „Vom Chiemgau“ ein. Wenn auch seine darin erzählten Geschichten heute veraltet erscheinen, die liebevollen Landschaftsbeschreibungen aus seiner Feder stimmen immer noch.
Ihnen für Ihre Entdeckungsreisen am Chiemsee und im Chiemgau einige Anregungen zu geben war mein Bestreben. Ich wünsche Ihnen viel Freude dabei.

Dr. Walter Töpner

Der Chiemsee

Der Chiemsee! Wenn ich die Augen schließe
und sei es, wo immer,
Wasser an die Schiffsplanken plätschern höre,
erwacht in mir die Erinnerung an die Jugendzeit,
an Stunden, die ich im Kahn verträumte,
den See rundum und den Himmel über mir …

Ludwig Thoma, Vom Chiemgau

Am Chiemsee-Südufer bei Felden.

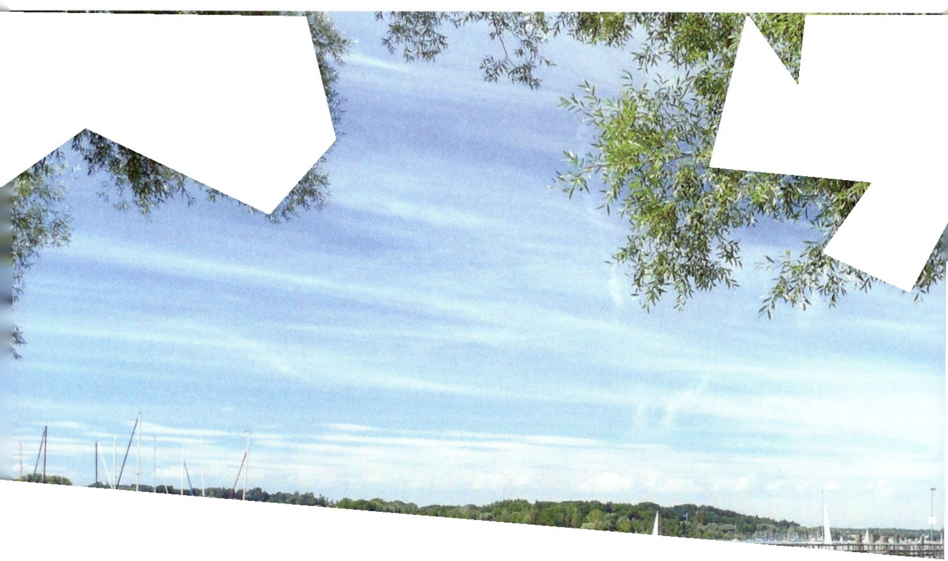

Warum der Chiemsee und der Chiemgau zusammengehören

Für Maler und ihresgleichen hat die Gegend um den Chiemsee wohl die vorzüglichsten Eigenschaften. Ein großer Wasserspiegel, höheren Kalksteingipfeln vorgelagert, umgeben in Nähe und Weite von einem Hügellande, dessen Zauber sich um das Priental und das Traungebiet konzentriert, vermochte den Stadtflüchtigen auch für längere Zeiträume zu fesseln. Die hohe Architektur hat hier nicht so viele Zeugen hinterlassen wie im Pfaffenwinkel um die Ammer. Dafür gibt es eine weit offene Landschaft, Waldberge genug und ein von hellen Dörfern umkränztes Seegestade mit zwei bemerkenswerten Inseln.

Aus: Paul Ferdinand Schmidt, Wanderungen in Deutschland. Stuttgart 1953, S. 76

Chiemsee

Man hat sie in den höchsten Tönen gepriesen, nicht nur in Worten, sondern auch in Bildern: die Landschaft des *Bayerischen Meeres* mit den beiden Klosterinseln, den sanften Hügeln und der großartigen Gebirgskulisse an seinen südlichen Ufern. Das uralte Kulturland am Chiemsee, im frühen Mittelalter von frommen Mönchen und Nonnen wieder entdeckt und erschlossen, hat später mit seinen großartigen Landschaftspanoramen und Uferidyllen die Maler und Dichter angezogen, die sich in diesen Landstrich verliebten. So tief war ihre Zuneigung, dass sie immer wieder kamen und manche sogar blieben. Vom Traumschloss *Herrenchiemsee*, das *König Ludwig II.* auf der Herreninsel erbauen ließ, oder dem Wahrzeichen des Chiemsees, dem *Kloster Frauenwörth* auf der benachbarten Fraueninsel, soll in diesem Führer ebenso die Rede sein, wie von den Naturschönheiten am

Rande des Sees und seinem unberührten Hinterland. Denn der Chiemsee und der Chiemgau gehören zusammen und sind faszinierende Urlaubsgebiete, besonders für den, der sich hier zu Fuß auf Entdeckungsreise begibt.

Die an den See angrenzenden Landschaften zeigen sich meist sanft und flach und die Grünlandschaften sind vorherrschend dank der ergiebigen Niederschläge. Nur allmählich steigen die hügeligen Landschaften aus Wiesen und Wäldern zur Traunlandschaft an, wo der Hohenberg bei Oberhochstätt mit 576 m und der Kleiberberg bei Grabenstätt mit 674 m Höhe die höchsten Erhebungen sind. Fast der gesamte Chiemgau wurde nämlich von dem verhältnismäßig kleinen Chiemseegletscher eingenommen, der den Chiemsee schuf und dessen Geröllgeschiebe dem gewellten Umland seine Formen gab. Um den See lagert sich im Halbrund ein kleiner Hügelkranz von Moränen, während im Süden das Gebirge als mächtige Wand emporwächst. Die Hügel in der vorgelagerten Ebene sind Reste eines Moränenwalls, dessen wellenförmige Gestalt die Landschaft in eine eigenartige rhythmische Schwingung versetzt. Und hinter jedem Buckel

St. Florian bei Frasdorf.

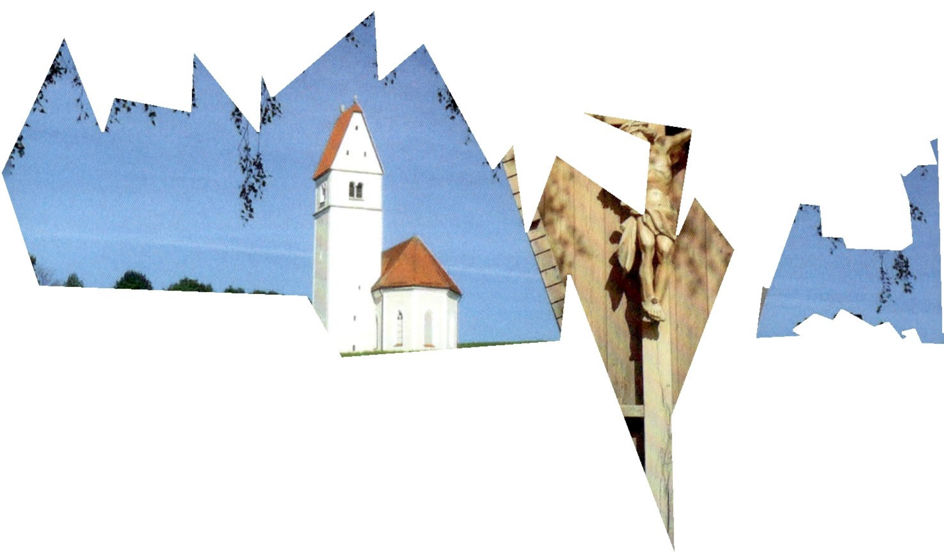

sind eigene kleine Talwelten verborgen. Die Sonnenuntergänge über dem See sind von Seebruck, Chieming und Feldwies aus immer wieder bewunderte Naturschauspiele.

Chiemgau

Der Chiemgau bezeichnet eine Landschaft, die sich im weiten Bogen ca. 50 km von Norden nach Süden und von Westen nach Osten um den *Chiemsee* als beherrschenden Mittelpunkt gruppiert und von den Flüssen *Inn, Alz* und *Traun* umgrenzt wird. Eine imposante Bergwelt, sanfte Hügelketten im Vorland, Wasser mit allen Sportmöglichkeiten sowie jede Menge Kultur sind die Markenzeichen des Chiemgaus. Zu ihm gehören die *Chiemgauer Alpen*, die *Chiemgauer Berge*, die *Chiemgauer Voralpen*, das *Chiemgauer Alpenvorland*, die *Chiemgauer Seenplatte* und das *Chiemgauer Achental* sowie die Gebiete des *Landkreises Traunstein* und des *Landkreises Rosenheim*.

Das heutige Landschaftsbild wurde schon in der Eiszeit vor etwa 15 000 Jahren angelegt. In die hügelige Voralpen- und Moränenlandschaft sind Wiesen-, Wald- und Moorflächen sowie zahlreiche Seen eingestreut, die vom rund 80 km² großen Chiemsee bis hin zu kleinen Waldseen reichen.

Die Wälder bestehen aus *Niederwald,* in den Mooren gibt es Moorbirken, Schwarzerlen und Waldkiefern, etwa im Mündungsgebiet der *Tiroler Achen* oder in den Hochmoor-Naturschutzgebieten *Westerbuchberg* (Übersee). In der Nähe von Bachläufen findet man *Auenwald,* an den Seen Laubbäume und Edelholzarten. Nicht zu vergessen die großen, naturnah bewirtschafteten Wälder in den Naturschutzgebieten der *Chiemgauer Alpen*. Im Gebirge herrscht Buchenwald oder Bergmischwald (Buche, Bergahorn, Fichte und Tanne) vor, im Bereich der Baumgrenze gibt es nur noch Fichten und Bergkiefern. Wald- und Naturlehrpfade findet man u. a. im Stadtwald von Traunstein oder in Aschau.

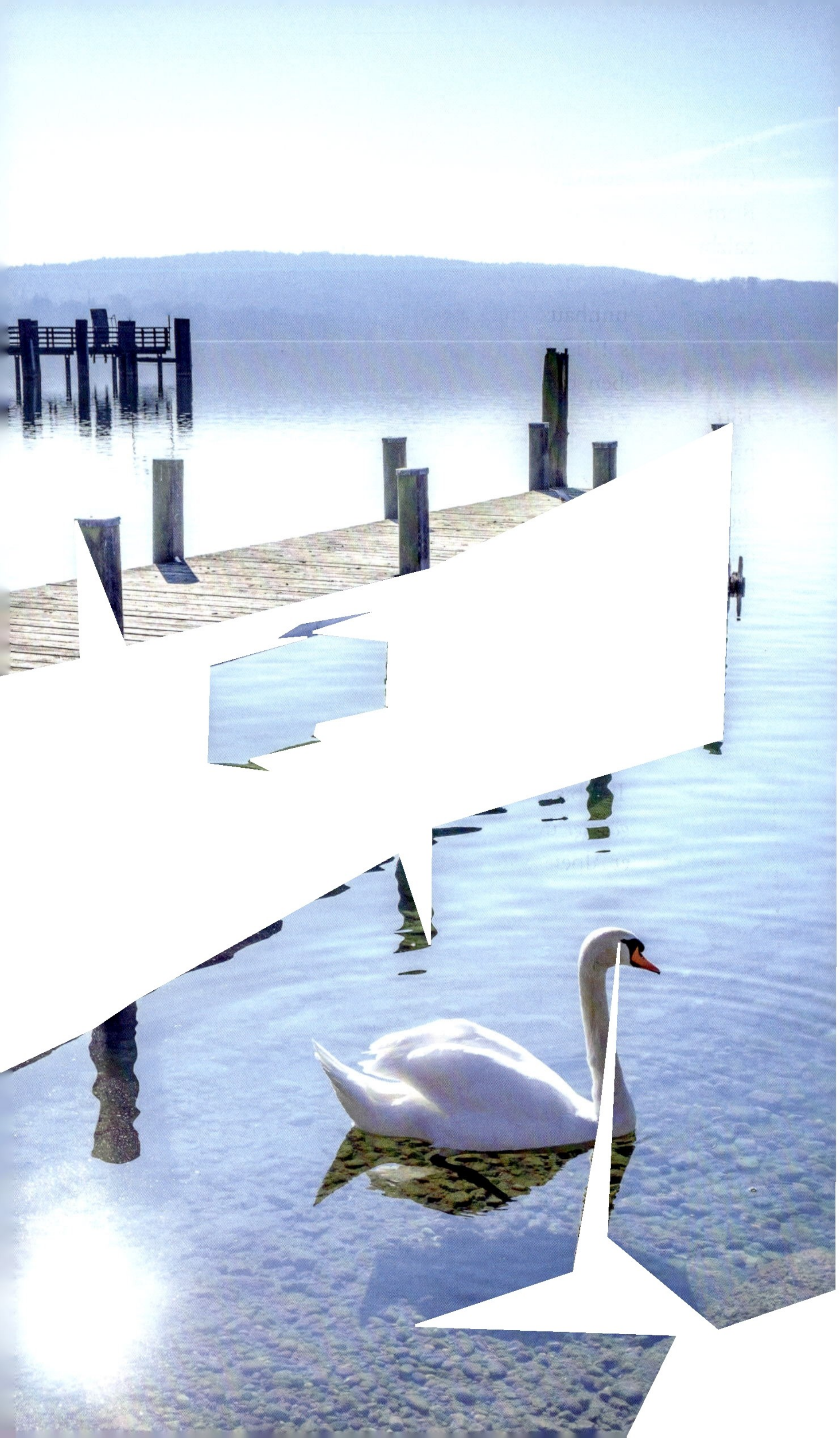

Eisen, Holz und das Salz haben das Wirtschaftsleben des Chiemgaus nachhaltig geprägt. Schon die Kelten und später die Römer kannten den Handel mit Salz, das in der Gegend um Salzburg und Reichenhall gewonnen wurde. Die schon 1618 gebaute Soleleitung von *Reichenhall* nach *Traunstein* wurde über *Hammer* (Brunnhaus) und *Siegsdorf* (Brunnhaus) geleitet. Die von 1619 bis 1912 betriebene *Traunsteiner Saline* war für das Wirtschaftsleben des Chiemgaus ein bedeutsamer Faktor. Ab 1809 verlängerte man die Leitung entlang der Roten Traun bis nach *Rosenheim*. Das Salinen-Brunnhaus in *Bergham* kündet noch von dieser Zeit (S. 160). *Salzstraße* (S. 20). In *Bergen* wurde die *Maxhütte* zur Eisengewinnung von 1561 bis 1932 betrieben, die dafür notwendige Holzgewinnung machte die Zucht von geeigneten Arbeitspferden notwendig.

Chiemgauer Alpen

Vom Nord- und Ostufer des Chiemsees hat man schöne Blicke auf die *Chiemgauer Alpe*. Diese felsigen Voralpen reichen im Westen vom Inn bis im Osten zur *Salzach*, im Süden werden sie durch *Kaisergebirge* und *Berchtesgadener Land* begrenzt. Das Besondere an der Alpenkette des Chiemgaus ist, dass sie sich unvermittelt aus der Ebene emporhebt und ihre Umrisse nicht durch Vorberge verstellt sind. Die höchsten Erhebungen im Chiemgau erreichen fast 2 000 m über dem Meeresspiegel. Steil aufragende Aussichtsberge der Chiemgauer Alpen sind *Hochfelln* (1 671 m), *Hochgern* (1 748 m), *Kampenwand* (1 669 m) und *Hochries* (1 558 m). Der höchste Berg ist das an der deutsch-österreichischen Grenze gelegene *Sonntagshorn* (1 961 m). Innerhalb der Chiemgauer Alpen bilden die *Chiemgauer Berge* das Gebiet zwischen den Tälern der Traun und Prien.

Unter den Bergen, die im Süden die Landschaft umrahmend begrenzen, bestieg ich den Hochgern und den Hochfelln: am Häufigsten aber, wohl mehr als ein halbdutzendmal im Südwesten die zinnenartige Kampenwand mit ihren „Zackenschroffen".

Felix Dahn, Vom Chiemgau

Ein wenig Geschichte

Es war das Ostufer, das dem Chiemsee seinen Namen gab, denn zur Zeit Karls des Großen lebte in Chieming ein Gaugraf des Kaisers mit Namen Chiemo. Nach ihm hieß der Chiemsee 788 noch Kieminsee und 790 Chiminsaco. Er war der Erste der sog. Chiemgaugrafen, die in der Zeit zwischen dem 8. und dem 11. Jh. geschichtlich fassbar sind. Die Besiedlung des Chiemgaus reicht aber wesentlich weiter zurück. Funde aus der Bronzezeit und Jungsteinzeit sind im Gebiet von Hart und Grabenstätt nachgewiesen. Seit 800 v. Chr. lebten hier keltische Stämme.

Römerzeit: In römischer Zeit gehörte der Chiemgau zu der Provinz Noricum. Die Römerstraße von Salzburg nach Augsburg überquerte bei Traunstein die Traun und führte dann schnurgerade durch den östlichen Chiemgau in sicherer Entfernung vom Seeufer um den nördlichen Chiemsee herum, wo sie bei Seebruck, dem befestigten *Bedaium*, die Alz über eine Brücke überqueren musste. Wahrscheinlich war auf dieser Trasse schon in keltischer Zeit wie später dann im Mittelalter ein alter Salzweg verlaufen. Entlang dieser Straße siedelten sich die Römer in Gutshöfen an, wie in Erlstätt (S. 229), Vachendorf oder Eglsee, wo man eine Römervilla mit Mosaikfußboden ausgegraben hat. Die Römersteine in Chieming (um 209/225), Grabenstätt (St. Johanneskirche), Bernau (um 200 n. Chr.), Egerndach (um 180 n. Chr.) sowie Stöttham (193 n. Chr.) geben Zeugnis vom Reichtum dieser Kulturepoche. Noch heute gehen Ortsnamen wie *Castrum* auf die Römerzeit zurück. Die Herrschaft der

Römer währte bis 480 n. Chr. Die im Chiemgau häufig anzutreffenden Orte mit dem Wortstamm Walchen (z. B. Traunwalchen) verweisen auf die sog. *Wälschen*, das waren die hier verbliebenen Römer. Als dann die Bajuwaren einwanderten, brach eine neue Ära an: Das Herzogtum Bayern entstand. 1180 beginnt die Herrschaft der Wittelsbacher, die bis zum Ende des Ersten Weltkriegs währte.

Christentum: Nach dem Ende der Römerherrschaft geriet auch der Chiemgau unter den Einfluss der bairischen Herzöge und der Salzburger Erzbischöfe. In der Frühzeit kamen die ersten iro-schottischen Mönche aus dem Norden Europas in den Alpenvorraum und brachten das Christentum mit. Namen wie Marinus und Anian stehen für diese Zeit. Dann setzte eine zweite Welle der Christianisierung ein, in der viele Kirchen gebaut wurden. Im 7. Jh. wurde der hl. Rupertus, damals Bischof in Worms, vom Herzog Theodor II. nach Bayern gerufen, wo er in Salzburg auf den Ruinen der Römerstadt Juvavum einen Bischofssitz für das neue Erzbistum Salzburg gründete und dazu große Ländereien,

Seekapelle Heilig-Kreuz auf der Herreninsel.

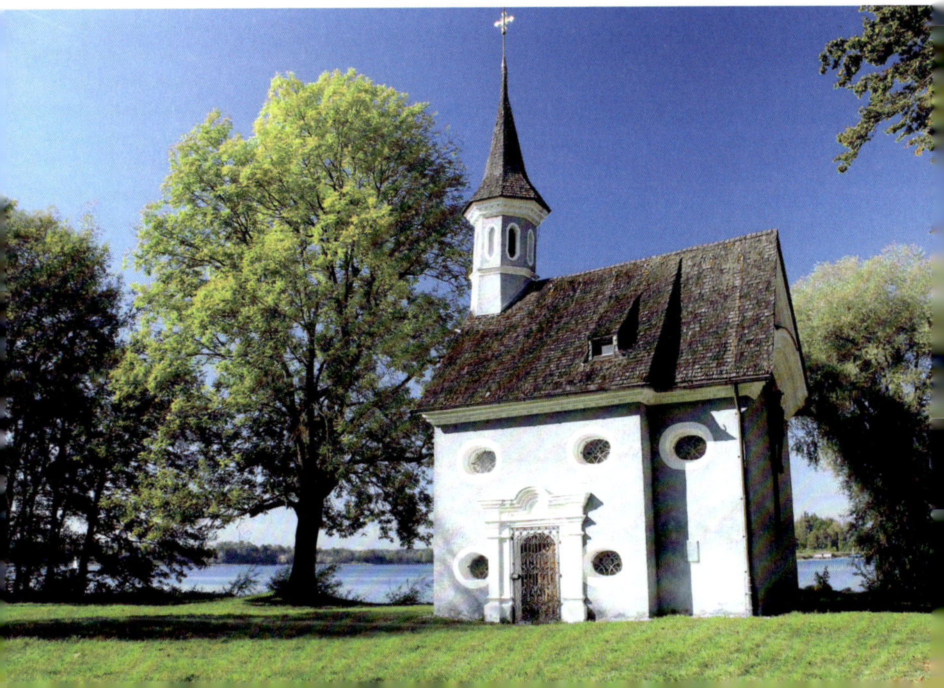

darunter den heutigen Chiemgau erhielt. Der hl. Rupert trieb von Salzburg die Missionierung des Chiemgaus weiter voran. Fromme Frauen und Männer gründeten erste Klöster als Stützpunkte, die anfangs noch aus Holz erbaut waren.
Die von Herzog Tassilo III. ins Land gerufenen Benediktiner schufen um 620 auf dessen Geheiß die Inselklöster Herren- und Frauenchiemsee sowie am Inn das Kloster Gars. Als im Jahr 739 Bonifatius die bayerischen Bistümer neu ordnete, reiste er auf der alten Römerstraße durch das Gebiet des Chiemgaus nach Salzburg, um das dortige Bistum zu erneuern. Der Chiemgau gehörte danach kirchenrechtlich über 1 000 Jahre lang zu Salzburg. Zwischen der geistigen und der weltlichen Macht gab es allerdings eine klare Arbeitsteilung: Die weltliche Herrschaft über den Chiemgau, der zum Herzogtum Baiern gehörte, übten die Pfleger auf ihrem Amtssitz auf der Burg zu Marquartstein aus. Aber erst nach der Säkularisation 1803 kam der Chiemgau vollständig in bayerische Hand.
Verkehrswege: Im Mittelalter gab es zwei berühmte Salzstraßen, die den Chiemgau durchquerten. Die *Obere Salzstraße* führte von *Reichenhall* über *Petting, Waging, Altenmarkt, St. Wolfgang, Rabenden, Obing, Albertaich* und *Wasserburg* nach *München*. Die sog. *Untere Salzstraße* (Güldene Salzstraße) verlief auf der alten Römerstraße von *Salzburg* über *Surberg, Traunstein, Rosenheim* nach *München* (S. 257). Entlang dieser alten Salzrouten haben sich zahlreiche Spuren des Jakobskultes erhalten, was darauf hindeutet, dass auf diesen Straßen auch Jakobspilger auf ihrem langen Weg nach Santiago de Compostela gezogen sein könnten. Zudem war der hl. Jakob als Wegeheiliger für alle Reisenden sehr populär.
Kunst und Kultur: Im Chiemgau haben viele Kirchen der Modernisierungswut des Barock und des Rokoko widerstanden und sich ihre mittelalterliche Ursprünglichkeit bewahrt wie etwa in *Urschalling, Sondermoning* oder *Bernhaupten*. Auch die Marienverehrung hat im Chiemseeraum eine lange Tradition. Berühmt

sind die Wallfahrtskirchen von *Ising* und *Marwang*. Sehenswert sind aber auch viele profane Bauten wie die stattlichen *Meierhöfe* und die sog. *Itakerhöfe*. Wer mit aufmerksamen Augen durch die Dörfer geht, erkennt zum Beispiel in *Ising* den Reichtum der meisterhaft verzierten *Bundwerkstadel*, die Zeugen einer alten Zimmermannshandwerkskunst sind.

Brauchtum: Die bäuerliche Landschaft, Kultur und Brauchtum sind mit den hier lebenden Menschen fest verbunden. Die heute noch lebendigen Traditionen machten den Chiemgau in aller Welt bekannt, seien es die Trachtenwallfahrten, die Pferdeumzüge oder die Almabtriebe. In diese Bilderbuchlandschaft sind Wallfahrtskirchen, Barockschlösser und alte Dörfer mit urigen Wirtshäusern hineingestreut.

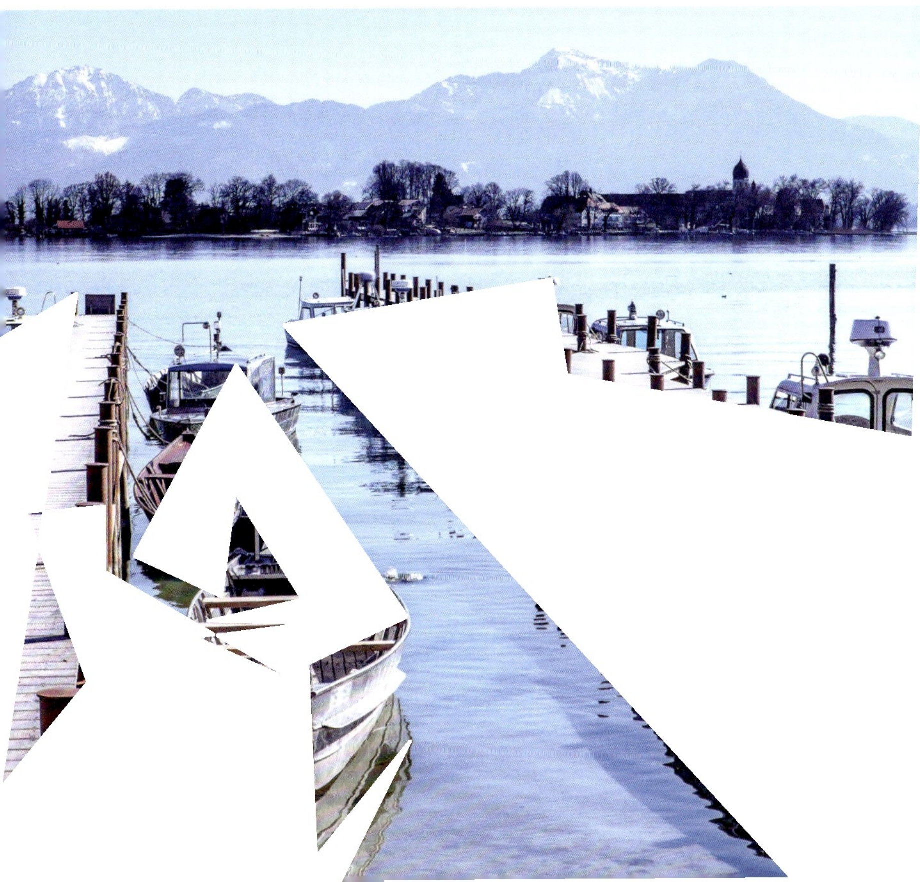

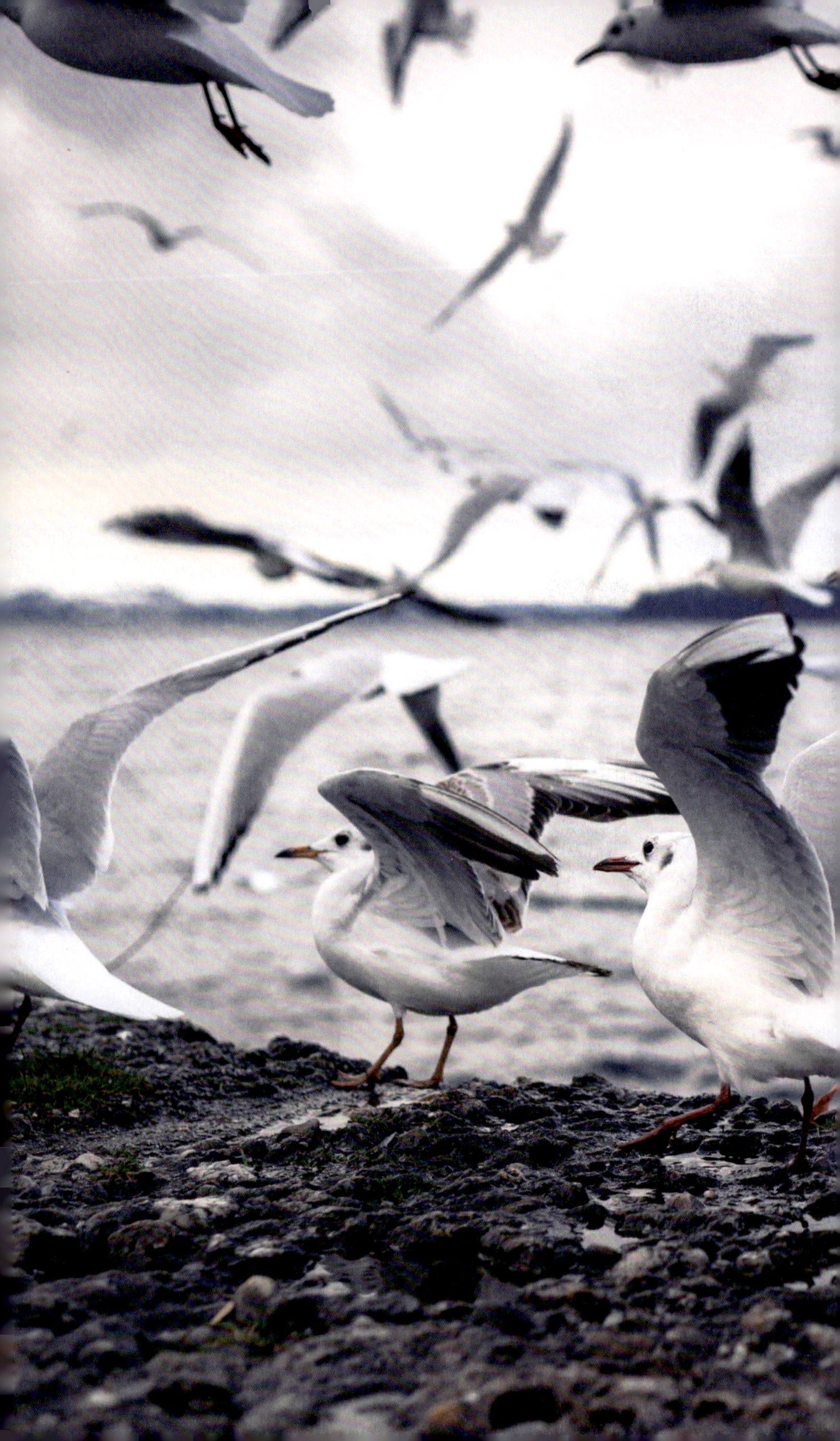

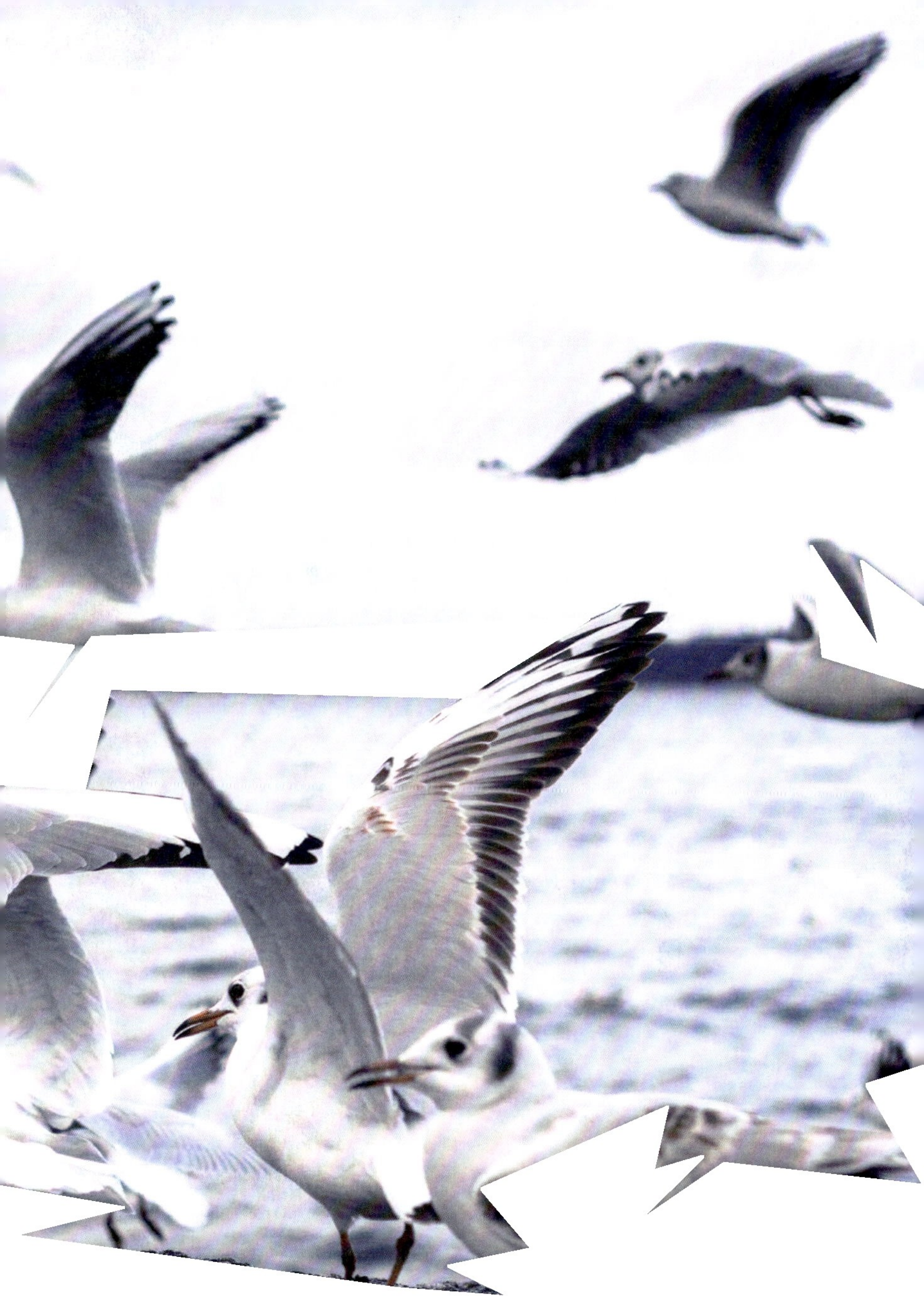

Rund um den Chiemsee

Anfahrt Autobahn A8, München–Salzburg, Ausfahrt Bernau/Prien. Parkmöglichkeiten: in den Orten am See. Bahn: Strecke München–Salzburg bis Prien.

Karte Karte Chiemgauer Seenplatte mit eingezeichneten Wander- und Radwegen kostenlos in den Tourismusinformationen erhältlich. Siehe auch S. 292.

Sehenswert Prien, Gstadt, Seebruck, Chieming, Übersee und Bernau

Spielplätze Die Einrichtung von Natur- und Abenteuerspielplätzen soll den Rundweg um den Chiemsee künftig für Familien mit Kindern noch attraktiver machen. Dabei sollen naturnahe Lebensräume am Chiemsee für Kinder spielerisch und unter umweltpädagogischen Gesichtspunkten erlebbar werden.

Natur Um den ganzen See wurde ein Netz frei zugänglicher Beobachtungsstationen errichtet (S. 33f).

Einkehr In vielen Radlertreffs, Biergärten, Jausenstationen oder Gasthäusern besteht die Möglichkeit eine Pause einzulegen. Weitere Angaben jeweils bei den Orten.

Impressionen auf dem Chiemseeuferweg

Es ist seltsam, wie oft der See sein Aussehen verändert. Sein Wasser ist nicht immer blau, es schillert grün oder violett, manchmal liegt auch ein zarter, hellroter Hauch darüber. Es kommt vor, dass die jenseitigen Uferstreifen unklar zu sehen sind, Dunst breitet sich über dem Wasser und rückt die Berge in sehnsuchtsvolle Entfernung. Weiträumig ist der Horizont und Wolken scharen sich am Himmel. Große gebauschte Sommerwolken, schön wie lebendige

Blumen, oder lichtgeränderte Flöckchen, glückhafte Segler und leuchtende, kühne Türme. Zuweilen zieht ein Unwetter herauf, dunkel und gefährlich, der Sturm fällt über den See her und peitscht die Wellen, und goldene Schlangen stürzen in die Tiefe. Am schönsten aber ist der See in seiner friedsamen Ruhe und strahlenden Lichtfülle. Sein Spiegel ist dann wie von einer sanften, milden Hand geglättet, die Ufer stehen in festlichem Grün, und die Berge geben ihm einen großartigen, beinahe prunkhaften Hintergrund. Prächtig und weißleuchtend kreuzen Dampfer und Boote und ziehen silberschimmernde Straßen. Manchmal flammt ein alter Fischerkahn goldrot in der Sonne, Möven streichen mit ausgebreiteten Schwingen über die Fläche. Die Fraueninsel mit ihren kleinen Fischerhäuschen, den uralten Bäumen und dem charakteristischen Zwiebeltürmchen der Kirche, dieses Eiland, das so innig mit Sage und Geschichte verbunden ist, steigt wie eine Legende aus dem See.

Aus: Erika Schwarz, Weiße Segel, goldene Sonne, Leipzig 1935, S. 40

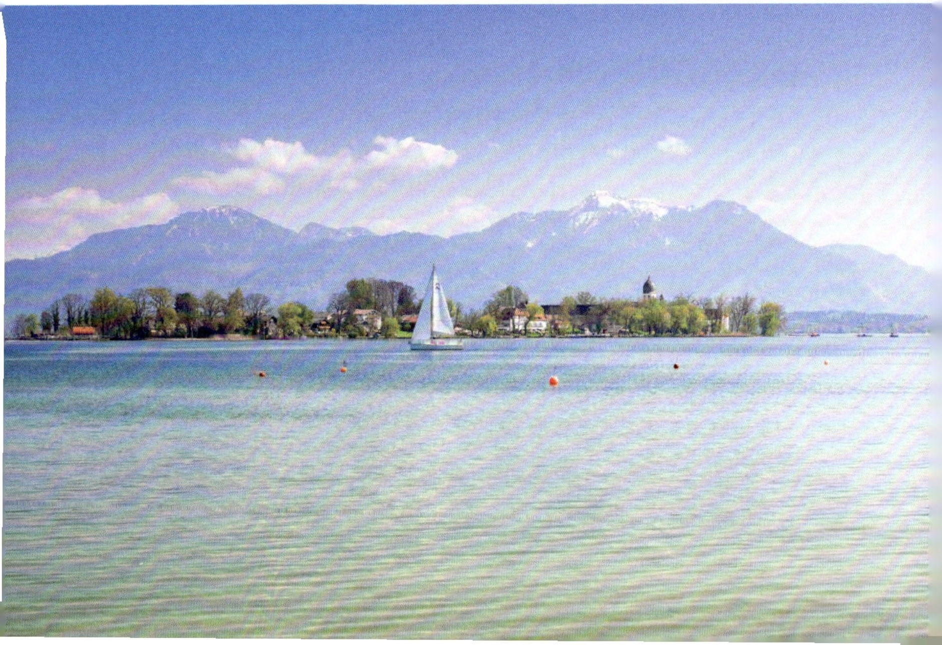

1 Chiemseeuferweg

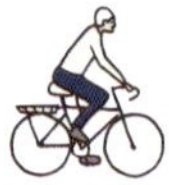

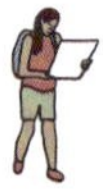

Weg	60 km (ca. 5 Stunden Fahrzeit)
Steigung	Nur an wenigen Stellen gibt es leichte kurze Anstiege.

Man kann den Weg um den Chiemsee an jeder Stelle beginnen und die Richtung frei wählen. Egal, ob man ihn zu Fuß begeht oder mit dem Rad abfährt, der Rundweg um den Chiemsee ist in jedem Fall ein bleibendes Erlebnis. Mit einem weißen Schild und grüner Aufschrift als *Chiemseeuferweg* gekennzeichnet, erfreut er sich besonders unter den Radfahrern immer größerer Beliebtheit. Besonders an den Wochenenden machen sich viele auf die Reise um den See. 60 km ist er lang und kann als Rundfahrt mit dem Fahrrad in einem Tag bewältigt werden. Gutes Reifenprofil ist aber unbedingt anzuraten, da die Wege meist ungeteert und weitgehend naturbelassen oder allenfalls geschottert sind. Unterwegs gibt es am Ufer viele Picknickplätze mit idyllischen Ausblicken auf die Inseln und die Bergkette der Chiemgauer Alpen im Süden. Alte Gasthäuser mit Biergärten bieten sich immer wieder zur Einkehr an.

Für Familien mit Kindern wird eine *Kombination aus Radtour und Schifffahrt* angeboten. Auf modernen, gut gefederten Leihfahrrädern mit pannensicheren Reifen geht es 32 km von Prien nach Chieming am Ostufer des Sees entlang. In *Chieming* lässt man die Räder zurück und besteigt das Schiff nach *Prien.* Zwischenstopps auf den Inseln sind möglich, aber nur im Sommerfahrplan der Chiemsee-Schifffahrt von Mitte Mai bis Ende September. Einen *Fahrradverleih* gibt in vielen Orten (S. 296). Bei den Verkehrsämtern und den Verleihstellen sind *Radwanderkarten* erhältlich. Auch viele Vermieter bieten diesen Service an. Wer die Tour unterbrechen will, kann mit der *Chiemsee-Ringbus-Linie* (RVO-Rad und Wanderbus) zurückkehren.

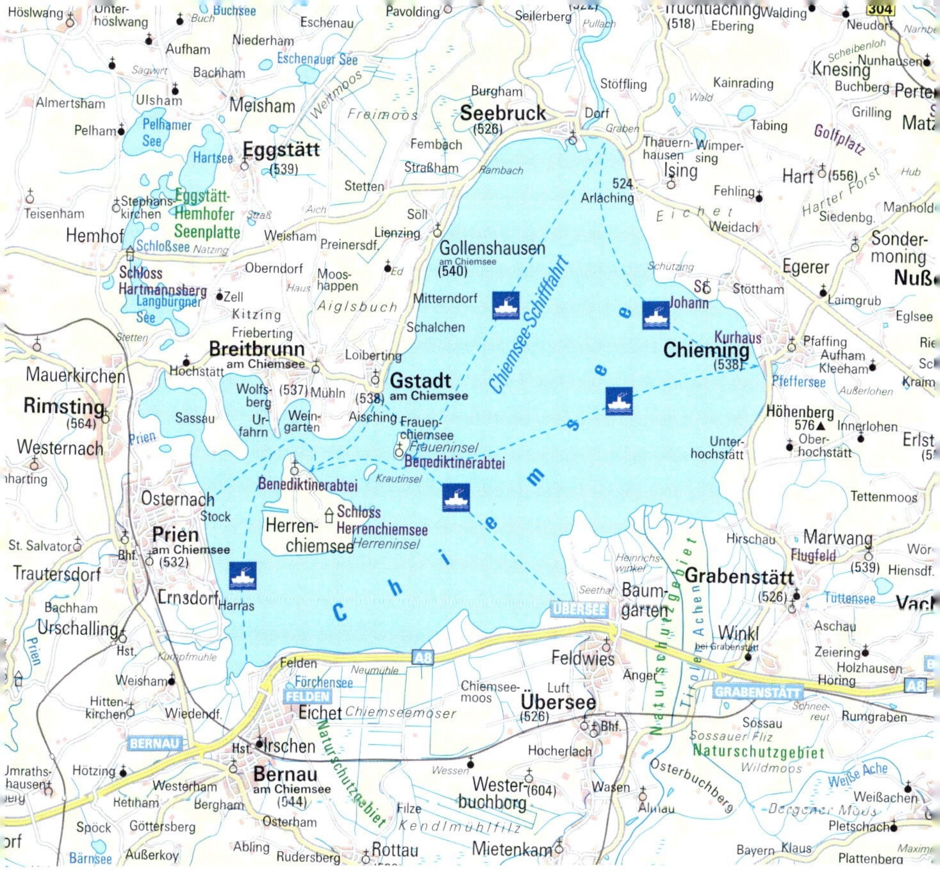

Von Ende Mai bis Anfang Oktober fahren die Busse rund um den Chiemsee.

Streckentelegramm: Prien → Gstadt → Breitbrunn → Seebruck → Chieming → Übersee-Feldwies → Bernau → Prien

Sehenswürdigkeiten

Chiemsee

Lage: Der Chiemsee liegt etwa 100 km südöstlich von München vor den Alpen in 518 m Höhe über dem Meeresspiegel. Der See ist ungeschützt gegen Winde und wegen seiner plötzlichen Stürme und Wellen teils auch gefürchtet.

Größe: Der sehr fischreiche größte See Oberbayerns hat eine Fläche von 60 km^2 und ist bis zu 73 m tief. Im Durchmesser misst er an der breitesten Stelle 11–12 km und wird von der *Großen Ache* (Tiroler Ache) und der *Prien* gespeist; der Abfluss erfolgt über die *Alz*.
Ufer: Von der Uferlinie des Sees sind noch 90 % unverbaut und mehr als die Hälfte davon ist naturnah geblieben. Die Südufer des Sees sind meist sumpfig (Naturschutzgebiete). Ausgedehnte Badestrände mit flachen Ufern, großen Liegewiesen und Spielplätzen gibt es. Vom Ost- und Nordufer bieten sich imposante Blicke auf das direkt aus der Ebene aufsteigende Gebirge.
Inseln: Der Chiemsee umschließt drei Inseln: Die Herreninsel hat eine Fläche von 3,28 km^2, die kleinere Fraueninsel nur 0,15 km^2. Dazwischen liegt die unbewohnte, zum Gemüseanbau benutzte Krautinsel.
Orte: Rings um den See gibt es zahlreiche zur Sommerfrische oder zum Baden gerne aufgesuchte Orte, dazwischen liegen kleine, eingestreute Buchten und Strände.
Strandbäder: In Prien-Stock findet man auf dem Freigelände des *Prienavera Erlebnisbades* eine große Liegewiese, Kiosk, Restaurant und Badesteg.
Campingplätze: (S. 293)
Verkehrssicherheit: Wanderer und Fußgänger fühlen sich auf dem Uferrundweg manchmal von den Radfahrern bedrängt. Weil es an Engpässen schon zu Unfällen gekommen ist und Zusammenstöße mit Radfahrern leider auch hier vorkommen, soll ein Gesamtkonzept für die Wegeführung nach einem Ausbau erarbeitet werden, das die Sicherheit auf dem Uferweg erhöhen soll. In diesem Zusammenhang wird auch darüber nachgedacht, die Wege von Radfahrern und Fußgängern zu trennen. Ein Anfang ist schon auf dem Abschnitt zwischen *Schalchen* und *Gollenshausen* gemacht worden. Auch die Beschilderung soll ausgebaut werden, um die Orientierung der Benutzer zu erhöhen. Sichtschneisen sollen freigehalten werden, um Ausblicke zum See zu ermöglichen.

Prien (S. 72), Seebruck (S. 268), Chieming (S. 215), Übersee (S. 149), Bernau (S. 140)

Urfahrn

Informationstafeln am Ufer erklären, warum die Streuwiesen zwischen Mühlner Winkel und Kailbacher Winkel so artenreich sind und welche geschützte Uferflora hier anzutreffen ist (z. B. Wasserschwertlilien, Knabenkraut, Schildröhricht).

Gstadt

Direkt gegenüber der Fraueninsel liegt der terrassenförmig in den Hang gebaute, 538 m hohe Ort mit ca. 1 050 Einwohnern. Früher war dies das einzige geschlossene Dorf am nordwestlichen Chiemseeufer. Der Name des Ortes wird von dem Wort *Gestade* abgeleitet. Von hier gab es die kürzeste Überfahrt zur Fraueninsel. Deshalb legten die Schiffe hier ab.
Geschichte: Gstadt gehört seit der Gründung des Klosters Frauenchiemsee zu diesem und und seine Geschichte ist eng mit dem Frauenkloster verbunden, das hier auch die niedere Gerichtsbarkeit ausübte. Von ca. 1750 bis zur Säkularisation 1803 bildete der Ort eine eigenständige Hofmark des Klosters. Erst 1818 wurde Gstadt durch die Verwaltungsreformen in Bayern selbstständig.
Pfarrkirche St. Peter: Am Ortsrand an erhöhter Stelle inmitten eines ummauerten Kirchhofs gelegen. Der Blick von hier auf die Insel und das Alpenpanorama zählt zu den aufregendsten Chiemsee-Ansichten. Der wehrhafte Eindruck des Kirchleins rührt von seinem hohen Alter: Es ist eines der ältesten im ganzen Chiemgau. Die Langhausmauern (innen mit einem Freskenband geschmückt) dürften im 12. Jh. entstanden sein. Der in der Barockzeit um 1720 umgestaltete Innenraum zeigt drei große Muscheln in Stuck (Pilgersymbol), der Altar um 1750 stammt aus Urschalling.
Karolingische Kalksteinplatte: Als Verkleidung der Sakramentsnische an der nördlichen Chorwand hat man eine Platte aus dem 9. Jh. vermauert. Vermutlich ist sie aus der nicht mehr

existierenden Leutekirche aus Frauenchiemsee hierhergebracht worden. Das Ornament zeigt einen viergliedrigen Muschelfries, darunter einen (nur in Ansätzen noch erhaltenen) Lebensbaum mit Spiralranken, dazwischen Lilien und Rosetten.

Uferweg: Der Weg am Ufer von Gstadt nach Breitbrunn gehört zu den abwechslungsreichsten Uferabschnitten und führt über den *Mühlner* und *Kailbacher Winkel* zur *Halbinsel Sassau.* Buchen- und Mischwälder wechseln einander ab, am *Ganszipfel* steht ein Beobachtungsturm, der einen schönen Chiemseeblick mit Frauen-, Kraut- und Herreninsel bietet. Die seichten Stellen im See sind der Lebensraum von Großmöwen, Kormoranen und Graugänsen. Im Uferbereich brüten Haubentaucher, Rohrsänger, Rohrammer, Blaukehlchen und Teichhühner.

Chiemseemaler in Gstadt

Eine Tafel beim *Haus des Gastes* an der Uferpromenade gibt Informationen über das Künstlerdorf Gstadt, auf dessen Friedhof viele Maler begraben sind. Hier lebten und malten u. a.:

Albert Stagura (1866–1946), ein bedeutender Maler der jüngeren Münchner Schule.

Willibald Demmel (1914–1989) kaufte 1951 ein Anwesen auf dem in der damaligen Chiemgauer Kunstszene als Malstandort beliebten Hügel Aischinger Höhe oberhalb von Gstadt, wo er wohnte und in seinem Atelier Bilder von Personen und naturalistische Chiemgauer Landschaften malte. Dort betrieb er auch eine Weinstube mit dem Namen *Palette.* Er stellte seine Bilder in der ersten Nachkriegsausstellung der Frauenwörther Künstlergilde aus.

Hermann Groeber (1865–1935) wuchs in Eggstätt auf und lernte als Bub Leben und Handwerk der Bauern und Fischer aus nächster Nähe kennen. In der Volksschule in Prien am Chiemsee und später im Internat des Gymnasiums in Burghausen verband ihn mit *Ludwig Thoma* eine lebenslange enge Freundschaft.

Seine schon in der Schulzeit erkannte ungewöhnliche malerische Begabung war die Freilichtmalerei. Er malte nur, was sein Auge an Licht- und Farben in der Natur und bei den Menschen wirklich sah und interpretierte nicht wie die Impressionisten. *Heinrich Heidner* (1876–1974) wohnte seit 1908 mit seiner Familie in einer Villa in Gstadt und wurde als Maler durch seine Kriegsbilder aus dem Ersten Weltkrieg an der Westfront bekannt. In Gstadt malte er auch Landschaften vom Chiemsee mit der Fraueninsel, die er täglich vor Augen hatte.

Breitbrunn

Geschichte: Der von hügeligem Bauernland umgebene Ort ist einer der ältesten im Chiemgau. Hier hat das Christentum früh Einzug gehalten. Die Funde aus der Steinzeit und der Römerzeit können in der *Portikus Villa* besichtigt werden. Die Giebelseite des *Poststadels* zeigt kunstvoll gearbeitetes Bundwerk.

Pfarrkirche St. Johannes der Täufer: Zu Füßen der auf einem Hügel in 539 m Höhe mit Sichtwirkung erbauten Kirche liegt ein kleiner *Quellteich*, der auf einen frühen Taufplatz hindeutet. Die heutige neubarocke Kirche ist 1899 an der Stelle eines Vorgängerbaus errichtet worden. Bemerkenswert ist das *Grabmal des Chiemseebischofs Ludwig Ebener* (1495–1502). Weitere St.-Johannes-Taufkirchen im Chiemgau siehe unter Stöttham, Truchtlaching, Grabenstätt beziehungsweise Sondermoning. Einer der schönsten Chiemseeblicke bietet sich vom Kreuz aus.

Gollenshausen

Am nordwestlichen Rand der großen *Seebrucker Bucht* liegt der hübsche Ort über dem See.

Geschichte: Angeblich soll eine römische Familie der Namensgeber des Ortes sein. Diese hatte am Hochufer eine Villa erbaut. Das ehemalige Haufendorf, das 924 als *Golduneshusa* erwähnt ist und im 14. Jh. *Goldenhawsen* hieß, hatte einst einen wichtigen

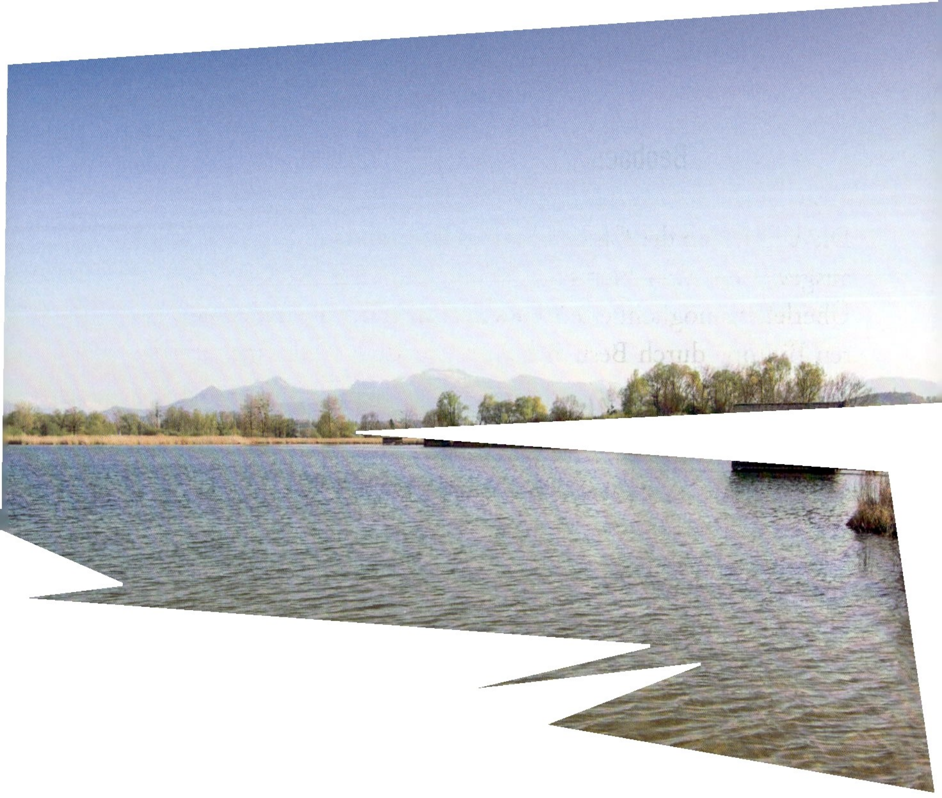

Das Chiemsee-Westufer ist überall schön.

Hafen. Im Ort waren das Kloster Seeon und die Salzburger Erzbischöfe, jedoch keines der Inselklöster begütert. Heute ist Gollenshausen als Baugelände für Landhaussiedlungen beliebt.

Pfarrkirche St. Simon und Judas: Der spätgotische Bau aus dem 14./15. Jh. mit Innenausstattung aus dieser Zeit zeigt Fresken an der Außenwand.

Beobachtungen am Puls der Natur

Die Uferzonen des Chiemsees sind als Schutz- und Ruhezonen ausgewiesen, weil hier seltene Tier- und Pflanzenarten letzte Überlebensmöglichkeiten haben. Um Störungen der kostbaren Biotope durch Besucher zu vermeiden, sind rund um das ganze Chiemseeufer seit 2005 mehrere Naturbeobachtungsstationen eingerichtet worden. Sie bieten nicht nur beste Voraussetzungen für eine naturnahe Vogelbeobachtung zu allen Jahreszeiten, sondern dienen auch zur Förderung eines besseren Natur- und Umweltverständnisses. Wer Natur hautnah erleben will, kann dies hier tun und dabei sicher sein, dass er die Tierwelt nicht stört.

Von den Beobachtungsplattformen hat man einen ausgezeichneten Blick auf den See und die dicht bewachsenen Ufer. Unter Anleitung von Naturkundlern und Vogelkennern werden dort in regelmäßigen Abständen kostenlose Vogelbeobachtungen durchgeführt. Eine Anmeldung ist nicht erforderlich. In den Touristen-Informationsstellen im Seebereich sind Faltblätter erhältlich, die man auch im Internet zum Ausdrucken herunterladen kann (www.chiemsee-agenda.de/informaterial_faltblaetter).

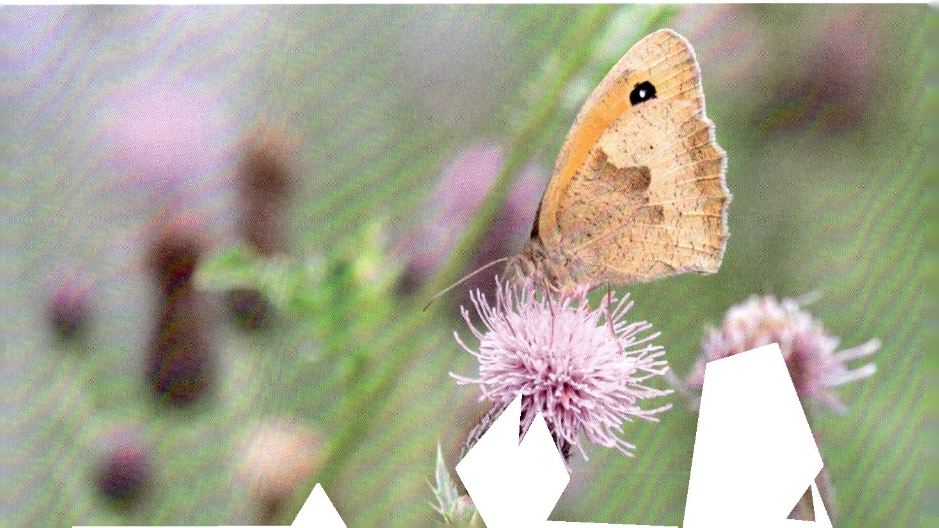

Beobachtungsstationen: *Chieming* (CH) Beobachtungsplattform, *Feldwieser Bucht* (FB) Aquarium, *Ganszipfel* (GZ) Beobachtungsturm, *Hagenau* (HA) Aussichtsturm, *Herreninsel* (HI) Naturinformation und (FA) Fledermausausstellung, *Hirschauer Bucht* (HB) Beobachtungsturm, Führung, *Irschener Winkel* (IW) Beobachtungsturm, *Kendlmühlfilzen* (KF) Aussichtsturm, *Lachsgang* (LG) Beobachtungsturm, *Mühln* (MÜ) Naturpavillon, *Zellerpark* (NP), *Hütte an der Prienmündung* (PM), *Seebruck* (SB) Beobachtungsturm im Kurpark, *Urfahrn* (UF).
Hinweistafeln: An vielen Stellen informieren Tafeln über heimische Fischarten, andere Tiere oder landschaftliche Besonderheiten. Im *Zellerpark* von Übersee-Feldwies steht ein vom Bund für Vogelschutz betriebener Natur-Pavillon, der eine botanische Ausstellung mit thematischen Sonderschauen zur Flora des Chiemsees und den Alpen und Kräutern zeigt. Auf der Herreninsel wird über das Leben der Fledermäuse informiert.
Geführte Wanderungen: Unter dem Motto *Der Natur auf der Spur* gibt es verschiedene Touren-Angebote, die Besucher an die noch weniger bekannten Seiten der Chiemsee-Region heranführen. Unter Führung von Experten wird gezeigt, wie empfindsam das ökologische Gleichgewicht ist und wie ein Ausgleich zwischen Tourismus, Natur und Landwirtschaft gefunden werden kann. Die Programme werden gruppenspezifisch angepasst.
Ziele sind u. a.: Die *Mündung der Tiroler Achen* zwischen Grabenstätt und Übersee und deren *Durchbruchstal* bei Schleching, der *Bärnsee* bei Aschau, die *Seeoner Seen*, die *Eggstätt-Hemhofer Seenplatte*, der *Tüttensee* bei Grabenstätt, der *Geigelstein* und das *Obere Alztal.* Hinweise für Naturerlebnistouren unter fachkundiger Führung findet man unter www.chiemsee.de oder www.der-natur-auf-der-spur.de. Über Filzen und Moore (S. 156).
Naturschutz: Die ausgewiesenen Rad- und Wanderwege sowie Badeplätze an bestimmten Stellen am Seeufer sollen helfen, andere Kleinode der Natur vor dem Zugriff des Menschen zu schützen. Aber das allein genügt nicht, um das ökologische

Gleichgewicht dieser leicht verletzbaren Naturlandschaft zu erhalten. Nur ein verantwortungsbewusster Umgang der Menschen in dem sensiblen Umfeld kann dies bewirken. Jeder Besucher trägt daher durch sein persönliches Verhalten eine Mitverantwortung für die Erhaltung der intakten natürlichen Lebensgrundlagen in dieser Region.

Idyllische Badebucht in Breitenbrunn.

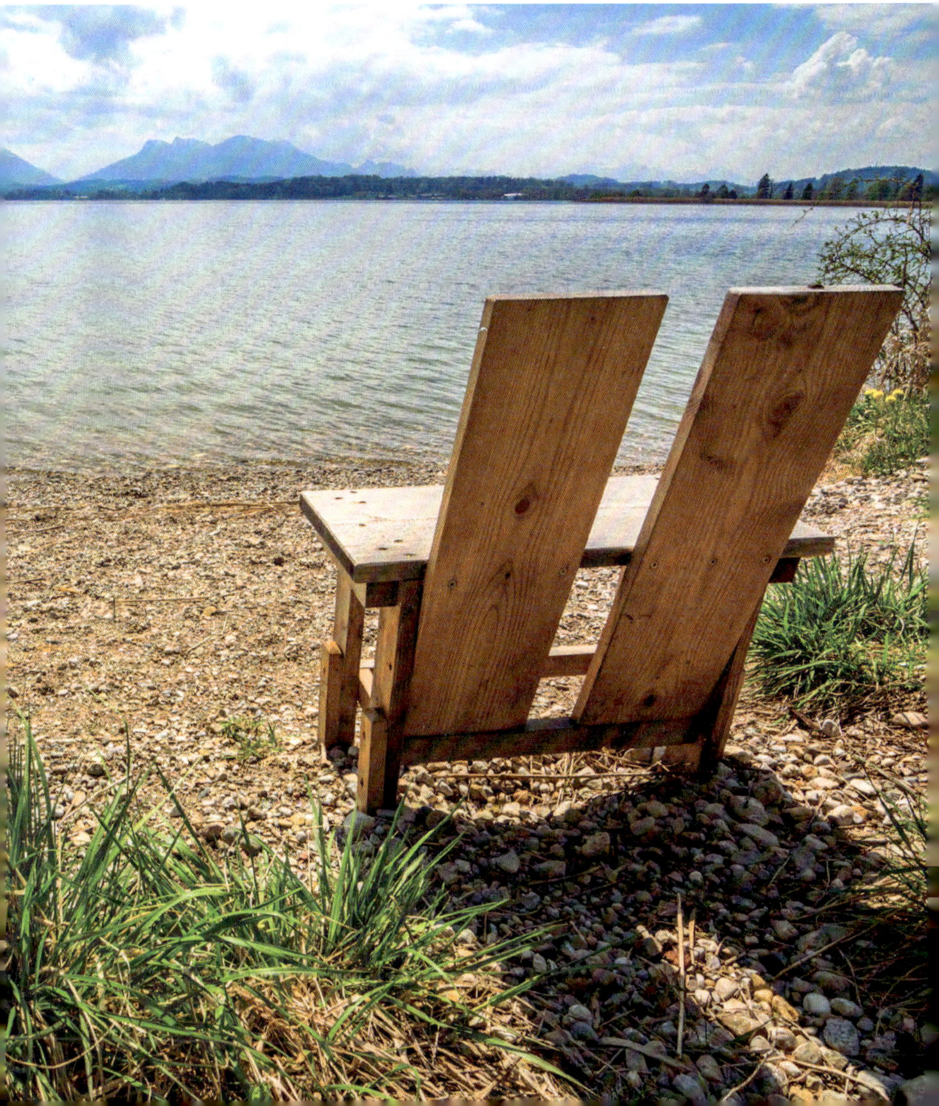

Herrrenchiemsee: Mönche, Maler und Schlossträume eines Königs

Von reizvoller Schönheit sind vor Allen die beiden größeren Eilande: die idyllische Fraueninsel und das stolz von Hochwald und Fels gekrönte Herrenwörth.

Felix Dahn, Vom Chiemgau

Anfahrt PKW: Autobahn A8 München–Salzburg Ausfahrt Prien. Man kann auf die Herreninsel in Prien übersetzen. Parkmöglichkeiten: in unmittelbarer Nähe der Landungsstege. Bahn: Strecke München–Salzburg bis Prien. Dann weiter mit Bus Nr. 2 Herrenchiemsee: Startpunkt Dampfersteg.

Infos Kur- und Tourismusbüro Prien, Alte Rathausstraße 11, 83209 Prien am Chiemsee, Tel. 08051-69050, Fax 08051 6905-40, info@tourismus.prien.de.

Ticketbüro 83209 Prien am Chiemsee, Alte Rathausstraße 11, Tel. 08051-965660, Fax 08051 6905-40, ticketservice@tourismus.prien.de.

Sehenswert Spaziergänge auf Waldwegen und durch Alleen. Königsschloss Herrenschiemsee von Ludwig II., ehem. Chorherrenstift Herrenchiemsee.

Hinweis Das König-Ludwig-II.-Museum zeigt die Lebensgeschichte Ludwigs II. Museum im Augustiner-Chorherrenstift: Geschichte des Klosters, Privaträume Ludwigs II., Deutsche Verfassungsgeschichte. Gemäldegalerie Julius Exter im Augustiner-Chorherrenstift Herrenchiemsee. Tel.: 08051-68870. www.herren-chiemsee.de

Einkehr Schlosshotel Herrenchiemsee, Schlosshotel 5, 83209 Herrenchiemsee, Tel.: 08051-962767-0, Fax: 08051-962767-99, info@swhch.de, www.swhch.de

Ihre Existenz haben die Chiemseeinseln einem Gletscher zu verdanken, der sich in der Eiszeit vom Gebirge her über das Vorland vorschob und beim Abschmelzen das Bett des Chiemsees und vieler anderer kleiner Seen auswälzte. Weil manche Gesteinsschichten härter waren als andere und dem Gletscher widerstehen konnten, wurden sie nicht zermalmt oder an die Seite gedrückt, sondern blieben als Inseln erhalten. Einst waren diese Seeinseln weltabgelegene Orte im Alpenraum, die schon in der Frühzeit des Christentums irisch-kolumbanische Mönche anzogen. Die frommen Gottesmänner rodeten das Land und gründeten hier die ersten Klöster. Das Kloster der Insel Herrenchiemsee stieg später sogar zum Bischofssitz des mächtigen Bistums Chiemsee auf. Allerdings ließ die Klosterzucht Ende des 16. Jahrhunderts immer mehr nach, sodass man sogar vom *verderbten Closter* sprach. Nach der Säkularisation erging es der Männerabtei auf der Herreninsel weniger gut als dem Frauenkloster auf der Nachbarinsel, das wie durch ein Wunder der blinden Zerstörungsut entging, während die Herreninsel zu einem reinem Spekulationsobjekt verkam. Erst verschleuderte man den Kunstbesitz des Klosters, dann sollte der Wald abgeholzt werden. Zum Glück kam es nicht mehr dazu. Heute sind die Spaziergänge durch die ausgedehnten Waldungen der Insel und die Fernblicke über den See eine Erholung für das Auge. Der Zauber dieser Insel muss auch König Ludwig II. von Bayern magisch angezogen haben, der in dieser Abgeschiedenheit das prachtvolle Traumschloss Herrenchiemsee erbauen ließ. Wie so oft scheiterte die Fertigstellung seines *Oberbayerischen Versailles* 1885 am Geld. Sieben Jahre nach Baubeginn platzte der Traum und die Bauarbeiten mussten eingestellt werden. Nach dem Willen Ludwigs II. hätten seine Schlösser nie von einem Fremden betreten werden dürfen. Tatsächlich aber haben seit seinem Tode mehr als 50 Millionen seine Traumwelten, in die sich der menschenscheue Monarch zurückzog, gesehen und bestaunt. Kehrt man nach einem Rundgang wieder

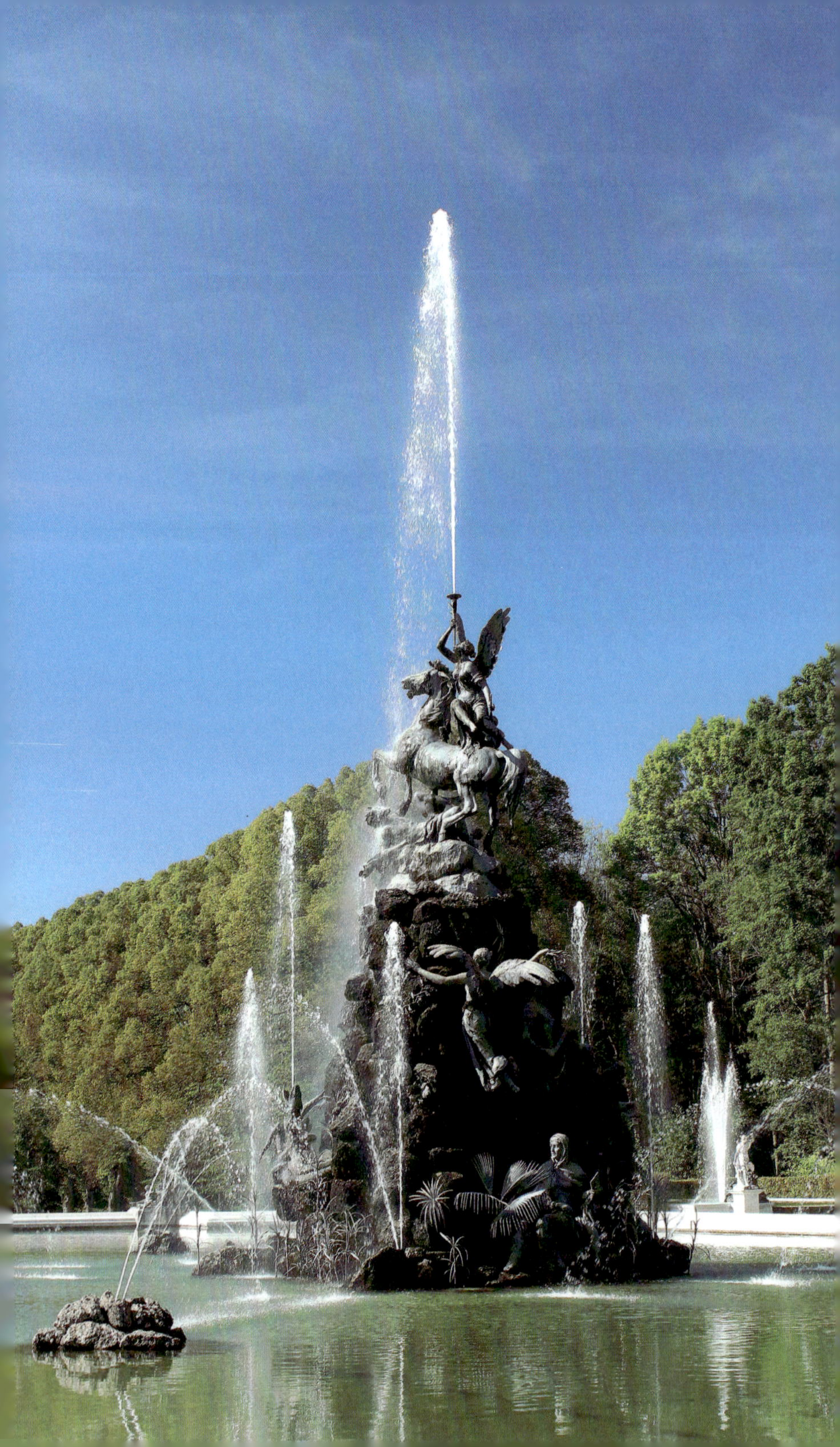

zum Nordende der Insel zurück, verlockt eine schön gelegene und weitläufige Wirtschaft zu einer Einkehr. Hier legen die Dampfer direkt unterhalb vom *Alten Schloss* an, das einst ein Klostertrakt des ehemaligen vornehmen Augustinerstiftes war. Wenn man ein Stück den Inselwegen folgt, wird man seltene Pflanzen entdecken, die sich auf der fast unberührten Insel erhalten haben. Eine Bemerkung, die zum Schmunzeln anregt, ist die auf dem Grabstein des 1756 gestorbenen Hofwirts Antonius Andreas Zitzlsperger auf dem Friedhof der Herreninsel: Darauf steht zu lesen, dass er „als Mensch 37 Jahre, als Ehemann aber nur 2 Jahre“ gelebt hat.

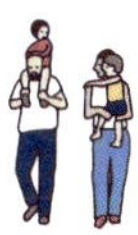

Ein Spaziergang auf der Insel Herrenchiemsee 2

Weg	Herreninsel, ca. 3,5 km
Steigung	Keine besonderen Anstiege

Inselrundgang: Man kann die Insel auf Wegen entdecken, die fernab der Besucherströme durch Wälder, Alleen und Wiesen führen. Von der Bootsanlegestelle steigt man hinauf zur ehemaligen Abtei Herrenchiemsee. Nach der Besichtigung folgt man dem Fußweg zum Schloss Herrenchiemsee. Der Weg endet am sog. *Kanal*, der den Blick auf die Hauptfassade des Schlosses und zum See freigibt. In einer guten halben Stunde kommt man zum südlichsten Aussichtspunkt der Insel, der *Ottoruhe.* Hier kann man auf einer von einem Holzschirm überdachten Bank eine Rast einlegen. Der Ort ist nach Otto, dem unglücklichen Bruder Ludwigs benannt, der schon mit 23 Jahren geisteskrank wurde. Ein

Die Brunnen und Wasserspiele von Schloss Herrenchiemsee sind weltberühmt.

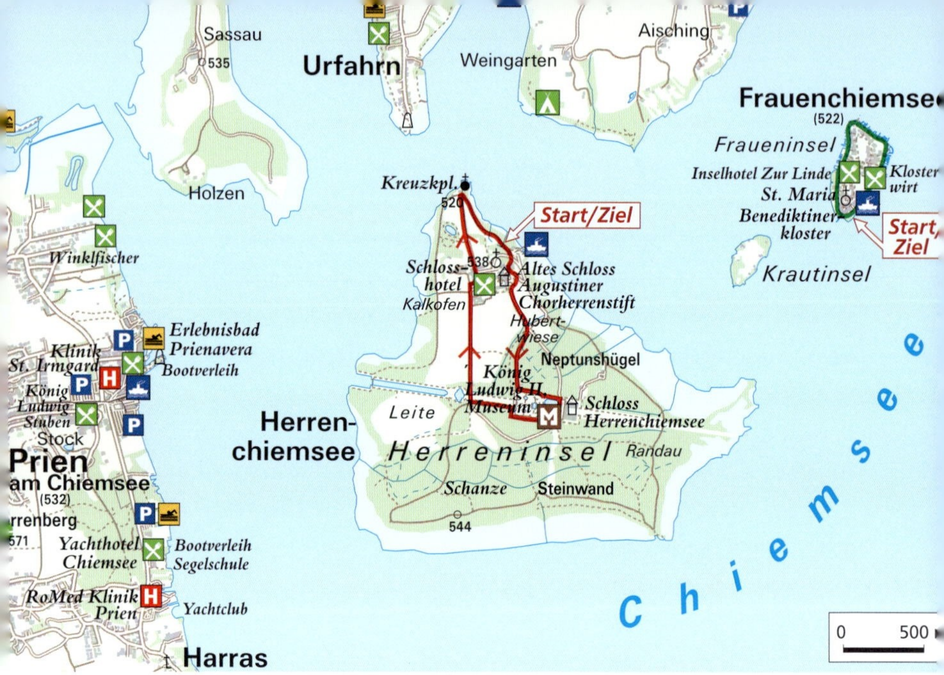

Rundwanderweg führt vom Südufer der Insel nach einer weiteren halben Stunde zum Aussichtspunkt *Paulsruhe* mit ebenfalls schönem Ausblick auf See und Gebirge. Ein ausgeschilderter Weg bringt den Inselwanderer wieder direkt zum Schloss, das sich von Ferne durch das Rauschen der Wasserfontainen ankündigt. Von hier geht es wieder auf dem gleichen Weg zur Bootsanlegestelle zurück. Wer will, kann auch die ganze 240 ha große Insel auf einem Rundweg umgehen, der ebenso zu den oben beschriebenen Aussichtspunkten führt. Dank der guten Ausschilderung kann man sich nicht verlaufen.

Sehenswürdigkeiten

Die Herreninsel ist ca. 2,15 km² groß, der Umfang beträgt 5 km. Sie besteht aus einem Landschaftspark mit dem *Alten Schloss* (ehemaliges *Kloster Herrenchiemsee*) sowie dem *Neuen Schloss Herrenchiemsee.*

Inselwald: Der größte Teil der Insel besteht aus Naturpark, der durch Wanderwege erschlossen ist. Die Insel war schon zu Lebzeiten Ludwigs II. dicht bewaldet. 1873 wollten Holzeinkäufer den Wald abholzen, was der König durch den Ankauf der Insel gerade noch verhindern konnte. So ist dem Monarchen der Erhalt des urwüchsigen und reichen Baumbestandes auf der Insel zu verdanken. Im Wald des *Naturparks* gibt es auch Wildgehege. Dort hat man Reste einer keltischen Wallanlage aufgedeckt, die zusammen mit anderen Funden belegen, dass die Insel schon in vorrömischer Zeit besiedelt war.

Fledermäuse: Die Herreninsel ist das Refugium vieler seltener und geschützter Tiere wie der Fledermäuse. In dem natürlichen Mischwald werden viele ehemalige Bruthöhlen der Spechte von Fledermäusen besiedelt. Auf den *Informationstafeln* kann man mehr über den Lebensraum der Tiere nachlesen (*Ludwigs wilde Wälder*). Im Königsschloss gibt es in einem Lichthof eine Ausstellung zu den Fledermäusen.

Kutschenfahrten sind auf der Herreninsel beliebt.

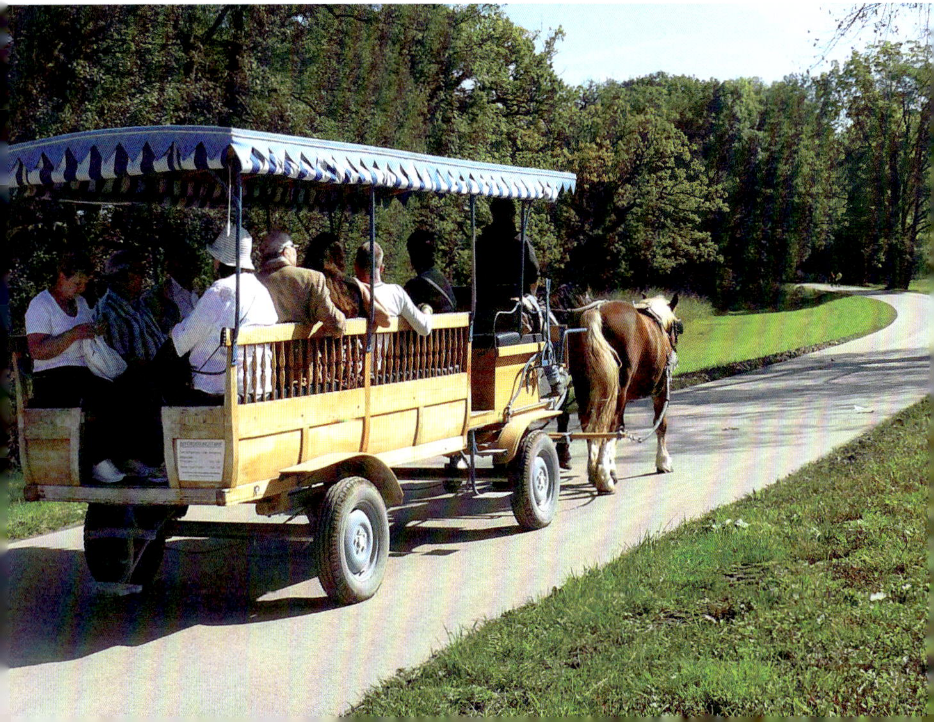

Königsschloss Herrenchiemsee: Der Schlossbau ist der dritte, den *König Ludwig II.* von Bayern im 19. Jh. in Auftrag gegeben hat. Er wurde von Architekt *Georg Dollmann* (königlicher Hofballdirektor) nach dem Vorbild von Schloss Versailles des Königs *Ludwig XIV. von Frankreich* erbaut. Schon 1873 hatte Ludwig II. die Chiemseeinsel Herrenwörth als Baugelände erworben. Sieben Jahre nach Baubeginn wurden die Arbeiten nach dem Tod des Königs wegen Geldmangels 1886 eingestellt. Die Baukosten waren inzwischen so hoch wie die für die Schlösser Linderhof und Neuschwanstein zusammen. Schloss Herrenchiemsee blieb daher wie Schloss Neuschwanstein unvollendet. Für das in der Mitte der Insel gelegene Schloss sollte ursprünglich von beiden Seiten ein Zugang zum See her offen gehalten werden. Der dafür geplante Kanal wurde jedoch nicht mehr realisiert.

Zwar hinterließ der König eine Menge Schulden, was hier geschaffen wurde, ist dennoch atemberaubend schön. Das Schloss und sein Park sind keineswegs nur ein Abklatsch von Versailles, sondern eigenständige Kunstwerke von hohem Rang.

Bald nach Ludwigs Tod wurde das Schloss zur Besichtigung freigegeben und bis heute ist es für den bayerischen Staat eine gute Einnahmequelle. Zu den Höhepunkten eines Schlossbesuchs zählen das herrliche *Prachttreppenhaus*, die 20 fertiggestellten *Prunkräume*, darunter das *Paradeschlafzimmer* mit einem Luxusbett, das mit seinen Ausmaßen das Versailler Vorbild in den Schatten stellte. Ferner der *Beratungssaal*, das *Speisezimmer* mit einem Lüster aus Meißner Porzellan und versenkbarem Tisch sowie vor allem die *Spiegelgalerie* mit einer Gesamtlänge von 98 m und 1 800 Kerzen auf riesigen Kandelabern. Das im Südflügel untergebrachte *König-Ludwig-II.-Museum* zeichnet den Lebensweg dieses ungewöhnlichen bayerischen Königs

oben: Schloss Herrenchiemsee ist in aller Welt berühmt.
unten: Latona-Brunnen.

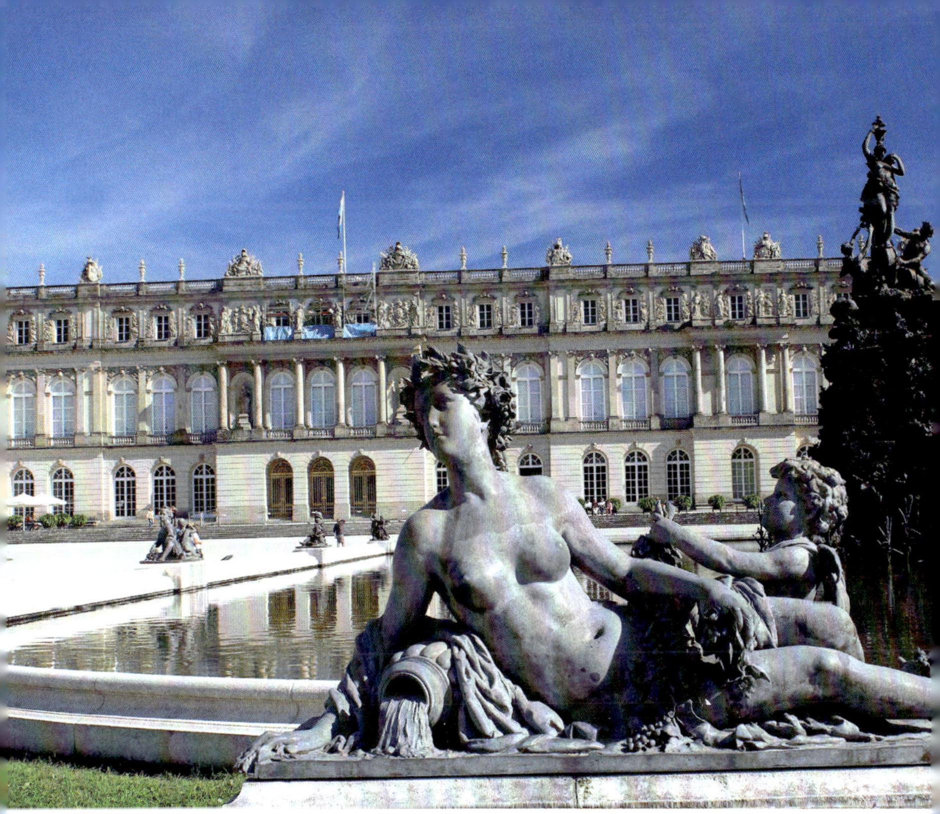

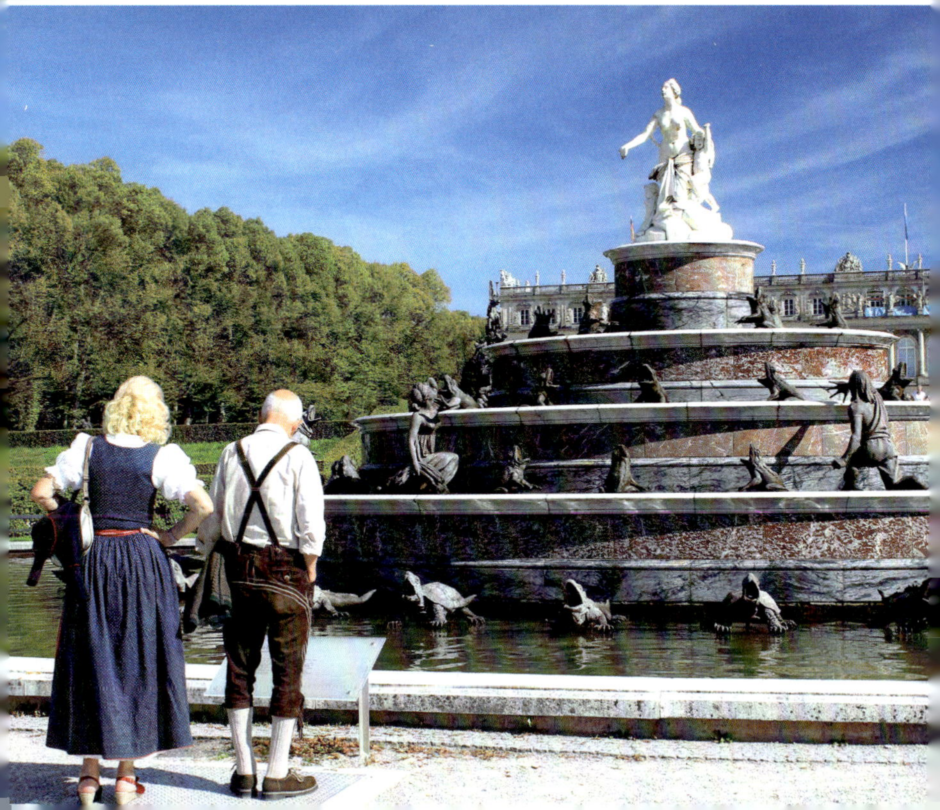

nach. Die übrigen Räume befinden sich jedoch nach wie vor im Rohbauzustand. Von den geplanten beiden Schlossflügeln kam nur der linke zur teilweisen Ausführung, er wurde 1907 wieder abgerissen.

Gartenanlage: Der ausgedehnte Park mit Brunnen- und Gartenanlagen blieb wie das Schloss unvollendet. Die von Hofgärtendirektor *Carl von Effner* ab 1875 geplanten Gartenanlagen sahen auf Wunsch Ludwigs II. Gärten in der Mittelachse in Richtung Westen mit *zwei Bassins mit den großen Figuren der Fama und Fortuna* vor. Glanzstück ist der vorgelagerte *Latona-Brunnen.* Davor eine Schneise mit dem geplanten Kanal als Verbindung zum See. In Richtung Osten war von der geplanten Schiffsanlegestelle eine 900 m lange Auffahrtsallee zum Schloss geplant. Die Ausführung der Gartenmittelachse konnte bis zum Tod König Ludwigs II. im Juni 1886 zwar abgeschlossen werden, der Apollobrunnen und die Schiffsanlegestelle wurden aber nicht mehr fertig gestellt.

Abtei Herrenchiemsee: Klostertrakt: Die Gebäude sind in mehreren Bauphasen entstanden und bestehen aus dem Ostflügel, dem sog. *Konventstock* mit Sälen und Wohnzellen der Mönche (1645–1649), und dem anschließend erbauten Westflügel, dem sog. *Bräuhausstock* (1661–1665). Ferner dem Südflügel, dem für Repräsentationszwecke erbauten *Fürstenstock* (1700–1716) mit der Klosterküche, Prunksälen sowie Wohnräumen für fürstliche Gäste. Schließlich dem Nordflügel, dem sog. *Prälaturstock* (1727–1730), der den Klosterhof abschließt. Der unter *Propst Jakobus Mayr* um 1710 prächtig ausgemalte *Kaisersaal* zählt zu den schönsten und repräsentativsten Räumen des frühen 18. Jhs. Die überreich mit Figuren und Architekturmalerei bedeckten Wände und mit Schnitzereien verzierten Türen sind künstlerisch hochstehend. Der Bibliothekssaal wurde von dem Wessobrunner *Johann Baptist Zimmermann* in den feinsten Formen des Rokoko gestaltet.

Klosterkirche: Der gotische Inseldom wurde im Zeitgeschmack des Barock umgebaut. Die einstige Domkirche trug die Handschrift der italienischen Baumeister *Lorenzo Sciascia* und *Carlone* und des Stuckateurs *Giulio Zuccalli.* Der Maler *Joseph Eder* malte die Fresken.

Privaträume Ludwigs II.: Während die Arbeiten an seinem Schlossbau noch im vollen Gang waren, pflegte der König in dem aufgehobenen Chorherrenstift zu residieren und zu speisen. Seine Privaträume und der Speisesaal können dort noch heute besichtigt werden.

Abteigebäude

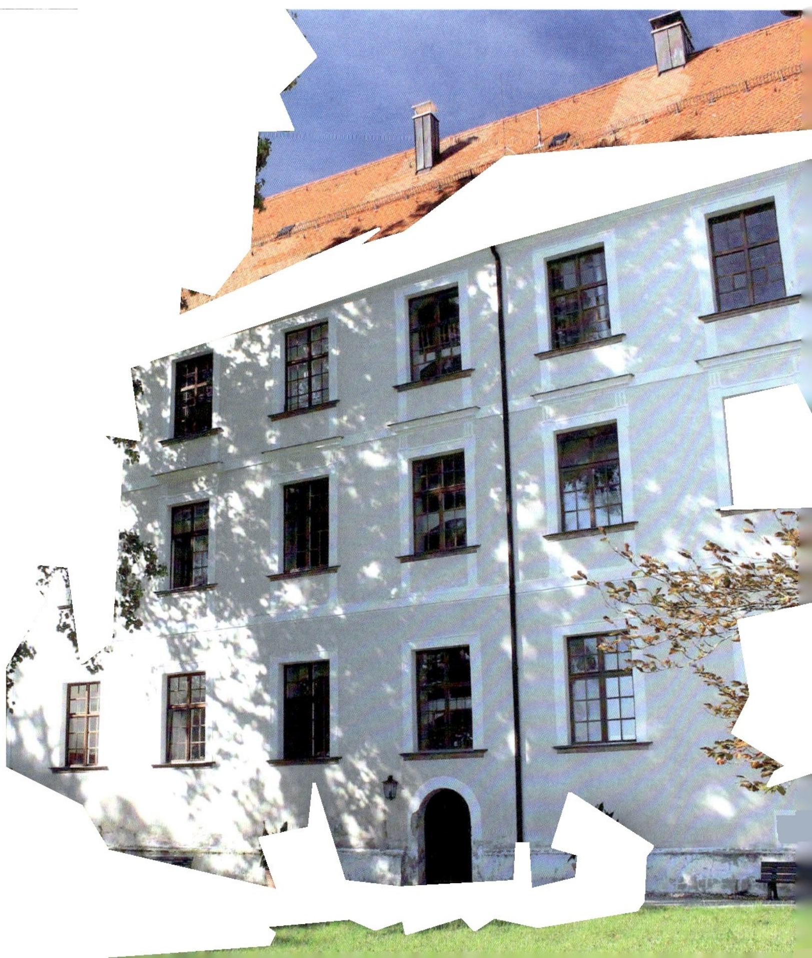

Chiemseemaler

In dem ehemaligen Prälaturstock ist seit 2001 eine Gemäldegalerie untergebracht. In den Wohnzellen der Chorherren werden Gemälde zum Thema Chiemseelandschaft präsentiert. Das Museum zeigt Meisterwerke der am Chiemsee tätigen Maler wie *Karl Millner, Friedrich August Kessler, Friedrich Wilhelm Pfeiffer, Karl Raupp, Joseph Wopfner, Wilhelm Trübner, Julius Exter, Leo Putz, Walter Püttner, Paul Roloff und Erich Glette.* Eine ausführliche Dokumentation schildert die Entwicklung der Malerei am Chiemsee von 1790 bis zum Zweiten Weltkrieg. In den barocken Räumen wird als Schwerpunkt mit rund 100 Bildern das Werk des Malers *Julius Exter* (1863–1939) gezeigt, der um 1900 zu den Vorkämpfern der modernen Malerei in München zählte (S. 153). Ein in *Übersee-Feldwies* erworbenes Bauernhaus wurde zum Künstlersitz und Standort von Exters europaweit bekannter Malschule. Das *Exter-Haus* mit Garten ist dort als Museum öffentlich zugänglich.

Verfassungskonvent: 1948 tagten im ehemaligen Kloster Herrenchiemsee die Väter der *Verfassung für die Bundesrepublik Deutschland.* Im eichenholzgetäfelten Saal entstand eine neue geistige Grundlage für das Deutschland der Nachkriegszeit. Viele namhafte Persönlichkeiten aus Politik und Wissenschaft gehörten dem damaligen Verfassungskonvent von Herrenchiemsee an, der den Bericht zur redaktionellen Fassung des Grundgesetzes erarbeitete, das als das *Grundgesetz der Bundesrepublik Deutschland* im Mai 1949 in Kraft gesetzt wurde. Gern spricht man deshalb davon, dass auf der Insel Herrenchiemsee die Wiege der deutschen Demokratie stand. Seit 1998 befindet sich im Konventstock und im Fürstenstock ein Museum über die Kloster- und Stiftsgeschichte sowie die Tagung zur Vorbereitung der Verfassung der Bundesrepublik Deutschland (1948).

Kapelle St. Maria: Auf dem ehem. Friedhof steht die frühere Pfarrkirche aus der Zeit der Spätgotik. Im Gegensatz zur benachbarten

Klosterkirche hat die *Kapelle St. Maria* von 1469 die Zeiten unbeschadet überstanden. Von der Innenaustattung sind eine reich gestaltete Kassettendecke von 1630 sowie eine wertvolle Figurenausstattung vom Bildhauer *Georg Zürn* zu erwähnen.
Seekapelle Heiligkreuz: Auf dem Weg zur Nordspitze erreicht man durch eine schöne Allee die idyllisch am Seeufer gelegene Kapelle von 1679.

Werden und Vergehen der Abtei Herrenchiemsee

Über die erste klösterliche Niederlassung auf der Herreninsel existieren keine zuverlässigen Quellen. Die mittelalterliche Überlieferung spricht nur von der Gründung eines Männer- sowie eines Frauenklosters. So berichtet Aventin, der hl. Eustachius habe den bayerischen Herzog Tassilo III. dazu gebracht, dass er im Chiemsee ein Männer- und ein Frauenkloster gründete. In späterer Zeit behauptet der Humanist Johannes Turmair in seiner *Bairischen Chronik* von 1519, dass es schon um 625 zwei Klöster auf dem Chiemsee gegeben habe, „eines für Frauen, das anderen den Mannen" zur Unterweisung der Knaben und Mädchen in den guten Künsten und christlichem Glauben.
Tatsächlich gibt es archäologische Anhaltspunkte dafür, dass das romanische Mauerwerk der Abtei Herrenchiemsee auf solchem der vorromanischen Zeit ruht. Heute geht man davon aus, dass die erste Klosteranlage am Platz der jetzigen Stiftsgebäude bereits im frühen 7. Jh. (noch vor 629) gegründet wurde. Dass diese klösterliche Niederlassung aus Holzbauten bestand, kann aufgrund der bei den Grabungen im Jahre 1982 gefundenen beachtlichen Holzteile vermutet werden. Möglicherweise gab es hier auch einen Herzogshof der Agilolfinger, aus dem sich im 8. Jh. ein Männerkloster entwickelt hat. Nach glaubhafter Überlieferung soll jedenfalls der von Karl dem Großen 788 abgesetzte baierische Herzog Tassilo III. aus dem Geschlecht der

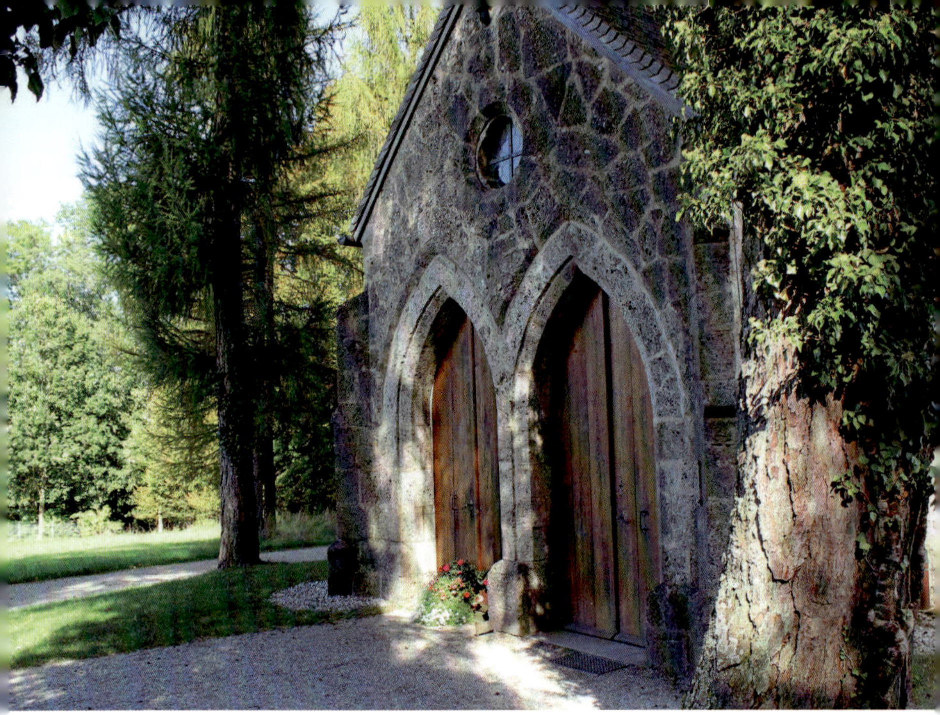

Das Kloster Herrenchiemsee blickt auf eine lange Geschichte zurück.

Agilolfinger *auf dem Chiemsee* eine Kirche und ein Kloster gestiftet haben. Spätestens ab 750 gerät diese Gründung in das Blickfeld der von Salzburg ausgehenden Missionsbestrebungen im Chiemgau. Aus salzburgischen Urkunden geht hervor, dass der erste Leiter dieses Klosters der irische Abt *Dobdachrech* war, der wegen seiner guten Griechischkenntnisse auch als *Graecus* bezeichnet wurde. Um 760 ist jedenfalls ein Männerkloster nachweisbar, 782 wird dort eine Kirche von Bischof Virgil von Salzburg geweiht. Das Männerkloster des Benediktinerordens hieß im 8./9. Jh. *Augia S. Salvatoris* (Aue des hl. Erlösers). Die 1982 bei den Grabungen gefundenen Fragmente von Chorschrankenanlagen deuten auf eine künstlerisch hochstehende Ausstattung der karolingischen Klosterkirche hin.

Im Jahr 830, also noch vor der Gründung des Klosters Frauenwörth durch Ludwig den Deutschen, sind etwa 130 Nonnen und Mönche *von Chiemsee* (wahrscheinlich Herrenchiemsee) gezählt worden. Ein Problem besteht aber darin, dass die Quellen nicht immer eine geografisch eindeutige Zuordnung zu einer der beiden Inseln zulassen. Dadurch sind Konfusionen über die Lokalisierung der Gründungen des Männer- und Frauenklosters entstanden. Nach der Absetzung Tassilos III. schenkte Karl der Große das *Männerkloster im Chiemsee* dem Erzbischof Angilram von Metz, doch schon 100 Jahre später fällt es an das Erzbistum Salzburg.

Die Klostertradition auf der Herreninsel ist seit dem 8. Jh. bis zur Säkularisation nie zur Gänze abgebrochen, wenngleich sie im 10. Jh. nach der Zerstörung durch die Ungarn schwer getroffen war. Um 1125–1130 ließ der Salzburger Erzbischof Konradi wieder ein Kloster als Propstei der Augustiner-Chorherren errichten. Dieses Chorherrenstift erlebte einen zweiten Höhepunkt in seiner Geschichte, als 1215 das Bistum Chiemsee von dem Salzburger Erzbischof Eberhard II. ins Leben gerufen wurde. Damals hatte das Salzburger Erzbistum eine so große Ausdehnung, dass eine ortsnahe Aufteilung der bischöflichen Aufgaben an untergeordnete selbstständige Bistümer wie das Bistum Chiemsee auf der Herreninsel sinnvoll schien. Zwar war der Amtssitz des Chiemseebischofs nicht auf der Insel, sondern in Salzburg, jedoch stand der Bischofsthron symbolisch in der Klosterkirche auf Herrenchiemsee. Die Grenzen des Bistums verliefen vom Chiemsee *„bis zum Pass Thurn in Tirol und über das Achental zum Chiemsee“*.

Im 13. Jh. ist wieder eine rege Bautätigkeit auf der Insel zu verzeichnen, die zu einem kompletten Neubau des Klosters führte. Im Zeitalter des Barock erfuhr das Augustinerstift, wie viele andere Klöster in Bayern, erneut eine Blüte. Die heutigen vierflügeligen Klostergebäude stammen aus dieser Zeit und umschließen einen Hof mit einem Rosengarten. Die einzelnen Bautrakte lassen sich verschiedenen Bauperioden zuordnen (S. 44). 1803 wurde mit dem Kloster auch das Bistum Chiemsee aufgehoben und dem Bistum Freising zugeschlagen.

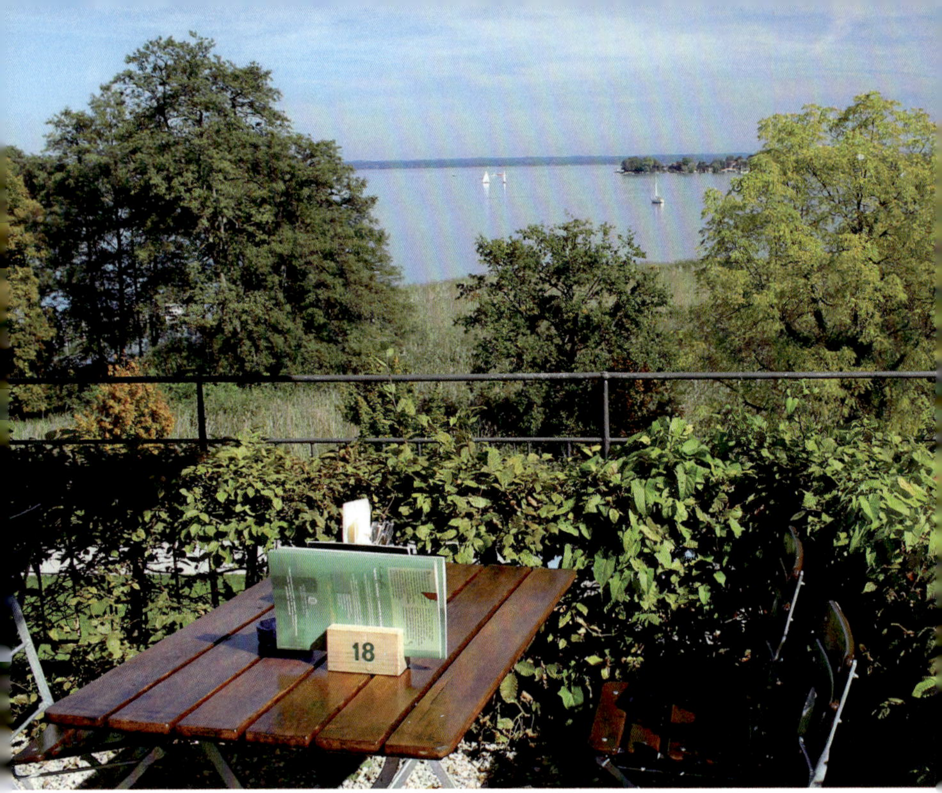

Die Herreninsel ist etwas für Genießer.

Welche Folgen eine rücksichtslose Privatisierung kirchlichen Besitzes haben kann, ersieht man am Beispiel des Umgangs mit der Klosterkirche, einem Kleinod spätbarocker Kirchenbaukunst. Erst vertrieben die Schärgen des Grafen Montgelas die Mönche von ihrer Insel, dann zogen sie deren Besitz ein und verschleuderten das Inventar der Abtei und der Kirche, um es zu Geld zu machen. Die frühere Einrichtung des Inseldoms ist deshalb heute in den Kirchen rings um den Chiemsee verstreut (z. B. Altäre in Rimsting, Gollenshausen). Den Rest verkaufte man an rücksichtslose Geschäftsleute, die nichts Besseres zu tun wussten, als aus der Abtei eine Brauerei zu machen und zu diesem Zweck das Gotteshaus zu profanieren und es teilweise einzureißen. Und das, obwohl es schon ein Brauhaus gab. Man wollte eben noch ein größeres. Dazu wurde der Herrendom seiner Türme und seines Chores beraubt und ausgeräumt, dann zog man innen noch eine Wand ein, dabei wurde die wertvolle Ausmalung stark beschädigt. Das ganze Ausmaß der mutwilligen Zerstörung zeigt eine Ausstellung am Eingang zum Klosterhof. Der Kirchenbau wird jetzt durch eine Fördergemeinschaft und mit Hilfe von Sponsoren wieder restauriert.

Klostergeschichten: Die brutalen Umstände der Aufhebung des Klosters Herrenwörth und seines Bistums bedeuteten einen tiefen Einschnitt in der Geschichte des Chiemgaus, der die Menschen sehr beschäftigt hat. Ausdruck ihres darüber empfundenen Unbehagens mag die Geschichte von einem spukenden Mönch auf der Herreninsel sein, dessen Geist nachts im alten Kloster sein Unwesen getrieben haben soll. Nachdem die Mönche die Insel endgültig verlassen hatten, irrte eine unheimliche, in eine schwarze Kutte gehüllte Gestalt in den Klostergängen umher, auf der Suche nach alten Sachen oder Schätzen. Es hieß, weil der Mönch sich zu Lebzeiten als Geldverwalter im Kloster durch seinen Geiz und seine Habsucht versündigt hätte, habe seine Seele im Grab keine Ruhe mehr finden können.

Überfahrt zur Fraueninsel von Gstadt.

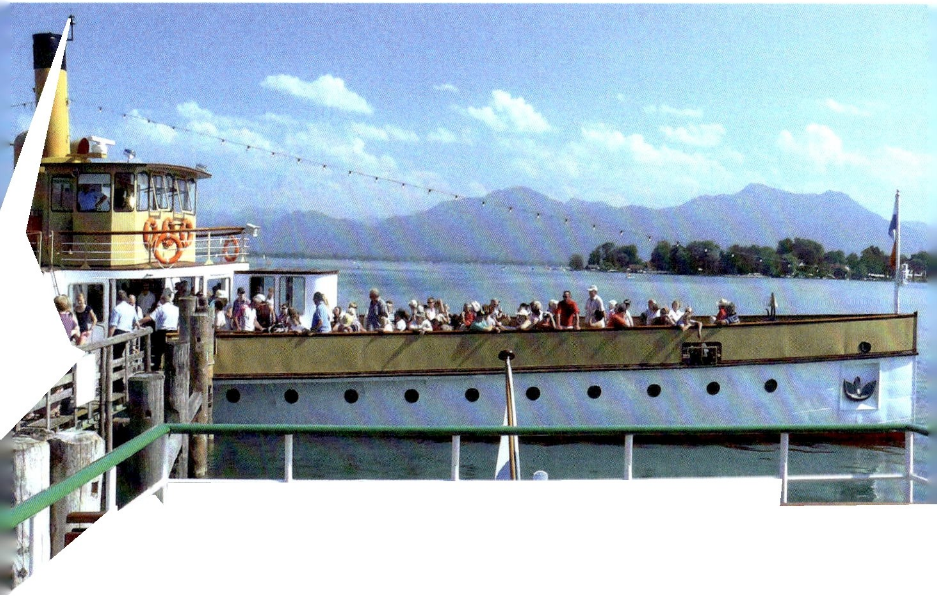

Die Fraueninsel: Chiemseefischer und die Selige Irmengard

Anfahrt	PKW: Autobahn A8 München–Salzburg, Ausfahrt Prien. Straße nach Rimsting–Breitbrunn bis Gstadt. Ab Gstadt verkehren die Dampfer der Chiemseeschifffahrt zur Fraueninsel in regelmäßigen Abständen. Bahn: Strecke München–Salzburg bis Prien. Nr. 3 Frauenchiemsee: Startpunkt Dampfersteg.
Infos	Gstadt: Touristinfo, Seeplatz 5, 83257 Gstadt/Chiemsee, Tel.: 08054-442, Fax: 08054-7997, info@gstadt.de
Sehenswert	Fraueninsel mit Fischerdorf, Kloster, Torhaus, Wirtsgärten.
Einkehr	**Fraueninsel:** Inselwirt: 83256 Fraueninsel im Chiemsee, Tel.: 08054-630, Fax: 08054-7937, info@inselwirt.de, www.inselwirt.de. Klosterwirt Chiemsee, Haus 50, Tel.: 08054–7765, Fax: 08054-909565, klosterwirt@klosterwirt-chiemsee.de, www.klosterwirt-chiemsee.de. Inselbräu, Haus 28, Tel.: 08054-902088, Fax: 08054-902082, info@inselbraeu-frauenchiemsee.de, www.inselbraeu-frauenchiemsee.de. **Gstadt:** Restaurant Hofanger, 83257 Gstadt am Chiemsee, Seestraße 6, Tel.: 08054-9080706. Wirtshaus am Chiemsee, Seeplatz 3, Tel.: 08054-908621, info@strandbar-chiemsee.de

Wenn man früher zu der in sicherer Entfernung vom Ufer gelegenen Fraueninsel gelangen wollte, setzte man bei Gstadt in Einbäumen über, die geräuschlos über den spiegelglatten See glitten. Auch heute, wenn das Schiff in Prien oder Gstadt ablegt und Kurs auf die kleine Fraueninsel nimmt, verhallen langsam die Stimmen belebten Strandlebens und die Stille des Sees umfängt den Schiffsgast. Das Schiff hält Kurs auf ein einstmals von der Welt abgeschiedenes Eiland, das schon in der Frühzeit des Christentums in Bayern fromme Klosterfrauen angezogen hat. Zur

Wahl des Ortes mag nicht nur beigetragen haben, dass er gänzlich von Wasser umgeben und damit von außen unzugänglich ist, wodurch die Nonnen vor ungebetenen Besuchern geschützt waren. Auch die umgebende Landschaft war wie dafür geschaffen, sich dem Dienst am Glauben mit ganzer Hingabe widmen zu können. Kein Wunder, dass es in späterer Zeit auch die Maler hierherzog. Der Faszination, die das Inselchen auf Besucher aus der ganzen Welt ausübt, ist bis heute ungebrochen, denn hier gibt es Natur und Inselidylle aus erster Hand zu bewundern: Im Norden der Fraueninsel wechseln sich Wiesen und Moore, Wälder und Gärten, Korn und Kartoffeläcker ab, im Süden bläut die unvergleichliche Kulisse der Alpenkette mit ihren emporragenden Gipfeln. Es ist ein Blick wie ins Paradies, nur dass es hier Chiemgau heißt. Über den ersten Anfängen klösterlichen Lebens auf den Chiemseeinseln liegt der Schleier der Frühzeit. Kunde aus dieser geheimnisvollen Welt des Mittelalters erhalten wir heute noch durch die karolingische Torhalle mit ihren künstlerisch hochstehenden Engel-Fresken, die noch den Geist von Byzanz atmen. Auch der Grundriss des romanischen Münsters und sein Portal zeugen von den Anfängen, als das Christentum im Chiemgau seinen Einzug hielt und die alten Religionen verdrängte. Damals mischten sich noch frommer Volksglaube und heidnisches Gedankengut. Die Löwen, deren aufgesperrte Mäuler die Dämonen abweisen sollten, sind ein Beispiel dafür. Das Kloster erlitt das gleiche Schicksal wie die meisten Klöster in Bayern und wurde 1803 vom Ministerium des Grafen Montgelas aufgehoben. Schon waren die Klostergebäude zum Abbruch freigegeben, da scheiterte das Vorhaben zum Glück daran, dass sich kein Käufer fand und ihr Erhaltungszustand wegen der erst 1726–1729 durchgeführten Erneuerung noch gut war. Der bayerische König Ludwig I. gab dann 1838 das Kloster den Benediktinerinnen wieder zurück und auf seinen persönlichen Wunsch hin wurde auf Frauenchiemsee eine klösterliche Erziehungsanstalt eingerichtet. Am Abend, wenn das letzte Schiff von der Insel zum Festland tuckert und die Klosterglocken zum Abendgebet läuten, scheinen der See und die Berge in einer Symphonie der Farben Silber und Blau zu verschmelzen, bevor sich die Insel dann in den Schutz der Dämmerung einhüllt. Wie eh und je grüßt zuletzt der alte Glockenturm der Münsterkirche über den See. Jetzt ist aller Trubel verflogen und die Insel gehört den Nonnen und den Bewohnern wieder ganz allein.

3 Entdeckungen auf der Insel Frauenchiemsee

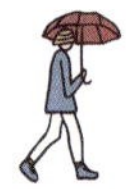

Weg	Fraueninsel, etwa 1,5 km.
Steigung	Keine oder sehr geringe.

Inselrundgang: Die Fraueninsel ist eine Sehenswürdigkeit, die vom Blick auf die nahen Chiemgauer Alpen, dem See, dem Fischerdorf und nicht zuletzt von dem uralten Inselkloster geprägt wird. Man kann den Weg von der Anlegestelle zum Frauenkloster nicht verfehlen. Urwüchsige, laubreiche Linden und mächtige, bis zu 500 Jahre alte Eichen beschatten die schmalen Wege, die auf einer Länge von etwa 700 m und knapp 300 m Breite die Insel durchziehen. Verlaufen kann man sich hier nicht. Am Ufer haben die Fischer manchmal ihre Netze zum Trocknen aufgehängt. Ein würziger Duft erfüllt die Luft, es riecht nach Wasser, nach Teer und nach Lachsräuchereien. Nur etwa an die 40 Häuser kuscheln sich im Norden der Insel zusammen. Es sind Bauernhäuser mit Fremdenzimmern, Töpferwerkstätten und eine Bootswerft, und dann das Gasthaus zur Linde. Auf der kleinen Chiemseeinsel führen alle Wege irgendwann zu dem weißen Klosterkomplex des altehrwürdigen früheren Nonnenklosters. Man kann hier ruhig drauflosschlendern.

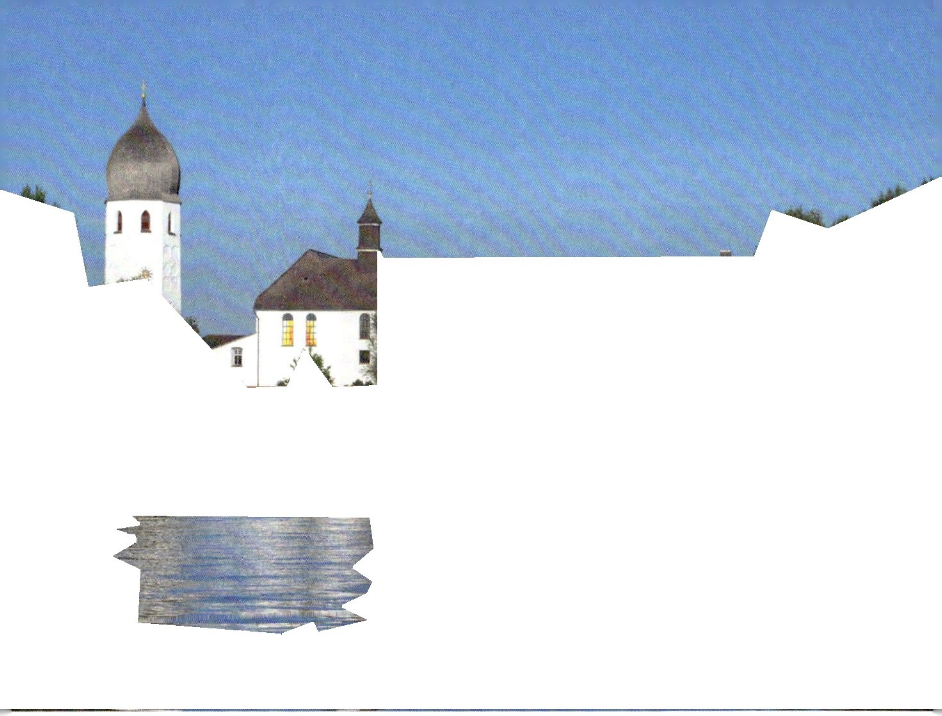

Die Insel Frauenwörth zog Nonnen und Maler an.

Sehenswürdigkeiten

Gstadt (S. 29)

Krautinsel

Das zwischen der Herren- und Fraueninsel gelegene kleine Eiland ist ca. 0,03 km^2 groß und unbewohnt. Spuren einer Besiedlung aus der jüngeren Steinzeit sind nachgewiesen. Weil die Fraueninsel wenig Raum für landwirtschaftliche Anbauflächen bietet, ist man mit dem Gemüseanbau auf die Krautinsel ausgewichen. Früher wuchs hier nur wildes Kraut und Gestrüpp.

Fraueninsel

Lage: Die landschaftlich reizvolle Lage der Insel und ihres Klosters zieht täglich eine große Zahl von Besuchern an. Die Klosterkirche ist ein Wallfahrtsort mit dem Grab der *Seligen Irmengard*, der Schutzpatronin des Chiemgaus.

Klosterwirt: Die von der Abtei verpachtete Gaststätte *Klosterwirt* besteht seit 500 Jahren. Das historische Kreuzgewölbe in der Gaststube erzeugt ein besonderes Ambiente.
Inselwirt: Das im 12. Jh. erbaute Gebäude war früher Amts- und Wohnsitz des Hofrichters für das Kloster. Hier wurde auf der Insel Recht über alle Verbrechen des Bistums Chiemsee gesprochen. Das Gerichtsgebäude wurde nach der Säkularisation 1803 verkauft und diente bis 1950 als Tuchmacherei, bis es dann 1951 zur Gaststätte wurde.
Inselfischer: (S. 69ff)

Chiemseemaler

Der Ort, wo auf *Frauenchiemsee* die 1000-jährigen Linden stehen, war ein beliebter Malplatz. *Wilhelm Leibl* war auf der Insel zu Gast und logierte in der *Villa Stradal.* Auf dem Friedhof beim Münster findet man die Stelle, wo einst das Gemälde *Beerdigung einer Klosterschwester* von *Hermann Koch* entstand. Da er selbst das Frauenkloster nicht betreten durfte, fotografierte er über die Mauer das Begräbnis auf dem dahinterliegenden Klostergelände. Die Fotos dienten ihm als Vorlage für sein berühmtes Monumentalgemälde. Im Gasthaus Zur Linde ist noch ein Nachbau des Stammtisches zu sehen (Original in der städtischen Galerie). Wo sich einst Künstler wie *Karl Raupp, Julius Köckert, Friedrich Wilhelm Doppelmayr* oder *Joseph Wopfner* zum Bier zusammenfanden, genießt man heute Fischspezialitäten aus dem See.

Dichter und Schriftsteller

Nicht nur Maler, sondern auch viele Schriftsteller und Dichter wie *Ludwig Thoma, Victor von Scheffel, Christian Morgenstern, Felix Dahn, Ludwig Steub* oder *Ludwig Ganghofer* besuchten und durchstreiften die Fraueninsel und fühlten sich von ihrem Flair ebenso angezogen wie der Komponist *Anton Bruckner.*

Kloster Frauenwörth

Geschichte: Die Silbe *wörth* ist aus dem Althochdeutschen von *uerid* abgeleitet und bezeichnet das zwischen zwei Flüssen gelegene Land (vgl. Werth oder Werder). Der Name wurde aber auch für Fluss-Inseln und Siedlungen an Gewässern benutzt. Die erste Klostergründung auf der Fraueninsel erfolgte in der Regierungszeit *König Ludwigs des Deutschen* (843–876), der hier ein Frauenkloster erbauen und es reich ausstatten ließ. Die Leitung des Klosters übertrug er 850 seiner Tochter *Irmengard*, der er eine Aussteuer und bedeutende Liegenschaften für die neue Gründung mitgab. Nachdem das Kloster 907 von den Ungarn zerstört wurde, führte man Ende des 10. Jhs. erneut die Regel des hl. Benedikt ein. Schon in ottonischer Zeit war das mit Salzeinkünften sowie Grund und Boden begüterte Kloster eines der reichsten des Benediktinerordens in Bayern. *Karl der Große* hatte die Insel dem *Bistum Metz* geschenkt, aber Misswirtschaft und Desinteresse führten dazu, dass Frauenchiemsee schon 100 Jahre später an den *Erzbischof von Salzburg* überging. Nachdem die Abtei Mitte des 11. Jhs. ihre Reichsunmittelbarkeit verloren hatte, kam sie 1062 an den Erzbischof von Salzburg, bis schließlich 1254 die bayerischen Herzöge Einfluss über Frauenwörth gewannen.

Der Name *Frauenchiemsee* taucht zum ersten Mal 1689 auf. Manchmal wird der Klostername auf die heilige Maria bezogen, wie im Jahre 1498 (*Vnser lieben Frawen Chiembsee*). Als Königliches Stift blieb die Abtei bis zur Säkularisation 1803 ein Hort für die Töchter des Adels. Zwar kam es in der Reformation zu einem Niedergang des Klosterlebens, doch schon im Dreißigjährigen Krieg (1618–1648) nahm das im katholischen Glauben wieder erstarkte Kloster Angehörige aus anderen Klöstern auf, die vom Krieg betroffen waren. 1803 wurde die Abtei im Zuge der Säkularisation aufgelöst, aber schon 1838 unter *König Ludwig I. von Bayern* wieder neu eingerichtet mit der Auflage, eine Schule zur Erziehung von Mädchen zu gründen, die bis

1995 bestand. 1901 wurde das Kloster wieder in den Rang einer Abtei erhoben, 1995 wurde im Kloster ein Tagungszentrum eröffnet.

Karolingische Torhalle: Das Gebäude mit breiter Tordurchfahrt und chorartigem Anbau war bereits Teil der ältesten Klosteranlage. Im Untergeschoß befindet sich eine offene Halle mit Tonnengewölben. Im Obergeschoß war eine dem Erzengel Michael geweihte Kapelle, darunter befand sich eine Nikolaus-Kapelle.

Malereien: Die mehrfach übertünchten und erst im Jahr 1961 wieder entdeckten Malereien zählen zu den wenigen erhaltenen *karolingisch-ottonischen Kunstwerken* dieser Art in Deutschland. Die perfekt und stilsicher gemalten Engelzeichnungen im Chor der Michaelskapelle (monochrom in roter Farbe) stammen aus den Jahren 860–865 und lassen auf byzantinische Vorbilder der Hofkunst in Konstantinopel schließen. Die dargestellten Erzengel bewachen Christus, der nicht gezeigt wird, aber unsichtbar am Altar anwesend ist. Im 13. Jh. wurde oberhalb dieser Malereien ein mäanderartiger Fries angebracht. Weitere Frescen aus dieser Zeit sind eine fragmenthafte Darstellung der thronenden Madonna und ein lehrender Christus beim Triumphbogen. Als bei einem Brand 1491 das Kloster stark in Mitleidenschaft gezogen wurde, blieb die Torhalle verschont. Später wurde hier eine Knabenschule eingerichtet.

Funde: Aus der Frühzeit des Münsters wird in der Prähistorischen Staatssammlung in München eine frühmittelalterliche Chorschrankenplatte aufbewahrt, die aus dem Münster stammen dürfte und als Rampenbrüstung eines Ambo gedient haben könnte; sie zeigt als Motive Weintrauben, Weinblätter und einen aufwärtsfliegenden Vogel. Eine weitere Chorschrankenplatte aus karolingischer Zeit mit dem Motiv des Lebensbaums, die wahrscheinlich von der Fraueninsel stammt, ist in der St. Peterskirche in Gstadt als Sakramentsnische vermauert.

Vorromanische Klosterkirche: Der frühe Gründungsbau der Klosterkirche der Benediktinerinnen hatte ähnlich große Ausmaße wie

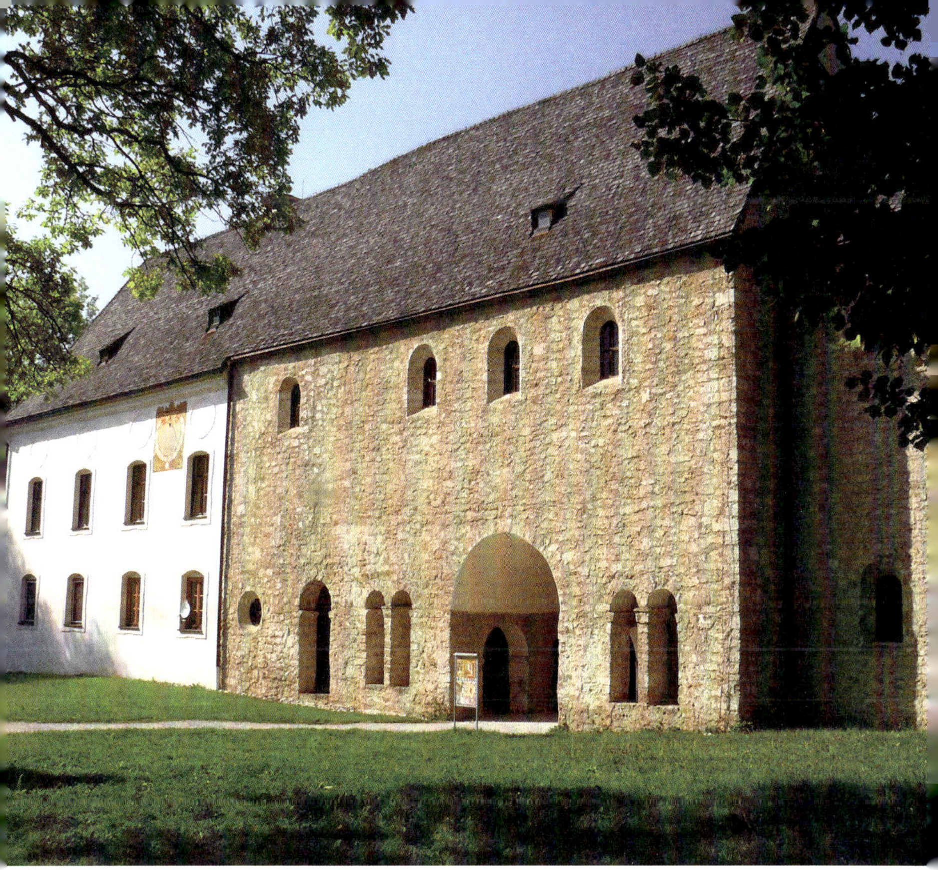

Die karolingische Torhalle hat die Zeiten überdauert.

der heutige Bau. Der klausurartig mit einer Mauer umschlossene *Klostertrakt* mit seinem bis in die romanische Zeit zurückgehenden Münster hat Fundamente und Grundmauern, die noch der karolingischen Zeit (9. Jh.) angehören; der Maueraufriss wird um das Jahr 1000 entstanden sein. Noch älter ist die Torhalle. Ausgrabungen in westlichen Bereich des Münsters haben eine viereckige vorromanische Anlage aus Stuck freigelegt, die als eine alte *Taufanlage* gedeutet wurde. Teile der einstigen Ausstattung aus verschiedenen Steinmaterialien (z. B. Chorschrankenanlage oder Steinbalken aus Marmor mit Muschelfries) sind erhalten geblieben.

Klosterturm: Der nördlich vom Kirchenschiff abgetrennt stehende achteckige Münsterturm (Campanile) ist für Bayern selten und wurde im 10.–11. Jh. erbaut. Wegen seiner 2 m starken Mauern nimmt man an, dass er Verteidigungszwecken oder als Fluchtturm diente und zur Zeit der Ungarnstürme errichtet wurde. Im 13./14. Jh. wurde er zu einem Glockenturm umfunktioniert. 1572 erhielt er seine charakteristische Zwiebelkuppe und gilt heute als Wahrzeichen des Chiemgaus.

Klosterkirche Maria Opferung: Das Marienmünster von Frauenwörth mit dem typischen Glockenturm ist zu einer Art Wahrzeichen des Chiemgaus geworden. In seiner Bausubstanz ist es eine romanische, dreischiffige Basilika aus dem 11./12. Jh. Der *Chorumgang* zählt zu den ältesten erhaltenen seiner Art im süddeutschen Raum.

Portal: Das romanische Portal atmet noch den mythischen Geist der Frühzeit des Klosters. Seine Erbauungszeit wird dem 8. Jh. (Tympanon und Türsturz) sowie dem 12. Jh. (Gewände) zugerechnet. Das Flechtwerk im Tympanon wurde mit dem im frühen Mittelalter lebendigen Glauben in Verbindung gebracht, wonach durch Flechtwerk böse Mächte von heiligen Orten abgehalten werden können. Der bronzene Türzieher in Form eines Löwenkopfes ist spätkarolingisch (um 860–866). Der mit Eisenplatten beschlagene Türflügel entstand in der spätgotischen Zeit um 1475. Löwen mit aufgesperrten Mäulern sollen Dämonen abwehren.

Ausstattung: Eine bedeutende Entdeckung waren die in den 1960er-Jahren am Dachboden freigelegten *romanischen Fresken*, die man zu den frühesten Zeugnissen romanischer Monumentalmalerei in Europa rechnet. Da die Malereien nicht zugänglich sind, kann man wenigstens ihre originalgetreuen Kopien in der Torhalle besichtigen. Die Fresken im Altarraum werden auf 1140 datiert. Die Motive zeigen den auferstandenen Christus, von Leuchten tragenden Engeln und den Schwestern des Lazarus, Maria und Martha, umgeben. Andere Wandgemälde sind in das 14. bis 18. Jh. zu datieren. Die nachträglich eingezogenen gotischen Gewölbe sind mit

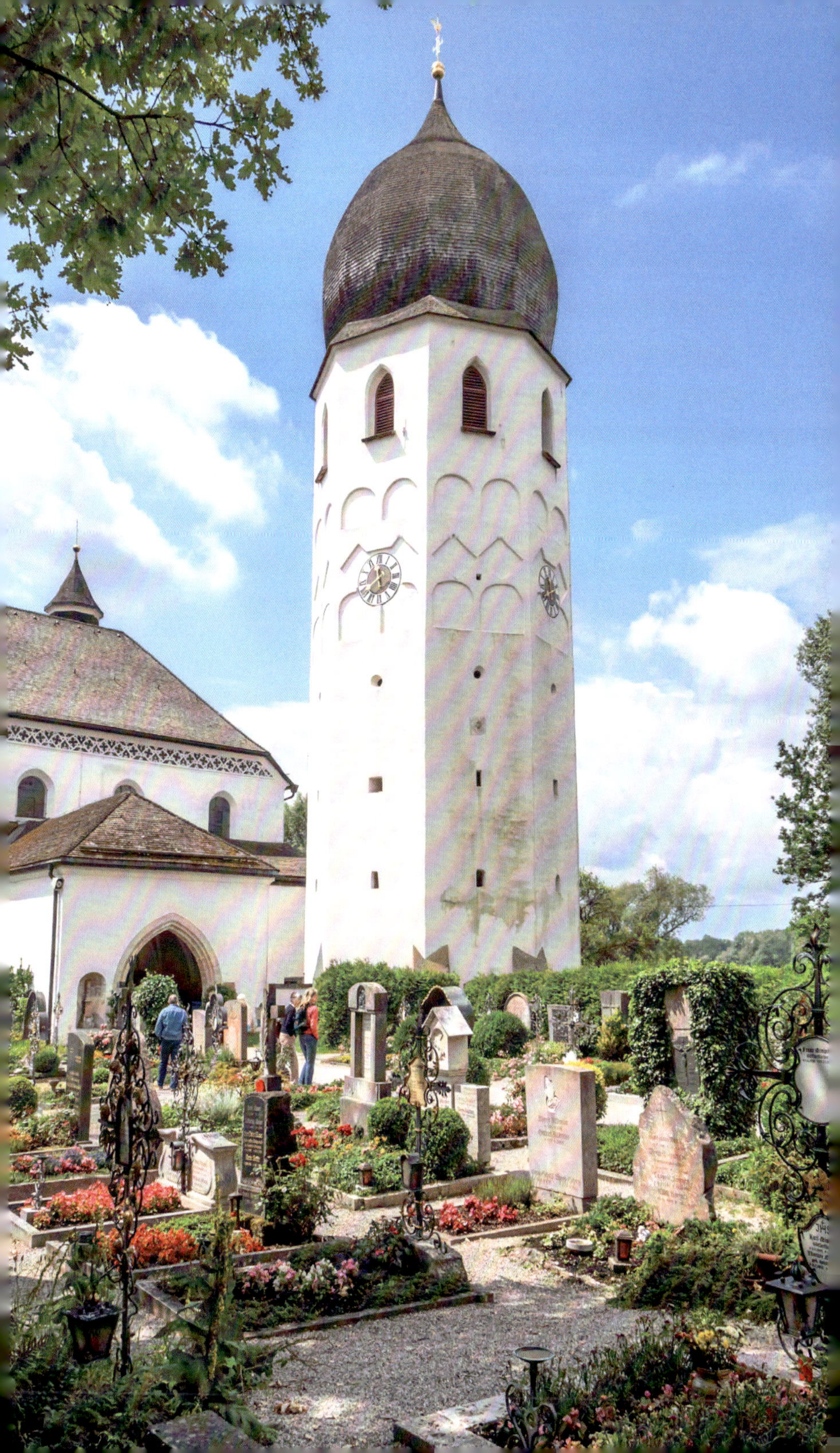

Pflanzenmalereien geschmückt. Die *Grabmäler der Äbtissinnen* sind aus Untersberger Marmor geschaffen worden.

Klostergebäude: Die heutigen Gebäude des Klosters wurden 1722–1730 unter Äbtissin *Irmengard von Scharfsedt* (1702–1733) vollständig neu und größer errichtet. Dass das Kloster heute wieder dem Benediktinerinnenorden gehört, haben die Nonnen König *Ludwig I.* zu verdanken, der es ihnen schenkte, um dort dort ein Mädchen-Pensionat zu unterhalten. Heute werden im Kloster keine jungen Mädchen mehr in einem Internat von den Schwestern betreut und unterrichtet. Dafür hat sich die Abtei Frauenwörth seit 1995 in den Dienst der Erwachsenenbildung gestellt und führt Einkehrwochenenden, Meditationskurse, Exerzitien sowie Tagungen kirchlicher Institutionen durch. Die Produkte anderer Betätigungsfelder klösterlichen Lebens wie Kunstgewerbe, Likörherstellung oder Lebzelterei sind im Klosterladen erhältlich.

Klostermedizin: Die heilkundigen Nonnen erwähnten 1263 in ihrer Chronik einen Vorsteher für die Kräutergärten. Aus den dort angebauten Pflanzen bereiteten sie Säfte und Salben. 1396 wird über die Herstellungsweisen des Klosters berichtet (*Ausprennen von Kräutern*). Diese Klosterrezepte erlangten wegen ihrer guten Wirksamkeit einen ausgezeichneten Ruf. Die alte Tradition wurde nach der Wiedererrichtung des Klosters 1837 erneut aufgenommen und bis heute beibehalten. Berühmt ist auch der aus Kräutern nach alten Klosterrezepten hergestellte Klosterlikör.

Selbst gebrautes Bier: Die alte Tradition des Bierbrauens wurde als eine längst vergessene Handwerkskunst auf der Insel zu neuem Leben erweckt. Das gebraute Inselbier ist ein Weißbier.

Seeprozession: Die früher an Fronleichnam durchgeführte traditionsreiche Seeprozession auf dem Chiemsee wurde 1972 leider eingestellt.

Legende über die selige Irmengard

Über den Mut Irmengards erzählt man sich folgende fromme Legende: *Als einmal zwei junge Männer von Frauenwörth abends auf den See hinausfuhren, um Fische für das Abendbrot zu fangen, schlug das Wetter plötzlich um und es zogen dunkle Wolken auf. Kurz darauf entwickelte sich ein tobender Sturm mit Blitz und Donner. Die beiden Männer gerieten in Angst, verloren die Orientierung und fanden nicht mehr den Weg zurück zur Insel. Am Ufer stand die Frau von einem von einem der beiden Männer mit ihren Kindern und flehte Gott verzweifelt um Hilfe an. Als Irmengard herbeikam und den Grund ihrer Sorge erfuhr, bestieg sie sofort ein Boot und fuhr auf den tosenden See hinaus. Sie war jedoch noch nicht weit vom Ufer entfernt, da erstrahlte mit einem Male bei ihr ein helles Licht, das in der Dunkelheit wie ein Leuchtturm leuchtete und den beiden erschöpften und entmutigten Männern eine Richtung wies, auf die sie zurudern konnten. Bald darauf sahen sie die Umrisse der Insel und erreichten mit letzter Kraft die Stelle am Ufer, wo die Frau mit den Kindern auf sie wartete. Durch ihre mutige, aufopfernde Tat hatte Irmengard das Leben dieser beiden Fischer gerettet.*

Wo Nonnen einst Kronen trugen

Das Kloster Frauenwörth und seine erste Äbtissin Irmengard

Das an der Südspitze der Insel gelegene Frauenkloster ist neben dem Nonnbergkloster in Salzburg das älteste bestehende deutschsprachige Frauenkloster nördlich der Alpen. Eine hochmittelalterliche Überlieferung berichtet, dass die Abtei bereits um das Jahr 782 von Bayernherzog Tassilo III. (746–788) gegründet worden sein soll. Dieser stattete das Kloster mit Gütern aus und bis heute wird Tassilo III. als Stifter verehrt. Eine Gründungsurkunde ist allerdings nicht erhalten und eindeutige

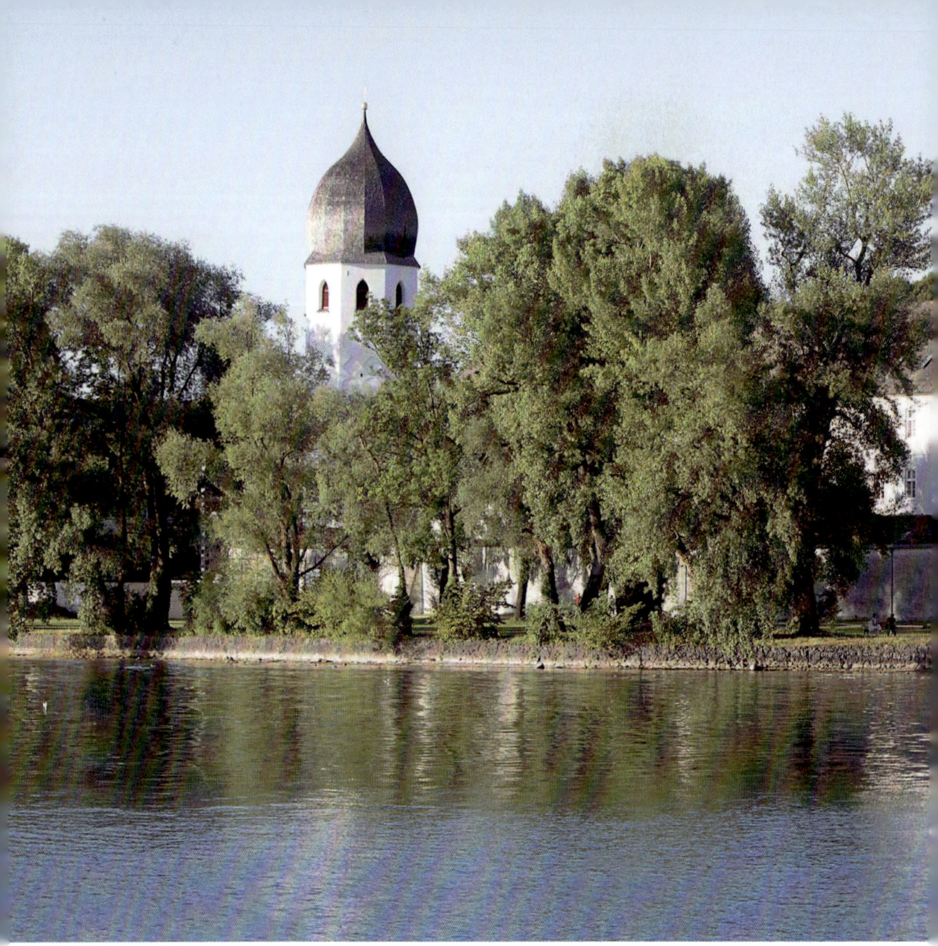

archäologische Hinweise auf eine solche frühe Klostergründung auf Frauenchiemsee fehlen bislang. Urkunden belegen aber immerhin, dass die Abtei nach dem Sturz der Agilolfinger im Jahr 788 durch Karl den Großen den Rang eines Reichsklosters erhielt. Die Karolinger hatten somit die Verfügungsgewalt über die Güter des Klosters und konnten dessen Äbtissinen einsetzen. Davon machte König Ludwig der Deutsche, ein Enkel Karl des Großen, der seit 826 Bayern regierte, Gebrauch, als er um 857 seine Tochter Irmengard als Äbtissin einsetzte. Diese machte aus dem adeligen Damenstift ein Nonnenkloster, das die Regeln des hl. Benedikt annahm. Die

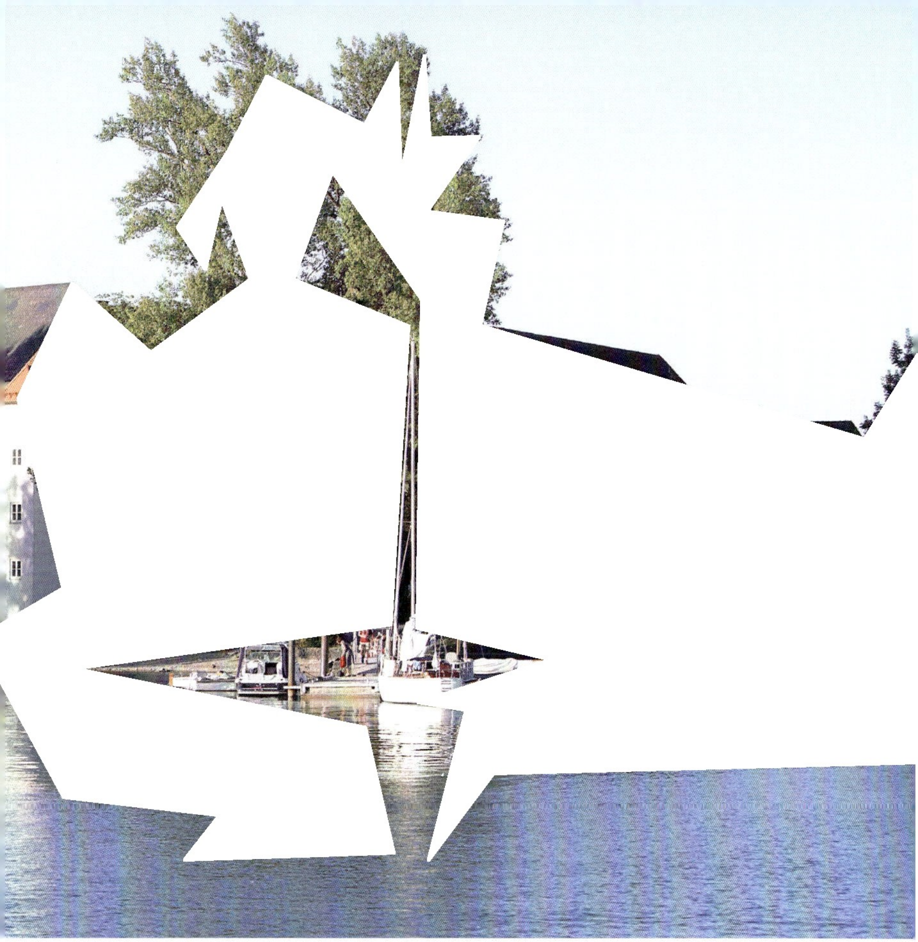

erste Äbtissin dieses Klosters von Frauenwörth war somit eine Prinzessin, die in das von ihrem Vater gegründete Kloster eingetreten war. Auch in späterer Zeit nahm das Kloster gerne Nonnen aus dem Adel oder dem reichem Bürgertum auf, wie man noch an den Grabsteinen in der Klosterkirche ablesen kann. Zu bestimmten Anlässen war es den Äbtissinnen der königlichen Abtei (abbatia regis), wie sich das Kloster gern nannte, gestattet, Kronen zu tragen.

Bis heute ist in der Bevölkerung des Chiemgaus die Erinnerung an jene Frau wach geblieben, die durch ihre Sanftmut und guten Taten gegenüber den Armen und Bedrängten so viel Gutes bewirkt haben soll, dass es zu ihrer Zeit rund um den Chiemsee keine Armut und kein Elend mehr gab. Die seliggesprochene *Irmengard* hatte immer ein offenes Ohr für die Sorgen und Nöte der Menschen und wo immer sie konnte, half sie mit, das Leid der Menschen zu lindern. *„Da ward niemand, der ungetröstet von ihr ging"*, heißt es in alten Aufzeichnungen des Klosters. Als sie am 16. Juli 866 im Alter von nur 34 Jahren starb, haben die Menschen ihre Nächstenliebe nie vergessen. Schon bald nach ihrem Tod wurde Irmengard rund um den Chiemsee wie eine Heilige verehrt. Die Menschen wallfahrteten zu ihrem Grab und bis heute ist ihre Verehrung nicht abgerissen. Heiliggesprochen wurde Irmengard jedoch nie und es dauerte immerhin mehr als tausend Jahre, bis ein Papst sie endlich seligsprach. Irmengard soll einigen Nonnen im Kloster erschienen sein.

Die Gebeine der Äbtissin fand man unter dem südwestlichen Pfeiler des Münsters in einem Marmorsarg bestattet, wo sie schon um das Jahr 1000 verehrt wurden. Die Echtheit bezeugt ein in ihrem Grab gefundenes Bleitäfelchen. Als ein zerstörerisches Hochwasser im Jahr 1641 auf Frauenchiemsee zu starken Überschwemmungen führte, war man gezwungen, die Gebeine der Seligen Irmgard zu versetzen. Der Schrein mit ihren in Tücher gewickelten Gebeinen befindet sich nun in der *Irmengardkapelle.* Am 27. April 2004 wurden in einer feierlichen Zeremonie der Schädel und die übrigen Gebeine der Seligen Irmengard vereinigt, in weiße Seide genäht und in einem gläsernen Schrein aufgestellt. Untersuchungen hatten zuvor bestätigt, dass der als Reliquie im nahe gelegenen Kloster Seeon getrennt aufbewahrte Schädel und die in der Klosterkirche gefundenen Gebeine tatsächlich zusammengehörten.

Vielen ist schon an diesem Ort geholfen worden, wie man an den zahlreichen Votivbildern an den Wänden ablesen kann. Wie man aus dem Kloster hörte, werden noch heute Ehepaare, die

keine Kinder bekommen konnten, nach einem Besuch bei Irmengard mit Nachkommen gesegnet. Jedes Jahr um den Todestag der Seligen Irmengard am 16. Juli zieht am Sonntag davor oder danach ein feierlicher Festzug zum Kloster mit zahlreichen Gläubigen, von den Endorfer Gebirgsschützen und einer Blaskapelle geleitet, um ein Pontifikalamt mit Chor und Orchester zu feiern. Ein Ehrensalut im Klosterhof schließt das Fest ab. In den Kirchen der Umgebung des Chiemsees wie z. B. in Antwort, Hittenkirchen oder an Bauernhäusern wie in Grabenstätt sind Zeugnisse der Verehrung der seligen Äbtissin zu finden.
Nach Irmengard gab es noch andere tatkräftige und geschickte Äbtissinnen wie etwa *Magdalena Auer von Winkl* (1467–1497), die den großen Klosterbesitz so erfolgreich verwaltete, dass sie die Kirche neu erbauen lassen konnte. Leider wurden Kloster und Kirche schon bald ein Raub der Flammen und die Nonnen hatten plötzlich kein Obdach mehr. Aber die Äbtissin ließ sich nicht unterkriegen und baute in einem zweiten Anlauf alles wieder neu auf. Auch den Freuden des Lebens und dem leibliche Wohl stand man im Kloster durchaus aufgeschlossen gegenüber. So ließ die Äbtissin *Ursula Pfäffinger* im Jahre 1501 auch eine Kneipe (Taferne) für die Seebrucker Bevölkerung erbauen und erlaubte, dass dort Wein ausgeschenkt wurde.

Klostergeschichten

Die Nachbarschaft des Männer- und Frauenklosters auf den beiden Chiemseeinseln hat zu allen Zeiten die Fantasie der Menschen angeregt. So rankt sich eine alte Legende um ein Liebespaar – einen jungen Mönch und eine Nonne –, an die noch heute ein Grabmal erinnert. Der Mönch namens Berthold aus dem Kloster Herrenwörth soll sich bei seinem Aufenthalt auf der Insel Frauenwörth, wo er als Priester seinen Dienst versah, in die schöne Nonne Mathilde verliebt haben. Diese war gegen ihren Willen gezwungen worden, den Schleier zu nehmen und in das Kloster

Frauenwörth einzutreten. Es kam zu regelmäßigen nächtlichen Treffen der beiden. Damit der von der Nachbarinsel herüberrudernde Mönch in der Dunkelheit auf dem See den Weg finden konnte, stellte Mathilde in ihrer Zelle immer ein Licht ans Fenster. Eines Tages, als ein schweres Gewitter mit Sturm über dem See lag, glaubte Berthold irrtümlicherweise aus der Ferne, das Licht seiner Geliebten zu sehen. Er ruderte mit dem Boot auf den stürmischen See hinaus, kenterte jedoch im Kampf mit dem Wind und den Wellen und ertrank. Mathilde verfolgte das tragische Geschehen auf dem Dach des Klosters und hörte noch, wie der Mönch ihren Namen rief, dann verlor sie vor lauter Schmerz das Bewusstsein. Als sie wieder aufwachte, eilte sie ans Ufer des Sees und fand dort den ertrunkenen Berthold. Die Nonne umarmte den Leichnam und verschied ebenfalls. Am Morgen sprachen sich die nächtlichen Ereignisse unter den Klosterfrauen schnell herum und sie gingen an das Seeufer, um das sündige Paar zu bestaunen. Weil die Geschichte weitererzählt wurde, verweigerte der Abt vom Kloster Herrenwörth ein christliches Begräbnis. Nur ein alter Mönch erbarmte sich der Liebenden und vergrub sie heimlich in der geweihten Erde des Klosters. Er war nachsichtig, weil ihm selbst einst durch das Schicksal seine Braut entrissen worden war.

Eine andere Geschichte berichtet, dass sich auf der unbewohnten Krautinsel angeblich Mönche von der Herreninsel mit Nonnen von der Fraueninsel getroffen haben sollen, um sich dort ungestört der Liebe hingeben zu können. Zur Strafe für diese Sünde sei deshalb die Krautinsel unfruchtbar geworden. Die Mönche und Nonnen, die ihr Keuschheitsgelübde gebrochen hatten, sollen auf den am Südufer des Chiemsees gelegenen Kaiserberg verbannt worden sein. Die Fischer am Chiemsee glaubten früher, dass immer dann, wenn der See unruhig oder stürmisch wurde, die Geister dieser Unglückseligen ihre Hände im Spiel gehabt hätten.

Die Chiemseefischer sterben als Beruf nicht aus

Momente des größten Glücks sind für die Chiemseefischer die Augenblicke, wenn in den frühen Morgenstunden nach dem Auslegen der Netze eine verzauberte Stille über dem See liegt. In der Sprache der Fischer heißt der östliche, größere Teil des Chiemsees der Weitsee, während der westliche kleinere Teil um die Inseln herum als Inselsee bezeichnet wird. Im Mittelalter waren die Fischereirechte des Klosters Frauenwörth am Alzabfluss bei Seebruck ein ständiger Zankapfel mit den Herren von Truchtlaching und dem Kloster Baumburg, denn das Inselkloster traf Vorkehrungen, um möglichst wenig Fische in die Alz entkommen zu lassen, indem es den Abfluss des Chiemsees mit Baumstämmen und Pflöcken verstopfte. Als Folge dieser Maßnahme ging der Fischbestand in der Alz zurück. Der langjährige Streit konnte erst unter der Vermittlung des Herzogs *Heinrich von Baiern* geschlichtet werden, wobei dem Richterspruch mit Geld nachgeholfen worden sein soll.
Seit der Säkularisation 1803 haben die 42 Häuser rund um das Kloster einen Hofnamen mit der Endung -fischer erhalten. Der noch auf der Insel heimische Name *Stachelfischer* weist darauf hin, dass viele Fischer neben der Fischerei die sog. *Stachlerei* betrieben. Dies waren hölzerne Fortbewegungsmittel, mit denen man sich auf dem zugefrorenen See bewegte. Noch im letzten Jahrhundert waren Tausende Meter Netze über Stangen am Ufer zum Trocknen in der Sonne aufgehängt, die das Gesicht der Fraueninsel prägten und sich um sie herum wie ein Verband legten. Diese Zugnetze, mit denen die Fischer bis etwa 1930 fischten, waren ca. 500 m lang. Um sie auszulegen und einzuholen, waren zwei Schiffe mit acht Mann Besatzung nötig. Die Ausbesserung und Pflege dieser Netze, die aus Baumwolle oder Hanf bestanden und spätestens nach zwei Jahren verschlissen waren, war arbeitsintensiv und stellte die Winterbeschäftigung der Fischer dar. Erst mit den Kunstfasernetzen trat hier eine Verbesserung ein.

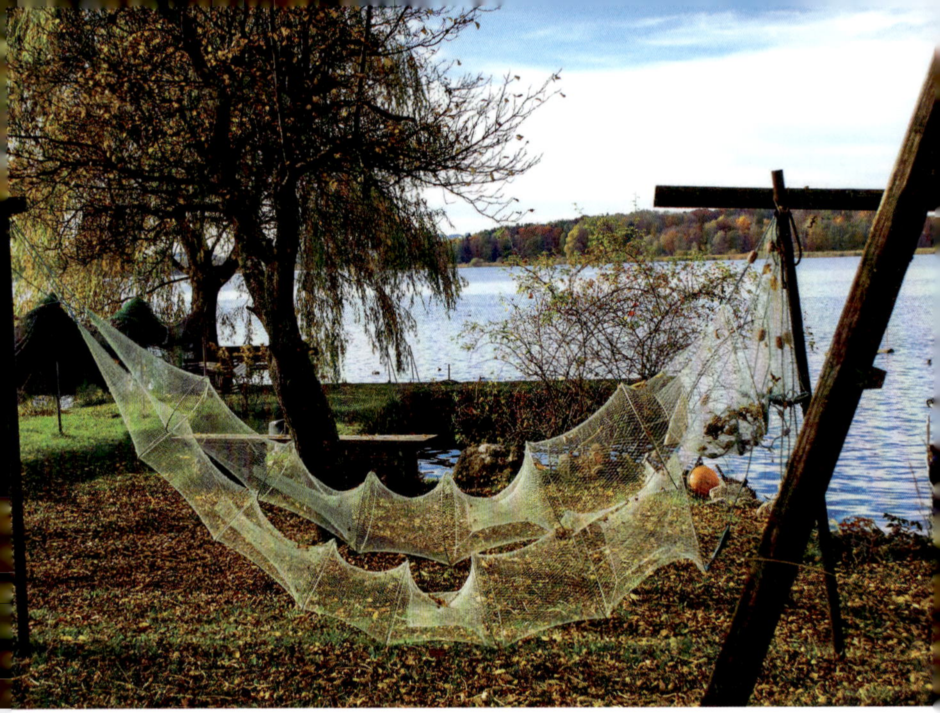

Die auf der Fraueninsel noch existierenden 16 Chiemseefischer haben ihr Handwerk von Generation zu Generation weitervererbt bekommen. Dass ihr Beruf heute nicht zum Aussterben verurteilt ist, sondern sogar Zukunft hat, liegt sicher nicht allein daran, dass man als Fischer sein eigener Herr ist und der Beruf wie kaum ein anderer im engen Kontakt mit der Natur ein letztes Stück Romantik und Freiheit bietet. Eher ist die Ursache, dass die harten Arbeitsbedingungen durch bessere Qualität der Netze und der wasserdichten Kleidung in den letzten 150 Jahren wesentlich erleichtert wurden und das mühsame Rudern von Hand durch Außenbordmotore abgelöst worden ist. Vor allem aber, und das ist für die Erhaltung des Berufsstandes bedeutsam, bietet die Direktvermarktung an Touristen und die regionale Gastronomie den Fischern eine dauerhafte finanzielle Perspektive. Rund 80 Tonnen Fisch pro Jahr fangen die Chiemseefischer insgesamt und können damit ganz gut über die Runden kommen.

So kommt es auch, dass die Wicklfischerei auf der Fraueninsel schon in der sechsten Fischergeneration steht. Als vor rund 150 Jahren, 1857, zu Urgroßvaters Zeiten, der Vorfahr durch Heirat auf die Fraueninsel kam, herrschten hier noch strenge Sitten, denn die königlichen Fischaufkäufer hatten das Sagen und die Inselfischer mussten ihre Renken, Brachsen und Zander an sie abgeben. Erst ab 1877 konnten sie sich ein eigenes Fischrecht leisten, das vorher bis 1803 Privileg der Kirche gewesen war. Früher ruderten die Fischer noch jeden Sonntag nach dem Kirchgang hinüber nach Stock, um den gefangenen Fisch zur Bahn zu bringen. Ein anderer Teil wurde direkt aus dem Korb auf den Dorfplätzen verkauft. Gefangen wurden auch Saiblinge und die kleinen Schrazten, seltener Waller, Hechte und Aale. Heute nimmt im Berufsalltag der Fischer die Fischverarbeitung einen immer größeren Stellewert ein, weil die Nachfrage nach geräucherten und filettierten Fischen gestiegen ist.
Die Chiemseefischer sehen also zuversichtlich in ihre Zukunft, auch wenn für sie, was die Fischgröße betrifft, strenge Regeln gelten (Hechte ab 55 cm, Renken ab 30 cm). Kleinere Exemplare werden an den See zurückgegeben; ebenso die seltenen Perlfische oder die Seeforellen. Außerdem müssen die Fischer Schonzeiten beachten. Nur für die Kormorane, die den Fischern große Sorgen bereiten, gelten kein Regeln. Und das finden sie ungerecht. Allein 45 Tonnen, so lauten die Schätzungen, vertilgt die Kormorankolonie am Achendelta. Eine Lösung dieses Interessenskonflikts ist aber noch nicht in Sicht.

Genusswandern rund um Prien

Prien ist der Türöffner zum Chiemsee

Anfahrt PKW: Autobahn A8, München–Salzburg, Ausfahrt Bernau/Prien. Parkmöglichkeiten in Stock am Seeufer.
Bahn: Strecke München–Salzburg bis Prien.

Infos Prien: Kur- und Tourismusbüro Prien, Alte Rathausstraße 11, 83209 Prien a. Chiemsee, Tel.: 08051-6905-0, Fax -40, info@tourismus.prien.de

Sehenswert Pfarrkirche Maria Himmelfahrt, Heimatmuseum, Kurpark, Hafen Prien-Stock, Chiemseeblicke Hittenkirchen und Ratzinger Höhe.

Hinweis Prien: Heimatmuseum Prien, Alte Rathausstr. 11, 83209 Prien, Tel.: 08051-92710 (Gruppen -690513), kunstsammlung@prien.de, www.kultur-prien.de.
Galerie im Alten Rathaus: Ausstellungen in der Tradition der Chiemseemalerei, aber auch international bekannte Künstler, Alte Rathausstraße 22, 83209 Prien am Chiemsee, Tel.: 08051-92928 oder 08051-6905-0, Fax: -40, info@tourismus.prien.de.
Prienavera-Erlebnisbad: Seestraße 120, 83209 Prien, Tel.: 08051-60957-0, Fax: -20, info@prienavera.de.
Rimsting: Aussichtsturm Ratzinger Höhe, 83253 Rimsting, Tel.: 08051-6876-0, Fax: -30, info@rimsting.de, www.rimsting.de.

Einkehr **Prien:** König Ludwig Stuben, 83209 Prien, Tel.: 08051-4802, Fax: 08051-64406, www.chiemsee-gast.de.
Zum Sterzer im Hotel Bayerischer Hof, Bernauer Straße 3, Tel.: 08051-6030, info@zumsterzer-prien.de.
Wieningerbräu, Bernauerstr. 13b, Tel.: 08051-61090, Fax: -969285.
Restaurant-Cafe Luitpold am See, Seestr. 110, Tel: 08051-6091-00, Fax: -75, www. gastronomie.bayern-online.de

Urschalling: Mesner Stub'n, 83209 Prien-Urschalling, Tel. 08051-3971, info@ mesnerstubn.de
Rimsting: Gasthof Hotel Seehof, Schafwaschen 6, 83253 Rimsting, Tel.: 08051-169-7, Fax: -8, gasthof-seehof@t-online.de.
Wirtshaus beim Has'n, Landhotel und Wirtshaus, Endorfer Str. 1, Tel.: 08051-6095-90, Fax: -95, info@landhotelbeimhasn.de, www.landhotelbeimhasn.de.
Gasthaus Werndl, Greimharting 26, 83253 Rimsting, Tel.: 08051-3637, Fax 08051-4593, www.gasthaus-werndl.de

Der Luft- und Kneippkurort Prien grenzt an den Chiemsee und wurde 1818 durch die Verwaltungsreform in Bayern erstmals eine selbstständige Gemeinde. Als im Jahre 1860 die Eisenbahnlinie München–Salzburg eröffnet und das Königsschloss Herrenchiemsee 1886 für die Allgemeinheit zugänglich wurde, war Prien Haupthafen der neu ausgebauten Chiemsee-Schifffahrt. Hotels und Fremdenpensionen entstanden für die vielen Sommerfrischler und Auswärtige bauten sich hier ihre Sommervillen. Auch die Künstler fanden Gefallen an dem Ort. Ab dem Hafen Stock verkehren bis heute die Schiffe der Chiemsee-Schifffahrt zu den Inseln und anderen Anlegestellen am Chiemsee. Und noch heute verbindet die 1887 erbaute Chiemsee-Dampfbahn den weiter landeinwärts gelegenen Bahnhof von Prien mit dem in Prien-Stock gelegenen Hafen. Das Bähnchen, von den Einheimischen liebevoll „Bockerl“ genannt, hat eine Spurweite von 1 000 mm. Für die Streckenlänge von 1,9 km benötigt es etwa 8 Minuten. Im Dezember 1980 wurde die Bahn unter Denkmalschutz gestellt. Die Kasten-Dampflokomotive wurde 1887 von der Lokomotivenfabrik Krauss, München + Linz, gebaut. Der nostalgische Chiemseezug besteht aus halboffenen Wagen der 2. Klasse und geschlossenen Wagen der 1. und 2. Klasse. Eine besondere Attraktion ist ein gepolsterter Salonwagen.

Prien

Geschichte: Seinen Namen hat der 533 ü. NN gelegene Ort Prien von einem kleinen Flüsschen, das bei Schafwaschen in den Chiemsee mündet. Das Wort *Prien* entstammt wohl noch dem Keltischen und leitet sich von *Brigenna* ab, was übersetzt so viel heißt wie *die aus den Bergen Kommende*. Die erste mittelalterliche Ansiedlung Priens wurde um die Mitte des 12. Jhs. als Gerichts- und Verwaltungsort gegründet, als die *Grafen von Falkenstein* beauftragt wurden, die weltlichen Angelegenheiten über Herrenchiemsee und die Güter des Erzstiftes Salzburg im westlichen Chiemgau zu regeln. Als Vögte mussten die Grafen auch zwei Mal pro Jahr Gerichtstage abhalten. Da ihnen der Erzbischof aber verboten hatte, dies auf der Insel zu tun, fiel die Wahl auf Prien als inselnahem Gerichtsort. Das war die eigentliche Geburtsstunde des heutigen Prien. Der Ort entwickelte sich zu einem lebhaften Handelsplatz, der Händler und Handwerker

Ein Relikt aus romantischen Zeiten:
die Chiemsee-Dampfbahn Bockerl in Prien.

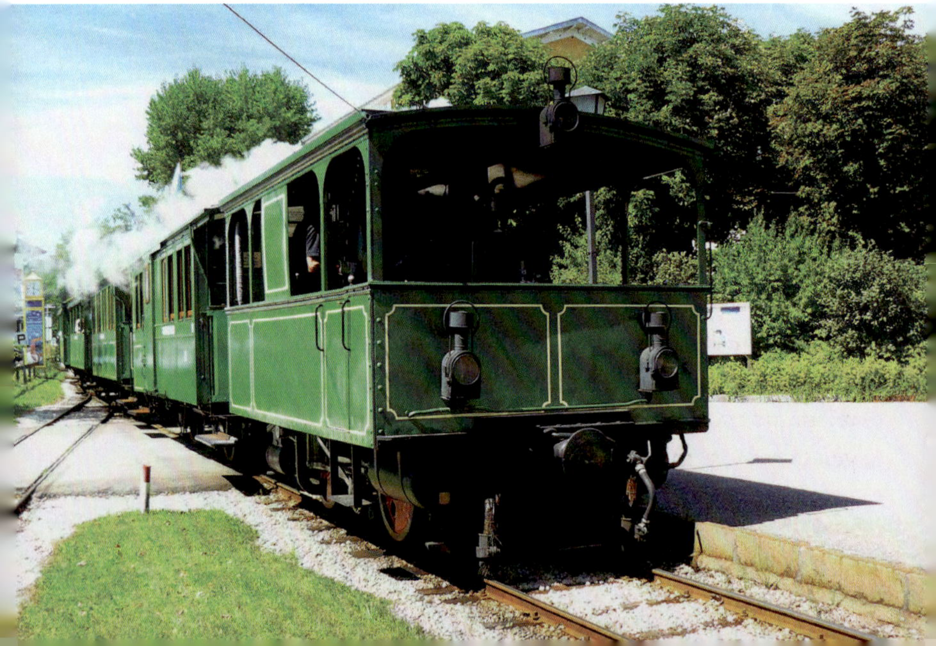

anzog und den Wirten gute Einnahmen bescherte. Erst 1848 wurde die adelige Gerichtsbarkeit abgeschafft.

Pfarrkirche Maria Himmelfahrt: Schon 1180 und 1200 werden Prien und seine Pfarrkirche urkundlich als Eigentum des Falkensteiner Grafen erwähnt. Der heutige Bau wurde im Kern 1382 gotisch errichtet und 1752–1759 im Rokoko-Stil umgestaltet. Die monumentalen Deckengemälde von *Johann Baptist Zimmermann* schmücken heute den barocken Innenraum. Sie zeigen die Seeschlacht von Lepanto und wie der Türkenbesieger von Lepanto, Don Juan d'Austria, die Befreiten begrüßt. Der berühmte Meister aus Wessobrunn hat hier einen Kirchenraum geschaffen, der wie ein großer Festsaal wirkt. Das Triumphgefühl über den damals noch nicht so lange zurückliegenden Sieg über die Türken, die einst Wien belagerten, wirkt hier noch nach. Unter den Bauten in der Nachbarschaft ist die *Allerseelenkapelle* zu erwähnen, die 1723 errichtet wurde. Der offene Umgang kam erst 1923 hinzu. Pfarrkirche und Kapelle bilden als bauliches Ensemble den kirchlichen Mittelpunkt von Prien.

Heimatmuseum: Das in einem historischen Gebäude von 1837 am Marktplatz untergebrachte Heimatmuseum steht im Dienst der Erhaltung und Verdeutlichung der Chiemgauer Kultur und seines Brauchtums. Das alte Anwesen wurde erstmals urkundlich im 14. Jh. erwähnt und hat schon vielen Herrn gedient, denn es war erst Meierhof, dann Pfarrhaus, Branntweinschenke und schließlich Bauernhof. Sehenswert sind die traditionell eingerichtete Bauernstube, die Austragsstube und das Trachtenzimmer; ferner die Ausstellungsräume für Spezialgebiete wie die Fischerei und verschiedene Handwerkszimmer, Biedermeier- und Barockzimmer, Krippenzimmer und Chiemseemaler-Zimmer (S. 95), die einen Einblick in das Alltags- und Arbeitsleben der Menschen in früherer Zeit geben. Der Priener Trachtenhut mit seinen goldenen Quasten und der Goldstickerei am unteren Rand, den die Frauen manchmal noch an Festtagen tragen, ist mittlerweile zum Inbegriff dieses von alten Sitten und Gebräuchen geprägten Bauernlandes geworden. Im Heimatmuseum in Prien kann man den Hut in der dortigen Trachtensammlung bewundern. Über das ganze Jahr verteilt finden Ausstellungen zu Traditionen des Chiemgaus statt.

Ludwig Thoma
In Prien verlebte der Heimatdichter Ludwig Thoma als Gymnasiast seine Ferien bei seiner Mutter, die um 1875 nach dem Tod ihres Manne hierhergezogen war und das heute nicht mehr existierende Gasthaus Kampenwand einige Jahre lang in Pacht betrieb. Weil der spätere Verfasser der Lausbubengeschichten sich als Schüler gegen die Lehrer auflehnte, musste er häufig die Schule wechseln und auf das Internat gehen. Das Ludwig-Thoma-Gymnasium in Prien trägt seinen Namen.

4 Priener Kneippweg

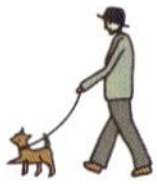

Weg 5,5 km
Steigung 81 m

Prien darf seit 1960 die Bezeichnung Kneipp-Kurort tragen. Startpunkt: Prien Dampfersteg. Der ausgeschilderte Priener Kneippweg führt vom Chiemseeufer in *Stock* zum *Fessler Weiher,* dann weiter über den *Herrenberg* und durch den historischen Stadtkern von *Prien* in den *Kurpark* und den *Naturpark Eichental.* Unterwegs kann man in drei Kneippbecken und auf einem Barfußweg Kneippanwendungen ausprobieren.

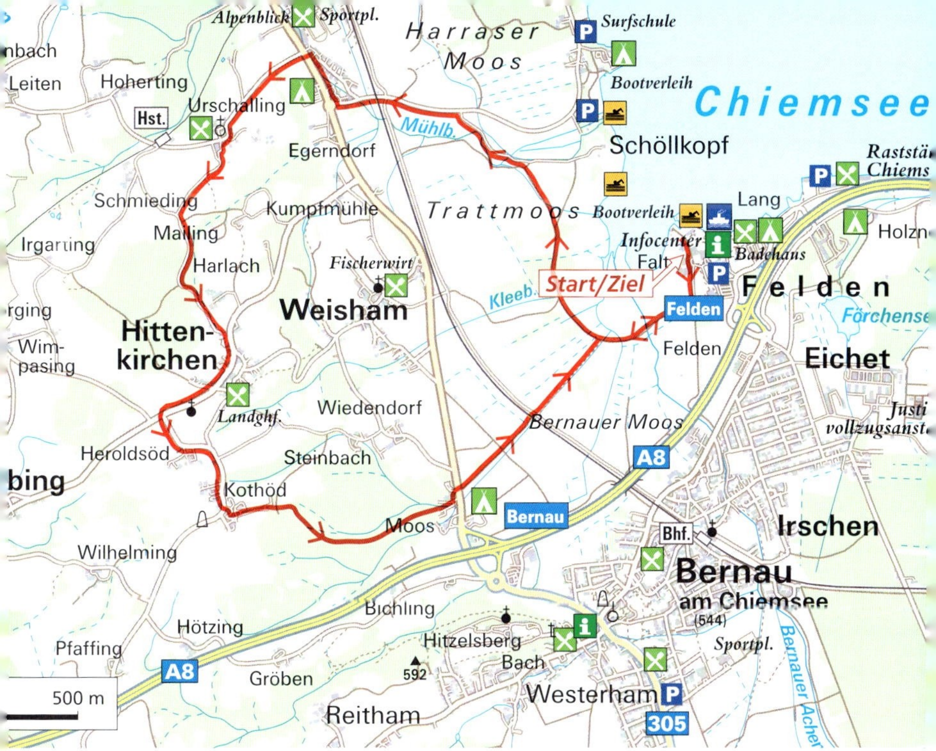

Vom Chiemseepark Felden zum Chiemseeblick bei Hittenkirchen 5

Weg	11 km
Steigung	ca. 150 m

Startpunkt: Chiemseepark Felden, Rasthausstraße. Man parkt den Wagen am *Chiemseepark Felden* und geht auf der Birkenallee zum *Chiemseerundweg*, dort rechts weiter am Mündungsgebiet der *Bernauer Achen* vorbei bis zum *Mühlbach* beim Schöllkopf. Dort folgt man einem Feldweg links zur Hackestraße, auf dieser geht es links weiter, dann rechts in die Dickertsmühler Straße bis fast zur *Dickertsmühle* wandern, in der Folge links zur Priener Straße und auf der anderen Seite aufwärts nach Urschalling.

Über Mailing kommt man nach Hittenkirchen. Auf der Hittostraße geht es weiter zur RO 23, der man links ein Stück folgt. Bei der Kapelle oberhalb des Ortes hat man einen herrlichen *Chiemseeblick.* Nach dem Parkplatz links in die Straße nach *Heroldsöd* einbiegen und weiter nach *Kothöd.* Dort links den Raffelweg benutzen und nach 300 m rechts den Waldweg nehmen. Im Wald rechts halten und auf dem Hauptweg weitergehen, bis man unten in Moos herauskommt. Man überquert die Priener Straße und geht auf die Bahngleise zu. Nach der Unterführung kommt man nach 600 m zum *Chiemseerundweg* und erreicht rechts wieder den *Chiemseepark Felden.*

Variante über Weisham: Vom *Chiemseerundweg* zweigt zwischen *Felden* und *Schöllkopf* links ein Weg nach *Weisham* ab. Man überquert die Priener Straße und folgt zuerst ein Stück der Straße nach *Hittenkirchen,* bis dann rechts ein Fußweg abbiegt, der einmal ein Kirchweg war. Ab Hittenkirchen siehe oben.

Sehenswürdigkeiten

Urschalling

Lage: Der erhöht gelegene Ort (528 m) kann von Prien aus mit der *Chiemgaubahn* Prien–Aschau erreicht werden.

Geschichte: Das Geschlecht der *Falkensteiner Grafen* von Flintsbach am Inn, die vom 12.–14. Jh. hier die Herrschaft ausübten, hatte sich den hl. Jakobus als ihren Schutzheiligen für ihre Burgkapellen auserkoren. Weitere Jakobskirchen innerhalb ihrer Besitzungen gibt es noch in Bad Endorf, Hartmannsberg und Rohrdorf am Inn.

Kirche St. Jakobus d. Ä.: Der nur 4,2 m breite Kirchenbau ging aus einem Wehrturm um 1160–1170 hervor, die halbkreisförmige Apsis wurde etwas später, um 1200, angefügt. Das kleine, von den Grafen von Falkenstein gestiftete Kirchlein beherbergt als große Sehenswürdigkeit einen romanisch-gotischen

Freskenzyklus, der von großem Bilderreichtum der Zeit von 1200 bis 1380 zeugt. Die Malereien sind die bedeutendsten ihrer Art im gesamten südlichen und nördlichen Alpenraum. Die Wandbilder der sog. Armenbibel wurden für die des Lesens unkundigen mittelalterlichen Menschen geschaffen. Die Fresken waren lange Zeit übertüncht und kamen durch Zufall wieder zum Vorschein, als die Mesnerin 1941 einen Nagel in die Wand schlug. Zum ersten Mal wurde die Kirche in der Hochblüte der Romanik ausgemalt. Aus dieser Zeit stammt das Sündenfall-Bild, das Adam und Eva unter dem Paradiesbaum zeigt (1180). In der Zeit der Spätgotik wurde ein Gemäldezyklus geschaffen, der die Heilsgeschichte und das Marienleben zum Thema hat. Die Fresken haben bis heute ihre leuchtende Farbigkeit behalten.

Jakobsweg: Ob die Kirche eine Station der Jakobspilger auf ihrem Weg nach Santiago de Compostela war, ist nicht erwiesen. Gezeigt wird aber in einem Freskenfragment die berühmte Pilgergeschichte des sog. *Hühnerwunders* mit einem unschuldig gehenkten Jüngling, das sich am Jakobsweg im spanischen Santo Domingo de la Calzada ereignet haben soll. Dieses Gemälde und die Lage oberhalb der Talsohle einer alten Straße, die von den Kelten wohl schon genutzt wurde, könnten einen Pilgerverkehr vermuten lassen. Jedenfalls hat man unweit des Kirchleins einen wunderbaren Blick auf das Südende des Chiemsees.

Wirtshaus Messner-Stub'n: Der aus dem 17. Jh. stammende Hof zählt zu den ältesten Gebäuden der Gemeinde und zeigt eine fast vollständig erhaltene altertümliche Holzblockbauweise. 1972 wurde in diesem Gebäude ein Wirtshaus eröffnet, das seinen Namen von der alten Verpflichtung des Hofes ableitete, der Pfarrkirche in Prien Messwein zu liefern.

Hittenkirchen

Lage: Der Ort liegt 150 m über dem Chiemsee und wird wegen seiner Aussicht auf den See gerühmt.

Geschichte: Vermutlich ist Hittenkirchen bereits im 9. oder 10. Jh. von dem Geistlichen Hitto gegründet worden. Erste Erwähnung 1180 im *Falkensteiner Codex*. Auf dem Friedhof liegt die bekannte deutschen Schauspielerin Elisabeth Flickenschild begraben, die viele Jahre in Hittenkirchen lebte, wo sie einen Bauernhof mit Pferdezucht betrieb.

Pfarrkirche St. Laurentius: Die schon 1408 erwähnte Kirche hat wahrscheinlich ein viel höheres Alter. Das Laurentiuspatrozinium weist auf mögliche Ursprünge des Gotteshauses in spätrömischer Zeit hin. In der heutigen Kirche befindet sich eine bemerkenswerte Innenausstattung, die noch von der Vorgängerkirche stammt. Neben den neugotischen *Ältären* sind vor allem unter der Empore an der Westwand zwei Hinterglasbilder (Triptychen) zu erwähnen, die u. a. auch die Selige Irmengard als Beschützerin der Feldfrüchte zeigen. Auf den Seitenflügeln ist der Eintritt Irmengards in das Kloster Frauenchiemsee und wie sie den Armen einen *Schuchsen* spendet, dargestellt. Am Chorbogen stellt ein altes Schnitzwerk Gottvater mit der Hl.-Geist-Taube dar.

Kirche St. Bartholomäus: Die erste urkundliche Erwähnung war 1345. Vom Kirchenbau aus der Zeit um 1200 haben sich Mauern des Langhauses erhalten. Um 1450 wurde ein spätgotischer Chor angefügt. Vom früheren Hochaltar von 1653 wurden nur das Altarblatt von *Matthias Schöfflhuber*, die Seitenfiguren und das Oberteil übernommen. 1762 wurden zwei neue Seitenaltäre aus Stuckmarmor aufgesetzt. Leider wurden die Fresken 1870 bei der Renovierung zerstört.

Kriegergedächtniskapelle (Chiemseeblick): Von der Kapelle am oberen Ortsausgang hat man eines der herrlichsten Chiemsee- und Chiemgau-Panoramen vor sich, bei gutem Wetter bis hinunter nach Salzburg. Die Kapelle zwischen zwei Linden wurde 1923 errichtet. Innen sieht man eine Pieta, an den Wänden Gedenktafeln für die in den Weltkriegen gefallenen Soldaten.

Weisham
Die zur Straße hin offene Kapelle besitzt ein Satteldach und innen eine Grotte mit Maria und dem Kind sowie eine Jesusstatue.

Kothöd
Die Holzner Kapelle mit Satteldach auf dem Holzner Anger birgt im Inneren ein Marienbild.

Bernau (S. 140)

In der näheren Umgebung:

Trautersdorf
Alte Handwerkersiedlung. Im Ort lebte die Malerfamilie Tiefenbrunner, die sich 1705 hier niederließ und über mehrere Generationen im Chiemgau wirkte. Die Rokoko-Fresken am Wohnhaus, dem Malerhaus Nr. 7, stammen von Franz Xaver Tiefenbrunner, der auch die Kirche St. Salvator ausmalte.

St. Salvator: Legende: Vor mehr als 800 Jahren ereignete sich hier zwischen Prien und Rimsting eine Begebenheit, die zur Gründung der Kirche führte. Weil eine von Schuldgefuhlen geplagte Frau aus Siggenham, die schwer gesündigt und den Leib Christi empfangen hatte, die Hostie nicht schluckte, sondern diese in der Hand behielt, legt sie diese bei einer Rast auf dem Heimweg auf einer Wiese auf den Boden, wo sie in der Erde versank. Als sie dem Pfarrer ihre Tat gebeichtet und bereut hatte, führte sie ihn zu der Stelle. Bald errichtete man an diesem Ort eine dem heiligen Retter geweihte Kirche (lat. *Salvator*). Der Hochaltar soll die Stelle kennzeichnen, an der die Hostie im Boden verschwand.

Kirche: Früher stand die Kirche ganz frei in der Landschaft, von Äckern und Wiesen umgeben. Erst im 18. Jh. siedelten sich um das Gebäude Menschen an und nannten den neuen Ort nach der Kirche St. Salvator. Der heutige Bau wurde Ende des 15. Jhs. in der Spätgotik errichtet. Das Gnadenbild ist ein mit einem Mantel umhüllter Christus Salvator von 1600. Am Hauptaltar steht die geschnitzte Figurengruppe einer Marienkrönung von 1520.

Chiemseemaler

In der Nähe des Ortes wohnten Emil Lugo (1840–1902) und Wilhelm Jensen (1837–1911), der eine war Maler, der andere Dichter. Die beiden Freunde liegen auf dem Friedhof der Fraueninsel begraben. Der Sommersitz der Familie des Dichters Jensen ermöglichte es Emil Lugo, seinen künstlerischen Studien am Chiemsee nachzugehen. Lugo hatte bei dem Düsseldorfer Landschaftsmaler Johann Wilhelm Schirmer studiert.

6 Erlebnisweg zur Ratzinger Höhe

Weg	7,5 km (hin und zurück)
Steigung	150 hm

Der Erlebnisweg Ratzinger Höhe beginnt in Rimsting am Parkplatz beim Rathaus und Verkehrsamt. (Wegzeichen: grüner Weg mit Sonne und Bergen; an verschiedenen Wegstationen sind erklärende Hinweistafeln angebracht.) Man geht durch die Schulstraße und bei der Kirche links in Richtung Friedhof. Beim Wegweiser dann ebenfalls links durch einen stimmungsvollen Hohlweg in das Westenbachtal hinunter zur Station 1 (Ortsgeschichte von Rimsting). Beim Rastplatz am Bach kommt man zur Station 2 (Rimstinger Mammut aus Holz), dann zur Station 3 (Entstehung der Landschaft während und nach der Eiszeit, als hier das Wasser des schmelzenden Priengletschers durch das Westenbachtal zum Simssee abfloss). Nach Station 4 (Infotafel Waldboden) wandert man aus dem Tal wieder heraus und gelangt in den bewaldeten Hängen zu Station 5 (Vogelbestimmungskästen). Es folgen Station 6 (Waldmusik für Kinder mit Waldxylophon) und Station 7

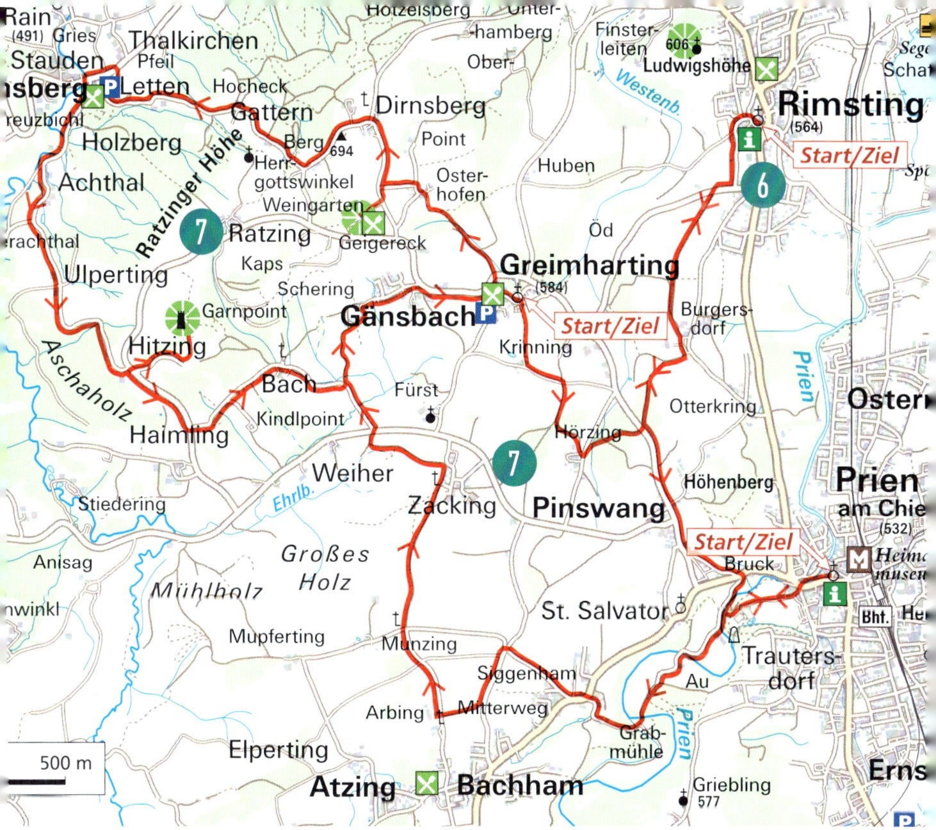

(Zielfernrohr, im Wald versteckt). Nach dem Wald durchquert man Wiesen. Beim Bauernhof Oberhuben gehts über die Teerstraße und dann auf einem Wiesenweg in den Wald zur Station 8 (Liegestühle, Alpenblick). Auf steilem Pfad wandert man nach Osterhofen hinauf. Dort liegt rechts Station 9 (mächtiger Felsblock, der in der Eiszeit mit dem Eis der Zentralalpen bis zur Ratzinger Höhe gelangte = sog. Kletterfindling). Man quert den Ort und marschiert links auf einem Teerweg (Osterhofen) bergan zu einem weiteren Teerweg. Dann links weiter und bald rechts zum Wirtshaus Weingarten. Von hier wieder rechts zum *Antworter Berg* (693 m). Auf dem Weg Richtung Dirnsberg hat man schöne Blicke auf den Chiemsee mit seinen Inseln. Unterwegs kommt man zu einer Schnapsbrennerei und einem Itakerhof (S. 84) aus Schlackengestein. Anstieg zur Ratzinger Höhe (690 m). Vom höchsten Punkt hat man eine der herrlichsten Aussichten auf das

Voralpenland und den Chiemsee. An der Station 10 gibt es ein Fernrohr, an der Station 11 wird über den vom Mittelalter bis ins 18. Jh. betriebenen Weinbau informiert, an Station 12 steht ein Bienenhaus. Man geht um die Ratzinger Höhe herum zum Gasthof Weingarten (Einkehrmöglichkeit). Die Station 13 ist ein Spielplatz für Kinder. Vom 16 m hohen Aussichtsturm *Ratzinger Höhe* kann man mit zwei Fernrohren weit ins Land blicken.
Rückweg: Auf demselben Weg wieder zurück nach Rimsting.

Sehenswürdigkeiten

Rimsting

Lage: Der über dem See gelegene Luftkurort bietet schönste Fernsichten auf den Chiemsee und die Chiemgauer Alpen, den Simssee bis in das Inntal und das Rosenheimer Land. Die Terrassenbildung der Landschaft bis hinauf zur Ratzinger Höhe bietet vielfältige Möglichkeiten zum Wandern.
Geschichte: An die möglicherweise schon in römischer Zeit erfolgte Besiedlung erinnert der aus dem Bajuwarischen abgeleitet Wortstamm *ruminisc* (= römisch), 1180 wird der Ort als *Rimstingen* erwähnt. Das Kloster Frauenchiemsee war hier mit zahlreichen Höfen begütert. Das Ortbild wird durch die blumengeschmückten Bauernhäuser mit Lüftelmalereien bereichert.
Pfarrkirche St. Nikolaus: Die dem Heiligen der Schiffer geweihte Kirche hat als wertvolles Ausstattungsstück den schwarz-weißen Barockhochaltar und die Kanzel (1680), die beide aus der Domstiftskirche des aufgelösten Klosters Herrenchiemsee stammen. Eine weitere Kostbarkeit ist die spätgotische Marienfigur des Meisters von Rabenden.
Itakerhöfe: Der 1847 erbaute Möglhof ist einer der ältesten Höfe dieser Art im Chiemgau. Der Name für diese Bauernhöfe soll an die italienische Herkunft der Bauleute erinnern, die im 19. Jh. als Saisonarbeiter in den Chiemgau kamen. Besonderes Kennzeichen

Kanzel in der Rimstinger Pfarrkirche.

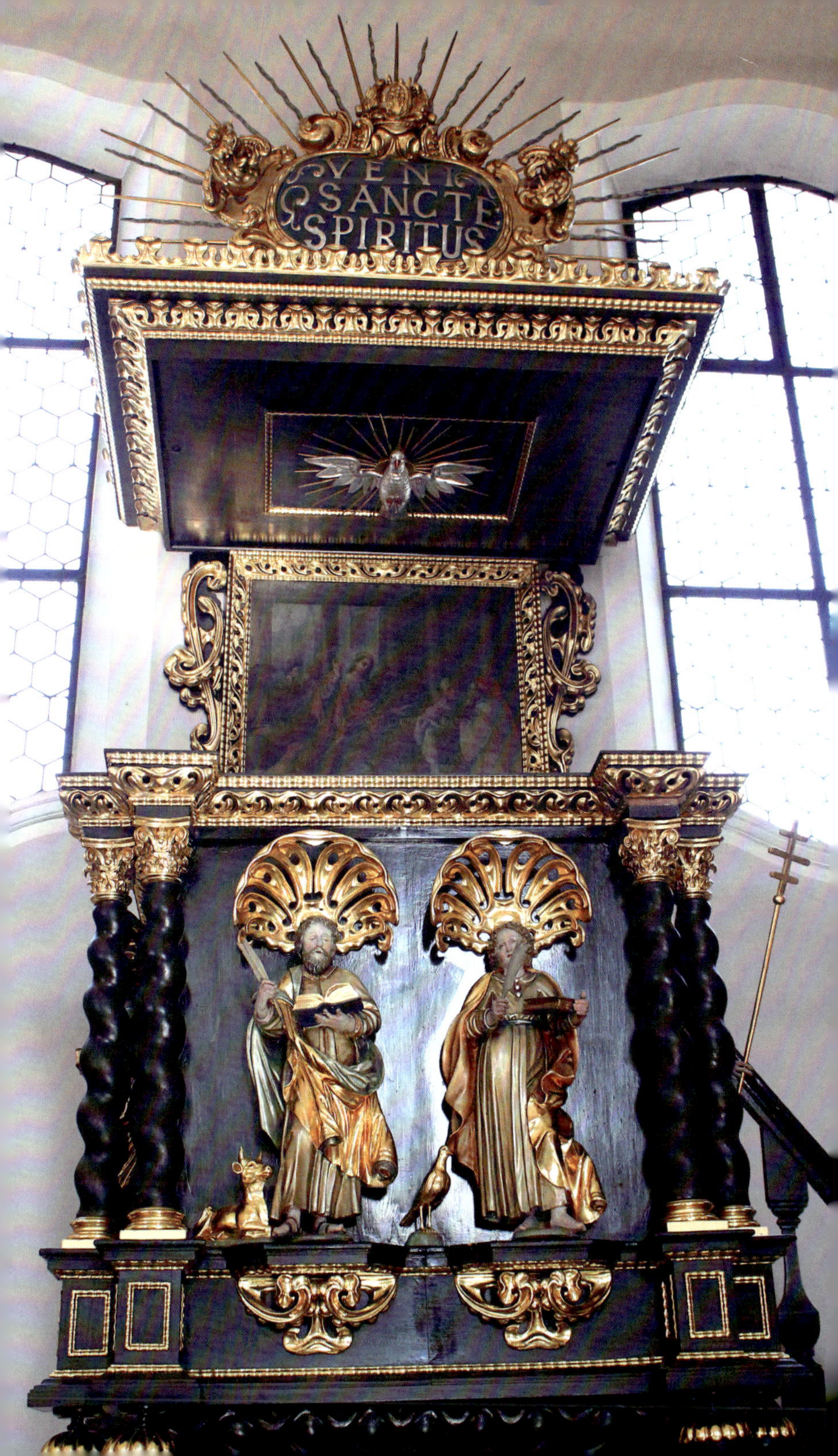
VENI
SANCTE
SPIRITUS

der Itakerhöfe ist eine Firstfront, die viele Fenster als Dekoration aufweist, um ein mehrgeschossiges Haus vorzutäuschen. In Wirklichkeit verbirgt sich dahinter ein großer Speicher. Die Itakerhöfe sind kulturhistorische Zeugnisse, die Reichtum und Ansehen eines selbstbewussten Bauernstandes widerspiegeln. Höfe dieser Art stehen z. B. auch in Natzing, Dirnsberg und Alteiselfing.

Hochstätt

Der kleine Ort ist schon 1130 als *Hohstete* bezeugt (heute Ortsteil von Rimsting).
Wallfahrtskapelle St. Koloman: Das Kirchlein wurde 1415 erbaut und hat viele Pilger angezogen, wie die Krücken und Pilgerstäbe im Inneren zeigen. Eine Sage erzählt, der hl. Koloman habe vor langer Zeit den Chiemsee durchschwommen und sei hier an Land gegangen. Der Heilige war ein irischer Pilger, den man unter dem Vorwurf, ein Spion zu sein, hängte. Weil sein Leichnam nicht verweste, beteten die Menschen mit Verstauchungen, Brüchen, Erkrankungen an den Gliedmaßen um Hilfe zum hl. Koloman.

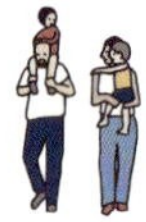

7 Wandern auf dem Obst- und Kulturweg rund um Greimharting

Weg	Nördliche Runde 8 km, südliche Runde 9 km
Steigung	150 hm

Der Wanderweg (Karte siehe S. 83) ist ausgeschildert (Wegzeichen Baumsymbol). Die Route führt an insgesamt rund 300 verschiedenen Ostbäumen vorbei. Man kann eine nördliche und eine südliche Runde machen:

Nördliche Runde: Greimharting → Osterhofen → Hocheck → Letten → Hitzing → Gänsbach.
Südliche Runde: Greimharting → Hörzing → Pinswang → Prien → Siggenham → Gänsbach.

Sehenswürdigkeiten

Greimharting

Lage: Der Ort lag am Schnittpunkt zweier Handelswege, von denen einer die Orte Bernau und Hemhof miteinander verband. Zum Gemeindegebiet gehören auch der Malerpunkt *Ludwigshöhe* und der Bergrücken *Ratzinger Höhe* mit 693 m und schönem Panorama über das Alpenvorland und den Chiemsee bis zu den Alpen.
Geschichte: Einst saßen hier die im 12. Jh. erwähnten Herren von Greimharting, deren Burg nicht mehr existiert. Aus den Steinen der Burg wurde die Pfarrkirche errichtet.
Kirche St. Petrus und St. Leonhard: Das spätgotische Kirchlein birgt im Inneren Fresken aus der Erbauungszeit. Am Hochaltar eine Holzfigur des hl. Leonhard von 1520 (Patron des Viehs und der Gefangenen), dargestellt mit Abtstab, Kette und Buch, zu seinen Füßen knien Gefangene. Im Chor ein einstmals großer Freskenzyklus (15. Jh.) sowie ein großes Christophorusbild (Anfang 16. Jh.). Die Schnitzreliefs in den Altarflügeln mit Marienszenen um 1520 wurden von der Prinzessin Hildegard von Bayern gespendet. Berühmt ist der traditionelle Pferdeumritt am Leonharditag (6. November).

Chiemseemaler
Ludwigshöhe: Es war Ludwig II., der dieser Anhöhe den Namen gab. Als das Schloss Herrenchiemsee noch im Bau war, ließ sich der König auf der Ludwigshöhe oberhalb Rimstings einen

Pavillon errichten, den man *Königssalon* nannte. Von hier verfolgte der menschenscheue König die Baufortschritte seines Märchenschlosses auf der Insel. Hier oben entstand auch das erste Bild eines Landschaftsmalers vom Chiemsee: Johann Georg von Dillis malte auf einem Aquarell von 1792 diesen schönen Blick auf den See. 1813 gelang Peter von Hess auf der Ludwigshöhe eines der schönsten Landschaftsbilder des Chiemgaus. Es hängt heute in München in der Badenburg im Park des Nymphenburger Schlosses. König Max I. von Bayern hatte damals den Auftrag erteilt, die schönsten Landschaften Bayerns zu malen, um das Schloss damit auszuschmücken.

Hitzing

Aussicht: Man kann einen Abstecher nach Osten machen und zum Aussichtsturm gehen (20 Minuten), wo man einen Zwei-Seenblick hat.

Gattern

Kapelle zur Unbefleckten Empfängnis: Die etwas abseits stehende Kapelle wurde 1781 von Bauern aus Ratzing und Gattern errichtet. Innen schöner Rokokostuck und ein Stuckaltar mit Figuren der Heiligen Rupert und Martin. Hinter Gattern erblickt man erstmals den 220 m tiefer liegenden Simssee.

Holzberg

Von hier hat man einen schönen Blick auf die St.-Andreas-Kirche von Thalkirchen mit ihrem barocken Zwiebelturm von 1676.

In der näheren Umgebung

Söllhuben

Lage: Auf einem Hügel gelegen mit Blick über das Inntal und die Alpen.

Geschichte: Erstmals 924 als *Selihoba* und 931 als *Solohobon* schriftlich erwähnt. Seit dem Beginn des des 10. Jhs. ist eine Kirche nachgewiesen.

Pfarrkirche St. Rupert und Martin: Der heutige elegante Bau wurde 1766 an der Stelle einer früheren gotischen Kirche nach Plänen des Münchner Hofbaumeisters Johann Michael Fischer als Zentralbau errichtet und mit Stuck ausgestattet.

Simssee

Der noch weithin unbekannte und unberührte See von 6,5 km^2 Fläche mit vielen Schilfzonen ist von einer schönen Hügellandschaft mit Wiesen und Wäldern umgeben. Seine maximale Tiefe beträgt 22 m. Seit 1963 ist der Simssee als Landschaftsschutzgebiet ausgewiesen. Fünf Gemeinden gruppieren sich um den See: Bad Endorf, Riedering, Prutting, Stephanskirchen und Söchtenau.

Frasdorf

Lage: Der Ort im mittleren Priental besitzt zwei bemerkenswerte Kirchen.

Im Hinterland des Simssees bei Söllhuben.

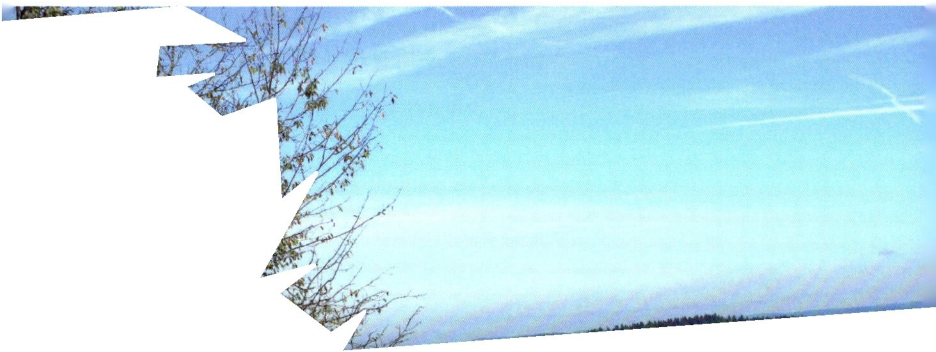

Pfarrkirche St. Margaretha: Der im Kern spätgotische Bau wurde um 1496 errichtet. Die barocken Fresken an der Decke im Chorraum erzählen das Leben der Kirchenpatronin St. Margaretha. Im Langhaus wird gezeigt, wie Mitglieder der Bruderschaft ihre Herzen dem von Engeln getragenen Bruderschaftsbild Mutter der schönen Liebe weihen. Die Kirche hat eine reiche Altarausstattung. Der Hochaltar mit dem barocken Hochaltarbild der hl. Margaretha ist mit Statuen des hl. Korbinian links und des hl. Blasius rechts geschmückt. Der rechte Seitenaltar stammt aus der Renaissance. Er ist dem hl. Joseph geweiht.
Wallfahrtskirche St. Florian: Die um das Jahr 1500 erbaute gotische Wallfahrtskirche scheint über den Wiesen und Feldern zu schweben. Der romanische Turm mit Satteldach grüßt weit ins Land hinaus. Die Kirche besaß einst eine von den Pilgern sehr verehrte heilkräftige Quelle, die in einer eigenen achteckigen Brunnenkapelle (Rotunde) gefasst war. Die Kirche ist meist geschlossen, da sich innen ein kostbarer spätgotischer Schnitzaltar befindet, der die Szenen aus der Lebensgeschichte des hl. Florian zeigt, der zum Schutz gegen Feuersbrünste angerufen wurde (Verbindung zum Quellkult).
Frasdorfer Höhlenmuseum: Das Karstgebiet Laubenstein in den westlichen Chiemgauer Alpen mit seinen ober- und unterirdischen Karsterscheinungen ist Thema dieses Museums. Höhlenumgebungen wie enge Kamine, Hallen oder unterirdische Seen mit Tropfsteinen, Sinterbildungen und Knochenfunden werden auf Farbfotos oder als Exponate gezeigt. Ferner Pläne und Modelle bedeutender Höhlen sowie eine nachgebildete Höhle mit dem 1933 entdeckten 11 000 Jahre alten Braunbärenschädel.
Anna Maria Furtner (1821–1884): Im Ort lebte und starb die tiefreligiöse Bäuerin, die als Wassertrinkerin von Frasdorf bekannt wurde, weil sie angeblich 50 Jahre lang keine Nahrung zu sich genommen haben soll, außer mehrmals in der Woche die Kommunion. Sie trank nur Wasser aus einer benachbarten Quelle oder ausgepressten Birkensaft.

Der Chiemsee und seine Maler

„Das Inselchen erfreut sich immer noch einer großen Beliebtheit und es fehlt nicht an Pilgern, die eine Einsamkeit suchen und gern etliche Tage oder Wochen da verleben.“ So beschreibt Ludwig Straub im Jahre 1860 die Fraueninsel. Als man in der zweiten Hälfte des 19. Jhs. den Chiemgau neu entdeckte, waren es zuerst die Maler und Schriftsteller, die es hierherzog. Mit ihren Bildern, Gedichten und Geschichten hatten sie einen großen Anteil daran, dass der Chiemgau in der weiten Welt bekannt und die Besucher vom See mit seinen Inseln angelockt wurden. Vor über 140 Jahren war der Chiemgau schon bevorzugtes Studienobjekt der Münchner Landschaftsmaler, die während der Sommerzeit in Scharen hierherströmten und auf Motivsuche gingen. Mit ihren Bildern zeigten sie den Menschen die Schönheiten dieses Landstrichs. Viele Gäste, die immer wieder dem Zauber des Sees erlagen, erwarben ihre Bilder als Andenken.

Der Chiemsee hat zahlreiche Maler angezogen, die von unzähligen Motiven, dem besonderen Licht und den kräftigen Farben inspiriert wurden. Einer der ersten, der Chiemseelandschaften malte, war Johann Georg von Dillis (1759–1841). In gräflichem Auftrag kam er 1792 hierher und malte von der Ludwigshöhe (S. 88) das erste Bild vom Chiemsee, das heute in der Neuen Pinakothek in München hängt. Spätere Maler haben eine Vielzahl von Bildern geschaffen, die eine tiefe Zuneigung zum Chiemsee, zu dessen Inseln, aber auch zur näheren Umgebung des Chiemgaus widerspiegeln. In ihnen kommt die aufkeimende Sehnsucht des 19. Jhs. nach Naturverbundenheit und der Verinnerlichung landschaftlicher Erlebnisse zum Ausdruck, die auch andernorts, wie in den Bildern der Rheinromantik, ihren Niederschlag fand.

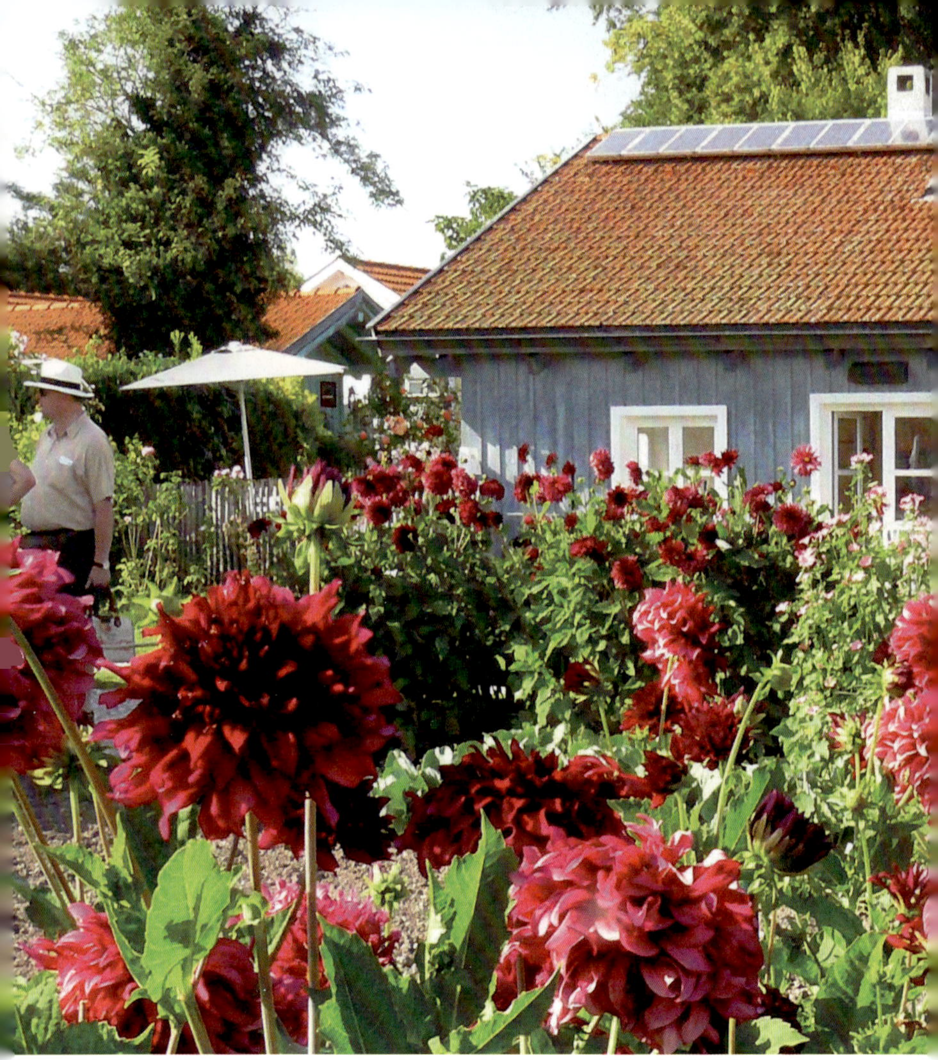

Zu den Malern der Fraueninsel zählt Max Haushofer (1811–1866), der im Jahre 1828 als Erster allein zu Fuß von München an den Chiemsee gegangen war. Er übernachtete auf Bauernhöfen im Stroh und setzte im Einbaum über den See auf die Fraueninsel über. Der Sohn eines Hauslehrers am Hof des Bayernkönigs Maximilian I. Joseph mochte das Malen lieber als die Jurisprudenz. Mit seinen begeisterten Erzählungen von dieser

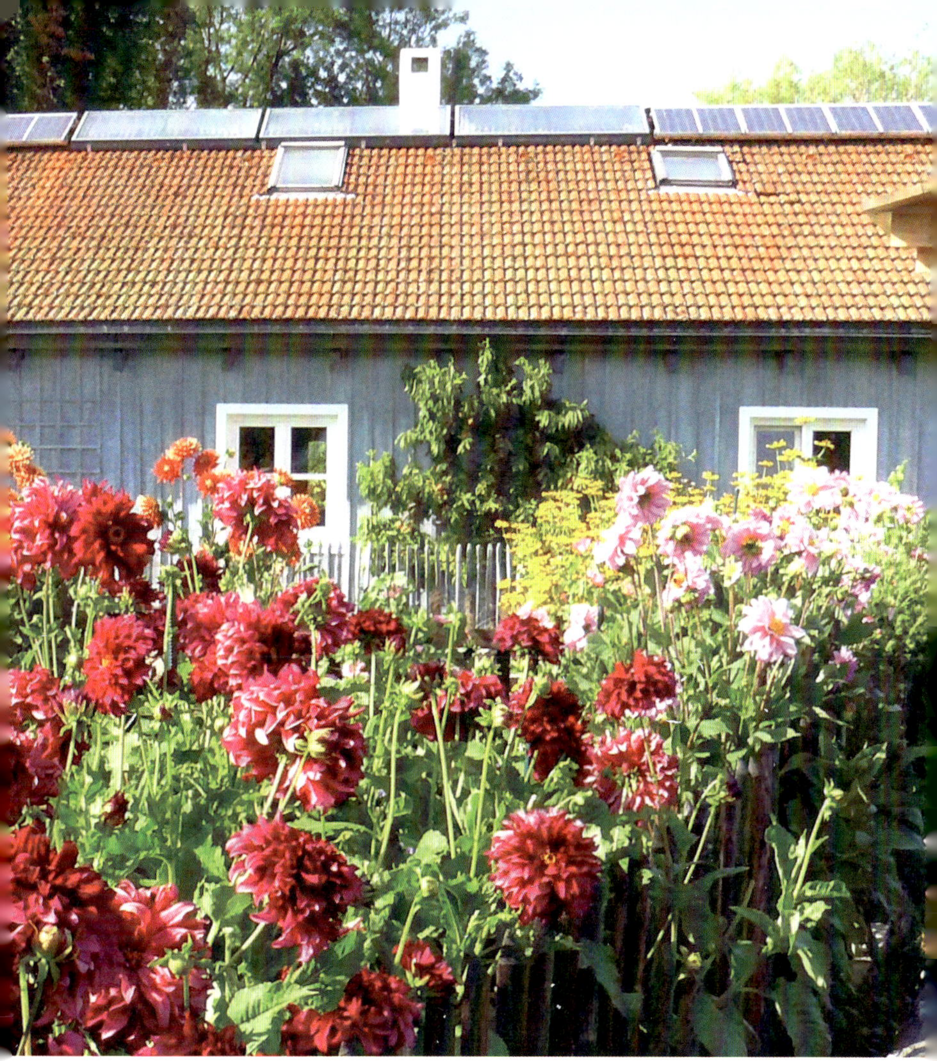

Die Fraueninsel steckt voller Malmotive.

Landschaft regte er seine Künstlerkollegen in München zur Nachahmung an. Drei von ihnen, die jungen Münchner Maler Franz Trautmann und die Brüder Karl und Josef Bomhardt kamen mit Max Haushofer um 1828 hierher, um die reizvolle und unberührte Fraueninsel für sich als Studienobjekt zu entdecken. Sie fuhren von München mit der Postkutsche über Rosenheim nach Weisham. Von hier wanderte man bis nach Gstadt und

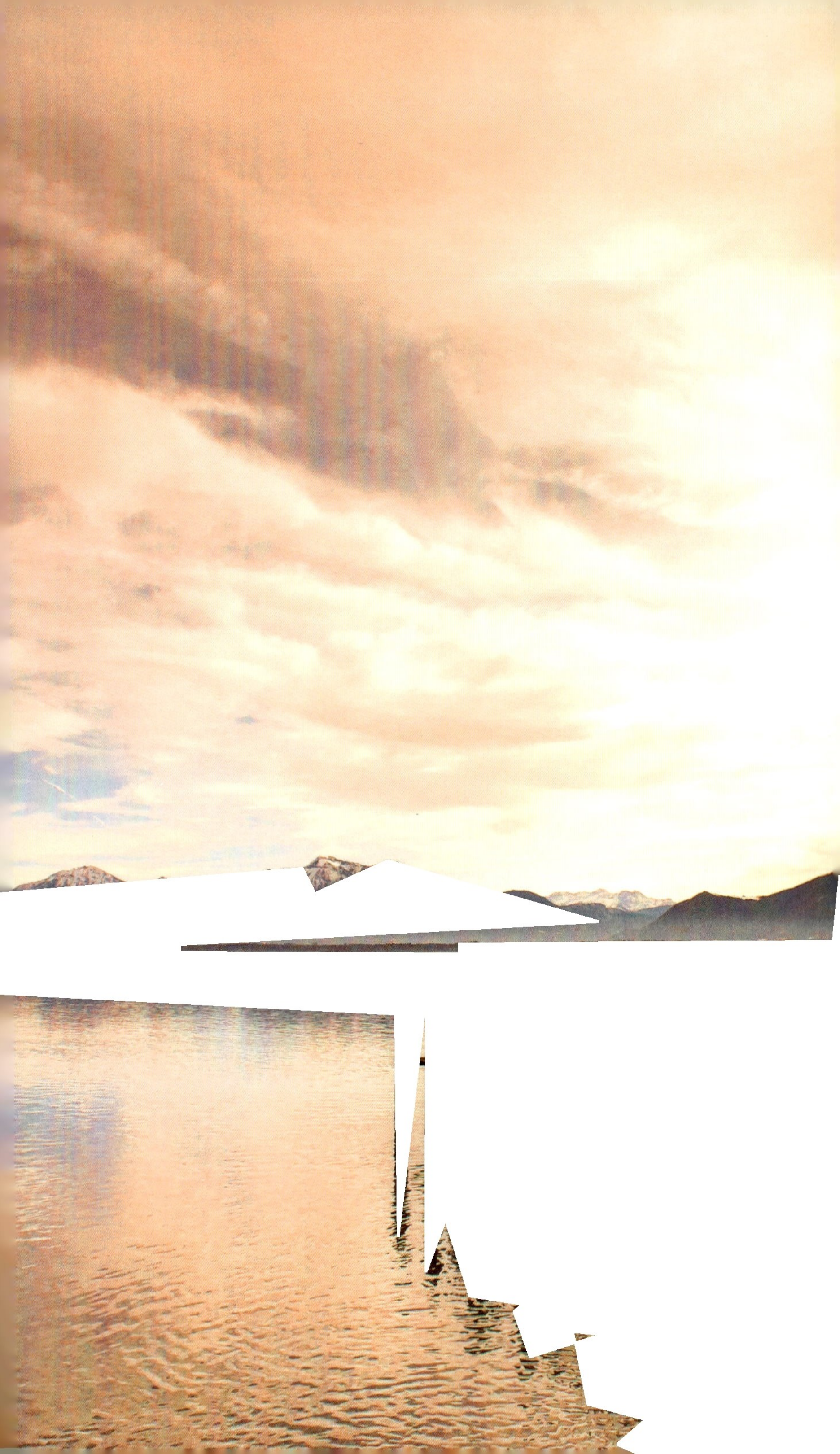

setzte auf die Insel über. Im Wirtshaus zur Linde quartierten sie sich ein. Die Schönheiten der kleinen Insel faszinierten die Männer so sehr, dass sie immer wiederkehrten. Max Haushofer kam regelmäßig in den Sommermonaten auf die Insel und malte, was er sah. Er heiratete Anna Dumbser, die Tochter des Inselwirtes, und lebte hier eine Zeit lang. Seither gilt er nicht nur als Begründer der Künstlerkolonie auf der Fraueninsel, sondern auch als der Entdecker des Chiemsees als Malermotiv.

1841 wurde schließlich von dem Maler und Schriftsteller Friedrich Lentner die erste Künstlervereinigung, die Künstlerchronik, gegründet, zu der im Lauf der Zeit weitere Maler wie Karl Raupp, Joseph Wopfner, Hermann Kaulbach und Wilhelm Leibl gehörten. Die Künstler nannten sich *Pleinairisten*, weil sie nur im Freien (en plein air) und nur nach der Natur malten. Die Freiluftmalerei am Chiemsee wurde so immer mehr zu einem Magnet, der ständig neue Künstler anzog. Sie verfolgte nicht nur einen anderen Zugang zur Kunst, sondern auch einen neuen Malstil, der sich markant von dem in Ateliers und Akademien gelehrten Kunstrichtungen unterschied. Denn bei dieser Malweise ging es darum, die Spontanität des Augenblicks zu erfassen und das Gesehene schnell mit dem Pinsel einzufangen. Ferner waren diesen Malern das genaue Beobachten und das Festhalten tiefer Gefühlsempfindungen wichtig. Dies alles spricht noch heute aus ihren Bildern, die sehr authentisch, ja manchmal fast impressionistisch wirken. Auch das Leben der Menschen wurde gemalt wie in dem Bild von Moritz Müller *Bauernhochzeit am Chiemsee* oder in Julius Köckerts (1827–1918) *Hochzeitsfahrt auf dem Chiemsee.*

Einen zweiten Höhepunkt erlebte die Chiemseemalerei in Prien um 1870, als sich zahlreiche Künstler um die Maler Karl Raupp (1837–1918) und Joseph Wopfner (1843–1927) scharten, welche die sog. *Münchner Schule* begründeten. Raupps Bilder zeigen neben stimmungsvollen Landschaften auch Szenen aus dem Leben der Fischer und der Menschen am Chiemsee. In dieser Zeit

ließ sich der Hamburger Maler Hugo Kauffmann (1844–1915) in Prien nieder, dessen Villa *Im Gries* sich zu einem gesellschaftlichen und künstlerischen Mittelpunkt entwickelte. Kauffmanns Bilder des einfachen Volkes zeichnen sich durch gute Beobachtung und eine Prise gesunden Humors aus. In der Nachbarschaft seiner Villa wohnte der Maler Ludwigs II., Wilhelm Hausschild. In Prien gründete man den Künstlerkreis *Bären und Löwen*, dann fand sich 1920 auf der Fraueninsel die Künstlergemeinschaft *Die Frauenwörther* zusammen. 1922 folgte die Gründung der *Welle* auf Initiative des Malers Paul Roloff (1877–1951), der seit 1921 in Prien-Stock lebte. Die Welle hatte in Prien-Stock ein eigenes Ausstellungsgebäude errichtet. Als dieses 1933 abgerissen wurde, kam es zu einer Annäherung der Künstler der Welle mit den Frauenwörther Künstlern, die im Torhaus der Abtei auf der Fraueninsel abseits der Nazi-Kunst ihre Ateliers und Ausstellungsräume hatten. Heute finden dort Ausstellungen im angrenzenden barocken ehem. Vikarhaus statt.
Der 1915 in Prien geborene und hier lebende Maler Paul Paulus scharte ebenfalls einen Kreis von Künstlern um sich. Er malte Landschaften seiner Heimat, die es heute so nicht mehr gibt; seine Bilder sind daher schon zu Geschichtsdokumenten geworden. Die Werke des Malers, den man daher auch als *Chronisten des Chiemgaus* bezeichnet hat, gingen in den Besitz der Gemeinde Prien über, die sie in einer ständigen Ausstellung der Öffentlichkeit zugänglich gemacht hat. In Prien wurde auch im Sommer 1945 die erste Ausstellung mit Werken von Künstlern gezeigt, die in der NS-Zeit nicht öffentlich gezeigt wurden. An diese Tradition will die in der Galerie im Alten Rathaus von Prien alljährlich stattfindende Kunstausstellung anknüpfen.
Im Prälaturstock der ehemaligen Wohnzellen der Chorherren des ehem. Klosters Herrenchiemsee werden heute zahlreiche Gemälde mit Chiemseelandschaften präsentiert. Ein Schwerpunkt sind die rund 100 Werke des Malers Julius Exter (1863–1939),

der um 1900 zu den Vorkämpfern der modernen Malerei in München zählte und in Übersee-Feldwies lebte (S. 153). Dort wohnten auch noch andere Maler wie Arnold Balwé, Elisabeth Balwé-Staimmer, Walter Brendel, Franz Sales-Gebhardt Westerbuchberg, Willi Geiger, Fritz Harnest, Michael Kiefer, Walter Lederer und Karl Meisenbach.

Auf die Spuren der Chiemsee-Maler kann man sich auch in der Städtischen Galerie in Rosenheim begeben und den Zauber, den die Chiemseelandschaft auf Generationen von Malern vom Ende des 18. Jhs. bis zur Mitte des 20. Jhs. ausübte, anhand bedeutender Gemälde nachempfinden. In einer Erlebnisausstellung wird auch viel vom Leben der Maler erzählt.

Bekannte Maler wie Max Beckmann, Max Slevogt und Max Pechstein malten ebenfalls Chiemseelandschaften. Die Bilder der Chiemseemaler spannen somit einen weiten Bogen, der von der Aufklärung über die Romantik bis zum Expressionismus reicht. Die lokalhistorische Bedeutung der Motive ihrer Bilder kann gar nicht hoch genug eingeschätzt werden, zeichnen sie doch ein Bild von einer Landschaft, nach der wir uns im Innersten sehnen, die es aber in unserer schnelllebigen Zeit so nicht mehr zu geben scheint. Weitere Orte der Chiemseemaler siehe S. 153.

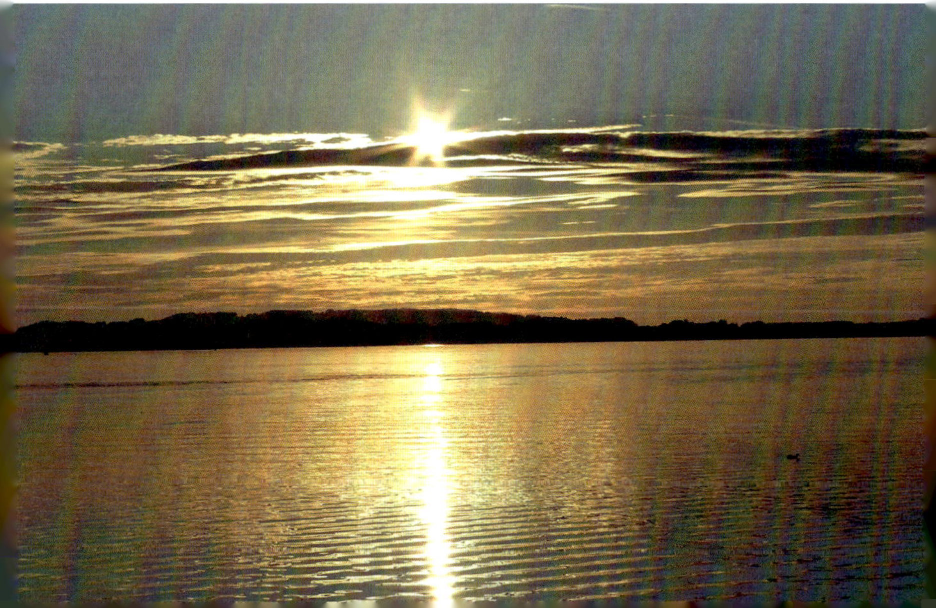

Mit der Seele wandern

Von Bad Endorf, wo sich einst zwei bedeutende Römerstraßen kreuzten und im Mittelalter die Salzstraße hindurchführte, die Bad Reichenhall mit dem süddeutschen Raum verband, geht es auf dem Grenzenlos-Wanderweg in das stille Seengebiet der Eggstätt-Hemhofer Seenplatte. Schattige Waldwege, einsame Waldseen mit moorigen Ufern, hellgrüne Wiesen und hügeliges Land wechseln sich ab. Nach dem Erlebnis der unberührten Natur macht man am Abend die beglückende Erfahrung einer Begegnung mit dem Chiemsee, dessen spiegelglatte, weite Wasserfläche einen deutlichen Kontrapunkt zu der kleinen, in sich abgeschlossenen Welt der Seenlandschaft setzt, die gerade zurückliegt. Am zweiten Tag geht es von Prien, wo schon Ludwig Thoma seine Lausbubenzeit erlebte, weiter am Prien-Fluss entlang nach Aschau. Von dort kehrt man mit dem *Aschauer Bockerl*, einer Kleinbahn, nach Prien zurück. Das Gehen in der Natur entspannt und regt den Gedankenfluss an, befand schon Jean-Jacques Rousseau. Und in der Tat stellt sich mit der Zeit eine Distanz zum alltäglichen Geschehen ein, weil das Erlebnis des Unterwegsseins uns ganz einnimmt.

Romantische Stimmungen am ersten Tag bei der Eggstätt-Hemhofer Seenplatte.

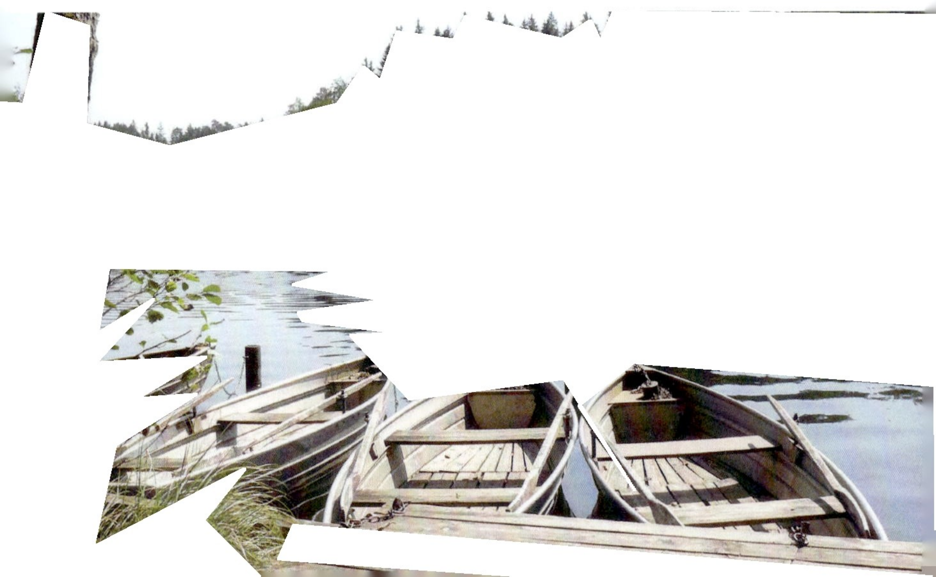

Anfahrt	PKW: Autobahn A8, München–Salzburg, Ausfahrt Bernau/ Prien. Parkmöglichkeiten: in Bad Endorf bei der Kirche. Bahn: Strecke München–Salzburg bis Prien. Weiterfahrt mit Bus.
Karte	Wanderführer Grenzenlos mit Kartenausschnitten. www.aschau.de/de/grenzenlos
Infos	**Bad Endorf:** Touristinfo, 83093 Bad Endorf, Bahnhofsplatz 2, Tel.: 08053-3008-50, Fax: 08053-3008-60, info@bad-endorf.de. **Eggstätt:** Tourist-Info, Obinger Straße 7, 83125 Eggstätt, Tel.: 08056-9046-19, Fax: -46, gemeinde@eggstaett.de **Prien:** Kur- und Tourisusbüro Prien, Alte Rathausstraße 11, 83209 Prien a. Chiemsee, Tel.: 8051 6905 0, Fax: 08051-6905-40, info@tourismus.prien.de **Aschau:** Tourist Info Aschau, Kampenwandstr. 38, 83229 Aschau i. Ch., Tel.: 08052-9049-37, Fax: 08052-9049-45, info@aschau.de
Hinweis	**Bad Endorf:** Chiemgau Thermen mit Innen -und Außenthermalbecken und stark jodhaltigem Quellwasser, Ströbinger Straße 18, 83093 Bad Endorf, Tel.: 08053-200-900, Fax: 08053-200-928, info@ chiemgau-thermen.de **Hohenaschau:** Prientalmuseum auf Schloss Hohenaschau: www.aschau.de/de/prientalmuseum-1
Einkehr	**Bad Endorf:** Endorfer Hof, 83093 Bad Endorf, Kirchplatz 5, Tel.: 08053-79948-0, info@endorfer-hof.de. Gasthaus Brandl Wirt, 83093 Bad Endorf (Hemhof), Dorfweg 3, Tel.: 8053 9843, **Eggstätt:** Gasthof Unterwirt, 83125 Eggstätt, Kirchplatz 8, Tel.: 08056-337, Info@unterwirt-eggstaett.de **Rimsting:** S. 73 **Aschau:** Burghotel Aschau, 83229 Aschau im Chiemgau, Kampenwandstr. 94, Tel.: 08052-908-0, info@burghotel-aschau.de. Hotel Dreilindenhof, Pölching 1, Tel.: 08052-2438, info@hotel-dreilindenhof.de Gasthof Kampenwand, Bernauer Str. 1, Tel.: 08052-2440, info@gasthaus-kampenwand.de

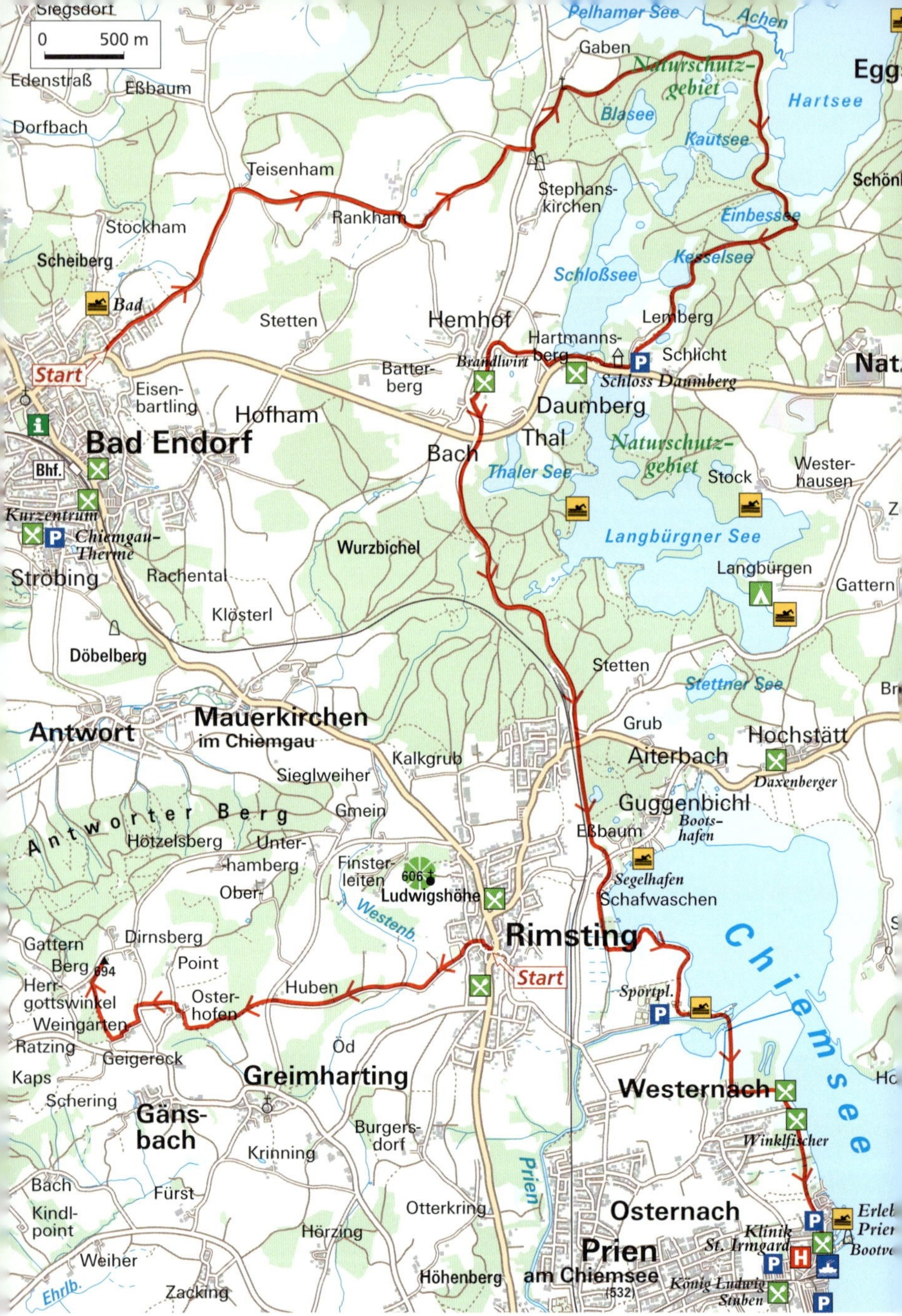
0 500 m
Siegsdorf
Edenstraß
Eßbaum
Dorfbach
Teisenham
Stockham
Rankham
Scheiberg
Bad
Stetten
Hemhof
Start
Eisenbartling
Hofham
Batterberg
Brandlwirt
Bad Endorf
Bhf.
Kurzentrum
Chiemgau-Therme
Ströbing
Rachental
Klösterl
Döbelberg
Wurzbichel
Bach
Thal
Pelhamer See
Achen
Gaben
Naturschutzgebiet
Blasee
Kautsee
Hartsee
Egg
Schön
Stephanskirchen
Einbessee
Kesselsee
Schloßsee
Lemberg
Hartmannsberg
Schlicht
Schloss Daumberg
Daumberg
Nat
Thaler See
Stock
Westerhausen
Langbürgner See
Langbürgen
Gattern
Stetten
Stettner See
Grub
Hochstätt
Aiterbach
Daxenberger
Guggenbichl
Bootshafen
Eßbaum
Segelhafen
Schafwaschen
Antwort
Mauerkirchen im Chiemgau
Kalkgrub
Sieglweiher
Gmein
Antworter Berg
Hötzelsberg
Unterhamberg
Ober-
Finsterleiten
606
Ludwigshöhe
Westenb.
Rimsting
Start
Chiemsee
Gattern
Dirnsberg
Berg
694
Point
Herrgottswinkel
Osterhofen
Huben
Weingarten
Sportpl.
Ratzing
Geigereck
Öd
Kaps
Greimharting
Westernach
Schering
Gänsbach
Winklfischer
Krinning
Burgersdorf
Bach
Fürst
Prien
Osternach
Kindlpoint
Otterkring
Hörzing
Prien am Chiemsee
(532)
Klinik St. Irmgard
Weiher
Zacking
Ehrlb.
Höhenberg
König Ludwig Stuben

Zwei Tage auf dem Grenzenlos-Wanderweg von Bad Endorf nach Aschau 8

Weg	1. Tag: 17 km 2. Tag: 14 km
Steigung	1. Tag: Anstieg hinter Bad Endorf, sonst eben. 2. Tag: Anstieg hinter Prien und zum Schloss Wildenwart (ca. 350 hm).

Grenzenlos-Wanderweg: Der in diesem Führer wiedergegebene Abschnitt von Bad Endorf bis Aschau beschreibt nur ein Teilstück dieses Wanderweges, nämlich die beiden ersten Etappen, die in Reichweite des Sees liegen. Das mit Mitteln der EU geförderte, insgesamt 120 km lange Wanderkonzept sollte Bayern mit Tirol verbinden. Leider hat sich diese Interessensgemeinschaft aufgelöst.

1. Tag
Von Bad Endorf bis Prien

Vom Bad Endorf (Teisenhamer Straße) führt der ausgeschilderte Grenzenlos-Wanderweg nach Teisenham und von dort weiter in Richtung Stephanskirchen, das man aber rechts liegen lässt. Man geht links, bis nach 200 m der Weg rechts in den Wald zu einer Kapelle abbiegt, wo man einen schönen Blick auf den Pelhamer See genießt. Dahinter sieht man die Kulisse des Kirchdorfes Höslwang. Jetzt geht es im Zick-Zack durch das überaus reizvolle Gebiet der Eggstätt-Hemhofer Seenplatte mit Krautsee, Hartsee, Einbessee und am Ende dem kleinen Badesee Kesselsee. Wenn man den Wald hinter sich gelassen hat, kommt man zur St 2095 und geht rechts auf der St 2096 über eine Landbrücke zwischen zwei Seen beim Schloss Hartmannsberg weiter. Links liegt der Langbürgner See, rechts der Schlosssee.

Man steigt hinauf in den höher gelegenen alten Handwerkerort Hemhof, der dieser Seenplatte seinen Namen gab. Dahinter überquert man die Hautptstraße und geht geradeaus über ein Wiesengelände auf ein Wäldchen zu. Der Weg führt im Wald durch mooriges Gebiet zum Bahnhof Rimsting. Von hier auf der Bahnhofstraße weiter am Gumpensee vorbei in die Bucht von Schafwaschen. Dort auf dem Uferweg mit herrlichen Seeblicken auf einer Brücke über die Prien, die hier in der Nähe in den Chiemsee mündet, dann den Osternacher Graben weiter nach Stock. Von der Dampferanlegestelle in Stock erreicht man Prien auf der landeinwärts führenden Ortsstraße oder mit dem reizvollen historischen Dampfbähnchen.

2. Tag

Von Prien bis Aschau

An der letzen Brücke in Prien nach dem Flüsschen gleichen Namens findet man das Wegzeichen des Grenzenlos-Wanderwegs. Bald durchschreitet man eine ruhige Tallandschaft mit alten Eichenhainen am Kurpark vorbei, von oben blickt die alte St. Salvatorkirche ins Tal herunter. Beim kleinen E-Werk muss man das Tal verlassen und über Holztreppen nach oben steigen.

Bei einem Wiesengebiet kommt man oben heraus. Die nächsten Stationen sind der Golfplatz bei Bauernberg und Vachendorf (Bahnanschluss). Weiter geht es bergab durch das Tal der Prien in den Wald, auf der anderen Talseite wandert man wieder bergauf bis zum Schloss Wildenwart, das einen Abstecher wert ist. Dann geht man wieder zurück und biegt auf halber Höhe im Wald rechts auf einen Weg ein, der immer schmäler werdend als Trampelpfad hart am Hang entlang nach dem idyllisch gelegenen Weiler Oed führt, wo man wieder ins Freie gelangt und auf einer Wiese rasten kann. Von der Lichtung geht es durch den Wald hinunter zur Prien, die auf einer kleinen Steinbrücke überquert wird. Durch eine breite Wiese hält man auf ein paar

Bauernhäuser zu, dann geht es auf einer kleinen Teerstraße hinauf nach Leitenberg. Im Hintergrund sieht man die Wallfahrtskirche St. Florian von Frasdorf. Die Autobahn wird auf einer Brücke überquert, zuvor hat man rechts einen sehr schönen Blick auf das Chiemgauer Voralpenland. Der Weg führt geradeaus durch ein Wäldchen und man erreicht wieder das Ufer der Prien, der man jetzt bis Aschau folgt, das von Weitem mit seinen zwei Zwiebeltürmen der Pfarrkirche *Darstellung unseres Herrn* erkennbar ist. Rückkehr nach Prien mit der Lokalbahn, die von den Einheimischen liebevoll *Aschauer Bockerl* genannt wird.

Fortsetzung des ausgeschilderten Weges bis nach Kufstein
Aschau → Sachrang (13 km) → Niederndorf (12 km) → Kufstein (12 km).

Am Ufer der Prien.

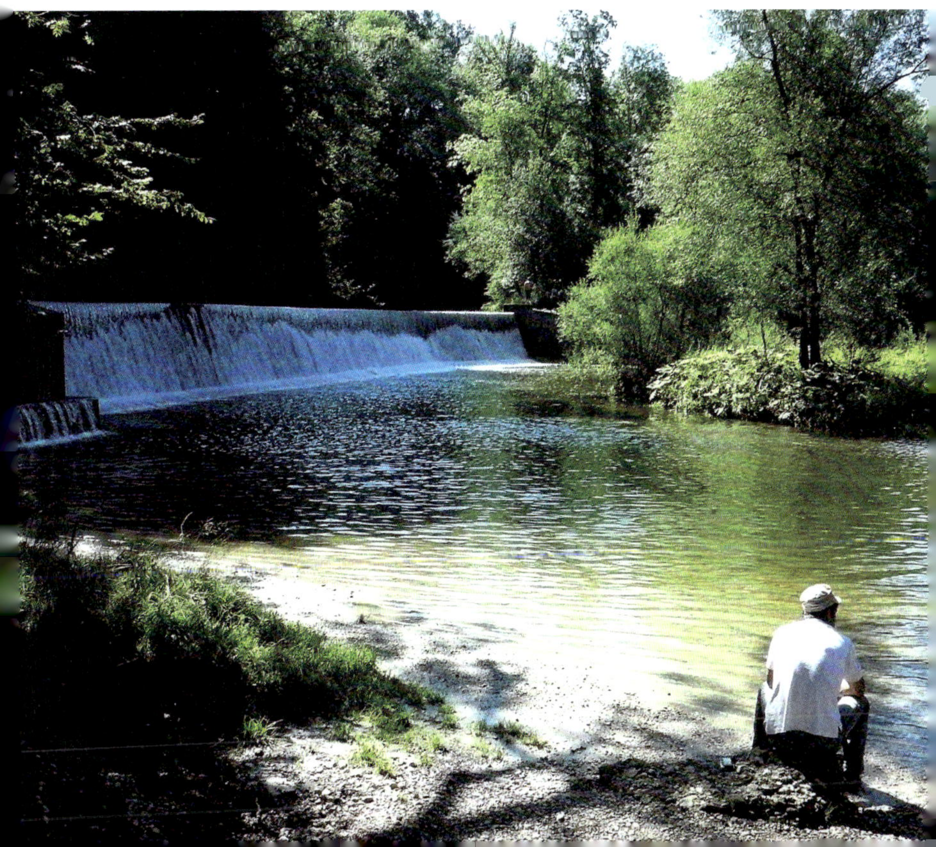

Sehenswürdigkeiten 1. Tag

Bad Endorf

Lage: Der in einer Talsenke an ehemaligen Römerstraßen gelegene Ort ist in eine reizvolle Landschaft eingebettet, die von Hügeln und Wiesen umgeben ist. In der Nähe liegen der *Simssee* und die *Eggstätt-Hemhofer Seenplatte.* Westlich erstreckt sich das weitläufige *Thalkirchner Moos.*

Geschichte: Die erste Erwähnung Endorfs erfolgt erst 924 als *zennidorf* (zum Dorf des Anno) in einer Salzburger Urkunde. Das heute lang gestreckte Dorf hatte im Mittelalter zwei Siedlungszentren, die unterschiedlichen Herrschaften angehörten und erst im Lauf der Zeit zusammenwuchsen. In Bad Endorf kreuzten sich eine Römerstraße und eine vom Tal der *Tiroler Ache* herkommende Altstraße, die nach Attel führte. Vor der Kirche in Endorf steht ein neuzeitlicher *Jakobsbrunnen* mit der Figur eines trinkenden Jakobspilgers.

Pfarrkirche St. Jakobus: Schon 924 stand hier eine Kirche. Dem in spätgotischer Zeit um 1450 errichteten Vorgängerbau folgte 1857 der heutige neuromanische Bau. Der Turm ist noch spätgotisch, ebenso die *Statue des hl. Jakobus* im Inneren. Wahrscheinlich wurde die Kirche von Endorf erst in spätmittelalterlicher Zeit dem hl. Jakobus geweiht, weil die Vögte, die *Falkensteiner Grafen,* diesen Heiligen zu ihrem Geschlechterpatron erkoren hatten. Man findet häufig Jakobskirchen an landschaftlich markanten Stellen wie Flussübergängen oder an Kreuzungen von Römerstraßen. Oft stehen auch am Gipfel von Hügeln, wo man weit ins Land blickt, Jakobskirchen (Bernhaupten) oder es ist eine zu einer Burg gehörende Kapelle (Urschalling, Schloss Hartmannsberg). Im Chor hängt das lebensgroße Kruzifix von *Adam Hartmann,* der auch das Endorfer *Gnadenbild der Maria mit Kind* schuf. Auf einem *Votivbild* ist das Endorfer Mariengebet mit der alten Ansicht der Kirche zu sehen. Eine weitere Marienwallfahrtskirche steht im nahen Ort *Antwort.*

Tipp: Bad Endorfer Thermen-Erlebnisweg (4,2 km): Der ausgeschilderte Weg verläuft von der Höhe in das nördlich der *Ratzinger Höhe* gelegene Tal. Von der Jod-Thermalsolequelle in Bad Endorf kommt man nach *Kurf* und durchwandert ein Gebiet, in dem Wiesenbrüter ihre Bodennester haben (Betretungsverbot). Unterwegs erfährt man viel über die Entstehung der Landschaft und der Lebensräume, die Besonderheiten der hier lebenden Tiere und Pflanzen, Düfte von Heublumen, Streuwiesen, Mythen um Bäume, die am Wasser stehen, Bläulinge (Schmetterlinge), Geschichten aus der Gegend sowie das Mühlendorf *Antwort.*

Antwort

Pfarrkirche Mariä Himmelfahrt: Schon 924 ist eine Kirche in *Antvurti* bezeugt. Der heutige Barockbau war eine Wallfahrtskirche und wurde von dem Graubündener Maurermeister *Lorenz Sciasca* 1687 begonnen. *Fresken*: Der Innenraum wurde 1747 farbig froh im Stil des Rokoko von *Adam Mölk* ausgemalt. Im Langhaus die Szene der Himmelfahrt Mariens mit den Kirchenvätern, im Chor die Dreifaltigkeit umgeben von den Evangelisten. Die einheitlich mit rot gefassten Säulen versehenen Altäre zeigen große Gemälde. Der Hochaltar von 1713 die Unbefleckte Empfängnis Mariens, zu der Gottvater den Heiligen Geist als Taube herabsendet, von dem Maler *Jakob Carnutsch.*
Wallfahrt: Am linken Seitenaltar ein Bild der Seligen Irmengard, Äbtissin von Frauenchiemsee (Anfang 17. Jh.). Hier steht auch das *Gnadenbild der thronenden Muttergottes mit Kind* (Anfang 17. Jh.). Wachsvotivgaben in einem Glasschrein über der Sakristei und teilweise sehr alte Votivbilder im Langhaus zeugen von Gebetserhörungen der hierher wallfahrenden Menschen.

Teisenham

Pfarrkirche St. Michael: Michaelskirchen wurden oft an vorgeschichtlichen Kultplätzen an der Stelle von Wotansheiligtümern

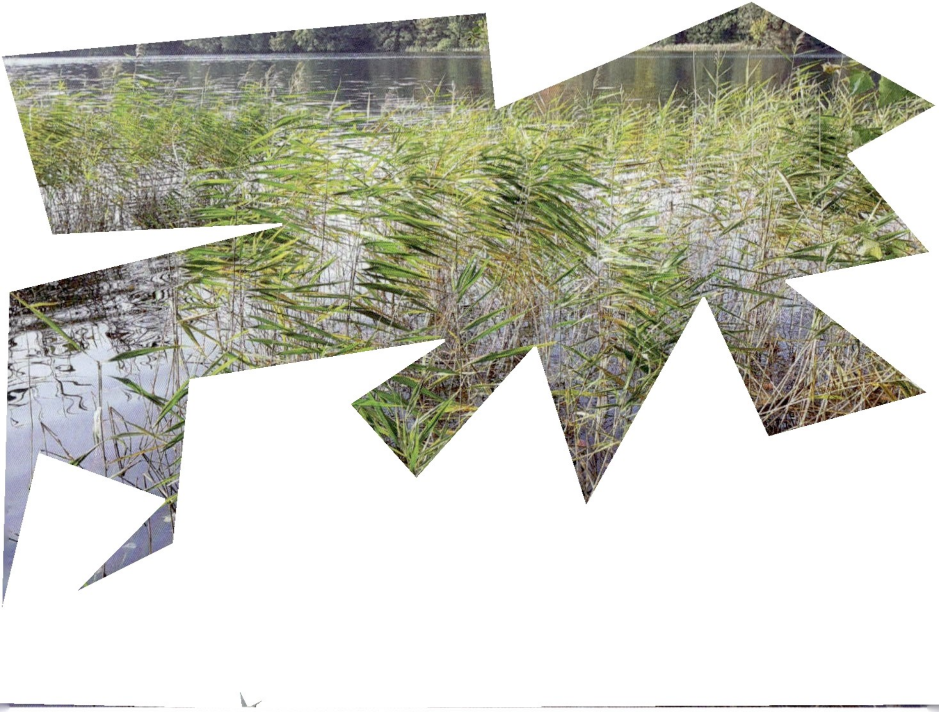

Der stimmungsvolle Einbessee ist ein schöner kleiner Badesee.

errichtet. Der Ort wird um 1150 als *Tisinam* erwähnt. Die 1702 geweihte Pfarrkirche wurde an der Stelle eines älteren Baus errichtet. Sie besitzt einen hübschen Turm mit Helm und Zwiebelhaube. Im Inneren sehenswert das Altarblatt mit dem hl. Michael als Luziferbesieger und eine ausdrucksvolle Barockstatue des hl. Michael als Seelenwäger aus der 2. Hälfte des 17. Jhs. von *Adam Hartmann*.

Stephanskirchen

St. Stephan: Ein Meierhof ist im Verzeichnis der Chiemgauer Zehenthöfe von 1120 als Stephanskirchen erstmals erwähnt. Die Kirchengründung steht mit den angrenzenden Gebäuden des Meierhofs und des Mesnerhauses im Zusammenhang und wird 1360 erstmals schriftlich genannt. Der große Kirchenbau ist 1897 im neugotischen Baustil errichtet worden. Im Zweiten Weltkrieg wurde die Kirche zerstört und danach wieder errichtet.

Eggstätt-Hemhofer Seenplatte: Die Entstehungsgeschichte des aus 17 Seen bestehenden, von Wäldern umgebenen Seengebiets zwischen Eggstätt und Hemhof reicht bis in die Eiszeit zurück, als sich vor rund 10 000 Jahren Alpengletscher nach Norden vorschoben, die gewaltige Mengen von Schuttgeröll mit sich führten. Die Eisblöcke bildeten beim Abschmelzen im Boden sog. *Toteislöcher*, aus denen die heutige Seenplatte entstand. Durch Verlandung flacherer Seen haben sich Hochmoore entwickelt. Große Teile dieser sog. *Eiszerfallslandschaft* sind Moorland und stehen unter Naturschutz. Die Seenplatte wurde schon 1939 als *Toteis-Gebiet der sog. Würm-Eiszeit* zu einem der ersten Naturschutzgebiete Deutschlands erklärt.

Nördlich des Chiemsees sind weitere etwa 30 kleine und kleinste Seen zu finden, darunter auch die Seen um den *Klostersee von Seeon*. Viele der Seen haben ihren ganz eigenen Reiz, manche sind von Wiesen und bewaldeten Moränenhügeln umgeben. Jeder See und jedes Moor bleibt eine kleine Welt für sich, weil die Wege nur an wenigen Stellen am Ufer entlangführen. Die beiden größten Seen sind der *Langbürgner See* und der *Hartsee*. Viele Seen werden durch Unterwasser-Quellen gespeist. Beim *Brunnensee*, einem der Seeoner Seen, kann man sogar den Quelltopf erkennen. In den Fließgewässern der Seenplatte lebt die vom Aussterben bedrohte Bachmuschel und eine seltene Libellenart (Spitzenfleck).

Römerstraße: Durch dieses einsame und unwegsame Gebiet führte einst die Römerstraße von Salzburg über Seebruck nach Augsburg. Bei *Straßham* bog die Straße ins Hinterland ab und verlief südlich von Eggstätt zwischen zwei Weihern über *Hemhof* nach *Bad Endorf*. Orte mit dem Wort *Straß* lagen meist an der Römerstraße, deren Verlauf man dadurch erkennen kann.

Langbürgner See: Zwischen dem Schlosssee und dem Langbürgner See bestand seit frühester Zeit eine schmale *Landbrücke*, die das Inntal mit dem Chiemseeraum verband. Die Römerstraße zwischen Salzburg (Juvavum) und Augsburg (Augusta

Vindelicoruma) führte hier vorbei. Wahrscheinlich gab es an dieser Stelle schon in römischer Zeit eine befestigte Wegstation. In der Mitte des Langbürgner Sees liegt eine mit Laubwald bewachsene Insel, auf der sich in vorchristlicher Zeit eine Kultstätte befunden haben soll. Ihr Name Langenbürg (von *Lange Burg* abgeleitet) gab dem See seinen Namen. Dies lässt vermuten, dass es hier einen mittelalterlichen Herrensitz oder sogar eine klösterliche Niederlassung gab, wie auf den Chiemseeinseln oder im See von Kloster Seeon, wo die Klöster der Frühzeit die Abgeschiedenheit und Sicherheit der Insellage nutzten.

Schloss Hartmannsberg

Geschichte: An einer Landzunge im Langbürgner See entstand im frühen Mittelalter während der Ungarn-Einfälle (900–955) eine Fluchtburg (Burgstall), die als *Hadamarsperch* (Hadamars Herberge) erwähnt wird. Um 1150 machten die *Grafen von Falkenstein-Neuburg* diese Burg zu ihrem Herrschafts- und Verwaltungszentrum im Chiemgau. Als die *Wittelsbacher* als bairische Herzöge die Herrschaft übernahmen, verbündeten sich die *Falkensteiner Grafen* im Jahr 1180 mit deren Gegnern und es kam zu kriegerischen Auseinandersetzungen, in deren Verlauf 1247 die Burg von den Wittelsbachern erobert und dem Erdboden gleichgemacht wurde. Aber schon nach kurzer Zeit wurde sie von den Siegern neu errichtet. 1394 ging die Burg samt Ländereien auf das Adelsgeschlecht der *Pienzenauer* über. Um 1680 erfolgte nach den Zerstörungen des Dreißigjährigen Krieges ein Neubau. 1766 gelangte Hartmannsberg durch Heirat an *Johann Valentin Anton Freiherr von Hörl*, der weitere Baumaßnahmen vornahm. Dann gab es hier eine Zeit lang ein Wirtshaus und ab 1914 nutzten Künstler wie *Leo Putz* die Räume als Atelier. 1994 erwarb der Landkreis Rosenheim das Schloss samt dem umliegenden unter Naturschutz stehenden Gebiet. Das Schloss wird regelmäßig als Kulturstätte des Landkreises für Veranstaltungen genutzt.

Ehem. Burgkapelle St. Jakob: Die 1160 geweihte Kapelle an der alten Römerstraße diente wohl viele Jahrhunderte den Reisenden, Fuhrleuten und Jakobspilgern als Übernachtungs- und Andachtsort. Siehe auch die Jakobuskirchen von *Bernhaupten, Urschalling, Bad Endorf* und *Rabenden.*

Hemhof

In dem Handwerkerdorf lebte der Zimmerermeister *Anton Mitterer*, der die meisten Bundwerkstadel im nördlichen Chiemgau geschaffen hat.

Bahnhof Rimsting: Bis zu dieser Bahnstation fuhr *König Ludwig II.* mit dem Zug, dann legte er eine kleine Rast ein, um sich mit einer Tasse Chokolade zu stärken, bevor er sich in der

Schloss Hartmannsberg liegt etwas versteckt.

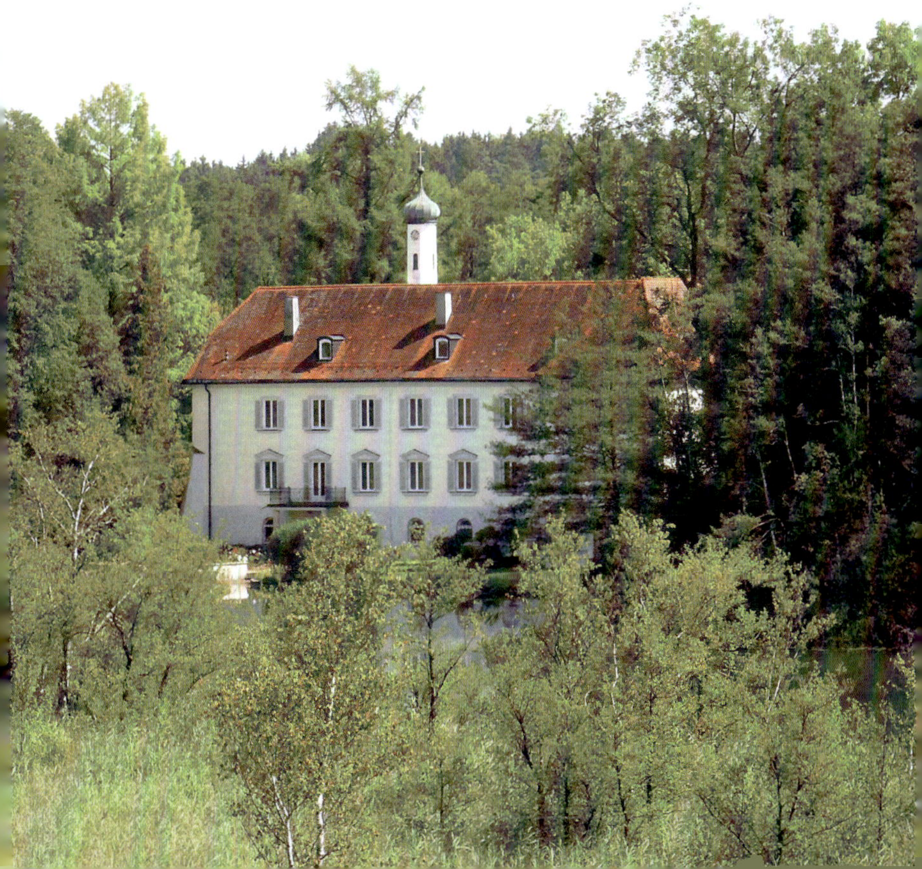

Dunkelheit mit der Kutsche am Nordufer nach *Urfahrn* bringen ließ, wo er am Ende der Königsstraße mit dem Schiff auf die Insel Herrenchiemsee übersetzte.

Prienmündung: An der Hütte gibt es Informationstafeln und ein Fernglas; hier finden regelmäßige Vogelbeobachtungen unter fachkundiger Anleitung statt. Auf einem *Steinlehrpfad* sind entlang der Prien bis zur Mündung sind Findlinge aus Rimsting aus der letzten Eiszeit aufgereiht, die bis zu 250 Mio. Jahre alt sind.

Schafwaschener Winkel: Die stille Bucht vor Rimsting ist ein kleines Naturkleinod. Hier wachsen verschiedene Schilfarten und seltene Pflanzen. Weil der See hier nur eine sehr geringe Tiefe hat, ist man vom Bootsverkehr weitgehend unbehelligt.

Rimsting (S. 84)

Sehenswürdigkeiten 2. Tag

Prien

Stadt: (S. 74)

Fluss: Der gleichnamige Fluss *Prien* entspringt im Gebirge 1 150 m ü. NN am Spitzstein und mündet nördlich von Prien in der Bucht bei *Schafwaschen* in den Chiemsee. Möglicherweise ist der Name von dem keltischen Wort *Brigenna* (= die aus den Bergen Kommende) abgeleitet. Mit 32 km Länge ist die Prien einer der längsten Wildbäche im bayerischen Alpenraum und nach der Tiroler Achen der zweitgrößte Zufluss zum Chiemsee.

Schloss Wildenwart: Das vierflügelige Schloss mit einem Eckturm hat einen schönen Arkaden-Innenhof aus der Zeit um 1600. Zuvor stand hier schon im 12. Jh. eine Burg. Im ehemaligen Burggraben legte man eine Gartenanlage an. 1862 kauften *Erzherzog Franz V. von Modena-Este* und seine Frau *Adelgunde von Bayern* das Schloss, das durch Erbschaft dann in den Besitz der bayerischen Königsfamilie kam. In dem einstigen Sommersitz *König Ludwigs III.* versammelte sich die bayerische Königsfamilie, darunter auch der

König nach seiner Flucht aus München (1918), als die Revolutionsregierung die Macht übernommen hatte. Schloss Wildenwart wurde fortan der Sitz der Familie der Wittelsbacher.

Aschau

Lage: Der Luftkurort Aschau liegt 615 m hoch und hat ungefähr 6000 Einwohner. Zu Aschau gehören Hohen- und Niederaschau sowie das Bergdorf Sachrang (738 m). Flächenmäßig ist Aschau die größte Gemeinde im Landkreis Rosenheim.
Geschichte: Der Name *Aschau* wird 927 n. Chr. erstmals erwähnt als *ad Ascouva* (Eschen-Au), um 1170 als *Castro Aschawe* und die Kirche als *Asco(we) prope ecclesiam.*
Pfarrkirche Maria Lichtmess: Aus der 1120 als Taufkirche gegründeten Kirche geht ein spätgotischer Bau hervor, der um 1752–1755 vom Münchner Hofbaumeister *Johann Baptist Gunetzrhainer* barockisiert und erweitert wird. Die eindrucksvolle doppeltürmige Kirche hat innen eine schöne Stuckausstattung

Schloss Wildenwart gehört den Wittelsbachern.

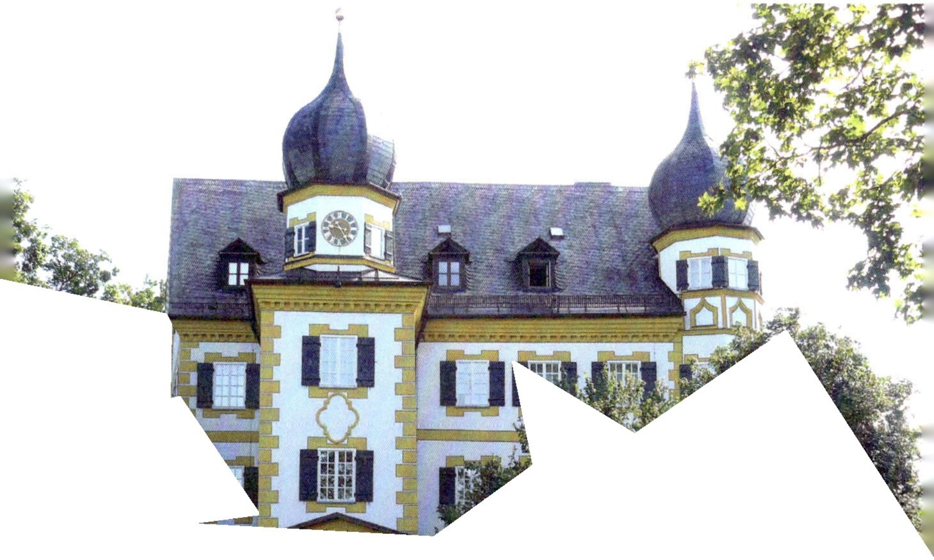

von 1752; die Deckengemälde von *Balthasar Mang* zeigen *marianische Themen. Ölberg* von 1672 an der Süd-West-Ecke.

Kreuzkapelle: Die spätbarocke Kapelle mit Rokoko-Stuckaturen von 1752–1755 neben der Pfarrkirche bestand schon 1478. Die Deckengemälde mit der Kreuzlegende schuf *Joseph Tiefenbrunner* 1753.

Ehem. Gasthof Post: Das stattliche Gebäude gegenüber der Pfarrkirche mit vier auflockernden Runderkern und rot-weiß bemalten Fensterläden zeigt noch den Charakter eines oberbayerischen Bauernhauses. Innen findet man urige Gasträume vor.

Bankerlwege: In Aschau wurden über 470 Sitzbänke aufgestellt, davon sind 192 sog. *Themenbänke.* Dort will man zur Entspannung oder zum Staunen anregen und jedes Niedersitzen zum Erlebnis werden lassen. Wer von Bank zu Bank wandern will, kann sich hierzu ein Bankerlfaltblatt im Internet herunterladen (Bankerl-Plan: www.aschau.de/de/bankerl-3).

Hohenaschau

Geschichte: Um 1100 ist hier das reiche Geschlecht der *Herrn von Aschau* (Nobiles de Aschowe) nachgewiesen. Der zu den größten Burganlagen Oberbayerns zählende Bau wurde um 1380 von *Konrad von Herrantisberg* als Stammsitz der Herrschaft Hohenaschau gegründet, um den Eingang zum oberen Priental zu bewachen. Die Burg stieg später zum Verwaltungssitz auf. Dann regierten hier die *Ritter von Freyberg.* Auf der Burg Hohenaschau soll sich Luther eine Zeit lang verborgen haben, als er Augsburg verlassen musste. In der Renaissance (1540–1560) und unter den *Grafen von Preysing* kommen barocke Erweiterungsbauten hinzu wie der *Preysingsaal* (1686), *Prunkräume* von *Enrico Zuccalli,* die *Schlosskapelle* (1672–1686) und das *Benefiziatenhaus,* in dem das heutige *Prientalmuseum* untergebracht ist. Heute gehört die Burg der Bundesrepublik Deutschland und dient als Ferienwohnheim

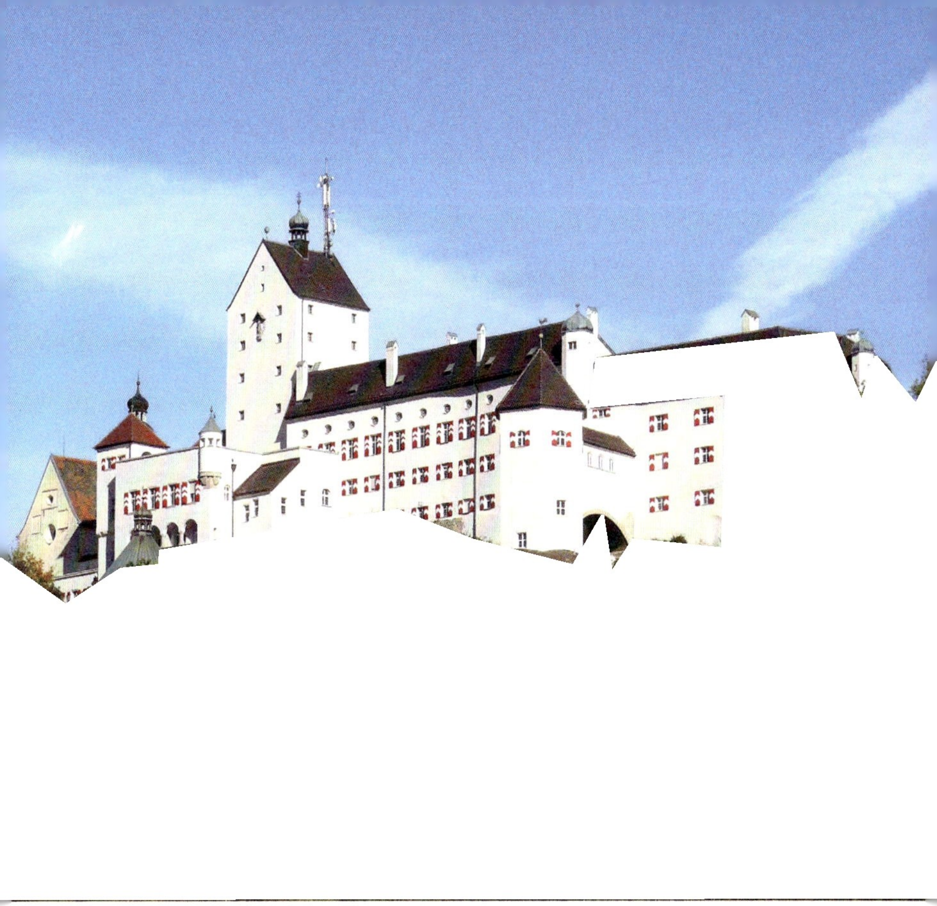

Burg Hohenaschau.

der Bundesfinanzverwaltung. Ein Besuch der Burg ist zu bestimmten Zeiten möglich.
Schlosskapelle Hl. Dreifaltigkeit: In der 1657–1659 erbauten Barockkapelle sind zwei Altarbilder von *Johann Baptist Zimmermann* (1759) zu sehen.

Höhenberg

Filialkirche und ehem. Wallfahrtskirche Hl. Kreuz: Der Bau entstand im 12. Jh. und gehörte zu einem salzburgischen Meierhof. Der spätgotische Bau von 1445 beherbergt innen wertvolle spätgotische Schreinaltäre (1510–1520).

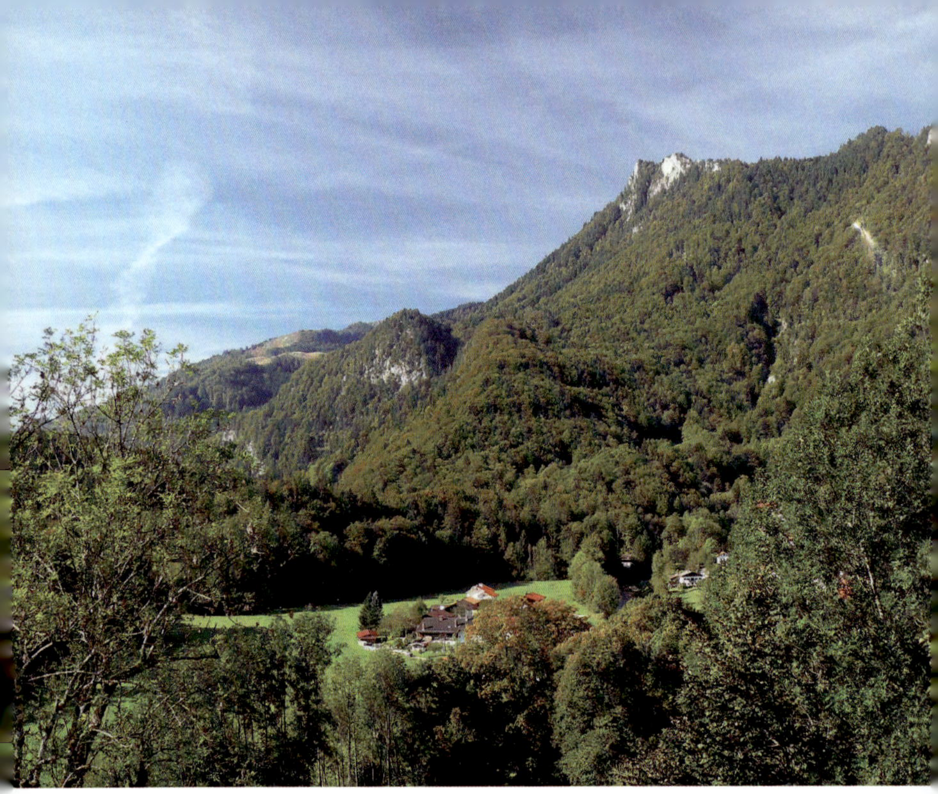

Blick von der Burg Hohenaschau.

Ein Kometeneinschlag und seine Folgen

Wissenschaftler wollen herausgefunden haben, dass das Gebiet des Chiemgaus in der Zeit um 465 v. Chr. von einem gewaltigen feurigen Kometeneinschlag mit mehr als 1 000 m Durchmesser und 12 km/sec heimgesucht worden ist. Dieser Riesenkomet soll in 70 km Höhe beim Eintreten in die Erdatmosphäre in rund 700 000 Einzelfragmente zerborsten sein, die im Gebiet des heutigen Chiemgau auf die Erde stürzten und in einem Umkreis von 1 200 km^2 alles Leben auslöschten. Zeugen dieses als *Chiemsee impact* bezeichneten Ereignisses sind noch heute als Vertiefungen oder kleine Seen in der Landschaft ablesbar wie z. B. der 400 m breite *Tüttensee* bei Grabenstätt. Erdgeschichtliches Zeugnis der damaligen großen Hitze- und

Druckwelleneinwirkung ist geschmolzenes Gestein, das von einer dünnen Glasschicht überzogen ist und den ganzen See umgibt. Die mit dem Feuerhagel verbundene Hochtemperatur-Druckwelle brachte den Tod für Flora, Fauna und die keltische Bevölkerung. Das Chiemgauer Gebiet wurde so nachhaltig zerstört, dass es die Menschen lange mieden. Daher gibt es in dieser Zeit eine sog. archäologische Lücke.
Die wenigen Überlebenden verließen das unbewohnbar gewordene Gebiet und drangen in die Nachbargebiete keltischer Stämme ein, wo sie nicht immer willkommen waren und Stammeskämpfe auslösten. Diese Auswanderungsbewegung löste die große keltische Wanderung aus, die sich über ganz Europa bis nach Griechenland und Kleinasien erstreckte. Erst 200 Jahre nach dem Kometeneinschlag kehrten die Kelten wieder in ihr ursprüngliches Siedlungsgebiet im Chiemgau zurück.
Dieses Ereignis mit einer Zerstörungsgewalt von acht Hiroshima-Bomben wurde nie aus dem Gedächtnis der Menschen gelöscht. Bei den Kelten saß daher die Furcht tief, dass ihnen der Himmel buchstäblich noch einmal auf den Kopf fallen könnte. Durch Ausgrabungen ist seit dieser Zeit nachgewiesen, dass die Menschen den himmlischen Mächten Opfer darbrachten, um sie zu besänftigen. Die Ehrfurcht der Kelten vor den überirdischen Mächten, der Glaube an ihre Allgegenwart und die Ritualmorde sind geheimnisvoll und werden heute mit dem Chiemgauereignis in Zusammenhang gebracht. Das keltische Feuerrad, ein häufig verwendetes Symbol, wird als Mahnzeichen gedeutet, das bis heute in Volksbräuchen bei der Sommersonnenwende lebendig blieb.
Das Geheimnis der keltischen Schmiedekunst beruht wohl auf der Verwendung seltener bzw. auf überhaupt nicht auf der Erde vorkommender Metalle, die dem Eisen in einem bestimmten Mischungsverhältnis eine besondere Härte und Elastizität verliehen haben. Noch heute findet man im Waldboden seltsame kleine Metallkugeln kosmischen Gesteins in dichten Packungen.

Die Römer erkannten und schätzten die außerordentliche Qualität dieser keltischen Waffen und statteten ihre Truppen mit Kurzschwertern aus dem Keltenstahl (*Ferrum Noricum*) aus, die sie Gegnern überlegen machten. Die Eroberung des römischen Weltreichs und die Verbreitung der römischen Macht und Zivilisation in Europa hängen also mit einem zerstörerischen kosmischen Ereignis in der Chiemseeregion zusammen.

Sehenswert in der Umgebung

Guntersberg

Wallfahrtskirche St. Bartholomäus: Kirche und Hofstatt in dem kleinen Weiler 4 km nördlich von Bad Endorf gehörte einem Ministerialengeschlecht, das in den Diensten der Falkensteiner Grafen stand. In den Gewölben der gotischen Kirche

Der Chiemsee bei Chieming am Abend.

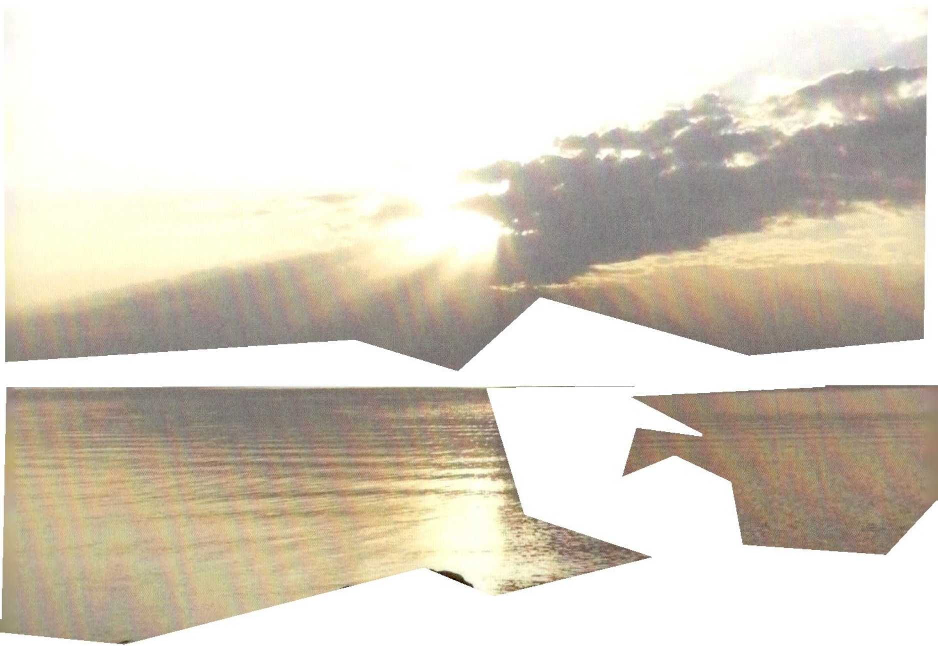

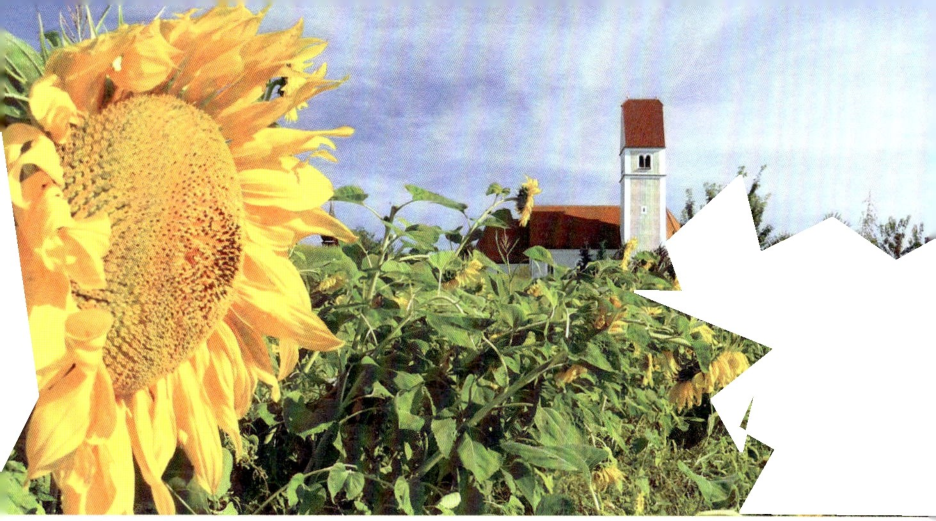

Sonnenblumenfeld bei Frasdorf.

aus dem 15. Jh. hat sich der alte Freskenschmuck in seltener Geschlossenheit und Qualität erhalten. Jahrhundertelang waren die Malereien durch eine dicke Kalkschicht geschützt. In den Gewölben sieht man dichtes Rankenwerk in grün-gelb-roten Farben mit Darstellungen wie *Kreuzigung, Marientod, Jüngstem Gericht* oder *Märtyrertod*. Vom früheren gotischen Hochaltar stammen die Schreinfiguren der Maria, des hl. Judas Thaddäus und des hl. Bartholomäus. Der heutige Hochaltar im Stil des Manierismus trägt einen schönen Figurenschmuck, u. a. einen hl. Jakobus, den Lieblingsheiligen der Falkensteiner Grafen (siehe Urschalling S. 78).

Höslwang

Pfarrkirche St. Nikolaus: Die im Kern spätgotische Pfarrkirche wurde in der Barockzeit verändert. Der mit Wessobrunner Stuck verzierte Innenraum gilt als künstlerisch besonders wertvoll. Schnitzwerke des Burghausener Bildhauers *Johann Georg Lindt* von 1760/70.

Simssee (S. 89)

Anfahrt	Aschau: Ausfahrt Frasdorf, Aschau. Salzalpensteig: A8 Ausfahrt Rosenheim. Samerberg: Autobahn München–Salzburg A8, Ausfahrt Achenmühle.
Infos	Gemeinde Samerberg, 83122 Samerberg, Dorfplatz 3, Tel.: 08032-8606, Fax: 08032-989419, www.samerberg.de Aschau: S. 99
Sehenswert	Bergwanderungen auf der Hochries und durch das malerische Samerberg. Kirchen in Törwang, Steinkirchen, Roßholzen, Grainbach, Kapellenblick bei Törwang.
Hinweis	Hochriesbahn Samerberg, 83122 Samerberg (Grainbach), Hochriesstr. 80, Tel.: 08032-97550, info@hochriesbahn.de, www.hochriesbahn.de
Einkehr	**Samerberg:** Gasthof-Hotel Zur Post Samerberg, 83122 Samerberg (Törwang), Dorfplatz 4, Tel.: 08032-8613, info@hotel-post-samerberg.de Gasthof Maurer, 83122 Samerberg/Grainbach, Hochriesstraße 30, Tel.: 08032-8212, info@maurer-samerberg.de Gasthof Alpenrose, 83122 Samerberg/Grainbach, Kirchplatz 2, Tel.: 08032-8263, info@alpenrose-samerberg.de Schlosswirtschaft Wildenwart, 83112 Frasdorf, Ludwigstraße 8, Tel.: 08051-2756, info@schlosswirtschaft-wildenwart.de **Aschau:** S. 99, **Prien:** S.72

Seinen Namen hat der Samerberg von seinen Bewohnern, die sich ihren Lebensunterhalt als Säumer (Samer) verdienen mussten, weil der steinige und saure Boden in dieser Höhe sich nicht für den Landbau eignete oder nicht genug Ertrag brachte. Vier Kirchen kennzeichnen dieses heute beliebte Urlaubsgebiet: Die von Steinkirchen, Grainbach und Rossholzen stehen auf kleinen Hügeln über dem Land, die in Törwang am Ortsrand ist von

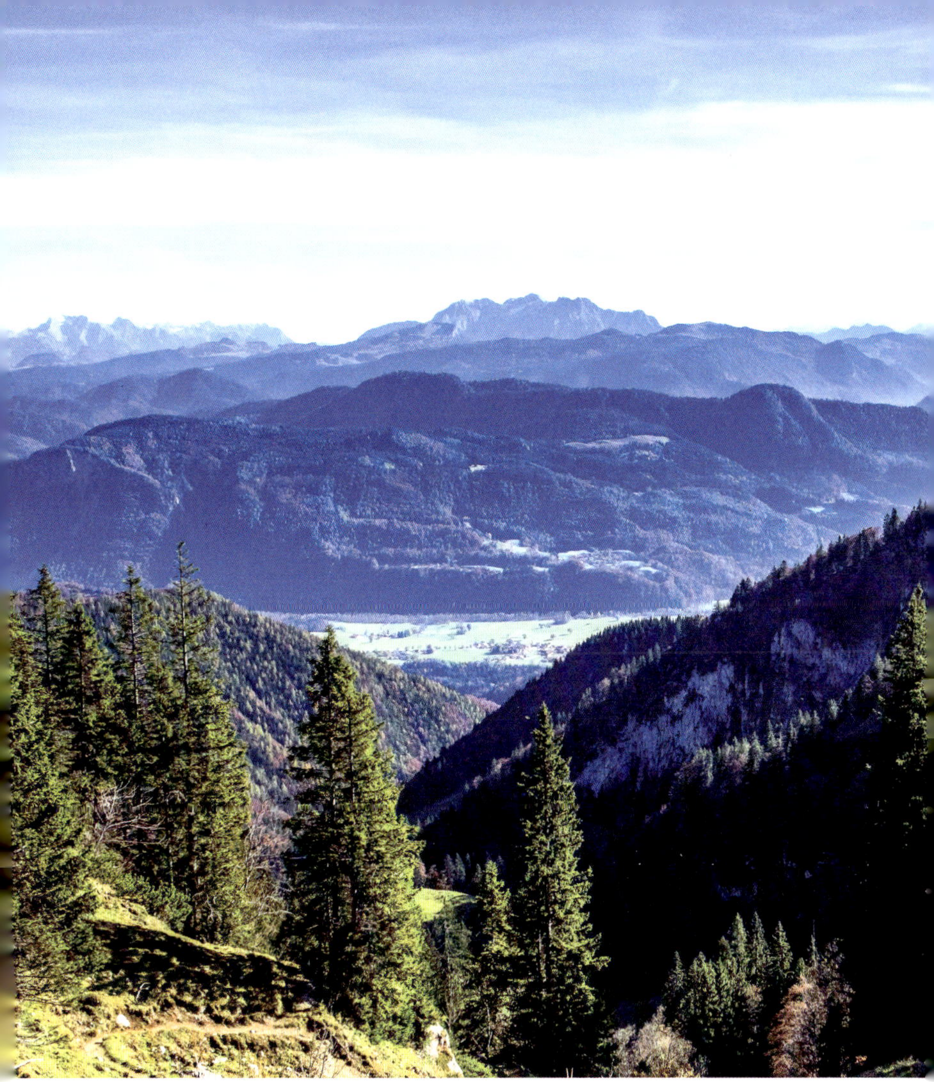

Die Chiemgauer Alpen bei Frasdorf.

hübschen Häusern umgeben. Die Ausblicke vom Samerberg, besonders von der *Nothelferkapelle Obereck* hinab ins Inntal sowie in die Chiemgauer Alpen, sind befreiend und aufregend zugleich. Schnell verliert sich der Blick in der bläuenden Ferne der Ebene oder in der grandiosen Kulisse der Chiemgauer Alpen. Hier oben stellt sich der Abstand zur Hektik der Welt im Tal ein und die Natur kommt einem sehr nahe.

9 Kampenwand-Wanderwege

Weg 9 km
Steigung Abstieg

Die Talstation der Kampenwandbahn befindet sich in Aschau zu Füßen von Schloss Hohenaschau. Die Seilbahn endet an der Bergstation in 1 467 m Höhe, die in einem der eindrucksvollsten Alpengebiete Bayerns liegt. Die höher gelegene, vom Wetter geformte und zerklüftete Kampenwand erreicht 1 669 m. Von der Bergstation kann man verschiedene ausgeschilderte Spaziergänge und Wanderungen unternehmen, die nicht sehr anstrengend sind und meist auf gleicher Höhe verlaufen. Unterwegs eröffnen sich herrliche Aussichten auf den Chiemsee, das Tal der Prien, die Zentralalpen, wie z. B. den Großglockner, Großvenediger, den Wilden Kaiser oder die Hohen Tauern. Beeindruckende Blicke hat man vom Felskamm der Kampenwand, dem Wahrzeichen der Chiemgauer Alpen. Die senkrechten Felswände aus Wettersteinkalk wurden in der Eiszeit von den Eismassen nicht erreicht und abgeschliffen, weil sie zu hoch lagen. Auf der Sonnenalm besteht Einkehr- und Übernachtungsmöglichkeit. Gutes Schuhwerk ist unbedingt erforderlich!

Panoramaweg zur Steinlingalm: Von der Bergstation kann man diesen Weg in etwa 30 Minuten gehen. Er führt unterhalb des Westgipfels der *Kampenwand* auf dem *Steinlingsplateau* zur *Steinlingalm* und der *Steinlingkapelle*, einer Gedenkkapelle für die gefallenen Soldaten aus dem Chiemgau.

Abstieg zur Talstation: Von der *Steinlingsalm* kann man in 2 Stunden auf gut ausgebauten Wanderwegen ins Tal zurückkehren. Ein etwa doppelt so langer, landschaftlich aber sehr reizvoller Weg (Nr. 20) führt über die *Hofbauernalm* zu den *Dalsenalmen*. Hier folgt man dem Weg Nr. 4 über den *Klausengraben* nach

Hainbach. Von dort geht es auf dem Weg Nr. 12 an der Prien entlang über *Bach* und die *Kette* zur Talstation in *Aschau* zurück.

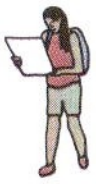

Beginn des SalzAlpensteigs 10

Weg 26 km
Steigung 590 hm

Wanderung

Ein mit einer blauen Raute ausgezeichneter grenzüberschreitender Premium-Fernwanderweg, der Orte mit einer Salinen- oder Salztradition ansteuert, verbindet den Chiemsee mit dem Königsee und dem Hallstätter See. Thema dieses Weges ist das Salz, das im Mittelalter ein kostbarer Rohstoff war (S. 252).

Wer den neu ausgeschilderten, länderübergreifenden Fernwanderweg von 230 km Länge bewältigen möchte, braucht dafür 18 Tagesetappen. Der Weg führt zunächst von Rosenheim über Traunstein, Bad Reichenhall nach Obertraun in Österreich (www.chiemgau-tourismus.de/themen wanderweg-salzalpensteig).

Wegbeschreibung: In dem alten Salinenstandort Rosenheim beginnt ein Zubringerweg (29 km), der an der historischen Soleleitung entlang nach Prien an den Chiemsee führt. Wer sich die Durchquerung des Stadtgebiets von Rosenheim ersparen will, beginnt in *Stephanskirchen* (Bahnstation). Von dort auf der Simsseestraße über die Gleise und links weiter auf der Eitzinger Straße, dann Sonnenbichlstraße, Sonnenholz zum Südufer des Simssees.

Streckentelegramm:

Zubringerweg: Rosenheim → Stephanskirchen → Simssee → Ecking → Neukirchen → Bergham → Wurmsdorf → Stetten → Atzing → Prutdorf → Mühltal → Kaltenbach → Prien

In Prien startet dann die 1. Etappe nach Grassau. Der später anspruchsvolle Weg bringt den Wanderer von den Moorlandschaften des Chiemseeufers hinauf in die Wälder oberhalb von Rottau. Zwischen Rottau und *Grassau* befindet sich das *Museum Klaushäusl* mit Brunnhaus und Solemuseum *Salz Moor*. In Bernau gibt es darüberhinaus einen eigenen *Salinenrundweg*, der zu Stätten der örtlichen Salinentradition führt, z. B. in die *Wolfsschlucht*, wo man etwa noch gusseiserne Aufschlagwasserrohre, eine Salinenstiege und eine Salinenbrücke vorfindet (S. 142).

Streckentelegramm:

1. Etappe: Bahnhof Prien → Evangelische Kirche Prien → Herrenberg → Chiemsee → Bernau → Bernauer Achen → Bergham → Kucheln → Rottauer Wald → Grassau

In Aschau kann man einen Rundweg auf dem **SalzAlpensteig** beginnen, der allerdings nur etwas für Geübte ist. Leichter gehts am Samerberg, wo die Hochriesseilbahn den Wanderer auf die Höhen bringt. Die Bezeichnung *Steig* kommt von *steigen* und ist hier durchaus wörtlich zu nehmen.

Sehenswürdigkeiten

Simssee (S. 89)

Salinenweg: An mehreren Stellen des Salinenweges haben sich die sog. *Brunnenhäuser* erhalten, in denen die Brunnenknechte wohnten, die die Soleleitung bei den Pumpwerken in Gang halten mussten und die Anlagen gegen Diebstahl und Beschädigung schützen sollten. Die Soleleitungen lagen frei über dem Boden, denn im Winter bestand keine Gefahr, dass die Leitung zufror, weil der hohe Salzgehalt dies verhinderte. *Soleleitung von Bad Reichenhall* nach *Traunstein* und weiter nach *Rosenheim* (S. 160).

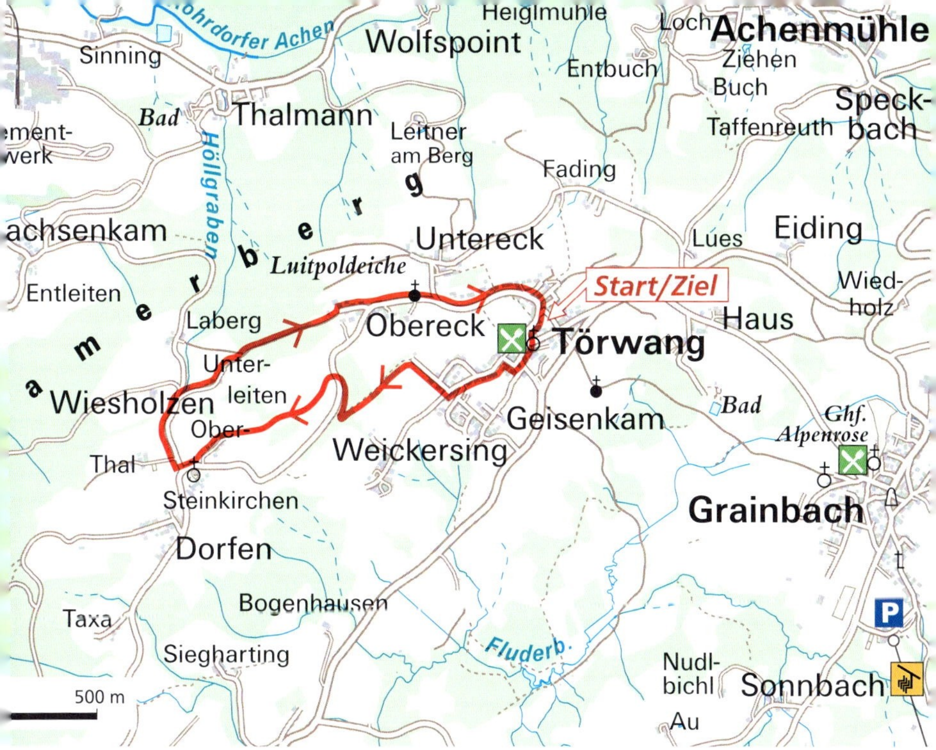

Am Samerberg rund um Törwang 11

Weg	5 km
Steigung	80 hm

Die Wanderung beginnt an der Kirche in Törwang. Man geht auf den Dorfplatz und biegt rechts Am Anger ein, dann links in den Birkenweg, bis man rechts die Straße Sonnenfeld erreicht und dort rechts einbiegt. Am Ende der aufwärtsführenden Straße geht es links am Wald weiter. Man wandert durch den Wald und kommt zu einer Teerstraße, der man rechts 100 m folgt. Dann zweigt links ein Feldweg nach Steinkirchen ab. Dort geht es auf der Straße Richtung Rohrdorf bis zum Anfang des Waldes, wo man rechts nach *Unterleiten* abzweigt. Danach kommt man über eine Lichtung wieder in den Wald. In *Obereck* geht man auf der Teerstraße zur *Aussichtskapelle* mit weitem Rundblick. Von hier kehrt man nach Törwang zunächst auf der Teerstraße zurück, bis rechts ein Feldweg abzweigt.

Sehenswürdigkeiten

Samerberg

Gemeinde: Samerberg ist auch der Name der Gemeinde, die zum oberbayerischen Landkreis Rosenheim gehört und sich in einer Länge von rund 7 km zwischen Törwang und Roßholzen ausbreitet. Der Sitz der Gemeinde ist im Ort Törwang. Samerberg ist ein Luftkurort und seine Dörfer und Weiler verteilen sich locker in einer Höhe von ca. 600–750 m über dem Meeresspiegel. Manche sind gut sichtbar, andere hinter Hügeln oder in Mulden versteckt.

Landschaft: Der in mehreren Stufen ansteigende sanfte Höhenrücken liegt wie eine kleine, in sich abgeschiedene Berginsel vor den Chiemgauer Alpenbergen. In dem eiszeitlichen Hochtal am Fuß der *Hochries* eröffnet sich ein wahres Wanderparadies mit schönsten Ausblicken auf das Inntal, den Simssee und die umliegenden Berge.

Das hügelige Gebiet des Samerbergs entstand durch die Rückzugsmoräne eines eiszeitlichen Arms des Inngletschers, der mit seinem Schutt ein Becken von 4 km Länge formte. Dieser Moränenkranz besteht aus vielen Hügeln und Kuppen, die typisch für den Samerberg sind und ihn zusammen mit dem Wechsel von grünen Matten und kleinen Wäldchen als Wandergebiet so interessant machen. Von *Rohrdorf* steigt der Samerberg von 500 m nach Westen über den Dandlberg (910 m) bis zu 815 m beim Kreuz am Hof Oberleiten in *Steinkirchen* an, dann fällt er wieder in ein weites Tal ab.

Wandern: Ein beliebtes Wanderziel am Samerberg ist die 1 569 m hohe *Hochries*, auf der man ausgebaute Spazier- und Wanderwege und einige bewirtschaftete Hütten vorfindet. Die Gipfelhütte des Alpenvereins bietet Übernachtungsmöglichkeiten. Der Berggipfel kann auch über einen Sessellift und die Seilbahn der *Hochriesbahn* erreicht werden. Der *Heuberg* ist ein weiteres beliebtes Ziel, wo den Wanderern ebenfalls bewirtschaftete Hütten zur Verfügung stehen. Vernetzte Wanderwege verbinden die Teilgemeinden des Samerbergs.

Sage

Einst soll es auf dem Samerberg einen großen See gegeben haben. Weil die Gläubigen auf ihm immer mit ihren Booten zu den höher gelegenen Kirchen zum Gottesdienst gerudert sind, soll ein Lindwurm darüber so verärgert gewesen sein, dass er den Damm im Westen zerstörte, wodurch der See in das Inntal stürzte und alles mit sich riss. Wahrscheinlich hat die Sage sogar einen wahren Kern, denn die Geologen glauben, dass es hier tatsächlich in der Eiszeit einen See gegeben hat, der durch eine Naturkatastrophe mit gravierenden Folgen für das Inntal verschwand.

Törwang

Ortsbild: Der malerische Ort ist der Mittelpunkt des Samerbergs. Auf dem Dorfplatz stehen die Kirche Maria Himmelfahrt, das Rathaus, der Traditions-Gasthof Zur Post und das zum Gasthof gehörende *Schusterhäusl.* Die alten Bauernhäuser, besonders das reich bemalte *Mesnerhaus* gegenüber der Kirche, und der Dorfbrunnen geben dem Dorfplatz ein hübsches Gepräge.

Pfarrkirche „Maria Himmelfahrt“: Der älteste Teil der Kirche ist der Turm; der eingezogene dreiseitige Chor wurde 1513, das Langhaus 1923 mit einer nördlichen Vorhalle erbaut. Der Hochaltar von 1642 mit den Figuren hll. Joachim und Anna

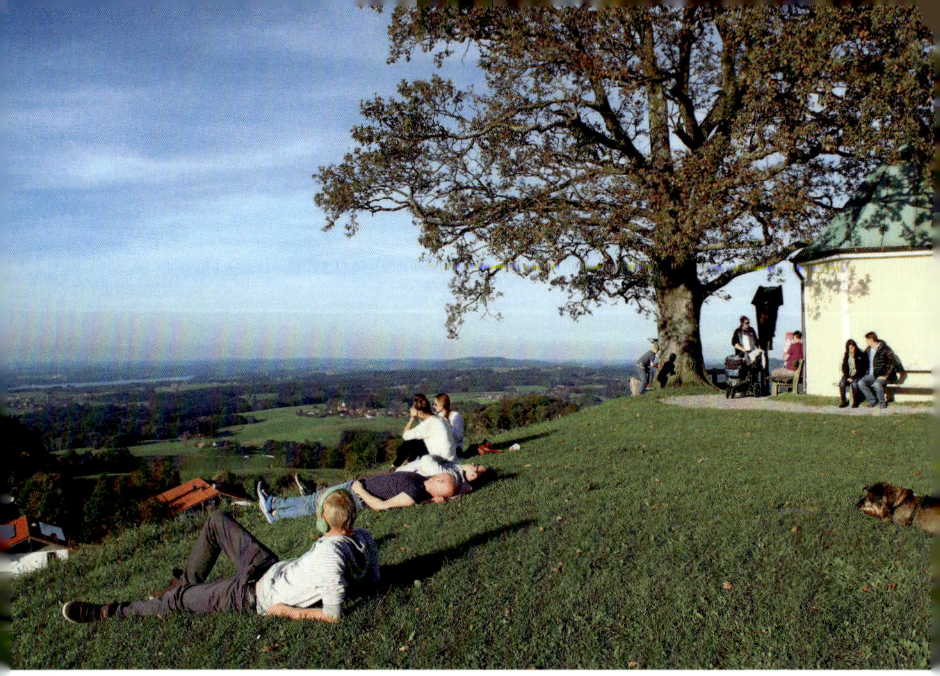

Ein Traumblick von der Aussichtskapelle bei Törwang.

wurde aus *Neubeuern* erworben. Das Altarblatt *Mariä Himmelfahrt* malte *Georg Lagler* (1832).

Altarbild der Kreuzigung: Das Gemälde von 1460/1470 am südlichen Seitenaltar (1766) ist ein figurenreiches spätgotisches Tafelbild. Im Chor sind von der alten Ausstattung ferner ein Flachrelief des hl. Valentin um 1515 und ein ehemaliges Seitenaltarblatt hl. Joseph um 1780 zu erwähnen. In der Kirche kann man volkstümliche Gemälde zur Schädlichkeit des Schwatzens und zur Segenswirkung des Weihwassers (um 1775) sehen.

Aussichtskapelle mit Luitpoldeiche: Zwischen Törwang und Obereck steht, zu *Obereck* gehörend, in aussichtsreicher Lage unter der Luitpoldeiche die Aussichtskapelle aus dem 19. Jh. Der Blick reicht von den Bergen Hochries, Karkopf und Feichteck hinunter in das Rosenheimer Land und auf den Simssee. Im Sommer sind hier oben die Sonnenuntergänge ein großes Naturschauspiel. Ganz in der Nähe ist der Aussichts-Biergarten der Gaststätte *Zum Schinkensepp* mit Panorama-Blick zu finden.

Steinkirchen

Der erstmals 1145 erwähnte Ort bestand nur aus einer Einöde mit Kirche. Auch heute stehen nur ein paar Häuser um die Kirche, die meisten sind Bauernhöfe.

St. Peter: Die spätgotische Kirche gilt als die am schönsten gelegene im Landkreis Rosenheim. Innen gibt es sehenswerte Stuckreliefarbeiten aus der Zeit um 1750. *Schmerzensmann*: Unter den älteren Ausstattungsstücken ist die ausdrucksvolle spätgotische Halbfigur Christus mit geschundenem Körper von 1460 besonders hervorzuheben. Das Andachtsbild mit linker segnender Hand und mit der anderen Hand auf die Wundmale zeigend ist in der Umgebung ohne Beispiel. Einst war es gestohlen worden und hing in einer Münchner Privatwohnung, bis es durch einen anonymen Hinweis entdeckt und nach Steinkirchen zurückgebracht werden konnte.

Brauchtum: Zum Patroziniumsfest am 29. Juni finden ein Festgottesdienst und eine Prozession zum Kreuz nach Oberleiten statt.

Grainbach

Lage: Der Ort ist Ausgangspunkt der *Hochriesbahn*. Die hier gepflegte Wirtshaus- und Bauernhof-Kultur macht Grainbach zu etwas Besonderem. Sehenswert ist der Samerbrunnen vor dem Biergarten des Gasthauses *Maurer*.

Kirche St. Ägidius und Nikolaus: Die alte, wehrhaft wirkende Kirche aus dem 12. Jh. geht wahrscheinlich auf eine Burg des Ministerialengeschlechts derer *von Grunpach* zurück, von denen sich wahrscheinlich auch der Ortsname ableitet. In der Vorlaube über dem Eingang ein Fresko mit dem Schweißtuch Christi. Die Ausstattung innen mit Rokokofiguren stammt von *Anton Fröhlich,* der auch Kaiser Heinrich II. und den hl. Valentin am Hauptaltar schuf, sowie *Josef Götsch,* dessen Figuren an den Seitenaltären an *Ignaz Günther* erinnern, mit dem er zusammengearbeitet hat.

Wirtshaus: Zu Füßen des Kirchhügels steht ein reich bemaltes, alpenländisches Bauernhaus, das heute als Wirtshaus dient. Die

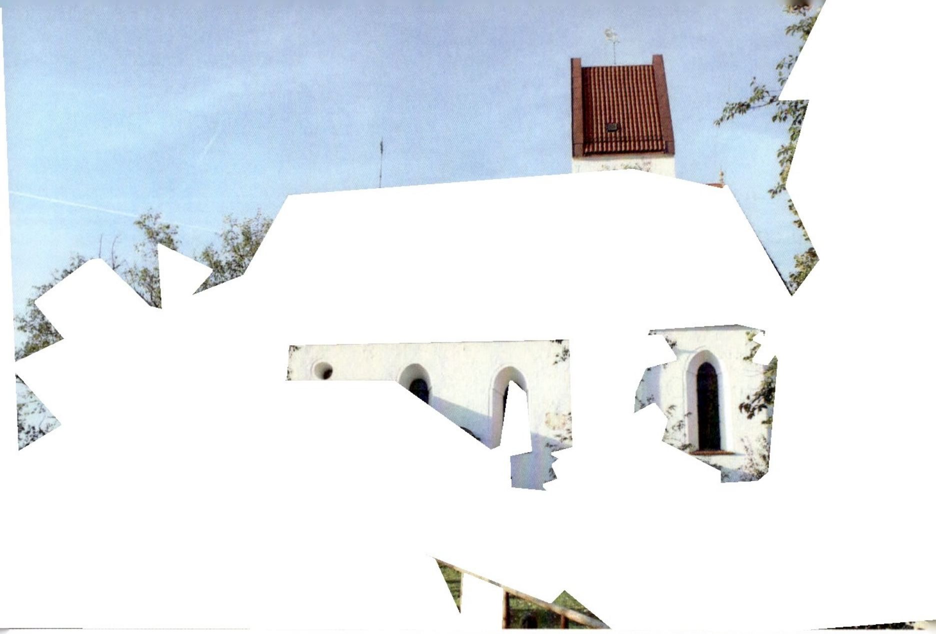

Grainbach, St. Ägidius und Nikolaus.

Lüftelmalereien des Rokoko zeigen ein Marienbildnis und als weitere Themen Brot und Wein.

Samerbrunnen: Der 1997 im Ortszentrum aufgestellte Brunnen soll an das Gewerbe der Säumer erinnern. Er hat die Gestalt einer hufeisenförmigen Pferdetränke, die aus Kalkstein gehauen wurde. Auf einer Säule steht die Bronzestatuette eines Säumers mit Saumross.

Die Säumer

Der Name Samerberg geht auf einen früher wichtigen Erwerbszweig dieser Region zurück. Denn über den Samerberg führte seit dem Mittelalter ein Saumweg, über den die Säumer (österreichisch = Samer) auf Saumrossen (Packpferden) allerlei Waren beförderten, wie z. B. Salz aus Berchtesgaden, Traunstein und Reichenhall sowie Getreide, Wein und andere Güter. Der Sammelbegriff *Samerberger* für die Bewohner dieser Vorgebirgsregion war daher bereits vor 1800 in Gebrauch. Die

Menschen hier oben führten ein karges Leben, da der saure Boden nicht viel hergab und Milchviehhaltung auch nicht möglich war. So verlegte man sich auf die Pferdezucht, um den Lebensunterhalt mit den Tieren als Säumer über die Berge oder unten im Tal auf der Salzstraße beim Transport des Salzes zu verdienen. Deshalb hieß der Samerberg früher auch Rossersberg und Ortsnamen wie Roßholzen und Roßbach erinnern noch an diese Zeit. In den Kirchen kann man auf den Votivtafeln viele Unglücke mit Pferden erkennen. Ein Tier trug damals 3 Zentner Salz.
In den Salzsiedestätten in Traunstein und Bad Reichenhall wurde das Salz mit Getreide bezahlt, das hatten die Menschen auf dem Samerberg nicht. Außerdem machte ihnen die Konkurrenz im Tal das Leben schwer. Besser war da der Verdienst der Samerberger bei der Innschifffahrt, wo sie als Schiffreiter die Kähne stromaufwärts zogen. Ihr Können war überall bekannt und geschätzt, aber wenn das Pferd stürzte und ertrank, ging das zu Lasten des Reiters. Auch durften Reiter und Schiffer das Schwimmen nicht erlernen, weil man befürchtete, dass sie in brenzligen Situationen das Schiff und die Ware allzuleicht im Stich ließen. So kamen die Leute vom Samerberg zwar viel in der Welt herum, aber reicher machte es sie nicht.

Roßholzen

Roßholzen wurde früher unter dem Namen *Hrossulza* erwähnt und hatte schon vor dem Jahr 798 eine eigene Kirche. In einer lateinischen Urkunde der Propstei Berchtesgaden aus dem 12. Jh. wird der Samerberg als *Rossoltesperge* (Rösserberg) bezeichnet.

Wallfahrtskirche St. Bartholomäus: Die Kirche ist die älteste der vier Kirchen des Samerbergs; 788 wird sie erstmals urkundlich erwähnt. Der heutige Bau wurde in der Zeit von

1470 bis 1500 errichtet. Das Raumbild wird von der Rokokostuckierung von 1755 bestimmt. Unter der wertvollen spätmittelalterlichen Austattung sind die *Holzreliefs mit Szenen der Bartholomäuslegende* von 1510 aus einer Inntaler Werkstatt hervorzuheben. Der hl. Bartholomäus gilt als Patron der Bergleute, Hirten, Bauern und Winzer. Die spätgotischen Holzfiguren werden einem Meister aus dem Umkreis des *Meisters von Rabenden* zugeschrieben. Die Votivbilder zeugen von einer Verehrung des hl. Leonhard. Auf einigen Bildern sieht man Verunglückte bei der Innschifffahrt.

Samerbergmaler

Der Samerberg lockte immer wieder viele Kunstschaffende an. Über 40 Maler hat man gezählt, die bayerische Landschaften am Samerberg gemalt haben. *Max Dorner* entdeckte 1893 den Samerberg und seine lichterfüllten Landschaften. Auch der Münchner Akademieprofessor *Wilhelm von Diez* kam um 1900 hierher zu malen. Eng verbunden ist der Samerberg aber auch mit dem Maler und Zeichner der Zeitschrift *Die Jugend*, *Wilhelm Kronenbitter*. Der Sohn eines Schreinermeisters machte zuerst eine Kaufmannslehre und brachte es zum Direktor der Kunstmuehle Rosenheim. Erst spät konnte er seinen künstlerischen Neigungen nachgehen. Auf seinen Wanderungen von Rosenheim kam er auch auf den Samerberg, in das Inntal, zum Simssee, in den Chiemgau und bis nach Tirol. 1905 baute er sich ein kleines Atelier am Samerberg und widmete sich ab 1912 ganz der Malerei. Später lebte er zurückgezogen in Otterkring bei Prien auf einem Bauernhof. Nie zog es ihn in die Ferne. Er lebte bedürfnislos und war den Leuten freundlich gesinnt. Seine letzte Ruhestätte fand er auf dem Friedhof von Steinkirchen. 1905 ließ sich *Karl Hermann Müller-Samerberg* in Törwang nieder, um zu malen. Berühmt sind seine Sommerlandschaften.

In der näheren Umgebung

Berbling

In Berbling lebte der Maler *Wilhelm Leibl* von 1878–1881 in einem Bauernhaus und malte in der dortigen Kirche über vier Sommer lang an seinem wohl berühmtesten Bild *Drei Frauen in der Kirche.* Von 1892–1900 verbrachte der Künstler seinen Lebensabend in einem Bauernhaus im Dorf *Kutterling*, das an der Straße von Miesbach nach Brannenburg liegt.

Brannenburg

In dem kleinen Ort wurden die Brüder *Leonhard und Johann Dientzenhofer* geboren. Die beiden berühmten Baumeister des Barock verbrachten hier viele Jahre ihres Lebens. Im Ort befindet sich seit 1961 auch die Talstation der *Wendelsteinbahn.*

Pfarrkirche Mariä Himmelfahrt: Die spätgotische Saalkirche mit hohem, spitzem Kirchturm wurde in der Barock- und Rokokozeit neu gestaltet. Die Wandmalereien im Nazarenerstil enstanden 1883.

Bergkirche St. Margarethen: Die 1445 erwähnte Kirche auf einer Anhöhe ist von alten Gehöften umgeben, die vermutlich zwischen 1000 und 1100 entstanden sind.

Kulturweg: Die *Neue Künstlerkolonie Brannenburg* hat sich zum Ziel gesetzt, die Vergangenheit des Ortes als Künstlerkolonie in Erinnerung zu bringen und gleichzeitig das heutige Kunstschaffen im Ort und seiner Umgebung bekannt zu machen. Auf einem gelb markierten *Ortswanderweg durch Brannenburg und St. Margarethen* kann man sich auf die Spuren der Maler und ihrer Motive begeben (Prospekt bei der Tourismusinformation).

Schlosswirt: Im 19. Jh. war der Gasthof Herberge für die Sommeraufenthalte zeitgenössischer Künstlerkolonien und Treffpunkt der Künstler.

Künstlerkolonie Brannenburg

Bis in das 20. Jh. wurde Brannenburg immer wieder gerne von Künstlern aufgesucht. 1822 malte *Carl Rottmann* Landschaftsgemälde von beeindruckender Weite, die u. a auch im Inntal bei Brannenburg entstanden sind. Zu der hiesigen Künstlerkolonie gehörten u. a. *Christian Mali, Theodor Pixis, Wilhelm Busch, Max Liebermann, Ernst Maria Fischer, Georg Sauter, Karl Caspar, Maria Caspar-Filser, Walter Schnackenberg.* 1848 kam *Eduard Schleich* nach Brannenburg und malte das Schloss und Landschaftsmotive mit Naturstimmungen. Auch sein Künstlerfreund *Carl Spitzweg* fand hier zahlreiche Motive für seine Bilder. *Wilhelm Busch* entdeckte Brannenburg 1856 als sein Refugium. Er malte Darstellungen der Gegend und zeichnete in sein Brannenburger Skizzenbuch die Menschen, die hier als Bauern lebten. Die ersten seiner später veröffentlichten Bildergeschichten fallen in diese Zeit. Der Maler *Christian Mali* (1832–1906) verbrachte mit seinem Malerkollegen *Anton Brandt* im Sommer mehrere Malaufenthalte in Brannenburg. *Adolf Heinrich Lier* (1826–1882) kam auch öfter nach Brannenburg. Seine Landschaftsmotive zeugen von einer tiefen Volksfrömmigkeit. 1929 kauften der Münchner Akademieprofessor und Maler *Karl Caspar* (1879–1956) und seine Frau *Maria Caspar-Filser* in Brannenburg ein Bauernhaus und richteten sich ein Atelier ein. Nach der Zerstörung ihrer Münchner Wohnung durch Bombenangriffe im Zweiten Weltkrieg übersiedelten sie nach Brannenburg. Unter den Nationalsozialisten galten Caspars oft von christlichen Themen handelnde Gemälde als entartet und wurden aus deutschen Museen und öffentlichen Sammlungen entfernt oder vernichtet. Das Ehepaar hielt die gefährdeten Arbeiten hier versteckt. Bereits 1946 wurde Karl Caspar als Professor an die Münchener Akademie wiederberufen, 1950 wurde er mit dem Großen Bundesverdienstkreuz der Bundesrepublik Deutschland ausgezeichnet und 1952 erhielt er zusammen mit seiner Frau den Oberschwäbischen Kunstpreis.

Beide Künstler sind in Brannenburg begraben. Ihr Haus in der Mühlenstraße 21 kann besichtigt werden. *Walter Schnackenberg* (1880–1961) war einer der bekanntesten Grafiker und Plakatmaler in München und arbeitete für die Zeitschriften *Die Jugend* und den *Simplizissimus*.

Zünftige Einkehr oder kulinarischer Hochgenuss

Wer gerne wandert, weiß eine anschließende gute Einkehr zu schätzen. Im Chiemgau braucht man nicht weit zu gehen, um eine solche zu finden, denn hier gibt es für jeden etwas, sei es rustikale oder gehobene Küche. Nach einer Tour kann man es sich in einer der vielen Gaststuben und Biergärten rund um den See gemütlich machen oder einfach draußen in der Sonne sitzen, etwas Gutes trinken und essen und die südliche Seeatmosphäre schnuppern. Bei angenehmen Temperaturen den Sommer genießen, dazu etwas Kühles trinken, im Schatten ausladender Bäume verträumt in grüne Baumkronen blicken oder auf den See, dazu ein kühles hausgebrautes Bier schlürfen, so kann man wunderbar entspannt den Tag bei einer guten Brotzeit ausklingen lassen. Hauptsache dabei ist: abschalten und genießen. Und das gelingt in der warmen Jahreszeit am besten im Freien. Eines haben schließlich alle Biergärten gemeinsam: Oasen des sommerlichen süßen Nichtstuns unter freiem Himmel sind sie alle.

Essen zu gehen macht im Chiemgau zu allen Jahreszeiten Spaß. So mancher Gasthof bietet dem Gast seine eigene Kostprobe von den köstlichen Geheimnissen der bayerischen Küche an. In der Chiemseeregion kommen nur beste einheimische Erzeugnisse auf den Tisch. Wie wäre es da zum Beispiel mit traditionellen Weißwürsten mit Weißbier und Brezen, einem Tellerfleisch mit frischem Meerrettich, Schweinshax'n mit Semmelknödel, einem Spanferkel in dunklem Bier, einem würziger Obazda mit frisch gebackenem Bauernbrot, Rehschäuferl mit Kartoffelg'röst oder einer Chiemgauer Bauernente mit Blaukraut?

Elf Priener Wirte haben sich mit eigenem Logo zu der sog. *Priener Wirte Elf* zusammengeschlossen, um höchsten Qualitätsansprüchen zu genügen. Nähere Informationen gibt es unter www.priener-wirte-elf.de. Empfehlenswert sind auch der *Landgasthof Karner* und die *Schlosswirtschaft Wildenwart* in Frasdorf. Beim *Gasthof Hinterwirt* in Übersee-Feldwies, der aus einem 400 Jahre alten Bauernhof hervorgegangen ist, findet man sowohl eine herzhafte bayerische als auch eine internationale Küche. Die Gaumenfreuden kann man auch im gemütlichen Biergarten unter Kastanien oder auf der Sonnenterrasse genießen. Der Brotzeitteller mit dem Hausgeräucherten oder die Schweinshaxe, alles schmeckt hier so richtig bayerisch, eben selbst gemacht. Auch die Nachspeisen können sich sehen lassen. Beim Fleisch weiß man genau, wo es herkommt, denn man schlachtet noch selbst Tiere aus der heimischen Region.
Das Hotel *Landgasthof Lambach* ist eine Art Wallfahrtsstätte für Freunde des guten Geschmacks (Empfehlung im Schlemmer Atlas 2014). Immerhin kehrte hier schon der Bayernkönig Ludwig II. ein. Im urgemütlichen Biergarten des *Gasthof-Hotels Unterwirt in Eggstätt* kann man es sich mit Bayerischen Schmankerln und einem süffigen Bier gut gehen lassen. Auch in der urigen Jägerstube beim *Unterwirt in Chieming* (seit 1467) schmeckt das Essen einfach wunderbar. Gepflegt speisen in historischer Atmosphäre kann man in der Zirbelstube beim *Alten Wirt in Bernau* oder im *Restaurant zur Burg Aschau,* das malerisch unterhalb des Schlosses Hohenaschau liegt und eine Terrasse und einen Biergarten unter Bäumen besitzt. Wer gerne bei romantischen Sonnenuntergängen im Freien speisen möchte, wählt das *Al Dente* in Chieming oder *Seewirts Strandhaus* bei Übersee, beide am Seeufer.

In manchem freundlichen Klostergasthof auf den Chiemseeinseln, in Seeon oder Baumburg, versteht man, dass die Klöster ein Gespür dafür besaßen, außergewöhnliche Plätze zu finden, wo es so richtig schön ist und das gepflegte Essen mit einem schönen Ambiete einhergeht. Auf eine immerhin 500-jährige Tradition kann der *Klosterwirt auf der Insel Frauenchiemsee* verweisen, der für seine fangfrischen Chiemseefische berühmt ist. Fisch gibt es auch anderswo in allen Varianten, ob Zander frisch aus dem Netz oder die Chiemseerenke direkt aus der Räucherei von nebenan. Wer gerne in Seenähe zünftig im Freien speist und sich die Gerüche von See, Tang, Holzkohle, gebratenem Fisch um die Nase wehen lassen will, der ist in der *Fischhütte Reiter* in Osternach bei Prien richtig. Im Biergarten erwarten den Gast Fischgerichte von frisch gefischten Renken, Forellen und Saiblingen. Aus der Räucherkammer kommt der Fisch am Steckerl zum Selbstbraten über Holzkohle, dazu ein süffiges Bier frisch vom Fass. Aber auch zünftige Brotzeiten sind zu haben. Ein besonderer Genuss ist geräucherter Fisch direkt vom Fischer, den man auf der Fraueninsel oder in vielen Orten am Seeufer serviert bekommt. Zu empfehlen sind auch der *Westernacher* oder *Fischer am See* in Prien, wo man auf einer Seeterrasse bei leckeren Fischgerichten oder Geräuchertem den See und die Alpen vor Augen hat.

Ein aussichtsreicher Ausflugsort mit besonderer Note ist das *Kloster Maria Eck* oberhalb von Siegsdorf. Im dortigen Gasthof ist das Speisenangebot bodenständig und reichhaltig. Auch vom Berggasthof *Adersberg* bei Rottau oder auf der Seiseralm bei Bernau kann man eine gute Küche bei herrlicher Aussicht auf den Chiemsee genießen. Der *Gasthof Alpenhof* in Westerbuchberg und der *Gasthof Alpenrose* in Samerberg/Grainbach sind ebenfalls geschätzte Ausflugs- und Aussichtspunkte.

Weitere Anregungen zum Besuch ausgewählter schöner Lokale und Biergärten sind jeweils bei den einzelnen Wanderungen aufgeführt, ohne Anspruch auf Vollständigkeit.

Anfahrt	PKW: Autobahn A8 München–Salzburg, Ausfahrt Bernau. Parkmöglichkeiten: in Bernau am Bahnhof, an der Tourist-Info und Rottauer Straße (Minigolf). Bahn: Strecke München–Salzburg bis Bernau
Infos	Tourist-Info Bernau am Chiemsee, Aschauer Str. 10, Tel.: 08051-9868-0, Fax: -50, info@bernau-am-chiemsee.de Übersee: Tourist-Information, 83236 Übersee-Feldwies, Feldwieser Straße 27, Tel.: 08642-295, Fax: 08642-6214, info@uebersee.com, www.uebersee.com Grassau: Touristinformation Grassau/Rottau, 83224 Grassau, Kirchplatz 3, Tel.: 08641-69796-0, Fax: 08641-69796-16, hallo@grassau.info
Sehenswert	Wanderung durch Moore und Filze. Torfbahnhof, Kirchen auf Westerbuchberg und in Übersee.
Hinweis	Bernau: Seebühne Bernau, www.seebuehne.de Übersee-Feldwies: Künstlerhaus Exter mit Garten. 83236 Übersee-Feldwies, Blumenweg 5, Tel.: 08642-8950-83 Rottau: Bayerisches Moor- und Torfmuseum und Industriedenkmal Torfbahnhof (1920) am Rand des Naturschutzgebietes Kendlmühlfilzen. Frühere Torfverlade- und Aufbereitungsstation. Geführte Besichtigungen (mit Feldbahnfahrt), Tel./Fax: 08641-2126, mail@torfbahnhof-rottau.de, www.torfbahnhof-rottau.de
Einkehr	**Bernau:** Gasthof Alter Wirt, 83233 Bernau, Kirchplatz 9, Tel.: 08051-965699-0; info@alter-wirt-bernau.de Seiseralm Hof, 83233 Bernau, Reit 4, Tel.: 08051-9890, Fax: 08051-989-199, seiserhof-bernau@t-online.de Landgasthof Hittenkirchen, Hittostr. 8, Tel.: 08051-2391, info@landgasthof-hittenkirchen.net **Bernau-Felden:** Badehaus Chiemsee, 83233 Bernau, Rasthausstraße 11, Tel.: 08051-970300, badehaus@badehaus-chiemsee.de.

Aschau: Cafe Pauli, Höhenberg 3, 83229 Aschau im Chiemgau, Tel.: 08052-90740, info@cafe-pauli.de
Übersee: Hotel Gasthof zur Schönen Aussicht, 83236 Übersee, Westerbuchberg, 9, Tel.: 08642-8970, info@hotel-aussicht.com.
Hotel Restaurant Alpenhof, Westerbuchberg 99, Tel.: 08642-8940-0, info@alpenhof-chiemgau.de
Wirtshaus D'Feldwies, Greimelstraße 30, Tel.: 08642-595715, kontakt@wirtshaus-dfeldwies.de
Seewirts Strandhaus, 83236 Übersee, Julius-Exter-Promenade 11, Tel.: 08642-1222
Sonnenhof, Seethal 43, Tel./Fax: 08642-6815, info@sonnenhof uebersee.de.
Grassau: Hotel Gasthof Sperrer, Marktstraße 4, 83224 Grassau, Tel.: 08641-2011, hotel-sperrer@t-online.de
Rottau: Hotel-Berggasthof Adersberg, 83224 Rottau, Adersberg 2, Tel.: 08641-69936-0, info@hotel-am-chiemsee.de
Hotel/Gasthof Scheck's Fischerstüberl, Hauptstr. 15 Tel.: 08641-2334

Der Schriftsteller Wilhelm Jensen behauptete in seinem Buch *Hunnenblut*, dass die Vorfahren der Menschen am südlichen Chiemseeufer von den Hunnen abstammen würden. Zwar meinte er damit eigentlich die Ungarn, die rund 100 Jahre nach der Regierungszeit Kaiser Karls des Großen aus dem Inneren Asiens nach Bayern eingefallen waren, auf sattellosen Pferden heranstürmten, um zu rauben, morden und brandschatzen, was das Zeug hielt. Die Ungarn sollen auf ihrem Beutezug angeblich auch die Inselklöster zerstört und die Klosterbrüder und Nonnen ermordet haben, bis ihnen König Otto im Jahre 955 mit der Schlacht auf dem Lechfeld bei Augsburg endlich wirksam Einhalt bieten konnte. Jensen konnte sich auf die mündlich überlieferte Tradition berufen, nach der sich überlebende Gefangene der schlitzäugigen Reiter tatsächlich am südlichen Chiemseeufer in den schlechten Filzen ansiedeln und dort ihr Auskommen suchen durften. In dem 1917 von Anna Kroher verfassten Sagenbuch *Im Bannkreis der großen Ache* heißt es dazu: „Besiedelt wurde die Feldwies wahrscheinlich erst im 11. Jahrhundert, und zwar durch Hunnen und Awaren, die Sieghart III. bei einem Überfall jener feindlichen Heidenstämme 907 gefangen genommen hatte. Er verwendete sie im Tale zu verschiedenen Arbeiten, besonders zum Holzschlag im Schlechinger Gebirge, und nachdem sie sich lange Zeit gut geführt hatten, schenkte ihnen Marquart I. Land zur Ansiedlung ebendort, wo heute die Feldwies liegt. Diese Volksstämme waren kleine und untersetzte, breitschultrige Menschen, die Gesichter grobknochig und breit von dunkelgelblicher oder bräunlicher Färbung mit kleinen, stechenden, schräg stehenden, schwarzen Augen und dunklen, struppigen Haaren." Beim Gang durch das ehemalige Hunnenland wird man feststellen, dass dieses immer noch wilde und dünn besiedelte steppenartige Moor- und Wiesengebiet etwas Geheimnisvolles hat. Heute holt sich die Natur wieder zurück von dem, was ihr der Mensch in einem beispiellosen Raubbau früher entrissen hat. Die traurige Geschichte des Torfabbaus und die Lehren, die man daraus gezogen hat, kann man im *Bayerischen Moor- und Torfmuseum* am Naturschutzgebiet Kendlmühlfilzen Rottau studieren. Über Westerbuchberg, eine ehemalige Insel im Chiemseeurmeer, gelangen wir nach Übersee, dessen Kirche der *Dom des Achentals* genannt wird. Die prächtig ausgestattete neugotische Kirche mit ihrem 75 Meter hoch aufragenden Kirchturm ist ein weithin sichtbarer Orientierungspunkt des Vorderen Achentals und der höchste seiner Art im ganzen Chiemgau. Er ist so hoch, wie der Chiemsee an Tiefe misst.

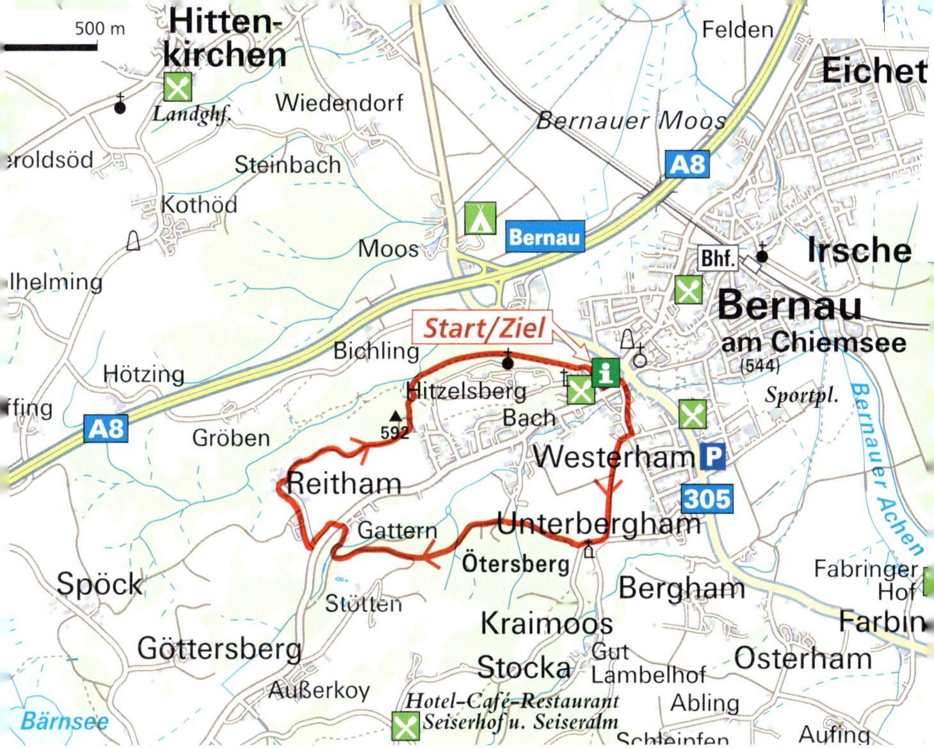

Auf den Hitzelsberg 12

Weg	6 km
Steigung	150 hm

Von der Touristinformation an der Aschauer Straße in Bernau geht man in den Mitterweg an schönen, alten Höfen vorbei und biegt dann rechts in die Mairhausstraße ein, deren Fortsetzung ein Feldweg ist. Man biegt nach rechts und kommt zur *Mariengrotte,* wo man eine schöne Sicht auf den Chiemsee und den Ort Bernau hat. Man verlässt den Weg nach *Stocka* und geht rechts meist am Waldrand entlang, überquert später den *Bernauer Bach* und kommt in *Gattern* heraus. Links ein Stück auf der Aschauer Straße, dann rechts nach Reitham. Von dort auf dem Wanderweg in Richtung Bernau gehen; etwa 100 m vor Erreichen des Ortes links den Weg auf den Hitzelsberg (694 m) nehmen, dann weiter auf dem Hitzelsberger Waldweg an der *Waldkapelle* vorbei nach Bernau, das man über die Hitzelsbergstraße erreicht. Von hier kommt man geradeaus zur Touristinformation an der Aschauer Straße.

Sehenswürdigkeiten

Bernau

Geschichte: Erste Besiedlungsspuren weisen in die Bronzezeit; auch in römischer Zeit war Bernau besiedelt. Der 544 m hoch gelegene Ort ist 925 erstmals im Codex Odalberi verzeichnet. Der Name Bernau deutet darauf hin, dass hier früher Bären gelebt haben (Bären Au). Auch der Nachbarort *Irschen* wird auf das römische Wort *ursus* (Bär) zurückgeführt.

Pfarrkirche St. Laurentius: Die heutige neugotische Kirche steht auf einem schon in spätrömischer Zeit als Kirchplatz genutzten Hügel, schriftliche Nachweise gibt es erstmals 1428. Die *Seisersäule* von 1518 am Aufgang zur Pfarrkirche war eine Landmarkierung.

Gasthof Alter Wirt: Urkundlich erwähnt wird das Gebäude schon 925 als zum Salzburger Zehnt gehörend. Im hohen Mittelalter (1499) ist von einer Taverne die Rede, die mit dem *Wirt zu Pernaw* oder *Altwirt* in Verbindung gebracht wird. Sogar ein Kaiser logierte schon hier, wie man an den schönen Wandgemälden des Gasthofs erkennen kann. Es war *Kaiser Maximilian I.,* der 1491 eine Strafaktion gegen die Festung Marquartstein im Landshuter Erbfolgekrieg durchführte. Weil ihn der Wirt Christian Seiser so gut aufnahm, blieb das Wirtshaus unzerstört. 1697 wurde es umgebaut. Über viele Generationen (1651–1886) blieb der berühmte Gasthof in einer Familie. In dem liebevoll

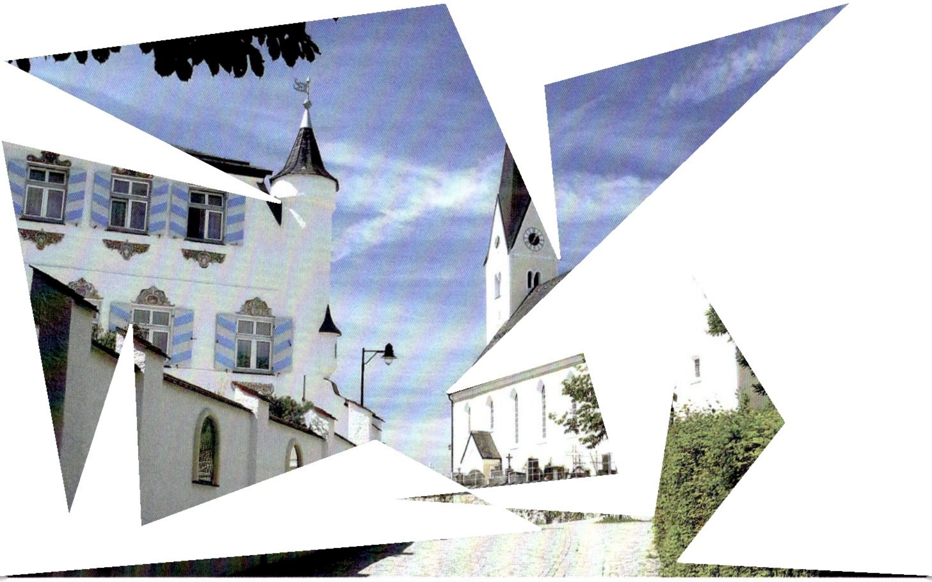

Bernau: Kirche und Schlössel in enger Nachbarschaft.

gepflegten Haus mit seinen alten Mauern und holzgetäfelten Gaststuben fühlt man sich wohl.

Schulhof: Die Statuen der vier griechischen Weisen Homer, Hippokrates, Aristoteles, *Thukydides* von 1845 waren früher an der Bayerischen Staatsbibliothek in München aufgestellt.

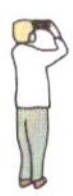

Zum Chiemseeblick auf die Seiseralm 13

Weg 4 km
Steigung 250 hm

Ausgangspunkt ist der kleine Ort Kraimoos bei Bernau. Am Ende der Kraimooser Straße kommt man am Waldrand zu der Ende des 18. Jhs. errichteten *Mariengrotte* aus Tuffstein mit einer aus Stuck gegossenen lebensgroßen Marienfigur mit Kind und Krone.

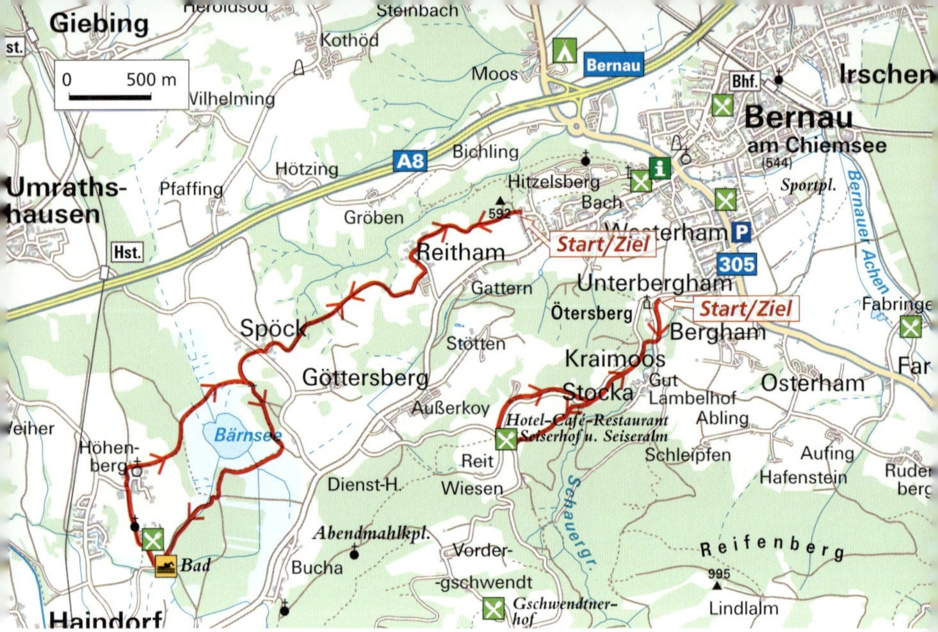

Hier geht man auf schattigem ausgeschildertem Weg in kräftigem Anstieg zur alten *Salinenleitung*. Vor Erreichen des *Salinenweges* lohnt sich ein Abstecher in die wildromantische *Wolfsschlucht* (Schauergraben). Dann geht es weiter über die *Salinenbrücke* zur Seiser Alm (700 m, Einkehrmöglichkeit, Sonnenterrasse). Über den Weiler Stocka kehrt man wieder nach Kraimoos zurück.

14 Zum Bärnsee durch Wald und Wiesen

Weg 9 km
Steigung 150 hm

Wanderung

Eine alte Sage will wissen, dass im Bärnsee ein Kloster versunken ist. Um dorthin zu gelangen parkt man den Wagen am Ende von Bernau in der Grabenfeldstraße (Richtung Aschau) und geht auf sonnigem Weg nach Reitham. Dort über den Berg (615 m) nach Spöck und weiter zum Steg am Bärnsee (kein Badesee). In der Folge kommt man nach Höhenberg. Auf einem Hügel oberhalb des Bärnsees steht eine kleine Kirche, die innen einen reich vergoldeten Hochaltar und kostbare Schnitzaltäre besitzt. Schöner Blick auf das *Schloss Hohenaschau* und zum *Cafe Pauli* (Einkehrmöglichkeit). Beim Naturmoorschwimmbad links am Waldrand zum südlichen Ende des Bärnsees, dann links nach Spöck und auf demselben Weg zurück über Reitham nach Bernau.

Bildstock beim Alten Wirt.

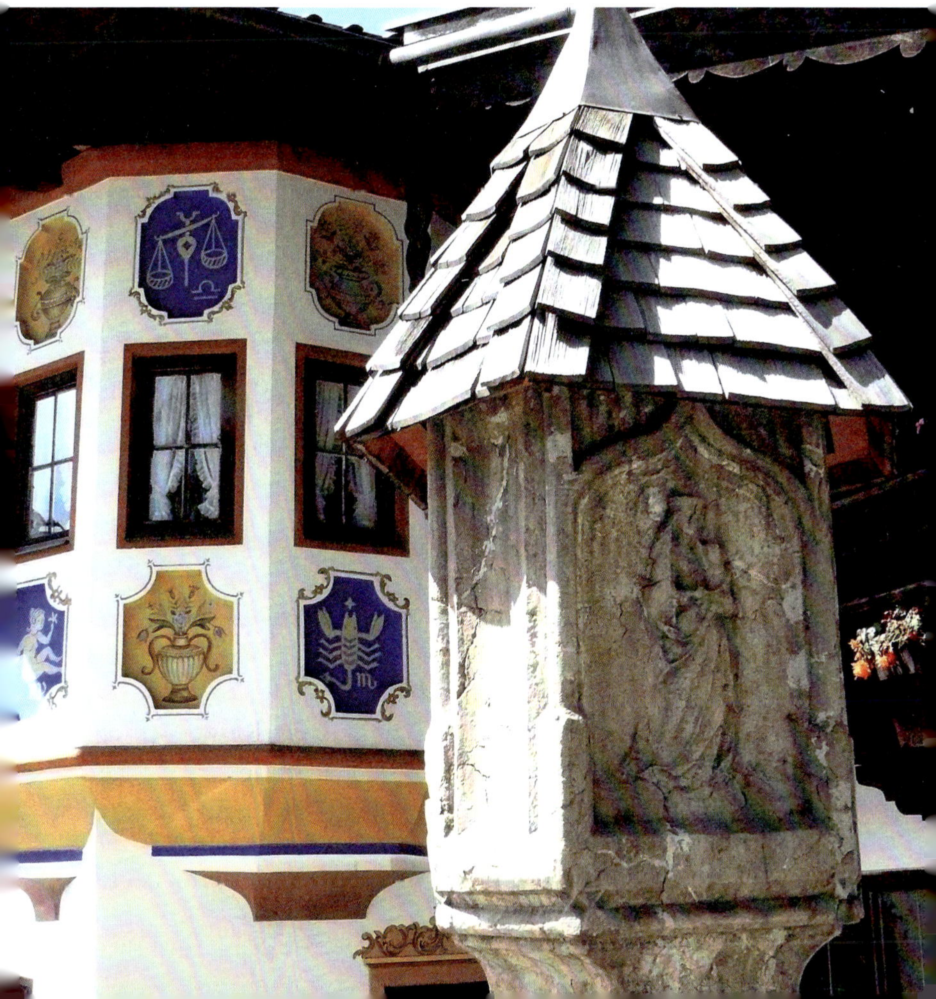

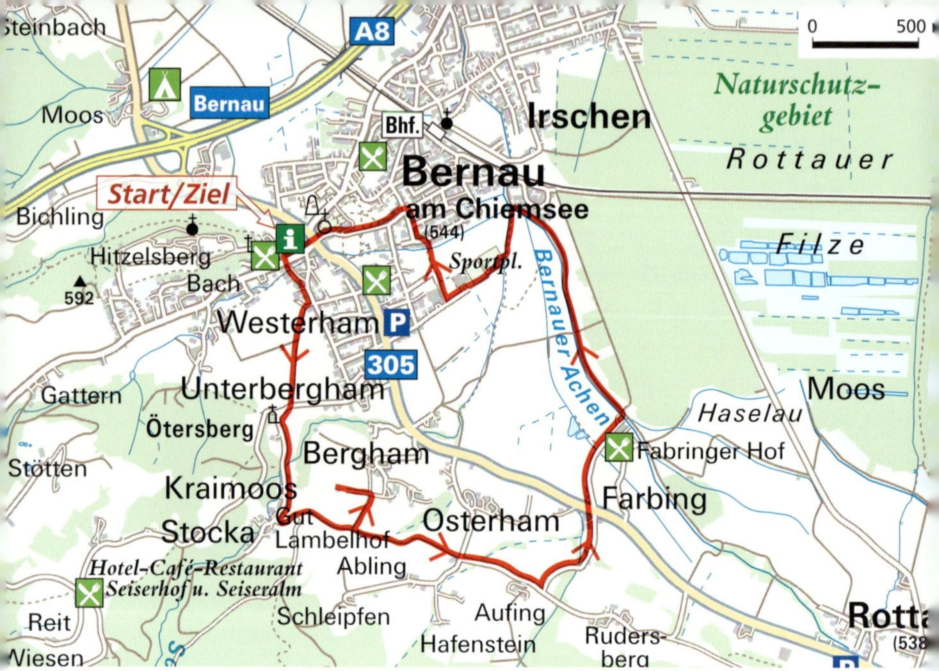

15 Unterwegs auf dem Alten Salinenweg

Weg 7,3 km
Steigung 110 hm

Wanderung

Der Alte Salinenweg ist ein familiengerechter Panoramaweg, der schöne Blicke auf Bernau und den Chiemsee bietet. Hinter Kraimoos gibt es einen kleinen Anstieg, dann geht es auf Feldwegen in der freien Flur weiter. In Bergham schöne Aussicht beim Wasserturm. Auf dem Rückweg geht man an der *Bernauer Achen* entlang. Einkehrmöglichkeiten gibt es in Rudersberg und Farbing.

Streckentelegramm:
Bernauer Touristinfo → Mitterweg → Mairhausenstraße → Kraimoos → Wasserturm Bergham → Farbing → Bernauer Ache

Von Bernau nach Übersee 16

Weg 12 km
Steigung 220 hm

Wanderer und Fahrradfahrer: Ausgangspunkt ist der Bahnhofsplatz von Bernau. Auf der Straße geht man parallel zu den Bahngleisen bis zur Straße *Im Anger*, dort rechts den Farbinger Weg Nr. 2 in Richtung *Rottau*, der an der *Bernauer Achen* entlang am Rand der *Rottauer Filze* zum *Farbinger Hof* führt. Hier bietet sich ein *Panoramablick* am Fuß der Berge. An der Brücke bei der Verzweigung links abbiegen, bis man zur Eichetstraße kommt. Diese überqueren und dem Schild *Kneipp-Anlage* folgen. Wenn man die Teerstaße (Hackenstraße) erreicht, links dem Weg Nr. 22 Westerbuchberg, Bahnanlage folgen, der am

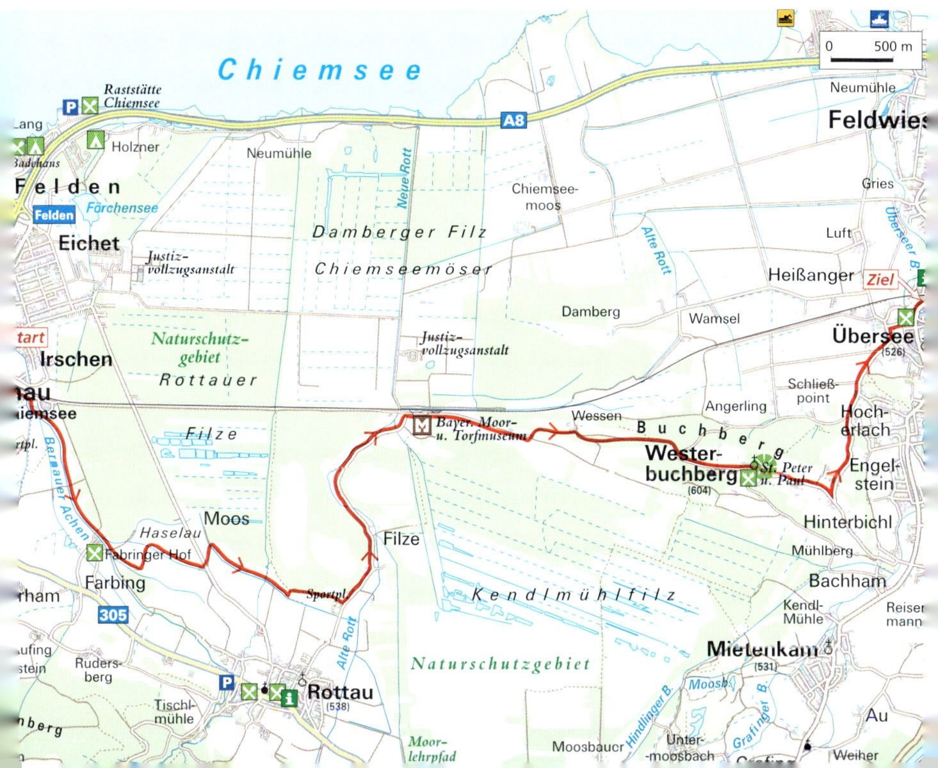

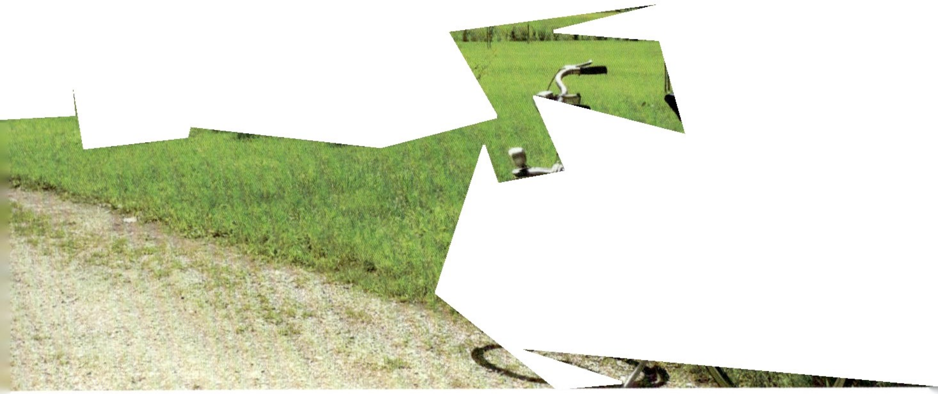

Auf dem Weg ins Naturschutzgebiet Kendlmühlfilzen.

Rand des *Naturschutzgebietes Kendlmühlfilzen* zum ehemaligen Torfbahnhof führt. Unterwegs kommt man an *Streuwiesen* am Rand des Moors vorbei, die nicht gedüngt werden und nur ein Mal pro Jahr gemäht werden dürfen (siehe Spezialthema unten). Am Torfbahnhof geht es rechts weiter Richtung Weiler *Wessen*, hier verzweigt sich der Weg, rechts wandert man hinauf nach Westerbuchberg auf den Buchberg. Nach Besuch der sehenswerten *Kirche St. Peter und Paul* mit ihren gotischen Malereien geht es auf der Straße Westerbuchberg ins Tal hinunter. Unterwegs gibt es einen schönen Blick auf die Filze und Berge. Nach dem *Biergarten Zur Schönen Aussicht* unten bei der *Daxmühle* links dem Fußweg nach Übersee folgen, immer dem hoch aufragenden Kirchturm entgegen.

Wanderer: In Übersee kehrt man mit der Bahn zurück nach Bernau.

Radfahrer: In Übersee auf der Feldwieser Straße nach *Feldwies* und dort links in die Mühlenstraße einbiegen. Auf dem *Chiemseerundweg* kommt man nach Bernau zurück.

Sehenswürdigkeiten

Kendlmühlfilzen (S. 156)
Torfbahnhof (S. 158)

Westerbuchberg

Lage: Von der Anhöhe (775 m) kann man bis *Grassau* und *Rottau* sowie auf das gesamte *Achental* sehen. Sowohl der *Westerbuchberg* als auch der *Osterbuchberg* sind sog. Härtlinge aus Sandstein, die sich in dem weicheren Untergrund des Alpenvorlandes herausbildeten. Während der Eiszeit vor 15 000 Jahren ragten beide Erhebungen aus dem damals noch wesentlich größeren Chiemsee, der sich an den Alpennordrand bis nach Marquardstein erstreckte, als Inseln hervor. Die Kirche auf dem Westerbuchberg ist eine Station auf dem Südostbayerischen Jakobsweg. Der Gasthof Alpenhof in Westerbuchberg ist ein geschätzter Ausflugs- und Aussichtspunkt.

Kirche St. Peter und Paul: Wester- und Osterbuchberg waren wahrscheinlich schon in keltisch-römischer Zeit besiedelt. Das Kirchlein auf dem 603 m hohen Westerbuchberg in dem gleichnamigen Weiler ist eines der ältesten im südlichen Chiemgau. Es liegt an der Westseite des Dorfes in einem ummauerten Friedhof. Die Langhausmauern stammen aus dem 13. Jh. und haben eine Stärke von 74 cm. In gotischer Zeit erfolgte ein Umbau: 1410 wurden die Gewölbe erneuert, 1426 ein dreiseitig geschlossener Chor und 1524 das südliche Seitenschiff und eine Sakristei angefügt. Bemerkenswert ist das Westportal aus *Rotmarmor* (sog. Buchbergerstein), ein Sandstein, der auf 30 Millionen Jahre geschätzt wird.

Fresken: Der *gemalte Altar* um 1525/30 an der Stirnwand des Seitenschiffes ist eine Seltenheit. Möglicherweise reichte das Geld zur Fertigstellung eines Nothelferaltares nicht aus. Es ist ein Flügelaltar mit Sprengwerk, der in acht Feldern je zwei Nothelfer im Gespräch neben der Muttergottes und dem Wege- und

Pilgerheiligen St. Jakobus zeigt. Das Gebiet um den Westerbuchberg war sumpfig und daher für Reisende und Pilger gefährlich, deshalb rief man hier gern den Wegeheiligen Jakobus an.
Aus der Zeit um 1410 gibt es an der Südwand des Langhauses die *Anbetung der Heiligen Drei Könige* und Muster mit Sternen und Rosetten an den Fensterlaibungen. Die *Darstellung vom Jüngsten Gericht* von 1580 zeigt im Himmel Christus und die Apostel; in der Hölle sind Teufel und Drachen zu sehen. Ebenfalls aus dieser Zeit stammt an der Chornordwand eine Darstellung der *Heiligen Drei Könige*. Das *Christophorus-Fresko* im Langhaus ist nur noch im unteren Teil erhalten.
Figuren: Kruzifixus von 1520, gotische Statuen der Kirchenpatrone hll. Petrus und Paulus, Maria auf der Mondsichel und hl. Barbara.

Chiemseemaler

Der Maler *Franz S. Gebhard-Westerbuchberg (1895–1969)* lebte und starb auf einem Bauernhof auf dem Westerbuchberg, den er 1934 mit seiner Frau Käthe, die Bildhauerin war, erworben hatte. Im Krieg war er Kriegsberichterstatter in Russland, Südfrankreich und Istrien gewesen. Danach bewirtschaftete er zunächst seinen Hof, verpachtete ihn aber Anfang der 1950er-Jahre, um sich ganz der Malerei zu widmen. Er malte Landschaftsgemälde des Chiemgaus, Stillleben, Selbstporträts und Bilder mit religiösen Themen.

Almau

Lage: Der Weiler liegt östlich von Westerbuchberg zwischen der Staatsstraße 2096 und der Tiroler Achen.
St. Leonhardkapelle: Neben einem Bauernhof steht die 929 erstmals urkundlich erwähnte kleine Kirche mit romanischem Mauerwerk im Chor, die heute wieder wie früher Ziel eines

traditionellen Leonhardi-Rittes ist. Innen gotische Apostelkreuze im Altarraum, im 17. Jh. barockisiert, 1764 Fresken mit Darstellung des St. Leonhard.

Übersee

Lage: Der an der Mündung der *Tiroler Achen* in den Chiemsee gelegene Ort ist umgeben von einem Moorgebiet, das westlich aus dem *Chiemseemoos*, östlich jenseits der Ache aus dem *Sossauer Filz* besteht.

Geschichte: Vermutlich geht die Besiedlung bis in die keltische Zeit zurück. Wahrscheinlich war die Gegend am Südufer des Chiemsees auch in römischer Zeit besiedelt, wie man aus den vielen hier aufgefundenen Römersteinen geschlossen hat. Dies legt die Vermutung nahe, dass eine Römerstraße an der Südseite des Chiemsees entlangführte. In der Bajuwarenzeit im 6. Jh. war Übersee besiedelt. Ein Salzburger Güterverzeichnis erwähnt Übersee erstmals für die Zeit 788 bis 821 als *ubse*. Das heutige breite Straßendorf entstand mit Feldwies durch das Zusammenwachsen vieler kleiner Weiler.

Der Ortsname weist darauf hin, dass hier die andere, über dem See gelegene Seeseite war. Die früher bedeutenderen Siedlungszentren lagen nämlich gegenüber bei Seebruck und Chieming. Kirchlich gehörte Übersee zu *Grassau*, das als älteste Pfarrei südlich des Chiemsees im 9. Jh. zur Mutterkirche vieler Filialkirchen wurde. Übersee hatte viel unter den Überschwemmungen der Tiroler Ache zu leiden, die bei Regenfällen oft anschwoll und kniehoch die Kirche und Häuser überschwemmte. Erst als der Chiemsee tiefergelegt wurde und die Flussbette von Ache und Alz ausgebaggert waren, wurde das Leben für die Bewohner angenehmer. Der wenig ertragreiche Boden am südlichen Chiemseeufer bescherte den dortigen Landwirten allerdings nur ein mäßiges Auskommen. Durch Zwiebel- und Rübenanbau zur Samengewinnung und durch Pferdezucht versuchten die Menschen ihr Einkommen etwas aufzubessern. Aufgrund seiner isolierten Lage fern der größeren Verkehrswege war der Ort aber von außen wie abgeschnitten und kaum entwicklungsfähig. Erst 1860 brachte der Anschluss an die Eisenbahn (Strecke Paris–München–Wien) einen neuen Aufschwung. Nach König Ludwig entdeckten die Landschaftsmaler den Chiemsee, seine Inseln und Uferorte.

Pfarrkirche St. Nikolaus: Der heutige, dem Schutzpatron der Schiffer geweihte Bau mit seiner typischen, von Weitem erkennbaren Silhouette wurde 1902 im neugotischen Stil an der Stelle von zwei Vorgängerbauten errichtet und ist eine der letzten im neugotischen Stil errichteten monumentalen Kirchenbauten in Bayern. Der Neubau wurde durch das Anwachsen der Gemeinde notwendig. Die Pläne stammen von dem Münchner Architekten *Joseph Elsner*. Die als Stadtpfarrkirche großzügig dimensionierte Kirche wird auch gelegentlich als *Dom des Achentals* bezeichnet. Bemerkenswert ist die erhaltene Ausstattung aus dem 1. Viertel des 20. Jhs.

Ausmalung: Die eigenwilligen, farbig expressionistisch beeinflussten Malereien im Inneren wurden 1921/22 von *Waldemar Kolmsperger* und *Konrad Schmer* aus München geschaffen. Die Themen stehen im weitesten Sinne mit dem Namen *Übersee* im Zusammenhang und zeigen das Schweben des Geistes Gottes über der Urflut, die Darstellung der Sintflut, das Meer des Lebens mit dem umtosten Fels Petri als Bild der alten Kirche von Übersee, den auferstandenen Christus am See von Tiberias, Maria über den Fluten stehend und einen großen hl. Christophorus durch das Wasser schreitend. Im Chorbereich ein Sternenhimmel mit der Milchstraße, zwölf Tierkreiszeichen und ein Schlussstein mit Sonne und gemaltem Gesicht (Symbol für Christus das Licht). Über einem Seitenportal die Darstellung der Patronin des Chiemgaus, der *Sel. Irmengard* als Äbtissin auf Frauenchiemsee.

Hochaltar: Der Münchner Bildhauer *Josef Auer* schuf 1905 die Szene, in der die drei Jungfrauen vom hl. Nikolaus mit Goldstücken beschenkt werden. Vorne rechts wird der Vater,

der seine Töchter verkaufen wollte, in Büßerpose gezeigt. Die ausdrucksvollen Gesichter erinnern an Vorbilder wie Tilman Riemenschneider.
Glasfenster: Darstellungen aus der Legende des Kirchenpatrons St. Nikolaus, im Chor: Heilung eines Kindes, Rettung der drei Kaufleute aus Seenot, im Langhaus: die Apostel und das Thema Wasser.

Feldwies

Halbinsel: Die Feldwies ist eine Halbinsel im Chiemsee westlich des Achendeltas, die über einen der größten Sandstrände in ganz Süddeutschland verfügt. Am Ufer führt ein Wanderweg um die Halbinsel zur
Nikolauskapelle: Die kleinen Kapelle am Ostufer der Feldwieser Halbinsel, von der einheimischen Bevölkerung *Gamer Zipf* genannt, ist von einem im Jahre 1808 auf dem Chiemsee in Seenot geratenen und in letzter Sekunde geretteten Bürger aus Dankbarkeit gestiftet worden. Im Inneren zwei Votivtafeln, welche die Ereignisse schildern, und eine Holzplastik des Schifferheiligen St. Nikolaus aus der früheren Pfarrkirche von Übersee.
Ort: Der weiter südlich von der Halbinsel gelegene Ort *Feldwies* entstand wesentlich später als der Bauernort Übersee, nämlich als sich um die Mitte des 16. Jhs. hier Fischer, Handwerker, Schiffsleute und Händler niederließen. Zur verkehrspolitischen Bedeutung siehe unter *Übersee* (S. 149).
Landwirtschaft: Nach der Säkularisation kultivierten die Feldwieser Bauern die Laucharten. Ihre Zwiebeln vermarkteten sie mit der Kraxe als Hausierer im weiten Umland.
Wegkapelle am Seerosenweg: Diese für den altbayerischen Raum typische Wegkapelle soll an die tödlich Verunglückte des benachbarten Hofes erinnern und ein Gebetsgedenken von den Vorübergehenden erbitten.
Gasthaus Feldwies: Erst seit der Fertigstellung der Autobahn im Jahre 1936 verläuft der Reiseverkehr auf der Straße von München

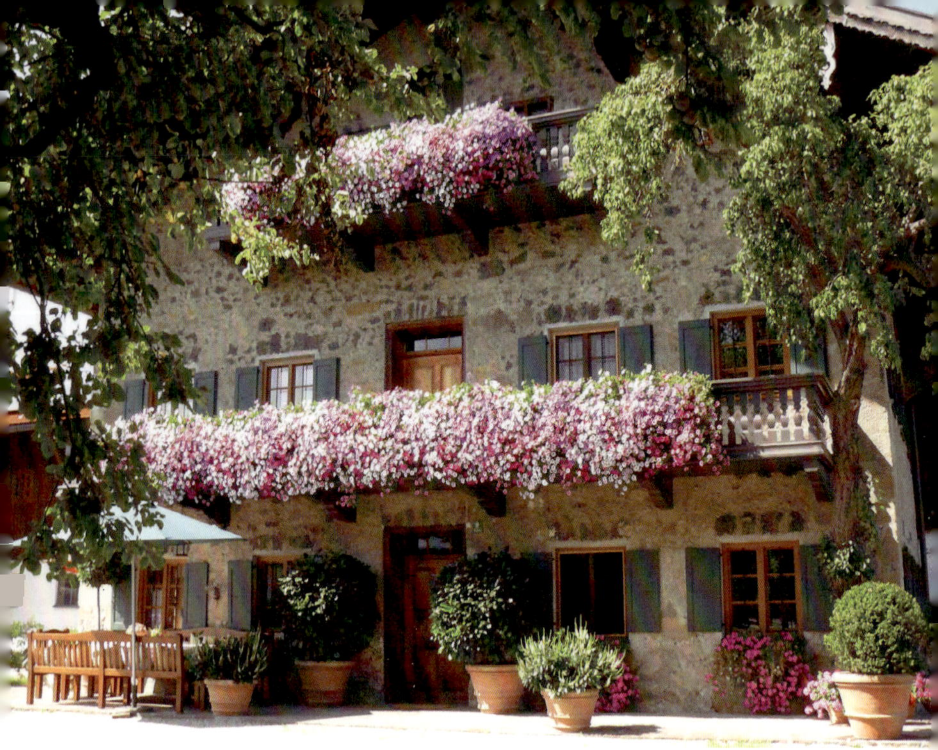

Wirtshaus in Übersee.

in Richtung Salzburg am Südende des Chiemsees entlang. Früher war hier tote Hose, denn die Landstraße führte nördlich des Chiemsees vorbei. Wer von *Bernau* nach *Bergen* gelangen wollte, benutzte einen Bauernweg, der dem Bergrand folgte. Das Land war schlecht und filzig, d.h. nass und moorig, und damit für eine landwirtschaftliche Nutzung und verkehrsmäßige Erschließung uninteressant. Von Tirol aus gab es aber noch eine kleine Straße, die nach Übersee und Feldwies führte. Die dortige Wirtschaft (Tafern = mit Möglichkeit zur Übernachtung) ist schon seit 1584 nachweisbar. Geistliche aus Tiroler Pfarreien, die zum Unterbistum Herrenchiemsee der Diözese Salzburg gehörten und auf die Herreninsel reisen mussten, machten hier beim *Wirt in der Feldwies* Quartier. Davon hat man ganz gut profitiert, wie man an dem stattlichen Wirtshausgebäude sieht, das heute unter Denkmalschutz steht.

Chiemseemaler

Julius Exter (1863–1939): Nach dem Bau der Eisenbahn um 1860 entdeckten Münchner Kunstmaler die Feldwies. Der junge Kunstmaler *Julius Exter*, der schon Professor in München war, kam nach Übersee und gründete hier eine Malschule. Zunächst wohnte er in Übersee, dann übersiedelte er nach Feldwies und richtete sich 1898 in einem kleinen Bauernhaus, dem *Stricker-* oder *Schwabenhäusl* (heute Museum) ein Sommeratelier ein. Das Interieur des Hauses und sein Bildernachlass sind erhalten geblieben. Seine Bilder hängen heute im Exter-Museum auf der Insel Herrenchiemsee. Exter war Mitglied der Münchner Secession, ließ sich 1917 hier ganz nieder und wurde zum Begründer einer Künstlerkolonie. Seine Lehrtätigkeit übte er am Chiemsee aus. Seine Malschüler folgten ihm hierher und machten den Ort bekannt, sodass schließlich auch die Sommerurlauber angezogen wurden. Exter kam vom Historismus zur ausdrucksstarken Farbigkeit der expressionistischen Malerei. Seine Künstlerkollegen nannten ihn wegen seiner avantgardistischen Bilder auch *Farbenfürst*. In seiner Maltechnik hat er viel von der Künstlergruppe *Blauer Reiter* übernommen. Die Bilder des Malers fanden großes Interesse in ganz Deutschland und vor allem in der Schweiz. Die historische Laube im herrlichen Bauerngarten des Museums ist Wallfahrtsstätte vieler Japaner, weil hier das berühmte Bild von *Harada Naojirō*, eines Künstlerkollegen von Exter, entstanden ist, das er 1884 malte.

Arnold Balwé (1898–1983): Der Maler und seine Ehefrau Elisabeth Balwé-Staimmer hatten sich in Feldwies ein Bauernhaus gekauft und malten hier Landschaften und Menschen im Chiemgau. In der Zeit des Nationalsozialismus wurden seine Bilder bei Ausstellungen in den Jahren 1938–1943 beschlagnahmt, aber bereits 1946, nach dem Krieg, stellte man sie in Prien wieder aus, 1949 dann im Lenbachhaus München. Danach nahm der Künstler regelmäßig bis 1983 an Ausstellungen teil. 1982 bekam er den Oberbayerischen Kulturpreis verliehen.

Willi Geiger (1878–1971): Einer der bedeutendsten modernen Maler musste sich hier in ein Bauerhaus zurückziehen, weil er nach der Machtergreifung der Nationalsozialisten aus dem Staatsdienst und seinem Lehramt an der Leipziger Akademie entlassen wurde. Seine expressionistischen und zeitkritischen Grafiken und Ölbilder erregten damals Anstoß. 1946 konnte er seine Lehrtätigkeit an der Hochschule der Bildenden Künste in München fortsetzen und war hochgeehrt: 1951 Kulturpreis der Stadt München, 1958 Verdienstkreuz 1. Klasse der Bundesrepublik Deutschland, 1963 Schwabinger Kunstpreis und 1969 Bayerischer Verdienstorden.
Max Steinleitner: Der 1887 hier geborene Maler und Autodidakt hatte Ausstellungen in Paris. Seine Bilder galten wie die vieler seiner Kollegen unter den Nazis als entartete Kunst. In der Pfarrkirche von Überwies hängen zwei Bilder von ihm, die den hl. Leonhard und die Selige Irmengard aus Frauenchiemsee zeigen.

Bootshafen am Seeufer bei Feldwies.

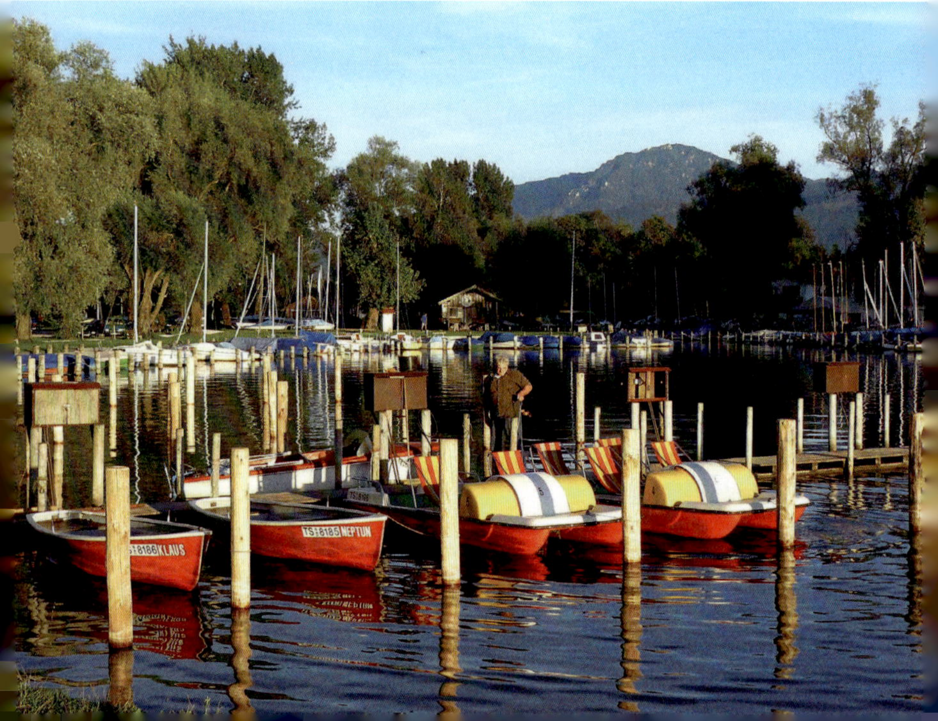

Im Naturschutzgebiet Kendlmühlfilzen 17

Weg 10 km
Steigung eben

Wanderer und Fahrradfahrer: Den Parkplatz am Rand der Kendlmühlfilzen erreicht man in Grassau vom Kirchplatz über den Mitterbacher Weg und die Moosbacher Straße, die man bis zum Ende durchfährt. Von hier geht man nach Norden auf einem ehemaligen Bahndamm erst auf dem *Moorrundweg* bis zu einem *Aussichtsturm*. Etwas weiter nördlich erreicht man den sog. *Ewigkeitsweg*, benannt nach den Zuchthäuslern, die in Bernau langjährige Haftstrafen verbüßten und als Torfarbeiter hier im Moor eingesetzt wurden. An der nächsten Verzweigung links gehen wir zum ehemaligen Torfbahnhof, der jetzt ein Museum ist. Hier biegt der Teerweg links ab (Hackenstraße)

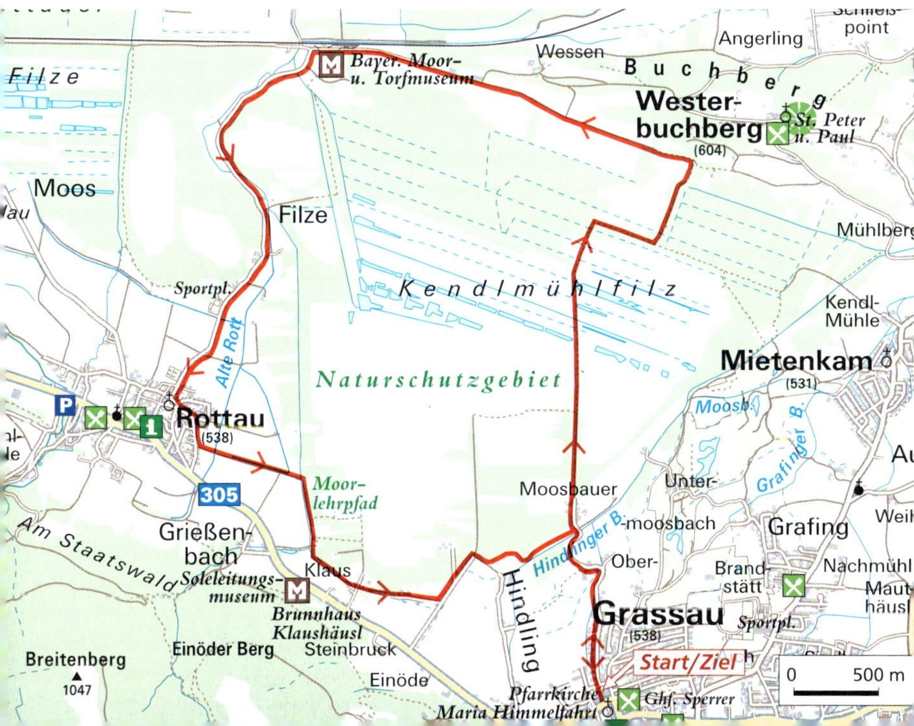

in Richtung Rottau. An der Kirche links in die Kreuzstraße bis 200 m vor der B 305, wo links der Hacklweg abzweigt, auf dem man jetzt bleibt. Nach Querung des Brunnhausweges weiter auf dem Hacklweg bis zum Steinbrückweg. Dort links weitergehen, bis man am Parkplatz den *Moor-Rundweg* erreicht, dem man rechts (!) bis zum Ausgangspunkt folgt.

Sehenswürdigkeiten

Das Naturschutzgebiet Kendlmühlfilzen (Chiemsee-Hochmoor): Moore oder Filzen waren früher frei verfügbares Land (sog. Freiwiesen), das allgemein als Vieh- und Pferdeweide genutzt werden durfte. Das seit 1. Februar 1992 zwischen Mietenkam, Grassau, Rottau und dem Torfbahnhof unter Schutz gestellte Gebiet umfasst eine Fläche von etwa 800 Hektar. Das Hochmoor kann man auf ausgeschilderten Wegen (*Moorweg*) erreichen. Wegen des intensiven Torfabbaus haben sich die Moore (Filze) teilweise erheblich verändert und reichen vom Torfmoosrasen bis zu lichten Birkenwäldern. Die noch heute sichtbaren Schäden des schon 1850 begonnenen und erst 1988 eingestellten Torfabbaus kann man vom *Beobachtungsturm* auf dem Moorweg erkennen. Der Torf wurde als Gartenerde oder Brennmaterial verwendet. Mit Unterstützung der EU wurden in den Jahren 1999–2001 Rekultivierungsmaßnahmen zur Vernässung von ehemaligen Torfabbauflächen gefördert, z. B. durch Verfüllung von Entwässerungsgräben oder Aufstau von Flachgewässern. Landwirte und ehem. Mitarbeiter des Torfabbauunternehmens helfen bei diesem Wiedergutmachungsprojekt mit. Inzwischen haben Hochmoorpflanzengesellschaften wie Torfmoose, Sonnentau, Rosmarinheide, Moos- und Rauschbeere sowie Binsen- und Wollgras auf diesen Flächen wieder neue Lebensräume gefunden. Die Tierwelt

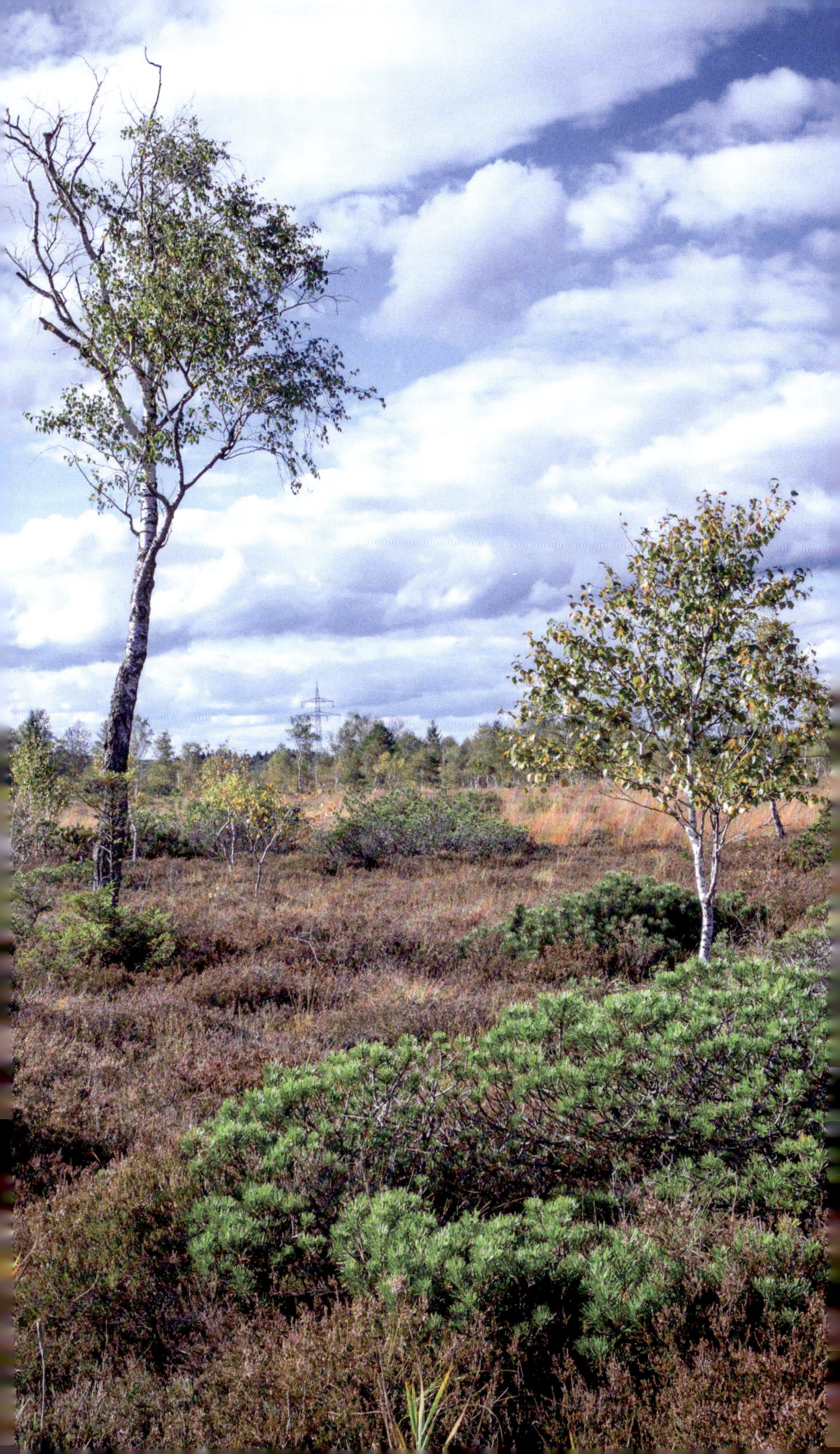

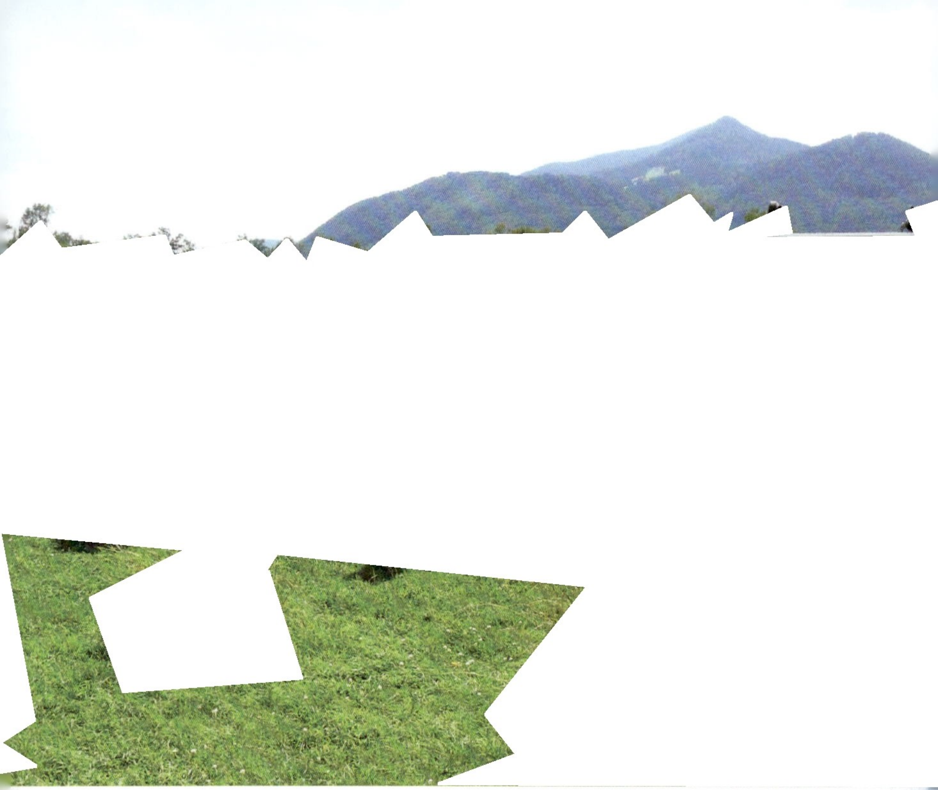

Das Besucherbähnchen beim Torfmuseum.

ist durch *Libellenarten, Schwarzkelchen und Kreuzotter* vertreten. Wald und Heide sind für Moore jedoch nicht typisch und für deren Wasserhaushalt sogar eher schädlich. Denn eine Birke verbraucht allein im Sommer pro Tag bis zu 400 l Wasser und trägt somit zur Entwässerung des Moores bei. Daher wurden großräumig Bäume entfernt und Dämme gebaut, um das Wasserspeichervermögen des Moores zu stärken. Aus Gründen des Naturschutzes ist es nicht erlaubt, die Wege zu verlassen.

Torfbahnhof: (*Bayerisches Moor- und Torfmuseum am Naturschutzgebiet Kendlmühlfilzen Rottau/Chiemgau*): Das 1920 an der Bahnstrecke München–Salzburg erbaute und heute unter Denkmalschutz stehende Gebäude war bis 1988 in Betrieb und diente früher als Torfverladestation. Heute sind hier Sammlungen zur Moorkunde in Bayern (Karten, Fotos, Pflanzen, Moorleiche) und zur Torfwirtschaft (u. a. Arbeitsgeräte zum Torfstechen, Fahrzeuge und Maschinen für den industriellen Torfabbau und die einzige vollständig erhaltene Torfballenpresse) untergebracht. Einige Loren künden noch vom Torfabbau, den man hier im letzten Jahrhundert betrieben hat. Fahrten mit einem Feldbahnzug auf vorhandener Schmalspur (880 mm) sind möglich. Mit dieser Feldbahn wurden aus der Strafanstalt Bernau seit 1920 die Strafgefangenen täglich zum Torfstechen in die Kendlmühlfilzen gefahren. Die Gesamtlänge betrug 30 km.

Rottau

Ortsbild: Das liebevoll an Häusern und in den Vorgärten mit Blumen geschmückte Dorf hat schon mehrere Wettbewerbe gewonnen.

Kutschfahrten in Rottau.

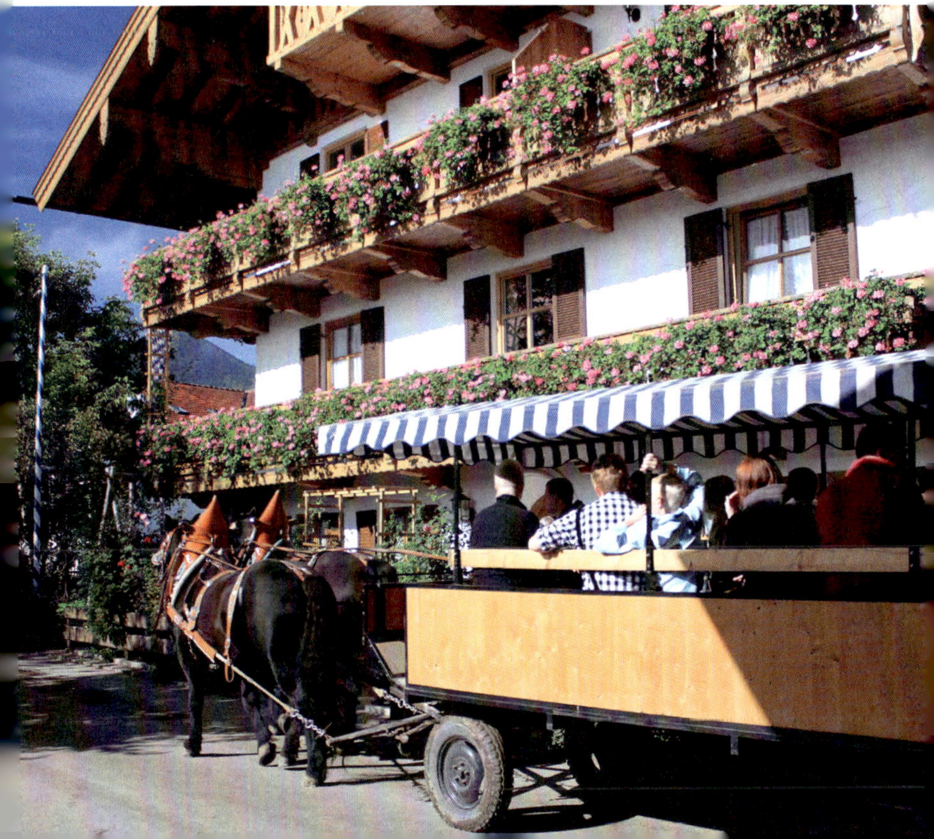

Pfarrkirche St. Michael: Die erste Kirche datiert von 1195. Nach einem Brand entstand der heutige barocke Neubau aus dem 17. Jh. mit schönem Michaelsaltar. Beim Erntedankfest und Kirchgängen kann man hier noch alte Trachten sehen.
Rottauer Filze: Schon in keltischer Zeit verlief ein Bohlenweg durch die Rottauer Filze, die aufgrund einer wissenschaftlichen Grabung im Jahr 1967 entdeckt und in die Zeit um ca. 600 v. Chr. datiert wurden.

Bergham

Salinen-Brunnhaus: Als man im Jahr 1810 eine Soleleitung von Traunstein nach Rosenheim führte, wurde dieses Gebäude errichtet (S. 17).

Grassau

Lage: Der belebte Ort am Eingang des Achtentals war im Mittelalter ein wichtiges kulturelles und kirchliches Zentrum.
Pfarrkirche Mariä Himmelfahrt: Die Ende des 15. Jhs. erbaute Kirche ist wegen ihrer Fresken im Chorraum aus dem 15. Jh. kunsthistorisch bedeutsam. Die barocken Malereien hat der Tiroler *Jacob Carnutsch* zu Beginn des 17. Jhs. gefertigt. Auf der Unterseite der Westempore werden in drastischer Weise Gläubige gezeigt, wie sie in bewaffnetem Zug zur Himmelsburg ziehen.

In der näheren Umgebung:

Mündungsgebiet der Tiroler Achen: In die *Kernzone des Deltas* werden Bootsfahrten mit Führungen angeboten. Hier kann man das gesamte Mündungsdelta mit seinem verästelten System von Haupt-, Seiten- und Altarmen erleben. Der wilde Gebirgsfluss, auch *Große Ache* genannt, kommt aus den Kitzbühler Alpen, fließt zwischen *Hochfelln* und *Geigelstein* und mündet nördlich von Übersee in den Chiemsee. Dort befindet sich das einzige *natürliche Binnendelta* Mitteleuropas, das Lebensraum und Rückzugsgebiet vieler bedrohter Tier- und Pflanzenarten

ist. Im Mündungsgebiet des Schwemmkegels der Tiroler Achen wird die naturkundliche und ökologische Bedeutung dieses einzigartigen Schutzgebietes erfahrbar.
Zugleich versteht man, wie der Chiemsee entstand und welche Gefahren ihm drohen. Das Achendelta schiebt sich pro Jahr etwa 5,3 m in den See vor. 1807 lag Grabenstätt noch am Seeufer! Die Verlandung des Sees wurde durch die 1904 zur Landgewinnung vorgenommene Absenkung des Wasserspiegels um 60 cm weiter ungünstig beeinflusst. Auf diese Weise entstand die heutige *Hirschauer Bucht*. Die *Tiroler Ache* transportiert noch immer große Mengen an Geröll in den See. Trotz der inzwischen vorgenommenen Rückhaltemaßnahmen gehen Schätzungen davon aus, dass der See in 5000–10000 Jahren gänzlich verlandet sein wird.
Grabenstätter Moos: (S. 232)
Mündungsgebiet der Bernauer Achen: (S. 77)

Marquartstein

Lage: Der Ort mit seinen Ortsteilen Piesenhausen, Pettendorf und Niedernfels liegt 10 km südlich des Chiemsees im Tal der Tiroler Achen und ist umgeben von den Hausbergen *Hochgern* (1744 m) und *Hochplatte* (1586 m). Östlich des Flusses liegt Alt-Marquartstein mit einer Burg, auf der anderen Seite befinden sich die Pfarrkirche Heiligblut und das Rathaus.
Burg: Die 1075 durch Ritter Marquart II. erbaute Burg war bis 1803 Sitz eines bayerischen Pflegamts. 1857 wurde die vom Verfall bedrohte Burg von *Cajetan Freiherrn von Tautphoeus* restauriert. Die historische Burg ist heute im Privatbesitz.
Gasthof Hofwirt zur Post: Der historische, komplett renovierte Gasthof zählt zu den ältesten im Chiemgau. Der Komponist Richard Strauss war hier regelmäßig zu Gast.

Alte Bräuche und merkwürdige Sitten

Unter der *Sitt* sind die guten alten Bräuche zu verstehen, die früher zum alltäglichen Leben gehörten. Viele dieser Bräuche werden noch immer gepflegt oder leben heute wieder auf. So manches im bayerischen Brauchtum hat seine Wurzeln noch in vorchristlicher, heidnischer Zeit. Die genauen Ursprünge bleiben freilich im Dunkeln, sicher aber ist, dass sich viele heidnische Rituale später mit dem Christentum vermischten.
Das Chiemgauer Brauchtum ist heute noch sehr lebendig und wie im ganzen Bayern auch eng mit dem Christentum verknüpft. Es ist daher nicht verwunderlich, wenn viele Bräuche mit den Festen des Kirchenjahres zusammenhängen. Hierzu gehören Umkreisungen wie Prozessionen, Umritte (St. Georg S. 235 und St. Leonhard). Noch immer werden am Palmsonntag im Gottesdienst die zu Hause kunstvoll gewundenen Palmbüschel geweiht und gesegnet nach Hause gebracht. Und für jedermann sichtbar wird in jedem Ort im Mai ein Maibaum (S. 243) aufgestellt. Der Juni ist dann zur Sommersonnwende die Zeit der Feuer (S. 244). In der Adventszeit kann man wieder vielerorts die durchs Dorf ziehenden Anklöpfler antreffen und zu Beginn des neuen Jahres sind die Sternsinger als Heilige Drei Könige von Haus zu Haus unterwegs. Am Kirchweihtag, der in vielen Orten einheitlich am dritten Oktobersonntag gefeiert wird, werden im Chiemgau die Kirta (Kirchtag)-Nudeln gebacken oder Kirchweih-Gänse geschlachtet. Mancherorts gab es eine große Schaukel, die sog. *Kirta-Hutschn* zur Gaudi für die Kinder. An den Kirchtürmen hängen dann die rot-weißen Fahnen, die *Zachäus-Fahnen* heißen, weil sie an den Zöllner Zachäus erinnern sollen, der auf einen Baum kletterte, um Jesus sehen zu können.
Hingegen wurde ein ausgeprägter Kult mit heidnischen Elementen zu Zeiten der Sonnwende als Wasserweihe gepflegt. Ebenso war das Anbringen von Orakeln und Zeichen an den Haus- und Wohnungstüren wie noch heute an Hl. Drei Könige

üblich. An Ställen und Stadeln brachte man ebenfalls geheimnisvolle Verzierungen zum Schutz der Ernte und des Viehs an. Auch das Aufhängen bestimmter Kultpflanzen wie der Hauswurz gegen Blitzschlag zählt dazu. Zu bestimmten Anlässen wie Nikolaus vermummte man sich oder man führte lustige Kultspiele aus, daneben gab es das Braut- oder Maibaumstehlen. Oftmals ging es dabei recht bunt und laut zu, denn man veranstaltete regelrechten *Kultlärm* (z. B. mit Glocken) oder benutzte *Kultschmuck*. Zu nennen ist hier der Viehschmuck beim Almabtrieb. Auch *Opfergaben* wie der Johanniswein, Seelenzopf oder Votivkerzen waren üblich.
An *Maria Himmelfahrt* findet noch heute das *Fest der Kräuterweihe* statt, zu denen ursprünglich 77 verschiedene Kräuter-Büschl gebunden und geweiht wurden, die alle Heil und Glück bringen sollten. Bis auf den heutigen Tag werden Woll- und Frauenkraut, Bibernell, Teufelabbiss, Liebstöckl und Fünffingerkraut hierzu gesammelt. In die Mitte des Kräuterbündels wurde eine Himmelskerze gesteckt. In vorchristlicher Zeit waren diese Kräuter dazu bestimmt, böse Geister, Hexen und Unwetter zu vertreiben. Später erhielten sie im Herrgottswinkel der Bauernstuben ihren Platz oder wurden auf Dachböden zum Schutz vor Unwettern und Blitzschlag als ein christlich umgewidmetes Zeichen mit Schutzwirkung aufgehängt.
In manchen Gegenden tragen die Mädchen bei der Prozession an *Fronleichnam* noch kleine Kränze aus Birkenlaub, Blumen, Kräutern. Diese sog. *Fronleichnamskranzerl* finden dann zu Hause ihren Platz in der Stube im Herrgottswinkel, weil man daran glaubt, dass sie das Haus vor Unwetter schützen. Auch den Birkenzweigen, den Prangerstauden, die man am Prozessionsweg aufstellte, wurde eine ähnliche Schutzwirkung nachgesagt. Das auf dem Prozessionsweg ausgestreute sog. *Prangergras* mischte man dem Vieh unter das Futter, damit es gesund blieb.
In der Barockzeit trieben *Aberglauben, Magie und Zauberei* in christlichem Gewand freilich manch gar seltsame Blüten. Das

betrifft vor allem die eingenommenen gesegneten Gegenstände (sog. *Gweichtln*), die man, in eine alkoholfreie Flüssigkeit verrührt, wie eine Arznei zu sich nahm. Dazu zählten Brot, die Abschabungen von Heiligenfiguren und Schluckbildchen mit Abbildungen von Heiligen. Die Schluckbildchen von der Größe einer Briefmarke erwarb man auf gedruckten Papierbogen, von denen man bei Bedarf ein Bildchen abschnitt. Die Kirche duldete diese merkwürdigen Heilbringer nicht nur, sondern förderte diesen Kult sogar. Denn man glaubte wirklich fest daran, dass von den geschluckten Gegenständen innerlich eine segensreiche Wirkung ausgehe, wie man dies auch von den im Notburgabrot verbackenen Erdresten, die vom Grab der Heiligen stammten, annahm. Streute man diese Brotbrösel in Wasser und trank dieses, so wurde man vor Donner und Blitz bewahrt, es senkte das Fieber oder kurierte andere Krankheiten. Schwangere nahmen es, um eine gute Geburt zu bekommen, und das kranke oder verzauberte Vieh gesundete wieder, wenn man das Brot mit dem Futter verabreichte. Den Gnadenbildern und ihren Kopien, welche die himmlische Ärztin Maria zeigten, wurde eine besondere magische Kraft gegen das Böse zugeschrieben, die durch priesterliche Weihen noch zusätzlich legitimiert wurde. Schließlich wurden noch die von bestimmten Schabfigürchen abgeschabten und in die Speise eingerührten Partikel von Mensch und Nutzvieh verzehrt. Die kleinen, aus Ton gepressten Figuren waren meist Marienbildnisse, die als sog. *irdene Frauen-Bildlein* vor allem gegen Zauberei in hohem Ansehen standen.

Heute werden manche Sitten der Alten wieder entdeckt. So interessiert man sich wieder um den richtigen Zeitpunkt beim Holzeinschlag oder von Hochzeiten und ähnlichen Anlässen. Immerhin sieht man an den hohen Festtagen oder bei Trachtenfesten wieder die Männer in der Lederhose und grüner Lodenjoppe und die Frauen in festlicher Tracht mit dem Mieder. Dass diese Kleidung nicht ganz zum Aussterben verurteilt ist, dafür sorgen die Trachtenvereine, die man in fast jedem Ort finden kann. Daher ist auch der Chiemgauer Hut als Trachtenhut bis heute ein fester Begriff. Die Menschen wollen aber nicht nur das Tragen der Tracht erhalten, sondern auch Volkstänze wie *Schuhplatteln* und *Dirndldrahn* pflegen. Die verschiedenen Tanzformen mit ihren eigenen Melodien reichen vom Häuslratz, dem Zwei- und Dreisteirer, dem Sterntanz bis zum Bandltanz. Oft wird aber nur vom *Chiemgauer Dreher* als Volkstanz gesprochen. Das Theaterspielen ist den Chiemgauern eine besondere Herzensangelegenheit. In Übersee und Feldwies wurde bereits im letzten Jahrhundert das Komödien-Spiel gepflegt. Jede Woche kann man dort in der Saison den urigen Aufführungen des Bauerntheaters beiwohnen. Das Chiemgauer Volkstheater ist durch seine Fernsehauftritte weit über die Grenzen Bayerns hinaus bekannt. Aber auch Musik und Gesang ist bei den Menschen im Chiemgau sehr beliebt. Gerne kam man zum *Hoagart* zusammen, um mit Freunden, Bekannten und Nachbarn beisammensein zu können. Der Brauch geht darauf zurück, dass man früher abends nach getaner Arbeit vor einem Bauernhaus im Heimgarten zusammenkam, um zu erzählen, zu musizieren und zu tanzen. Heute pflegt man diesen Brauch, der auch als *heimgartln* bezeichnet wird, in den kühleren Jahreszeiten. Es wird dann Musik in der Stube gespielt, gesungen und Geschichten und Gedichte vorgelesen.

Anfahrt	PKW: Abfahrt Bergen von der Autobahn München–Salzburg. Parkmöglichkeiten: in Bergen Ortsmitte. Bahn: Strecke München–Salzburg bis Bergen. Bus: Von Traunstein (Linie 9514)
Karte	Bergener Wanderkarte 1:30 000, bei der Tourismus-information in Bergen
Infos	Touristinformation Bergen/Chiemgau, 83346 Bergen, Raiffeisenplatz 4, Tel.: 08662-8321, Fax: -5855, tourismus@bergen-chiemgau.de.
Hinweis	Bergen: Museum Maxhütte Bergen, Maxhüttenstr. 10, 83346 Bergen. Bergener Schwimmbad, Schwimmbadweg 15, Tel.: 08662-8376. Siegsdorf: Südostbayerisches Naturkunde- und Mammut-Museum Siegsdorf, 83313 Siegsdorf, Auenstr. 2, Tel.: 08662-13316, mammut@museum-siegsdorf.de;
Einkehr	**Bergen:** Gasthof Schellenberg, 83346 Bergen, Schellenberg 11, Tel.: 08662-8456. Gasthaus „Zum Hochfelln", Dorfplatz 1, Tel.: 08662-6688877. Bergstüberl, Maxhüttenstr. 16, Tel.: 08662-8993. **Siegsdorf:** Klostergasthof Maria Eck: 83313 Siegsdorf, Tel.: 08662-9396.

Bergen, der Ausgangspunkt dieser Wanderung, ruht in einer reizvollen Landschaft, die dem Naturfreund einiges zu bieten hat. In der nord-westlichen Ebene breitet sich das Bergener Moos aus, das als eines der schönsten Moorgebiete Bayerns zu Wanderungen einlädt. Über die nordöstlich gelegenen Moränenhügel führt ein Weg von Bergen nach Bad Adelholzen zu einem der ältesten Badeorte Bayerns, wo schon im ausgehenden Mittelalter

Krankheiten innerer Organe geheilt wurden. Von diesem Vorgebirge aus hat man einen großartigen Blick auf die weite Moorebene und die Chiemgauer Alpenkette. In Bernhaupten macht man eine Begegnung mit einer alten Kirche, die einst Station für die Jakobspilger auf ihrem langen Weg (2 500 km) nach Santiago de Compostela in Nordspanien gewesen ist. Die einheimische Bevölkerung pilgert heute jährlich zu einem näher liegenden Wallfahrtsziel, dem Gnadenbild von Maria Eck, auf den Vorberg über Siegsdorf. Ein bisschen ins Schnaufen kommt man auf diesem Pilgerweg freilich schon.

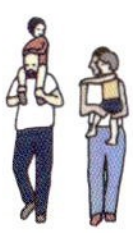

Von Bergen zur Primusguelle nach Adelholzen und zur Jakobskirche in Bernhaupten 18

Weg 10 km
Steigung Anstiege zwischen Bergen und Adelholzen und nach Bernhaupten

In Bergen geht man auf dem *Sonnleitenweg* (Wanderweg 5 a) zunächst ein Stück aufwärts durch den Wald, bis man auf der Höhe bei einem Bauerhof anlangt. Dort hält man sich links und wandert bis zu einem *Wegekreuz* mit schönem Rückblick auf den Alpenrand. In Bögen geht es weiter aufwärts, bis man zum *Primus-Hof* auf der Höhe gelangt. Von hier ist wieder der Abstieg in das Tal nach Adelholzen angesagt, das auf der gegenüberliegenden Seite am Hang liegt. Nach dem Besuch des *Klosters*, der *Kurgebäude* und der kleinen *Primuskapelle* kehrt man zurück zur Straße und geht rechts bergauf in Richtung *Thalham*. Dort links hinter dem Weiler an der Verzweigung rechts gehen und weiter über den *Schlagbach*. An der nächsten Verzweigung halten wir

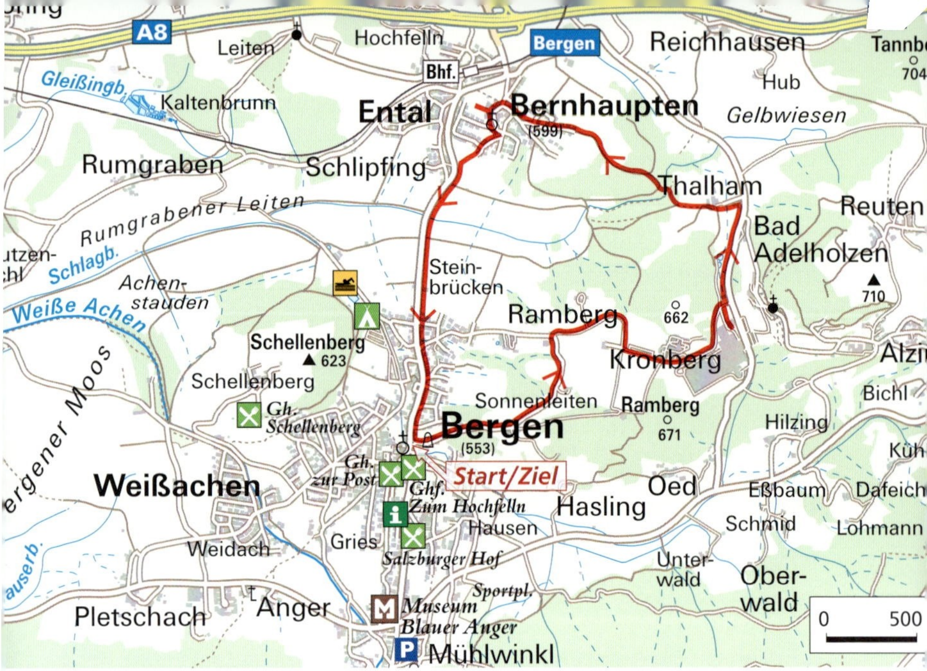

uns wieder rechts und gehen dann geradeaus weiter. Der Weg mündet in Bernhaupten in die Hainzbergstraße. Dann rechts weiter auf der Bernhauptener Straße und anschließend biegen wir links in den Kirchweg ein. Nach dem Besuch der *St. Jakobskirche* auf dem Kirchweg zurück zur TS 6, auf der gegenüberliegenden Seite geht es die Bahnhofsstraße bergab durch den Ort, dann auf dem Radweg auf Bergen zu. Dieser Weg führt durch ein ehemaliges, trockengelegtes Moor.

Sehenswürdigkeiten

Chiemgauer Alpen (S. 17)

Hochfelln

Der 1674 m hohe Hochfelln erhebt sich unmittelbar bei Bergen. Man kann zwar den Gipfel von Bergen aus besteigen (der Wanderweg beginnt am *Wanderparkplatz Kalkofen* hinter der *Maxhütte*), jedoch ist es bequemer, den Gipfel mit der *Hochfellnseilbahn* zu erreichen. Man fährt zunächst bis zur Mittelstation und steigt dann in eine andere Seilbahn um, die den Gast bis zum *Hochfellnhaus* am Gipfel bringt. Oben kann man interessante Rundwanderungen auf dem *Geologischen Lehrpfad* unternehmen oder das *Taborkirchlein* besuchen. Von der Mittelstation kann man auch auf Wanderwegen zur *Bründlingalm* gehen oder dem *Öderkaser* bzw. *Bachschmidkaser* einen Besuch abstatten. Unterwegs gibt es die Möglichkeit, die Gebirgswelt der Latschen, der Almgräser oder der glasklaren Gebirgsbäche zu bewundern.

Markierte Wanderwege auf dem Hochfelln:
Nr. 1: Gipfelrundweg mit Aussichtspunkten (35 Min.)
Nr. 4: Wanderwege nach Maria Eck (45 Min.) oder Waldweg (2 Std.)
Nr. 6: Zur Mittelstation (2 Std.) und Rückkehr mit der Seilbahn
Nr. 61: Ab Mittelstation zur Steinbergalm (25 Min.) und Rückkehr mit dem Bus nach Ruhpolding

Bergen

Lage: Der anerkannte Luftkurort liegt in der Ebene inmitten einer Tallandschaft am Fuß des Hochfelln.
Pfarrkirche St. Ägidius: Der spätklassizistische Bau von 1866 hat innen einen schönen Taufstein aus Tegernseer Marmor. Der Raum wurde durch den Traunsteiner Historienmaler *Max Fürst* im Nazarener Stil ausgemalt.
Friedhof: Man findet hier viele von der Maxhütte angefertigte Grabplatten sowie ein eisernes Friedhofkruzifix, das von hoher Kunstfertigkeit im Umgang mit Eisen zeugt.

Legende
Einen Bezug zur Tannhäusersage stellt ein Stein her, der an eine mittelalterliche Kette geschmiedet wurde und im Chor der Pfarrkirche aufbewahrt wird. Der Stein soll angeblich von Tannhäuser nach der Rückkehr von seiner Bußwallfahrt nach Rom hier abgelegt

worden sein. Diese habe er nach einem stürmischen Liebesbekenntnis zu einer hübschen Siegsdorfer Bauerstochter auf sich genommen. Die Sage hat Richard Wagner zu seiner berühmten Oper Tannhäuser angeregt.

Industriedenkmal Maxhütte: Die *Maxhütte Bergen* kann als ehemals größte und wichtigste Eisenhütte Bayerns auf eine lange Industriegeschichte zurückblicken. Erhalten sind noch historische Werksgebäude und Wohnanlagen, sehenswert ist die gusseiserne Konstruktion der ehemaligen Gießerei. Die Anlage gilt als eines der bedeutendsten Industriedenkmäler im Alpenraum.
Geschichte: Einst war Bergens Vergangenheit vom Eisenbergbau und dem Hüttenwesen geprägt. Bereits vor 1 000 Jahren grub man hier nach dem begehrten Erz, später holte man es aus Gruben bei Siegsdorf und Kressenberg zur Verhüttung herbei. Die erste Eisenhütte (Schmelzwerk und Hammerschmiede) entstand 1561 im Mühlenwinkel bei Bergen auf Betreiben des *Freiherrn Pankraz von Freyberg zu Hohenauschau*, Herr auf Burg Hohenaschau und Burg Wildenwart. Das Eisenerzvorkommen am Teisenberg bildete hierfür die Grundlage. Die Eisenindustrie wuchs und 1761 waren hier im *bayerischen Ruhrgebiet* 750 Arbeiter beschäftigt. Der bayerische *König Max-Joseph* baute die Hütte 1842 nach einem Brand wieder neu auf. Nach dem Ersten Weltkrieg kam die Tätigkeit der Hütte zum Erliegen. Mit dazu beigetragen hatten die ungünstigen Verkehrsverhältnisse und das Fehlen von ortsnahen Rohstoffen. Die Gießerei arbeitete noch bis zum Zweiten Weltkrieg. Auch in den nahen Orten *Eisenärzt* und *Hammer* war der Eisenerzbergbau im Mittelalter bedeutend.
Wasserfall: Auf dem schönen Weg entlang des herrlichen Wildbachs nach *Kohlstatt* und nach *Eschlmoos* kann man dieses besondere Naturschauspiel bewundern.

Adelholzen

Wildbad: Das an einem Südhang in windgeschützter Lage gelegene ehemalige *Wildbad* (657 m) mit Kur- und Krankenhaus wurde früher gern als heilklimatischer Kurort bei Stoffwechselkrankheiten aufgesucht (Mineral-, Sole- und Moorbad). Man unterschied drei verschiedene Quellen, die salpeter-, alaun- und schwefelhaltig sind und über deren Heilwirkung schon 1620 der Salzburger Arzt Bopp ein medizinisches Werk veröffentlichte. Das Bad erlebte im 17. Jh. seine Glanzzeit, bis es 1907 an den Orden der Barmherzigen Schwestern kam. Das *Adelholzener Quellwasser* wurde sowohl innerlich als Trinkkur wie auch äußerlich als Badekur verordnet. Der Kur- und Badebetrieb in Adelholzen wurde 1936 eingestellt.

Primuskapelle: In der 1615 erbauten Kapelle mit Satteldach und einem kleinen Zwiebelhauben-Türmchen mit Gebetsglöckchen ist der Salzburger Hofbaumeister *Johann Kaspar Zuccalli* begraben, der 1695 das Bad und die Hofmark erworben hatte und hier 1717 starb.

Das Kurbad von Adelholzen.

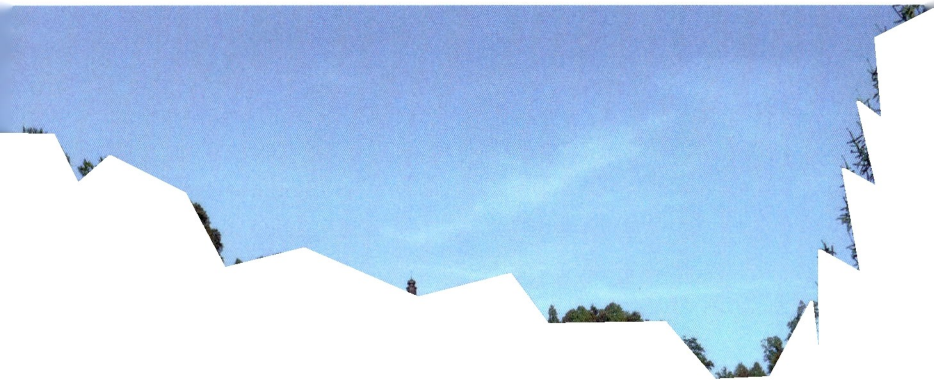

Primusquelle: In vielen alten Kulturen galten Quellen als heilige Orte, deren heilbringende Wirkung aus den Tiefern der Erde den unterirdischen Gottheiten zugeschrieben wurde. Wahrscheinlich handelte es sich auch hier um ein schon in heidnischer Zeit bekanntes Quellheiligtum, das für christliche Kultzwecke umgewidmet wurde. Die Quelle des heilsamen Mineralwassers wird aus der Tiefe des Bergmassivs des Hochfelln gespeist. Sie enthält wichtige Mineralien und Spurenelemente. Diese besondere Reinheit und Heilwirkung des Wassers rührt daher, dass undurchlässige Tonschichten das Grundwasser von der Erdoberfläche fernhalten und die Quelle vor Verunreinigung schützen. Durch eine besondere Schichtung der Ablagerungen, die durch gewaltige Verschiebungen der in der Eiszeit gefalteten Berge entstanden sind, wird das Wasser wieder an die Oberfläche gedrängt. In dem kleinen Tal hat man eine mächtige Heil- und Tafelwasserproduktionsanlage erbaut.

Legende des hl. Primus

Am Beginn von Bad Adelholzen steht eine fromme Heiligenlegende. Darin heißt es, der später heiliggesprochene Primus sei als römischer Legionär im 3. Jh. über die Alpen gekommen. Möglicherweise war er im Römerkastell in Bedaium (heute Seebruck) stationiert. Als er den christlichen Glauben im Chiemgau zu verkünden begann, wurde er verfolgt und musste sich vor seinen Kameraden verbergen. Primus floh in die Einsamkeit der Wälder, wo er in einem Wald, den man „das Holz des Andlo" nannte, eine Quelle entdeckte, die in Gedenken an ihn noch heute seinen Namen trägt. Diese Entdeckung muss Primus wie ein Wunder vorgekommen sein, denn Trinkwasser war für den Einsiedler zum Überleben notwendig. Aus der Primusquelle sprudelte aber mehr als nur ein erfrischender Trunk, denn das Wasser war für Leib und Seele erstaunlich heilsam. Mit diesem Wasser soll er, unterstützt durch seinen unerschütterlichen Glauben an Gott, viele Menschen geheilt und sich dadurch

Achtung, Ruhm und Verehrung verdient haben. Die Legende berichtet auch von seinem zum Christentum übergetretenen Bruder Felicianus, der Primus auf seiner Reise nach Rom begleitete. Im Jahre 286 erlitten Primus und er den Märtyrertod. Sein Name, sein Handeln und seine Entdeckung wirken in Bad Adelholzen und an anderen Orten im Alpenraum fort, wo er als Heiliger verehrt wird. Er soll im Kloster Rottenbuch begraben sein. In der Nähe der Quelle steht eine Statue des Heiligen, der mit Wanderstab und einer Wasserschale in den Händen in einem ausgehöhlten Baumstamm dargestellt ist. Noch heute sind viele Quellen, Brunnen, Höfe und Straßen nach ihm benannt.

Bernhaupten

Lage: Die Kirche liegt oberhalb der Talsohle an einer alten Straße, die vermutlich schon in keltischer Zeit bestand und später von den Salzsamern weiter benutzt wurde, die von Salzburg und Bad Reichenhall gegen Westen zogen. Aus diesem Grund führt der heutige südostbayerische Jakobsweg auch an dieser Kirche vorbei. Von dem an erhöhter Stelle errichteten Bau bietet sich ein beeindruckender Blick hinüber auf die Berge im Süden (Hochfelln) und das Bergener Tal.

Pfarrkirche St. Jakobus: Die Jakobskirche von Bernhaupten wird im 12. Jh. erstmals als kleine Dorfkirche mit Friedhofsrecht erwähnt. In dieser Zeit wurde das von einer Kirchhofsmauer umgebene und mit einem Friedhof versehene Kirchlein erbaut, das wohl einst eine Station der Pilger auf dem Weg nach Santiago de Compostela war. Es trägt einen weithin sichtbaren geschindelten Spitzhelmdachreiter. An den Außenwänden befanden sich früher Fresken, die einst ein großes Vordach schützte. Innen zeigt das spätgotische *Altartriptychon* in der Mitte eine Kreuzigung, rechts den hl. Jakobus als Pilger mit muschelgeschmücktem Pilgerstab und links eine Bischofsgestalt (St. Wolfgang?). Zu den beiden dargestellten Heiligen

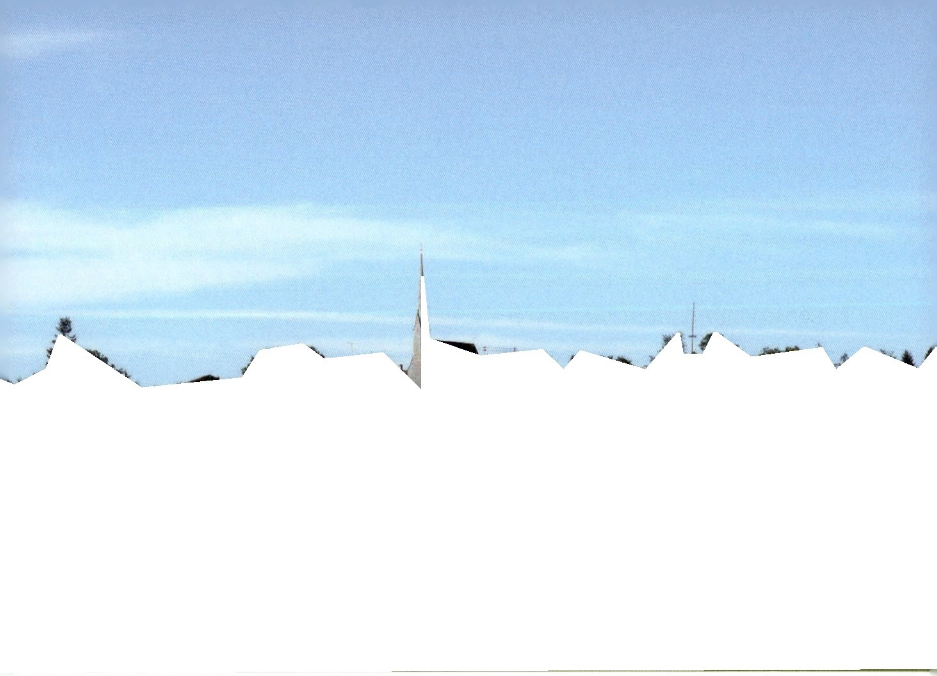

Bernhaupten von Bergen aus gesehen.

waren im Mittelalter große Pilgerscharen in entgegengesetzten Richtungen unterwegs, die sich hier getroffen oder gerastet haben könnten. In der Vorhalle ein *Marienkopf* aus dem 12. Jh. (Fresko). Weitere Jakobskirchen siehe S. 104.

Holzhausen

Ausgrabungen eines römischen Gutshofs. Man fand ein Badehaus mit Gewölben für eine Warmluftheizung.

In der näheren Umgebung:

Einharting

Pfarrkirche St. Margareta: Das Hauptschiff der Kirche im ummauerten Kirchhof stammt noch vom romanischen Bau, der Chor mit einem bemerkenswerten *Netzrippengewölbe* wurde in der Gotik angebaut. Der *Hochaltar* von 1666, ein Werk des Frühbarock, trägt Figuren des Wasserburger Schreiners *Adam Hartmann*. In der Mitte wird die Kreuzigung gezeigt, rechts die Kirchenpatronin

Margareta mit dem Drachen, links die hl. Katharina mit dem zerbrochenen Rad. Es sind Reste der Ausmalung des 15. Jhs.

Maria Eck

Lage: Im Nordosten des Chiemgaus, wo dem *Hochfelln* ein bewaldeter Bergrücken vorgelagert ist, steht auf einem Bergsporn in 884 m Höhe die *Wallfahrtskirche Maria Eck.* Der Name leitet sich von *Egg* ab, was so viel wie *Vorberg* heißt. Im näheren Umkreis des Kirchleins liegen im Tal die Orte Siegsdorf, Bergen, Bad Adelholzen, Eisenärzt und Ruhpolding.

Legenden

Anlass für die Gründung des Bergheiligtums an diesem sagenumwobenen Ort soll ein Gelöbnis einer Bäuerin in Geburtsnöten gewesen sein. Sie hatte gelobt, wenn sie die Geburt überleben und ein gesundes Kind gebären würde, dass sie in ihrem Mund einen Stein den Berg hinauftragen werde, der zum Fundament einer Kirche werden solle. Eine andere Legende erzählt, Holzfäller hätten am nächtlichen Himmel über dem Wald drei Lichter gesehen. Nachdem sie eine Holzkapelle mit einem Altar errichtet hatten, wiederholte sich die Erscheinung mit zwei Lichtern am Himmel, worauf sie zwei weitere Altäre und ein Bild der Santa Maria Maggiore von Rom aufstellten.

Geschichte der Wallfahrt: Das Bergkirchlein ist eine eindruckvolle Dokumentation der Gegenreformation, die im Spätmittelalter einsetzte und die Marienverehrung im bayerischen Raum beeinflusste. Die Auswirkungen waren auch in Ising, Marwang und Traunwalchen spürbar. Dem Wunsch der Bevölkerung nach einer Wallfahrtsstätte auf der Höhe wurde von den Seeoner Mönchen, denen das Land gehörte, entsprochen. Sie erbauten 1713 hier zur Betreuung der Wallfahrt ein Kloster, das 1891 den Franziskaner-Minoriten übergeben wurde. Der Klosterhof ist aus einem alten Wirtshaus von 1638 hervorgegangen, das zur Verköstigung der aus den umliegenden Talorten herbeieilenden Pilger diente. In der Zeit der Säkularisation sollte 1806 die Kirche abgebrochen werden, doch die Bauern aus der Umgebung vereitelten das Vorhaben, indem sie mit rußgeschwärzten Gesichtern auf ein geheimes Signal hin zum Angriff übergingen und das Abbruchkommando mit Dreschflegeln vertrieben. Als die Behörden 1811 die Wallfahrt einstellten und man das Gnadenbild in die Siegsdorfer Kirche brachte, zogen hartnäckigen Chiemgauer Bauern weiterhin zur Kirche hinauf und beteten kniend vor dem verschlossenen Tor. Ihre tiefe Verbundenheit mit der Kirche zeigten die Menschen auch dadurch, dass sie 1826 in einer gemeinschaftlichen Anstrengung mit bloßen Händen den Bau einer neuen Straße von Siegsdorf nach Maria Eck in nur zwölf Tagen ins Werk setzten, um dem von den Behörden für den Kirchenabbruch angegebenen Vorwand der mangelhaften Straßenführung die Grundlage zu entziehen. Schließlich gab die Obrigkeit nach und 1813 erlaubte *Kronprinz Ludwig*, der spätere König Ludwig I., dass das Gnadenbild in die wiedereröffnete Kirche zurückgebracht wurde. Das über 350 Jahre alte *Mirakelbuch* hält die Wundertaten fest, die sich hier ereignet haben. Noch heute ist diese Wallfahrt, wenn auch in veränderter Form, nämlich als Trachtenwallfahrt, lebendig.

Wallfahrtskirche: Die heutige Kirche wurde in der Zeit des Dreißigjährigen Krieges von 1635 bis 1640 von *Wolfgang König*, dem Erbauer der Traunsteiner Salinenkapelle als kreuzförmige Anlage mit Dreikonchenabschluss (Kleeblattvierung) nach dem Vorbild des Salzburger Doms errichtet. Der *Hochaltar* von 1691 beinhaltet Seitenfiguren des hl. Benedikt und seiner Schwester Scholastika, die Seitenaltäre stammen aus der Zeit um 1760. Die *byzantinische Ikone* ist ein Geschenk des polnischen Fürsten Radziwill (1691).

Brunnenkapelle: Die im 17. Jh. erbaute Kapelle erinnert an die Mariengrotte von Lourdes.

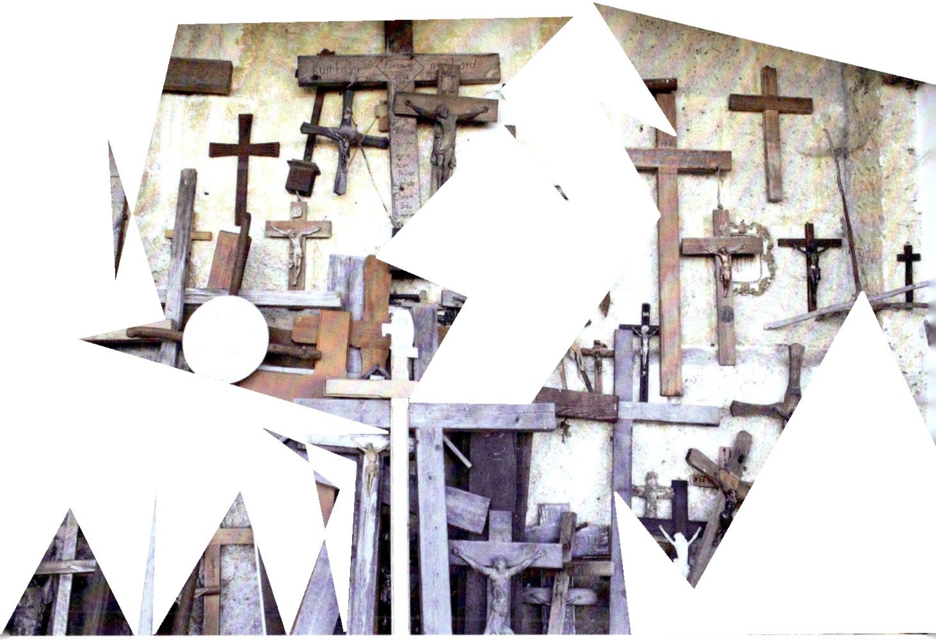

Pilgerkreuze.

Wallfahrtsbrauchtum: Die meisten Pilger unterzogen sich einer Wallfahrt in Wasser und Brot, d. h. sie gingen ohne Verpflegung los und mussten sich ihre Nahrung unterwegs erbetteln. Üblich waren auch das Barfußgehen, das Steintragen im Mund (Schweigegebot) und das Tragen von Kreuzen, Wachskerzen oder von aus Wachs nachgebildeten erkrankten Gliedmaßen. Hinter der Kirche sind noch die Kreuze der Pilger zu sehen. Die letzten Meter vor der Kirche legten viele Pilger auf den Knien zurück.

Wenn die Wallfahrer von Eisenärzt aus auf dem alten Wallfahrtsweg durch die Wälder und Auwiesen nach Maria Eck heraufgestiegen sind, nahmen sie unterwegs einen sog. Maria-Eck-Pfennig mit. Es handelt sich dabei um die Versteinerungen von Einzellern, die ein münzenartiges Aussehen hatten. Man glaubte, dass diese Steinpfennige aus dem Untergrund durch eine Erschütterung des Ecker-Berges aus Erdspalten hervorkamen, als das Gnadenbild nach Siegsdorf gebracht wurde. Sie

trugen einen geheimnisvollen Strahlenkranz, der mit der Gottesmutter in Verbindung gebracht wurde.
Weitere Marien-Wallfahrtskirchen im Chiemgau: Ising, Traunwalchen, Marwang, Antwort (bei Bad Endorf), Raiten und Halfing.

Siegsdorf

Lage: Bei Siegsdorf speisen die *Rote Traun* und der *Weiße Bach* das Flüsschen *Traun*, das nach *Traunstein* fließt. Durch Siegsdorf führte der von Reichenhall nach Traunstein verlaufende *Salzsäumerweg*, der 1590 zur *Unteren Salzstraße* ausgebaut wurde. Die 1618 errichtete Soleleitung wurde von *Reichenhall* nach *Traunstein* über *Hammer* (Brunnhaus) und *Siegsdorf* (Brunnhaus) geleitet. Ab 1809 verlängerte man die Leitung entlang der Roten Traun bis nach Rosenheim. 1896 wurde Siegsdorf an die Eisenbahn angeschlossen.
Geschichte: Das um 1120 erstmals erwähnte Siegsdorf war früher Ziel der *Wallfahrt zum geneigten Haupt*. Die ursprünglich spätgotische Pfarrkirche Maria Empfängnis wurde 1779 im barocken Stil umgebaut und mit einem großflächigen Deckengemälde des Trostberger Malers *Franz Soll* geschmückt, das den Brand von Traunstein in eindruckvollen Szenen zeigt.
Naturkunde- und Mammut-Museum: Die Gründung des Museums geht auf den Fund von Rippen und Knochen eines 40 000 Jahre alten urzeitlichen Mammuts zurück, den zwei Schüler 1976 am Fuß des Zinnkopfes gemacht haben. 1985 wurden weitere Teile ausgegraben. Diese Funde und die Privatsammlung von Versteinerungen des Münchners Josef Wührl aus der Umgebung von Siegsdorf bilden den Grundstock des im Frühjahr 1995 eröffneten Museums.

Gründe, eine Wallfahrt durchzuführen, gab es für die Menschen früherer Zeiten im Chiemgau reichlich, trafen doch der Dreißigjährige Krieg, Unwetter und die Pest die arme Bevölkerung sehr hart. Hungersnöte wie die im Jahr 1622 verteuerten die Lebensmittel derart, dass viele starben oder große Not litten. Lange war das Land in der Zeit des Dreißigjährigen Krieges so zerstört, dass die Bauern keine Ernten mehr einfahren konnten. Ohne Hilfe der Klöster wären damals sicherlich noch mehr Menschen zugrunde gegangen. Dann kam 1635 die Pest und machte wieder reichlich Beute. Eine Inschrift in einer Pestkapelle bei Obing lautet: *„Das durch Krieg, Hunger, Teuerung und Pest verursachte Elend ist so groß, dass keine Feder imstande ist, sie zu beschreiben.“* Aber die Kette von Unglücken riss immer noch nicht ab. Ein heißer Sommer des Jahres 1636 verursachte eine solche Trockenheit, dass die Brunnen kein Wasser mehr

Pestfriedhof in Stöttham bei Chieming.

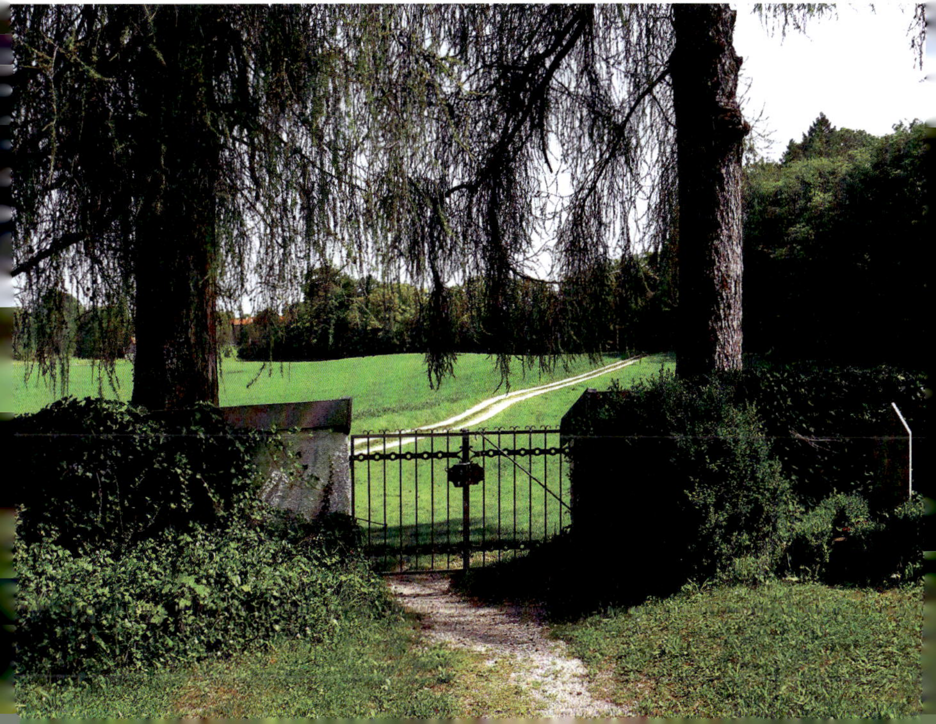

gaben. Als dann endlich Regen einsetzte, hagelte es steingroße Schlossen, welche die Ackerfluren zerstörten und das Vieh töteten. Als dann noch der See über die Ufer trat, kam es zu katastrophalen Überschwemmungen. Noch einmal wütete am 12. Juli 1647 ein Gewitter sieben Stunden lang und hinterließ ein so großes Chaos, dass die Menschen glaubten, der Jüngste Tag sei nahe.

So nimmt es nicht wunder, dass das Bedürfnis nach lokalen Wallfahrtsstätten wuchs. Diese wurden meist zu Ehren der Gottesmutter wie in *Marwang* errichtet. Neben den lokalen Wallfahrten hielten viele Pfarrgemeinden des Chiemgaus jährliche Wallfahrten nach Salzburg, der Hauptstadt des Erzbistums, ab, um dort in der Domkirche ein Bitt- oder Dankesgebet zu sprechen. Man erwies den Gebeinen des *hl. Rupert* seine Verehrung und bat den Diözesanheiligen um seinen Segen. Gerne wurde dabei der Salzburger Dom mit einer Mutter verglichen, zu der sich die Pfarreien als Töchter hinbegaben. Neben dem Dom suchten die Pilger auch die St. Peterskirche und die Klosterkirche Nonnberg auf, wo die Gebeine von St. Ruperts Nichte, der *hl. Erentrudis*, ruhten. Weitere wichtige Wallfahrtsorte im Chiemgau sind *Maria Eck* (S. 175), *Marwang* (S. 128) und *Ising* (S. 284).

Von *Haslach* bzw. *Erlstätt* wurden im Jahr 1376 erstmals Kreuzgänge nach Salzburg unternommen, die 8–9 Stunden in Anspruch nahmen. Die Gläubigen wurden von den Ortsgeistlichen mit mehr oder weniger sanftem Druck von der Kanzel herunter dazu gedrängt, sich an dieser Wallfahrt der Gemeinde zu beteiligen. Da jedem Wallfahrtszug ein Kreuz vorangetragen wurde, nannte man diese Wallfahrten auch *Kreuzgänge* und die Pilgergruppen das *Kreuzvolk*. Zu einem starken Rückgang der Wallfahrten bis zu ihrem völligen Erliegen kam es in der Zeit der Reformation, weil das an Selbstbewusstsein erstarkte Volk, wie z. B. in Nussdorf (S. 241), sich weigerte, diese langen und anstrengenden Märsche auf sich zu nehmen, die zudem als Schmach empfunden wurden. Vor allem die Infragestellung der

kirchlichen Autorität durch die Reformatoren führte zu einer anderen Haltung gegenüber solchen kirchlichen Geboten.
Seit dem 11. Jh. waren aber auch Pilgerscharen durch den Chiemgau in die entgegengesetzte Richtung, nach Westen, unterwegs. Es waren die *Jakobspilger*, die auf dem Pilgerweg dem fernen Santiago de Compostela mit dem Grab des hl. Apostels Jakobus zustrebten. In vielen Orten des Chiemgaus wie in *Bernhaupten* (S. 173) oder bei *Schloss Hartmannsberg* (S. 108) sind Kirchen dem Schutzheiligen der Jakobspilger geweiht. Die schönsten Spuren des Jakobskultes findet man in *Rabenden,* wo der berühmte *Meister von Rabenden* einen wunderbaren spätgotischen *Jakobusaltar* schuf (S. 205). Auch die Pfarrkirchen von *Obing* und *Seeon Dorf* besitzen Figuren des hl. Jakobus als Pilger, die ebenfalls aus der Werkstatt dieses berühmten Meisters stammen. Weitere Jakobskirchen innerhalb der Besitzungen der Falkensteiner Ritter gibt es noch in *Bad Endorf* (S. 104), in *Rohrdorf* am Inn und in *Urschalling* bei Prien (S. 78), dessen Kirchlein mit alten Fresken reich ausgemalt ist.
Heute machen sich wieder Menschen in ganz Europa zu Fuß oder mit dem Rad auf den Jakobsweg, um auf alten Wegen ihr eigenes Land neu zu erleben oder manches in ihrem Leben neu zu ordnen und dabei Körper und Seele wieder in Einklang zu bringen.

Südostoberbayerischer Jakobsweg

Zwei Etappen des Jakobsweges im Chiemgau kann man von *Traunstein* bis nach *Prien* erwandern und dann mit dem Zug wieder zurückkehren:
1. Tag: Von Traunstein bis Westerbuchberg, 27 km, 6,5 Stunden
2. Tag von Westerbuchberg bis Prien, ca. 15 km, 3,5 Stunden.
Streckentelegramm: Traunstein → Siegsdorf → Bernhaupten → Bergen → Westerbuchberg → Bernau → Prien (Rückkehr mit dem Zug von Prien nach Traunstein). www.jakobsweg.de

Mit dem Rad von Kloster zu Kloster

Anfahrt	Bahn: Strecke München–Salzburg bis Traunstein. Züge fahren im Stunden-Takt. Weiter mit Bus. Parkmöglichkeiten: In Baumburg am Kloster.
Karte	Karte kostenlos in den Tourismusinformationen erhältlich.
Infos	Siehe S. 260
Sehenswert	Fahrt durch das Flusstal der Alz, am Ufer des Seeoner Klostersees sowie des Chiemsees und Besuch der Fraueninsel.
Hinweis	Seebruck: Römermuseum Bedaium (S. 260).
Einkehr	**Schalchen:** Schalchenhof, 83257 Schalchen-Gstadt, Schalchen 1, Tel.: 08054-230, reservierung@schalchenhof.de. **Breitbrunn:** Gasthaus „Beim Oberleitner“, 83254 Breitbrunn am Chiemsee, Seestraße 24, Tel.: 08054-396 Gasthaus „Zur Post“, Rimstinger Straße 3, Tel.: 08054-259, info@post-breitbrunn.de **Seebruck:** (S. 268)

Sie thronen stolz als barocke Gottesburgen über dem Land oder ruhen zurückgezogen auf verborgenen Seeinseln. Gemeint sind die Klöster, die über Jahrhunderte das Land um den Chiemsee geistlich betreut und geprägt haben. Ein Radweg verbindet die drei Klöster Baumburg, Kloster Seeon und Frauenchiemsee. Das Wirken der Mönche und Nonnen gehört ebenso zu Bayern wie die Seen, die Berge, das Bier und der Barock. Vor allem die Benediktiner haben Bayern ihren Stempel aufgedrückt. Es ist daher nicht übertrieben, wenn man Bayern als das Land der Benediktiner bezeichnet. In den Schulen dieser gelehrten Mönche in Seeon mit seiner Klosterinsel unweit des Chiemsees sind seit altersher junge Menschen in christlichem Geist erzogen worden. Heute ist das Seeon wieder eine Stätte der Bildung und Kultur und steht damit in der jahrhundertelangen Tradition des

alten Klosterortes. Dass nicht alle Mönche gerade Heilige waren, zeigt die Geschichte des *Abtes Heinrich IV. Hunger*, der es mit dem Keuschheitsgelübde nicht ganz so ernst nahm und sogar Vater eines Sohnes wurde, den ihm eine einfache Bauernmagd (Viechdirn) vom nahen Meierhof schenkte. Ob der verheerende Klosterbrand des Jahres 1561 die Strafe für den freizügigen Lebenswandel des Abtes war, wie böse Zungen behaupteten, weiß man nicht so genau. Ausdruck der puren Lebensfreude ist jedenfalls auch die Darstellung einer jungen Frau in der Kirche St. Walburgis, die ihre Brüste zeigt, und das in unmittelbarer Nähe des Altars mit einer Reliquie hinter einem Schauglas.
Am Anfang der kleinen Radreise steht das ehemalige *Augustinerchorherrenstift Baumburg*, das eine Höchstleistung der barocken Wessobrunner Baukunst in Bayern zu bieten hat. Die Frömmigkeit der Menschen in der Region ist hier eng mit der Verehrung der Gottesmutter verbunden, die auch die Patronin Bayerns ist.

Gstadt und Kloster Frauenchiemsee liegen am Ende der Tour.

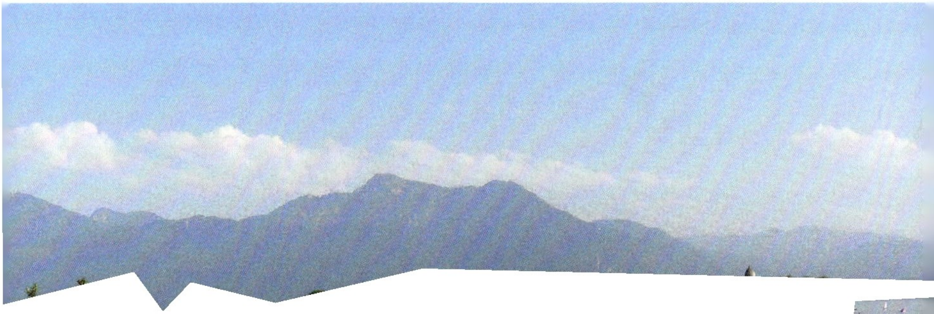

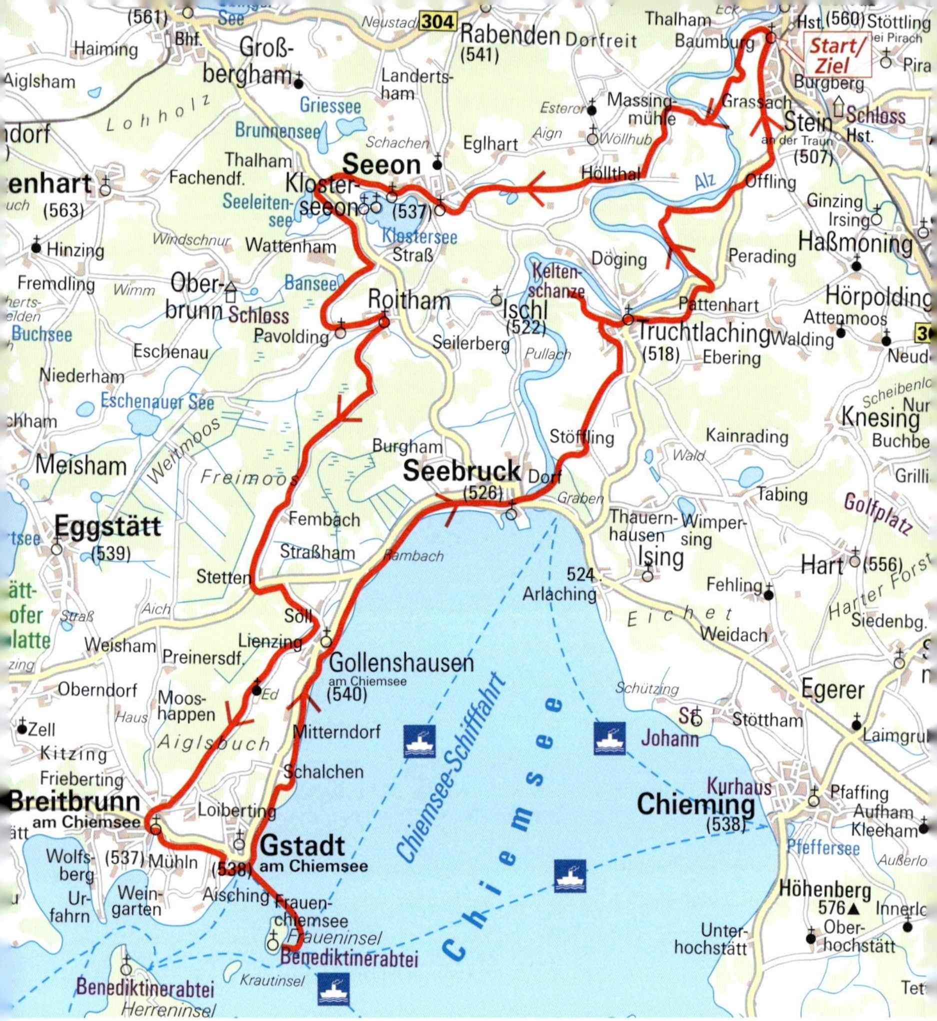

Wer allerdings die 1433 von dem sog. *Meister von Seeon* für das Kloster geschaffene, berühmte *Madonna mit Kind*, die sog. *Seeoner Madonna*, sehen will, die man als eine der schönsten Darstellungen aus der Zeit des weichen Stils im Salzburger Kunstkreis ansieht, der muss sich nach München ins Bayerische Nationalmuseum bemühen.

Am Ziel des Klosterweges liegt das Kloster Frauenwörth, das der Volksmund, nicht zuletzt wegen der himmlischen Ruhe und Gastlichkeit, als *glückliche Insel* bezeichnet hat.

Der Klosterweg 19

Weg	Radweg, 50 km. Reine Fahrzeit 4 Stunden (einfach, ohne Rückweg)
Steigung	Meist ebener Weg, an einigen Stellen leichte Steigungen (341 hm)

Der ausgeschilderte Radweg *Klosterweg* hat wenig Steigungen und verbindet die Klöster Baumburg, Seeon, Frauenchiemsee und Herrenchiemsee. Die neu ausgeschilderte Tour kann auf zwei Tage aufgeteilt werden, wenn man genügend Zeit für Besichtigungen haben will (hinter Seebruck wurde die frühere Route geändert). www.chiemsee-alpenland.de/Media/touren-gps/Klosterweg

Streckentelegramm: Baumburg → Garsch (Fähre) → Höllthal → Seeon → Wattenham → Oberbrunn → Eggstätt → Breitbrunn → Gstadt → Frauenchiemsee → Gstadt → Schalchen → Gollenshausen → Lambach → Seebruck → Stöffling → Truchtlaching → Niesgau → Offling → Baumburg

Man beginnt bei Altenmarkt beim ehem. *Augustiner-Chorherrenkloster Baumburg*, dessen imposante *Kirche St. Margaretha* sich über dem Trauntal erhebt. Der Weg führt von *Altenmarkt* hinunter ins Tal der Alz und weiter bis Garsch, wo man mit der Fähre den Fluss überquert (Wer die dortige Treppe vermeiden will, kann eine alternative Route nehmen, die von Altenmarkt am anderen Alzufer verläuft). Nach Höllthal geht es auf ebener Höhe weiter nach Seeon, wo man an der *Kirche St. Ägidius* vorbeikommt. Nördlich am See steht die *Marienwallfahrtskirche* in *Bräuhausen*; von hier gelangt man zur Klosterhalbinsel des Klosters Seeon mit der ehem. *Klosterkirche St. Lambert.* Weiter nach Wattenham und Eggstätt zum Chiemseeort Breitbrunn dessen *Pfarrkirche St. Johannes* uns einen kurzen Besuch wert ist (S. 31). Bald darauf erreichen wir den See dort, wo uns der Chiemseerundweg zur östlich gelegenen Schiffsstelle von Gstadt (S. 29) bringt. Von hier setzten früher und noch heute die Mönche und Nonnen zu den Inseln über. Mit dem Schiff geht es auch hinüber zur Fraueninsel (S. 52ff). Am Rückweg von Gstadt kommt man am Chiemseeuferweg an der *Filialkirche St. Petrus vorbei*, dann in Schalchen an der *Rosa-Mystica-Kapelle.* Immer am Ufer entlang geht es über *Lambach* nach Seebruck (S. 268). Dort bieten sich das *Römermuseum Bedaium* und die *Pfarrkirche St. Thomas und St. Stephan* für einen Besuch an. Dann überquert man die *Alz* auf der großen Straßenbrücke und fährt in Richtung Norden nach Stöffling, dessen Keltengehöft sehenswert ist. Durch hügeliges Land geht es weiter nach Norden in Richtung Truchtlaching (S. 188), wo man einen Blick in die hübsche *Pfarrkirche St. Johann Baptist* werfen kann. Über eine kleine Anhöhe fährt man wieder hinunter in das *Tal der Alz*, die ruhig dahinfließt und viel Schilfbewuchs an den Ufern hat. Bei *Offing* verlässt man das Flusstal wieder und fährt über eine sanft gewellte Landschaft zum Ausgangspunkt in Altenmarkt beim *Kloster Baumburg* zurück.

Sehenswürdigkeiten

Baumburg

Ehem. Augustiner-Chorherrenstift: Das imposant auf einem Hügel über der Alz gelegene ehem. Kloster wurde 1105 gegründet. Die einstige romanische *Klosterkirche St. Margaretha* mit zwiebelhaubenbekrönter Doppelturmfassade erfuhr ab 1745 eine Umgestaltung mit reichen Stuck-, Fresken- und Bildwerken durch den Baumeister *Franz Alois Mayr* aus Trostberg. Die Stiftskirche rühmt sich, die größte und schönste Rokokokirche des Chiemgaus zu sein. Innen sieht man Wessobrunner Stuck in schönster Vollendung. Baumburg arbeitete eng mit dem Kloster Herrenchiemsee

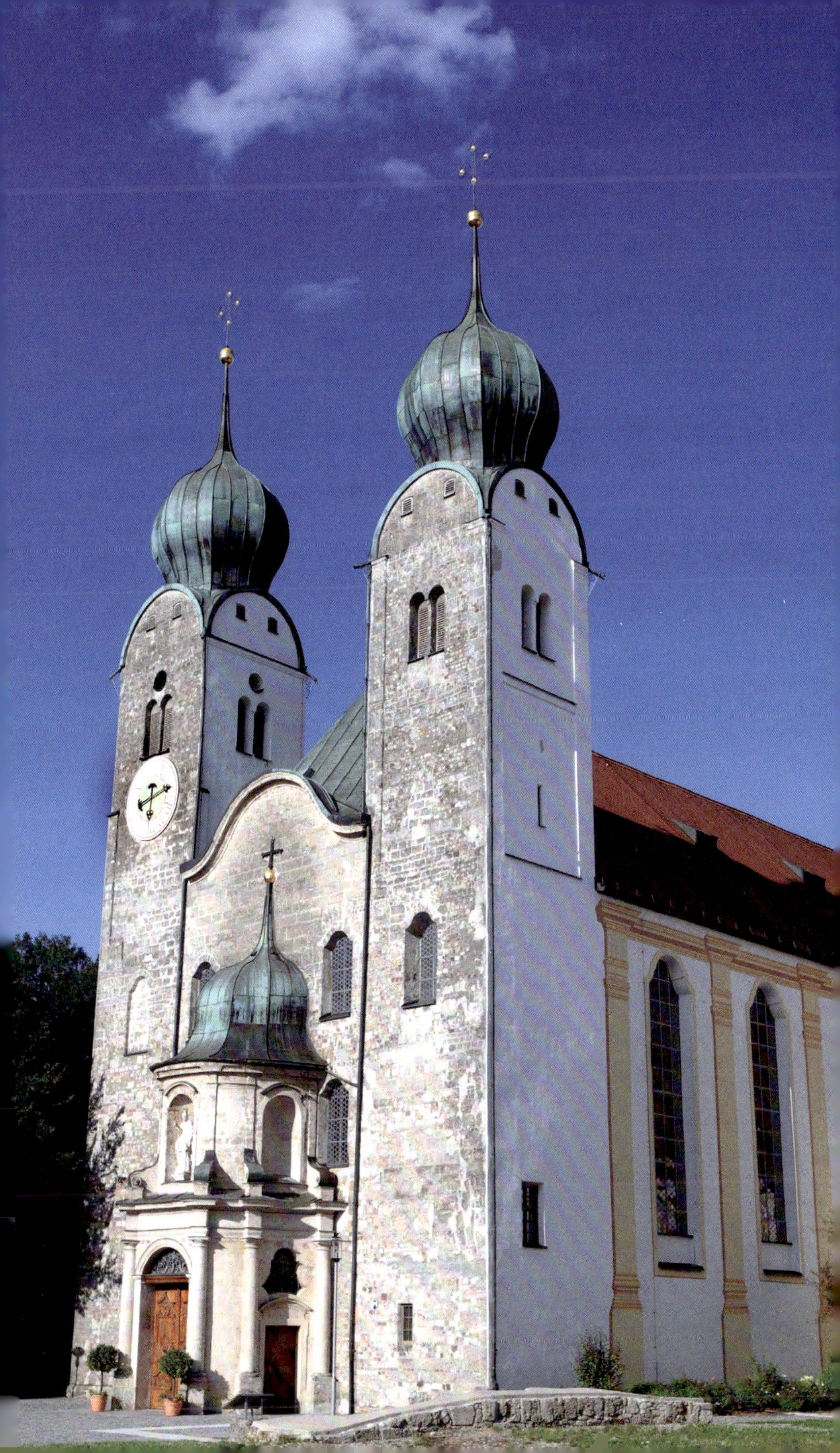

zusammen und war eines der großen Reformklöster, das bis zur Säkularisation bestand. Klosterbrauerei mit Führung.

Alz (S. 266), Seeon (S. 208)

Truchtlaching

Lage: Im grünen *Alztal* in landschaftlich schöner Gegend in der Nähe der *Seeoner Seenplatte* gelegen.

Geschichte: Hügelgräber in der Umgebung zeugen von einer frühen Besiedlung um 500 v. Chr. Hier war früher Keltenland. Die erste schriftliche Erwähnung reicht bis in die Zeit Karls des Großen zurück. Als sich damals ein gewisser *Trutho* hier niederließ, nahm der Ort für die erneut einsetzende Christianisierung die bedeutende Rolle einer Mutterpfarrei im nördlichen Raum des Chiemsees ein. Von hier aus wurde die bäuerliche Grundstruktur in die Umgebung weitergetragen, denn in der Zeit von 798–900 entwickelten sich im engstem Umkreis etwa 17 Orte, die auf -ing enden wie: Ising, Tabing, Perating, Döging, Ebering, Arlaching. 1347 überließ *Kaiser Ludwig* den *Truchtlachinger Rittern* die Zollerhebung an der Alzbrücke. Das Lehensrittergeschlecht gewann großen Einfluss im Salzburger, Passauer und oberösterreichischen Raum. Vertreter der Truchtlachinger dienten als Ministeriale mehreren Herrn (Bischof und Herzog) und bekleideten im späten Mittelalter hohe Ämter. So waren sie z. B. Burggrafen oder Beamte des Erzbischofs von Salzburg oder Pfleger in Reichenhall, Trostberg und Traunstein. Auch im kirchlichen Bereich erlangte das Geschlecht großen Einfluss.

Pfarrkirche St. Johannes der Täufer: Eine Kirche wurde bereits im Jahr 788 urkundlich erwähnt. Der heutige spätgotische Bau von 1432/35 mit hübscher Zwiebelhaube von 1720 steht auf den Fundamenten eines romanischen Vorgängerbaus. Die Kirche war eine Eigenkirche der *Ritter von Truchtlaching*. Einige gut erhaltene Grabsteine dieses Geschlechts sind in der Kirche aufbewahrt. Dazu zählt der *Grabstein aus Rotmarmor von Peter von Truchtlaching* († 1415), der mit Schwert und Lanze dargestellt ist. Er gilt als

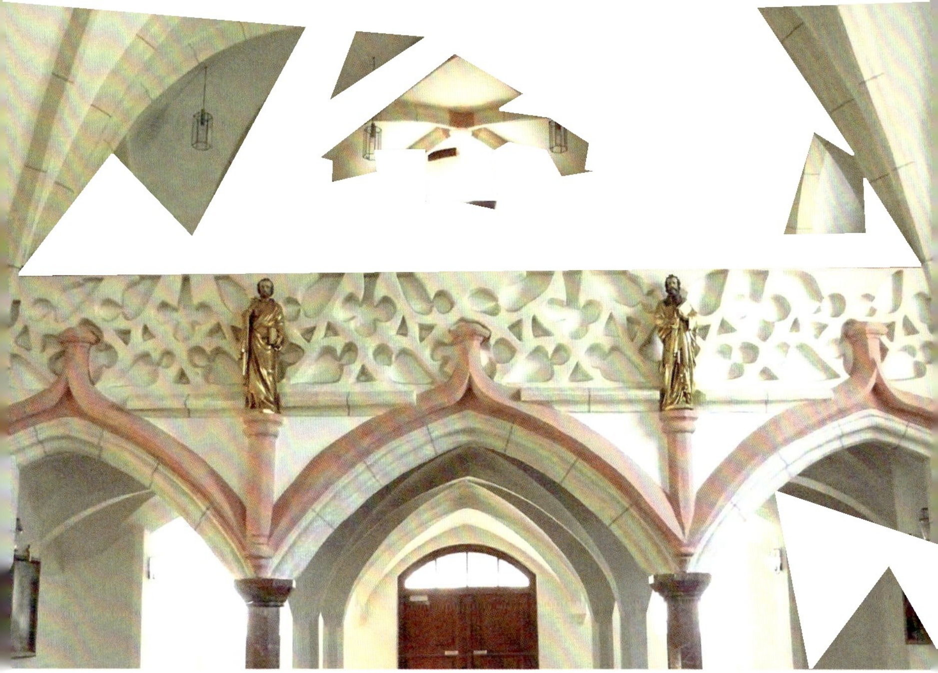

einer der schönsten seiner Art im Chiemgau und veranschaulicht die Bedeutung des Rittergeschlechts. Zu der *figürlichen Ausstattung* der Kirche zählen auch der *Hochaltar* mit zwei spätgotischen Holzfiguren von St. Johannes dem Täufer bzw. dem Evangelisten (15. Jh.), eine *Vespermadonna* von 1440 mit ausdruckstarken Zügen und eine Madonna von 1500.

Seebruck (S. 268), Gstadt (S. 29)

Seebruck-Lambach

Seit 1648 ist in dem stattlichen, mit Malerei geschmückten Landgasthof die Posthalterei von Thurn und Taxis untergebracht. Früher gab es hier eine Telegrafenstation und es wurden die Pferde gewechselt. Im Gasthof kehrte *Ludwig II.* ein, bevor er auf sein Schloss auf der Herreninsel übersetzte. Heute befindet sich in dem Haus der Landgasthof-Hotel Lambacher.

Fraueninsel (S. 52ff), Herreninsel (S. 37)
Weitere Fahrradwege im Chiemgau (S. 295)

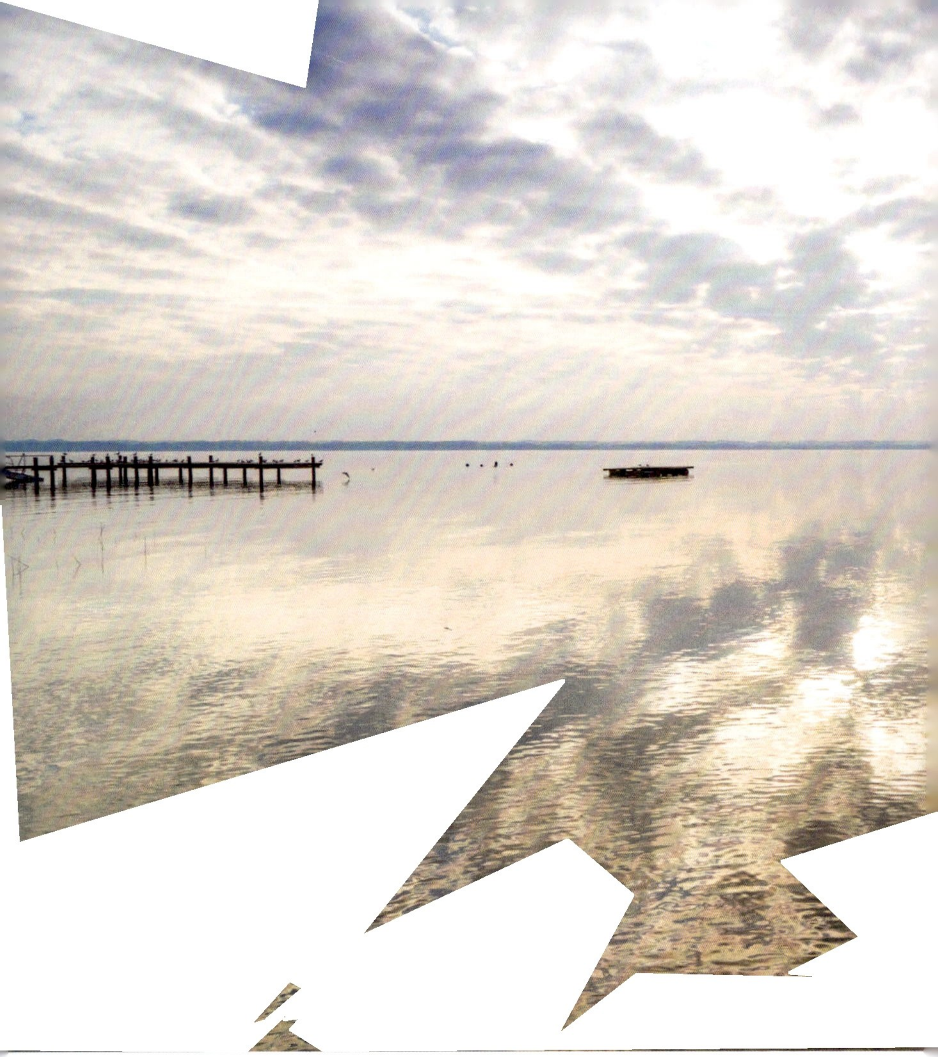

Wie der Chiemsee entstand

Der Chiemsee ist der größte bayerische See und der drittgrößte See in Deutschland. Darum wird er auch gerne Bayerisches Meer genannt. Die Landschaft rund um den Chiemsee, die man Chiemgau nennt, zählt zu den beliebtesten Erholungsgebieten Bayerns. Der landschaftliche Reiz des Chiemsees entsteht auch durch seine unmittelbare Nähe zu den Chiemgauer Bergen wie

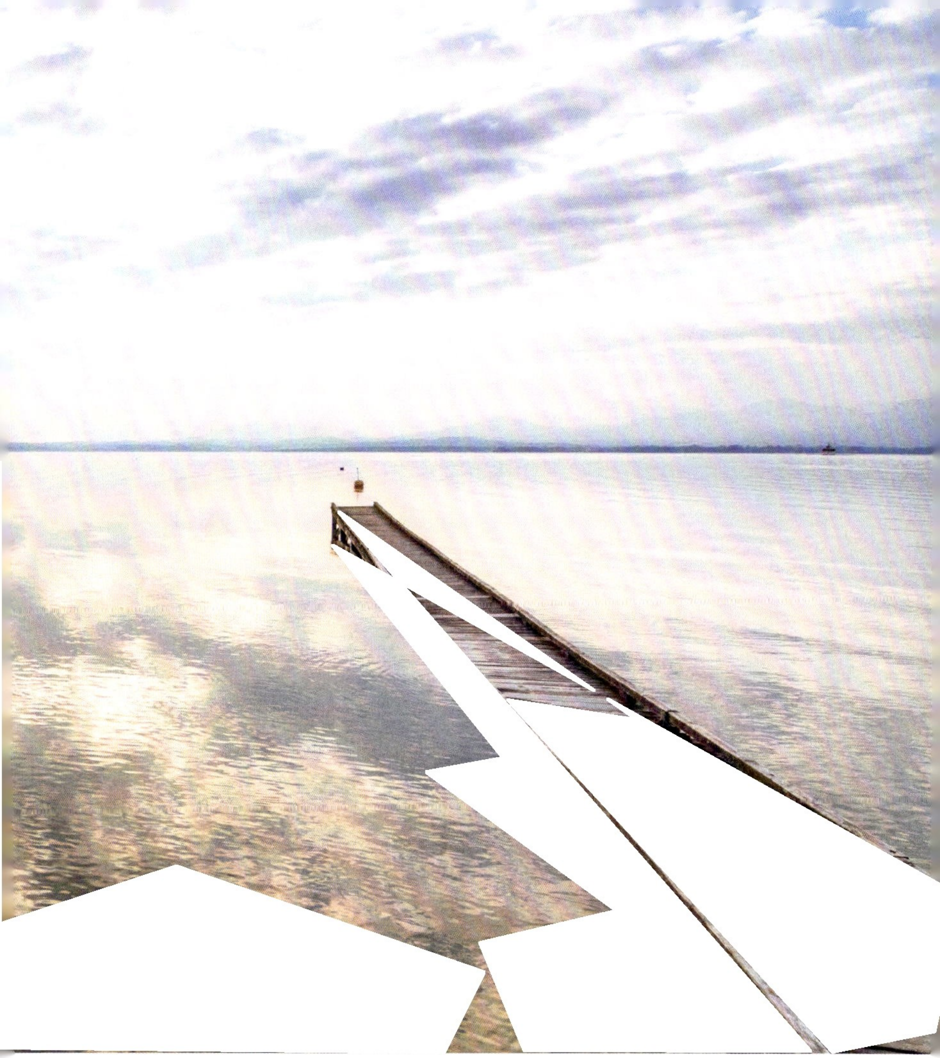

Lichtstimmung am Chiemsee.

Hochfelln, Hochgern, Hochplatte und Kampenwand. Die vielfältige und freundliche Gestalt der Voralpenlandschaft aber verdanken wir den Urkräften der letzten Eiszeiten, die das Land geformt haben. Denn als vor rund 2,5 Millionen Jahren sich das bis dahin tropische Klima weltweit verschlechterte, führte dies zur großflächigen Vergletscherung der Alpen. Als Überbleibsel

der sich aus dem Gebirge in das Alpenvorland ergießenden Gletscher blieben das Becken des Chiemsees und die vielen kleinen zauberhaften Seen in seiner Nähe zurück. Die heutige Chiemgaulandschaft ist also das Werk der Eiszeit vor 20 000 bis 10 000 Jahren, als riesige Eismassen den Seeboden bildeten.
Ursprünglich war der Chiemsee drei Mal so groß wie heute und bedeckte eine Fläche von fast 240 km^2. Seine Ausdehnung verlief einstmals südlich bis zum Fuß der Berge und nördlich bis zu den Streuseen des Chiemgaus. Der nördlichste Ausdehnungspunkt des Chiemgaugletschers ist dessen Endmoräne am *Seeoner Weinberg*. Die Erhebungen Westerbuchberg und Osterbuchberg ragten damals im Süden als Inseln aus dem Riesensee hervor. Die größten Inseln im See sind die Herreninsel (238 ha), die Fraueninsel (15,5 ha), die Krautinsel (3,5 ha), eine der kleinsten ist der Schalch (22 m^2). Man unterscheidet den größeren, sog. *offenen Weitsee* im Nordosten und den Inselsee im Südwesten.
Der Chiemsee verfügt heute über ein Wasservolumen von rund 2 047 840 000 m^3, eine Uferlänge von 63,96 km (mit Inseln 83 km) und ein Einzugsgebiet von 1 398,56 km^2. Die Zuflüsse *Tiroler Achen* und *Prien* spülen Sand und Geröll in den See, sodass er langsam verlandet. So nahm innerhalb von 100 Jahren die Wasserfläche um ca. 200 ha ab. Auch die maximale Tiefe (72,7 m im Mai 2005) und die durchschnittliche Tiefe verringerten sich mit den Jahren. Der Wasserspiegel wurde im späten Mittelalter durch das Stift Frauenwörth am Seeausgang in Seebruck beeinflusst, wo man ein Wehr errichtet hatte, mit dem man verhindern wollte, dass die Chiemseefische in die Alz abwanderten. Als man diese Barriere 1448 beseitigte, senkte sich der Wasserspiegel des Sees. Wegen der Bedeutung dieses Wehres wurde 1765 dem kurfürstlichen Hoffischmeister die Weisung erteilt, das Wehr in Seebruck mit Fichtenzweigen auszubessern, „um den See in seiner Ordnung zu halten und ein zu starkes Ablaufen zu verhüten". Im Jahr 1904 wurde der Wasserspiegel um rund einen Meter abgesenkt, um große Flächen trocken zu

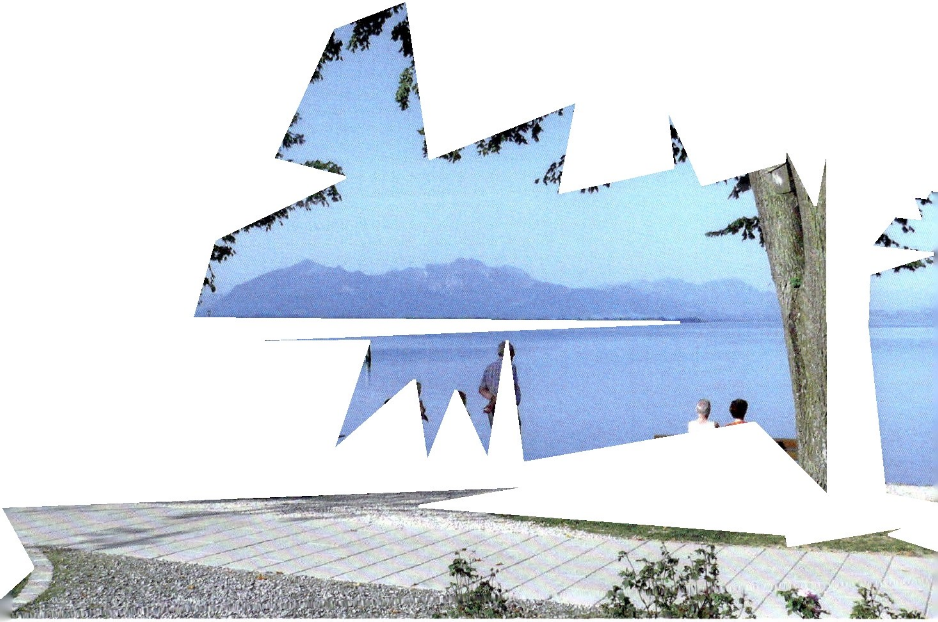

legen, weil man Neuland gewinnen wollte. Zum Glück war die beabsichtigte Nutzung für die Landwirtschaft ein Fehlschlag, aber diese aus heutiger Sicht fragwürdige Seespiegelabsenkung hatte für den See und das ganze Umland lange Zeit gravierende Folgen: Nicht nur, weil die Ufer des Sees lange Zeit einen trostlosen, kahlen Anblick boten, sondern auch wegen der sinkenden Grundwasserspiegel. So mussten auf der Fraueninsel die Brunnen tiefer gebohrt werden; außerdem waren Laichplätze von vielen Fischarten verloren gegangen. Ein Gutes aber hatte diese Maßnahme doch. Das gewonnene Land wurde bis auf wenige Ausnahmen nicht veräußert, sodass die Seeufer in der Regel nicht auf Privatgrund liegen, sondern allgemein zugänglich geblieben sind. Inzwischen sind die damals geschlagenen Wunden verheilt und der See steht jetzt unter dem Schutz der internationalen Ramsar-Konvention.

„[…] und sah ferne, selige Seen und Ufer
in südlichen Farben erglänzend liegen."

Hermann Hesse, Peter Camenzind

Einst klapperten die Mühlen am rauschenden Bach

Anfahrt PKW: Autobahn A8, München–Salzburg, Ausfahrt Bernau/Prien. Parkmöglichkeiten: in Ischl.

Karte Karte ist kostenlos in den Tourismusinformationen erhältlich.

Sehenswert Mühlenlandschaft um Seebruck.

Einkehr **Seeon:** Klostergaststätte, Klosterweg 1, 83370 Seeon, Tel.: 08624-8970, tagen@kloster-seeon.de.
Zum Alten Wirt, Altenmarkter Str. 10, Tel.: 08624-1567, info@zum-alten-wirt-seeon.de
Truchtlaching: Gaststätte Neuwirt, 83370 Seeon, Altenmarkterstr. 19, Tel.: 08624-2504, info@neuwirt-seeon.de.
Roitham: Gasthof Gruber Alm, 83370 Seeon-Roitham, Almweg 18, Tel.: 08667-696, info@gruber-alm.de.
Seebruck: (S. 260)

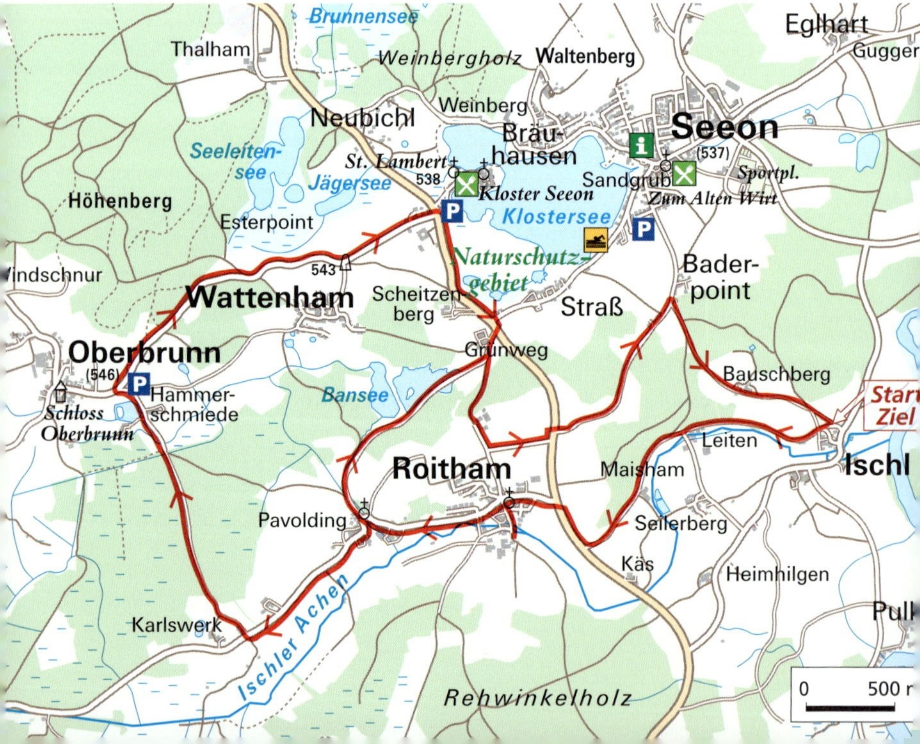

Auf dem Mühlenweg kann man die Erfahrung machen, welche landschafts- und kulturprägende Wirkung alte Mühlen haben. Leider sind viele nicht mehr in Betrieb. Früher hatte das Mühlengewerbe eine wichtige gesellschaftliche Funktion, ja sogar eine geschichtliche Bedeutung. All dies und noch mehr soll der *Mühlenrundweg* wieder in Erinnerung bringen. Der ausgeschilderte Weg führt an dem Bach *Ischler Achen* entlang, der die Mühlen von Ischl, Leiten, Maisham und Roitham einst antrieb.

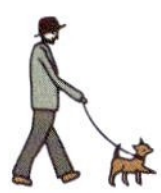

Auf dem Mühlenweg bei Seebruck 20

Weg ca. 13 km
Steigung 103 hm

Der Mühlenweg beginnt in Ischl am Kirchplatz und berührt die Orte Leiten, Maisham, Roitham, Pavolding und Karlswerk. Von dort geht es zur *Hammerschmiede* bei Oberbrunn und dann über Wattenham, Kloster Seeon und den *Bauschberg* wieder zurück nach Ischl. Wem der ganze Weg zu lang ist, der kann auch eine kürzere Variante gehen, die nur 8 km beträgt.

Sehenwürdigkeiten

Ischl

Lage: Der Weiler an der *Ischler Achen* liegt 400 m vor deren Mündung in die *Alz*. In römischer Zeit hat die von Seebruck nach Norden in Richtung Regensburg führende Römerstraße hier das wasserreiche Flüsschen *Achen* überquert, das die nördlichen Chiemseeflächen entwässert und im Hartsee entspringt.

Kirche St. Martin: Der Name *Ischl* ist wohl keltischen Ursprungs und wurde von *iscala* abgeleitet. Der Patron St. Martin lässt eine frühe Gründung in karolingischer Zeit annehmen. Die Filialkirche des Klosters Seeon von 1432 diente wohl der kirchlichen Betreuung für das umliegende Bauernland. Der heutige Bau verdankt sein Aussehen der Barockisierung von 1651. Wertvollstes Ausstattungsstück ist am Hochaltar eine Madonna von 1520, die dem *Meister von Rabenden* zugeschrieben wird. Das reich gegliederte Netzgewölbe schuf 1451 der Burghausener Meister *Konrad Pürkhel*, der auch in *Truchtlaching* gearbeitet hat. In der Umgebung befinden sich eine ehemalige Fliehburg, ein frühgeschichtlicher Grabhügel und ein altbajuwarisches Gräberfeld.

Pavolding

Heinrich Kirchner: Der Künstler ließ sich nach Beendigung seiner Lehrtätigkeit an der Universität München in Pavolding nieder, kaufte 1970 den *Fischerhof* aus dem 16. Jh., den er restaurierte und mit seinem Schülern ausbaute. In seinem Atelier ist noch alles so geblieben, als wäre er gestern noch dagewesen. Sein Markenzeichen waren stark vereinfachte *Menschen- und Tierplastiken aus Bronze*. Im Hof, in seinem Garten und im Ort stehen schwarze Bronzefiguren mit weit aufgerissenen Augen und oft zum Himmel gereckten Händen. Sie sehen aus, als wollten sie vor etwas Furchtbarem warnen. Der studierte Bildhauer erwarb sich die Technik des *Bronzegusses* im Wachsausschmelzverfahren als Autodidakt. Er war Leiter der Werkstätte für Bronzeguss an der Akademie der Bildenden Künste in München und durfte während der Zeit des Nationalsozialismus nicht arbeiten. 1952 übernahm er in München eine Hochschulprofessur für Bildhauerei. Er starb am 3. März 1984 (siehe auch Kirchner-Museum in Seebruck und Skulpturenweg S. 260).

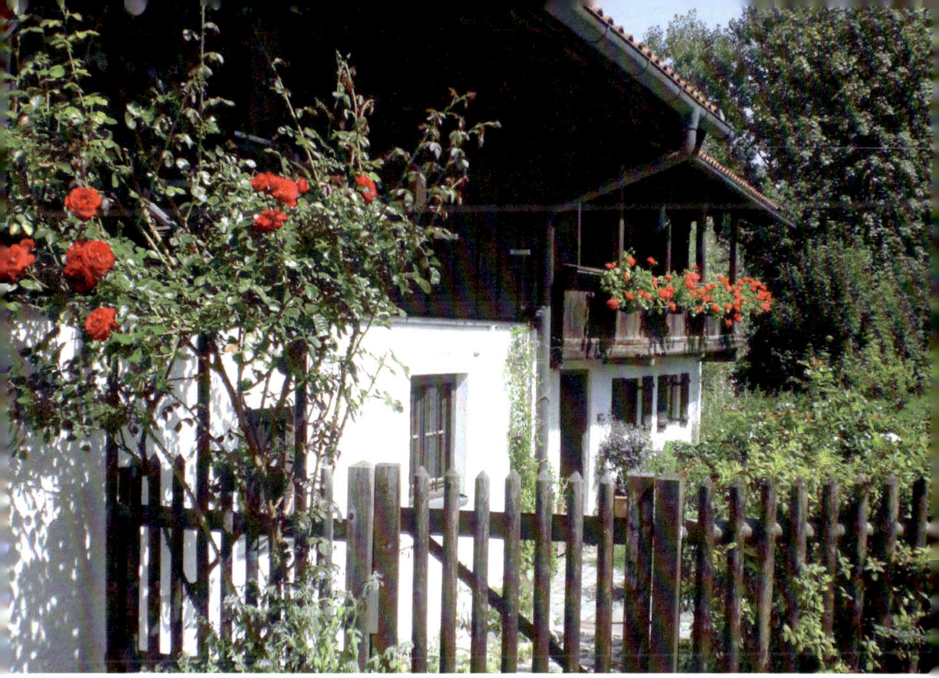

Hof in Pavolding

Roitham

Die sog. *Kunstmühle* und das heute nicht mehr existierende Sägewerk waren bis 1803 im Besitz des Benediktinerklosters Seeon. Die Mühle ist zwar nicht mehr in Betrieb, aber dank einer privaten Initiative komplett hergerichtet und noch immer funktionsfähig.

In der näheren Umgebung

Seebruck (S. 266), Truchtlaching (S. 188), Kloster Seeon (S. 208)

Seltsames aus der Welt der Mühlen

Mühlen galten schon seit alters her als seltsame Orte. Als technische Meisterleistungen ihrer Zeit wurden sie vom einfachen Volk mit Staunen aufgenommen und die mächtigen und komplizierten Mahlwerke blieben den Leuten stets rätselhaft. Das

geheimnisvolle Knarren der Räder mag auch dazu beigetragen haben, dass man ein gewisses Unbehagen verspürte. Diese Atmosphäre mag den Nährboden dafür abgegeben haben, dass sich in den Mühlen viele magische Riten aus vorchristlicher Zeit hartnäckig hielten. In dem Märchen *Der Kobold in der Mühle* erzählen die Gebrüder Grimm eine Geschichte von zwei Studenten, die sich auf einer Fußreise befanden und wegen eines starken Regens in einer Mühle nahe eines Dorfes übernachten mussten. Weil sie aber trotz Warnung des mürrischen Müllers vom Hunger übermannt von der Speise und dem Trank zu sich nahmen, die dort auslagen und für den Hausgeist bestimmt waren, geschahen in dieser Nacht allerlei merkwürdige Dinge in der Mühle. Mit Grauen verließen sie anderntags wieder das Gebäude.
Viele Redewendungen, die wir noch heute benutzen, kommen aus der Welt der Mühlen. Wenn etwa das oberschlächtige Rad einer Mühle von einem oberhalb liegenden Teich gespeist wurde, sprach man von *Oberwasser haben*. Ebenso ist der Ausdruck *die Puppen tanzen lassen* von den als Puppen bezeichneten Strohgebinden in der Dachkonstruktion der Mühle abgeleitet, die beim Mahlbetrieb in Bewegung gerieten. Das berühmte Klappern der Mühlen stammt aber nicht, wie viele glauben, vom Mühlenrad, sondern vom sog. *Schüttelschuh*, der dafür sorgt, dass das Getreide in der richtigen Menge zwischen die Mahlsteine gelangt.
Mühlen waren neben den Kirchen ein wichtiger Treffpunkt für die Dorfbevölkerung, wo Neuigkeiten und Informationen ausgetauscht wurden. Weil sie häufig etwas außerhalb von Ortschaften lagen, konnte man sich hier unbeaufsichtigt fühlen und ungestört unterhalten. Mancher wird hier seinem Ärger Luft gemacht haben. Müller wussten daher immer gut Bescheid, was im Ort vor sich ging. Weil in der Mühle nach altem Brauch nicht selten Durchreisende Quartier nahmen, konnte man, während das Korn gemahlen wurde, von den Fremden auch erfahren, was draußen in der Welt los war. Der Müller saugte alle Informationen auf wie ein Schwamm auf und gab sie an die Dorfbevölkerung

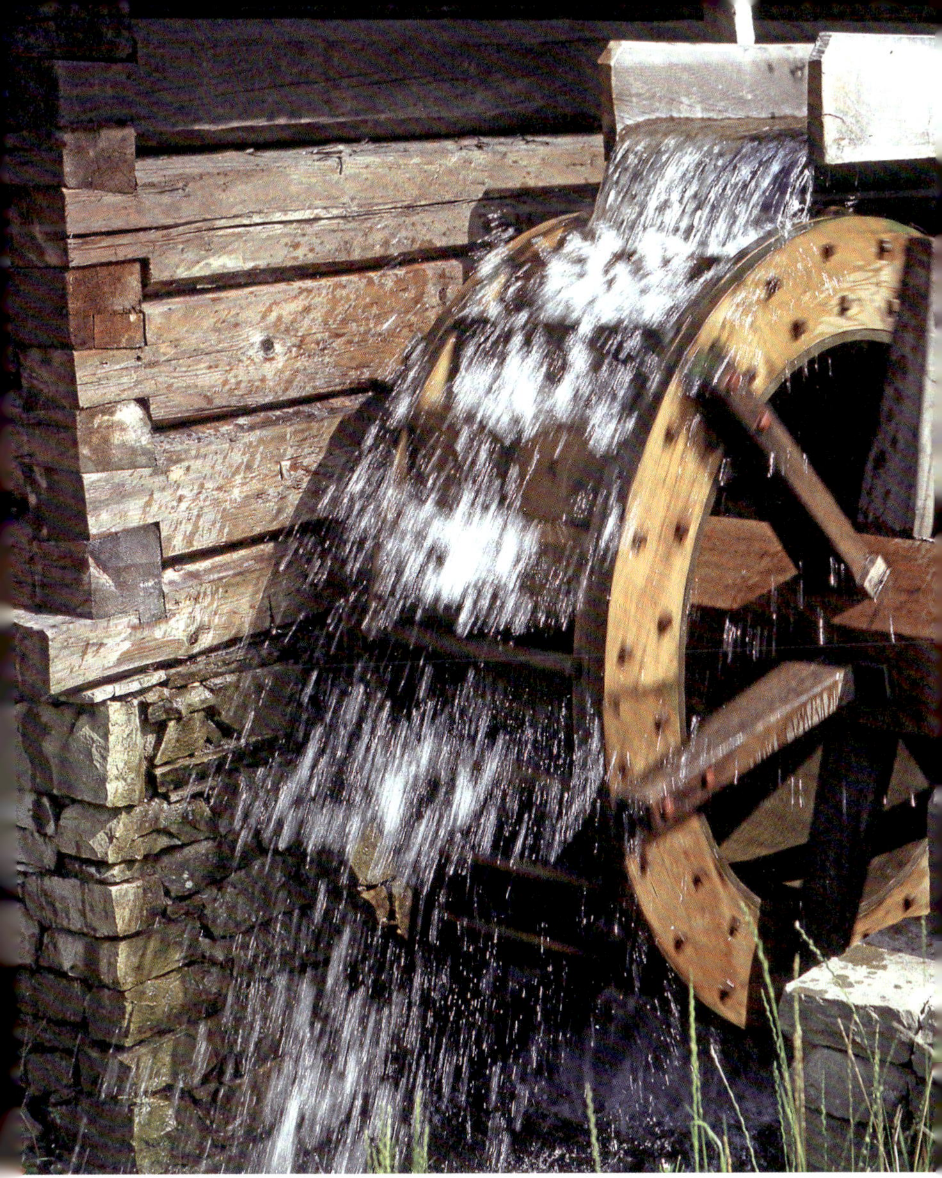

weiter. Er war, wie wir heute sagen würden, ein Nachrichtenzentrum oder Kommunikator für das Leben im Dorf.
Viele Bauern des Mittelalters unterlagen dem sog. *Mühlenbann* oder *Mahlzwang*, der sie dazu verpflichtete, ihr Mahlgut in die

grundherrlichen Mühlen zu bringen. Nur dort durften sie ihr Getreide zu Mehl oder ihre Ölfrüchte zu Öl zermahlen lassen. Wer sich nicht danach richtete, dem drohten hohe Strafen oder das Mahlgut wurde beschlagnahmt. Wegen des Mahlmonopols waren Müller daher nicht immer in der Bevölkerung gelitten.

Man unterscheidet folgende Arten von Mühlen:

Mahlmühlen (Getreidemühlen): Wassermühlen bestanden aus zwei Mahlsteinen, einem Bodenstein und einem Läuferstein von je 250 kg Gewicht, in deren Mahlflächen gegenläufig gekrümmte Linien eingeschlagen waren. Der vom Wellbaum über Zahnräder durch die Kraft des Wassers angetriebene Läuferstein drehte sich, seine Höhe war verstellbar, je nachdem ob man fein oder grob vermahlen wollte.

Ölmühlen: Aus ölhaltigen Früchten wie Raps, Bucheckern, Nüssen und Rübsamen wurde das Öl mit Hilfe von sog. *Pochhämmern* gewonnen. Das Zerkleinern der Ölfrüchte durch

Mühlstein in einer Getreidemühle.

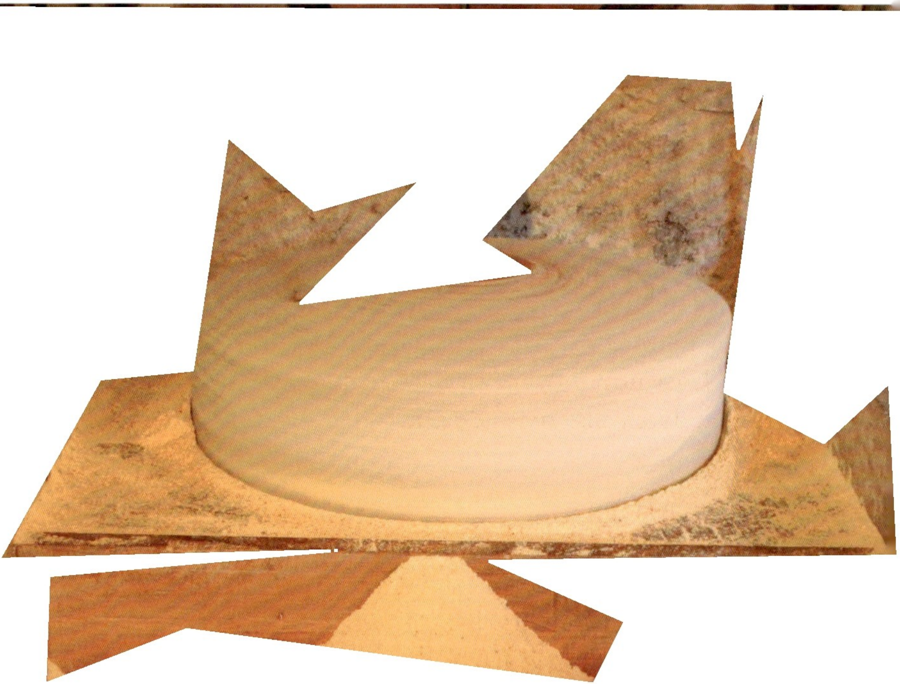

eisenbeschlagene Stampfer im sog. *Tummelwerk* nannte man *kalt schlagen*, das anschließend gepresste Öl war besonders hochwertig. Ölmüller hießen zu jener Zeit deshalb *Ölschläger*. Das in den gepressten Ölkuchen noch enthaltene restliche Öl wurde durch Erhitzen und Pressen entzogen.
Windmühlen: Die Antriebskraft des Windes für Mühlen wurde in Deutschland erst im 19. Jh. intensiver genutzt.

Weitere Mühlen im Chiemgau:

Getreidemühle in Sankt Johann bei Siegsdorf

Diese Mühle ist noch in Betrieb, während in den Dörfern und Höfen viele der alten Getreidemühlen aufgegeben haben, weil sie wirtschaftlich nicht mehr mithalten konnten. In der Mühle St. Johann wird biologisch erzeugtes Getreide aus der Region für regionale und überregionale Abnehmer vermahlen. Die Vermahlungstechnik ist vollständig erhalten und wird gepflegt. An einem Tag können hier 20 Tonnen Getreide verarbeitet werden. In der Mühle St. Johann hat man wie in den meisten Mühlen in Bayern das Wasserrad früh abgeschafft und ist auf eine Turbine umgestiegen. Die kann allerdings verstopfen, was bei einem Wasserrad nicht möglich ist.

Getreidemühle in Prien im Chiemgau (Kumpfmühle)

Die Kumpfmühle ist eine der seltenen kleinen Handwerksmühlen, die die Zeiten überdauert haben. Sie ist zwar nicht mehr in Betrieb, aber die Vermahlungstechnik ist komplett erhalten und funktionsfähig. Wegen der zu geringen Wasserkraft konnte hier an einem Tag aber nur 1 Tonne Getreide verarbeitet werden. Während anderswo durch Umbauten und Erweiterungen die alte Mühlentechnik verloren ging, blieb diese erhalten. Aber auch hier hat man wie in den meisten Mühlen in Bayern das Wasserrad durch eine Turbine ersetzt.

Im Land der Mönche und Moorseen

Der Klostersee von Seeon darf ohne Übertreibung zu den anmutigsten Landschaftspunkten im bayerischen Voralpenland gezählt werden. Der anerkannte Erholungsort *Klosterseeon* ist umgeben von sieben Seen, die zu den insgesamt 14 Seen der sog. *Seeoner Seenplatte* gehören. Diese Seen sind alle Reste von Gewässern der Eiszeit. 1985 wurde das Gebiet um den Seeoner See unter Naturschutz gestellt. Für einen wirksamen und nachhaltigen Schutz von Flora und Fauna der gesamten Seeplatte nördlich des Chiemsees war es erforderlich, mehrere getrennte Schutzgebiete durch *Biotopbrücken* miteinander zu vernetzen. Auch die zwischen den beiden Naturschutzgebieten gelegenen Landschaften wurden dabei mit einbezogen, indem man die hier gelegenen Hochmoore schützte und bestehende Streuwiesen erhielt. Hierzu mussten freilich die Landwirte für eine Mitarbeit gewonnen werden. Dank staatlicher und kommunaler Förderung kann das Projekt zur Gestaltung des Biotopverbundes unter der Trägerschaft der Landkreise Traunstein und Rosenheim inzwischen beachtliche Erfolge aufweisen. Durch diese herrlichen Seenlandschaften, die zuerst die gelehrsamen Benediktinermönche im 10. Jh. entdeckt haben, führt diese Wanderung. Mit dem Bau des Klosters Seeon und seiner herrlichen Basilika haben die Mönche dieser Landschaft einen großartigen Akzent verliehen. Wolfgang Amadeus Mozart machte auf seinen Konzertreisen öfters im Kloster Seeon Halt und komponierte hier 1767 als Fünfzehnjähriger für das Benedictusfest das Offertorium *Scande coeli limina* und 1769 das *Internatos mulierum.* Am Abend, wenn die Sonne beim Kloster versinkt, durchweht noch immer ein Hauch von Heiligkeit diesen Ort.

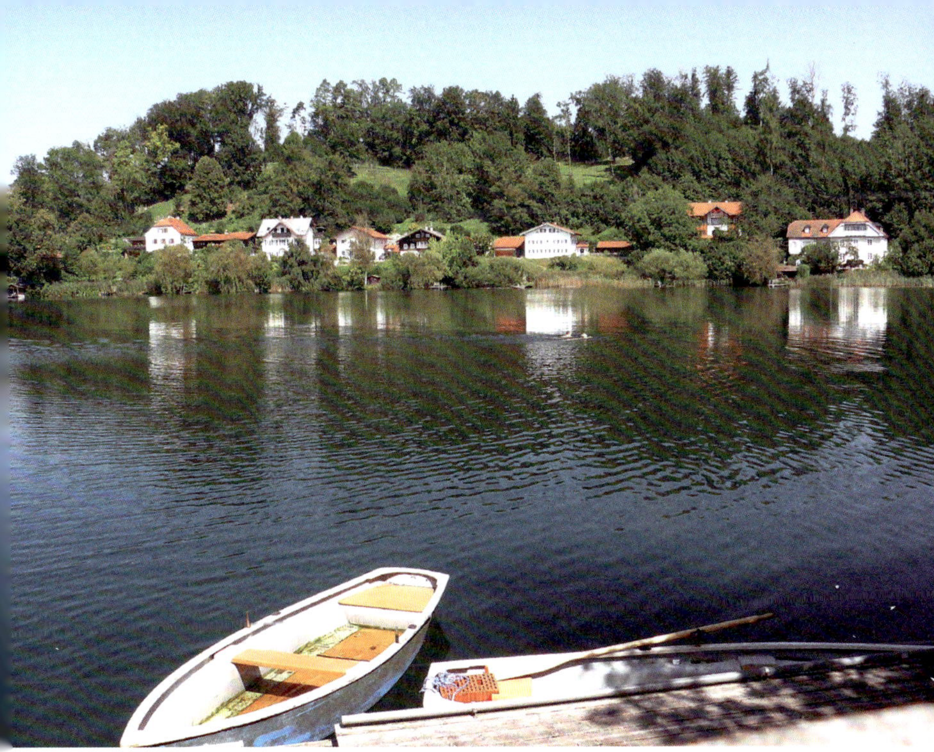

Boote am Seeoner See.

Vom Kloster Seeon zu den Moorseen 21

Weg ca. 6 km
Steigung 40 hm

Vom Parkplatz vor dem Kloster Seeon geht man zum Klostersee und biegt links, vorbei an der *Kirche St. Walburgis*, in den Mozartweg ein. An der Mozarteiche vorbei wandert man am Klosterseee entlang in Richtung Weinberg. Dann links auf der Seeleitenstraße ca. 250 m, im Anschluss rechts auf dem Wanderweg durch den Wald weiterspazieren (Markierung gelb-grün B8, später C8). Man bewegt sich dann zwischen *Brunnensee* und

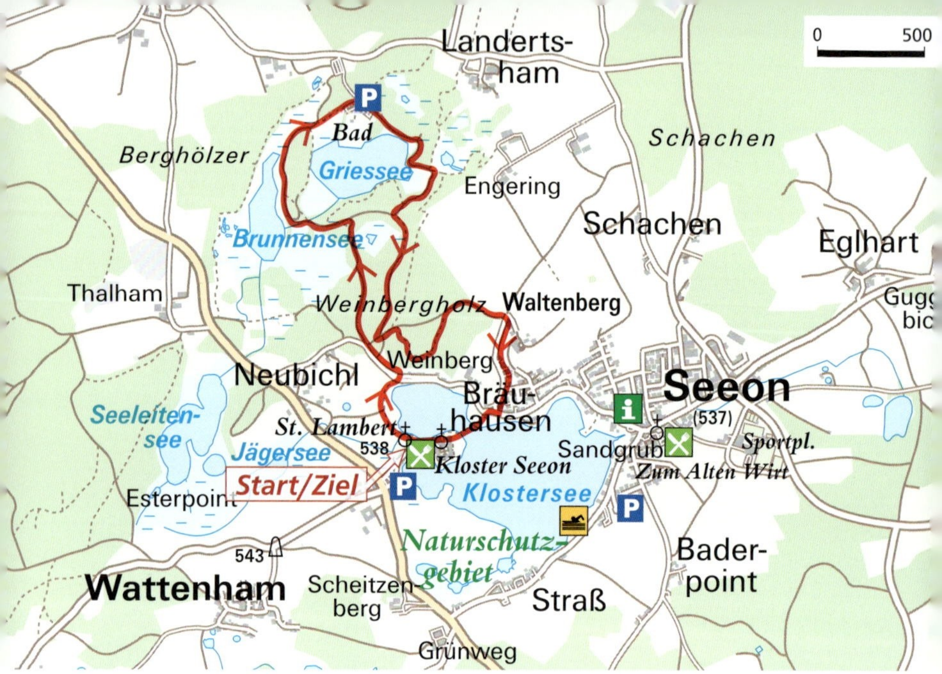

Griessee am Moor und am Wald entlang um den Griessee herum. Wer Lust hat, kann an den ausgewiesenen Badestellen im See ein Bad nehmen. Durch den Wald geht man wieder zurück in Richtung Seeon. An der Kreuzung Feldstraße hat man einen schönen Blick auf die Seeoner Seen und das Kloster Seeon. Man biegt rechts ab und folgt der Feldstraße ans Ufer des Klostersees in Bräuhausen. Auf dem Steg über den See kommt man wieder nach Kloster Seeon zurück.

Sehenswürdigkeiten

Kloster Seeon (S. 208)

Seeoner Seenkette

Die Seen besitzen keine oberirdischen Wasserzuflüsse und werden ausschließlich von Grund- und Regenwasser gespeist. Der Abfluss erfolgt unterirdisch an Fließgewässer. So wird die Entstehung von Mooren und Feuchtgebieten mit großer Artenvielfalt begünstigt.

Bräuhausen: Spuren römischer Besiedlung wurden im Ortsteil Bräuhausen gefunden, wo lange vor der Klostergründung ein Marstempel stand.
Wallfahrtskirche St. Maria: Zwischen dem Dorf und dem Klostersee (Ortsteil Bräuhausen) liegt auf einer Halbinsel die spätgotische *Kirche St. Maria* mit Altären und Figuren aus der Barockzeit.

Chiemseemaler
Leo Putz (1869–1940) war ursprünglich Mitglied der Künstlervereinigung *Die Scholle* in Holzhausen am Ammersee und hielt sich um 1900 in Seeon auf. Ab 1909 weilte er auf Schloss Hartmannsberg.
Erd-Wertobjekte: Der Künstler *Erwin Wiegerling* (geb. 1943) schuf Objekte, welche die Oberfläche der Erdkruste sichtbar machen sollen. Die Erden aus verschiedenen Gegenden werden durch Glaspavillons geschützt, in deren Glasoberflächen finden je nach Tageszeit geheimnisvolle Spiegelungen und Reflexionen der umgebenden Umwelt statt.

In der näheren Umgebung:

Rabenden

Lage: Der Ort liegt an einer alten Handelsstraße, die von Wasserburg nach Traunstein führte. Früher war Rabenden im Handelsdreieck zwischen Seeon, Altenmarkt und Obing positioniert. Hier haben die Kutscher ihre Räder gewendet. Ob das Patrozinium des Wegheiligen Jakobus damit zusammenhängt, ist unklar.
Pfarrkirche St. Jakobus: Die Kirche wurde im Jahr 1458 erbaut. *Altar von Rabenden*: Kostbarstes Kleinod ist der spätgotische, reich geschnitzte Hochaltar von 6 m Höhe, der zu den bedeutendsten spätmittelalterlichen Bildwerken im süddeutschen

Raum gezählt wird. Geschaffen hat ihn der nach ihm benannte *Meister von Rabenden*. In der Mitte steht die Holzskulptur des Kirchenpatrons Jakobus, daneben weitere Heilige: Die Altarflügel sind u. a. mit den vier lateinischen Kirchenvätern und mit Szenen zu Maria, der Mutter Jesu, geschmückt.

Obing

Pfarrkirche St. Laurentius: Die heutige Kirche wurde 1480–1491 als dreischiffige spätgotische Hallenkirche erbaut. Sie muss einmal einen ähnlich prächtigen Altar besessen haben wie Rabenden, der leider nicht mehr erhalten ist und 1871 durch einen neugotischen Altar ersetzt wurde. Der kostbare Rest davon sind die drei um 1515 entstandenen großen Figuren auf dem Hochaltar, die der *Meister von Rabenden* geschaffen hat: eine Madonna mit dem Kind, der hl. Laurentius und der hl. Jakobus der Ältere.

St. Wolfgang (bei Berg)

Wallfahrt zum hl. Wolfgang. Von der B 304 gleich hinter Altenmarkt in Richtung Rabenden sieht man schon von Weitem als Orientierungspunkt rechts auf der Höhe eine kleine gotische Kirche stehen, die einst die letzte Station auf bayerischem Boden des mittelalterlichen Pilgerwegs zum größten Wolfgang-Wallfahrtsort St. Wolfgang am Wolfgangsee war. Der *Wolfgangweg* führte in Deutschland von Franken über Velburg in der Oberpfalz und Regensburg nach St. Wolfgang bei dem Weiler *Dorfen*. Eine Legende erzählt, dass hier schon im 10. Jh. eine Kapelle stand, in der einst Bischof Wolfgang gerastet und gepredigt hat. Im 14. Jh. müssen hier wohl so viele Pilger vorbeigekommen sein, dass man neben der Kirche ein kleines Priesterhaus zu deren Betreuung erbaute. Heute kommen allerdings nur noch wenige Pilger, wie zum Beispiel die aus Aschau. Dort hat man im Jahre 1675 wegen einer Viehseuche gelobt, jedes Jahr an Pfingsten eine Fußwallfahrt abzuhalten. Und daran hält man bis heute fest.

St. Wolfgangskirche: Die Kirche mit ihrem schindelgedeckten Steildach stammt aus dem späten 14. Jh. Der Turm wird noch in das 13. Jh. datiert, wie man an den mächtigen Quadern, dem spätromanischen Bogenfries und den runden Klangarkaden erkennen kann. Im Inneren herrscht trotz Barockisierung der gotische Raumeindruck vor. Das Kirchengewölbe und die Seitenaltäre sind mit feinem Wessobrunner Stuck geschmückt. Auf dem barocken Hochaltar steht die *Figur des hl. Wolfgang.* Aus gotischer Zeit stammt eine *Steingussplastik im Stil der Schönen Madonnen*, die eine Beweinung Christi durch Maria zeigt. Von den früher zahlreichen Votivbildern sind leider nur wenige erhalten geblieben. Viele dieser Werke der Volksfrömmigkeit mussten in der Zeit der Aufklärung durch staatliche Verordnung entfernt und zerstört werden. Daher sind Votivbilder aus der Zeit vor 1800 selten geworden. Ausdrucksstark und fantasiereich sind die *Tafelbilder an der Emporenbrüstung* mit Szenen aus der Wolfgangslegende.

Steinkult

St.-Wolfgang-Steine: Vor den Stufen zum Hochaltar befindet sich im Kirchenboden ein seltsames Steingebilde. Der Felsbrocken mit Schrunden und Löchern ist von einer niedrigen, dreiteiligen Brüstung aus rotem Marmor umgeben. Dort ist folgende barocke Inschrift eingemeißelt: „Wahrer Ort und Merkhmal so allhier H. Bischoff Wolffgangus in einer Durchreiß bey genohmener Rasst in den Stein als ein Zeichen unterlassen hat." Ein weiterer mächtiger Steinblock mit Vertiefungen ist in der Vorhalle der Kirche im Turm-Erdgeschoß zu sehen. Diese werden auf eine Begebenheit in der Wolfgangslegende zurückgeführt, wo es heißt, der Heilige habe sich eines Tages als Bußübung die Hände an einem Felsen blutig schlagen wollen. Da aber der Stein wie Wachs nachgegeben habe, seien Vertiefungen in diesem Stein entstanden. Solche Steine gibt es auch in

anderen dem hl. Wolfgang geweihten Wallfahrtskirchen und in St. Wolfgang selbst.
Schlupfstein: In der Kirche ist an der rechten Seitenwand der Balustrade über dem Boden ein halbkreisförmiges Loch zu sehen, das auch als *Teigstein* bezeichnet wird. Nach altem Volksglauben wurde jedem Pilger bei Kreuzschmerzen geholfen, wenn er hier hindurchkroch. Er musste allerdings von sehr schlanker Statur gewesen sein, damit er nicht stecken blieb.

Kloster Seeon: Ein Ort der Ruhe und Gelehrsamkeit

Die Gebäude und die Kirche des ehemaligen Benediktinerklosters, das 994 von *Pfalzgraf Aribo I.* und seiner *Gattin Adala* gegründet wurde und bis 1802 bestand, sind noch unversehrt erhalten. Das erste Kloster der Frühzeit war freilich sehr einfach und bescheiden gestaltet, bis man es dann 1090 aus Stein im romanischen Stil neu erbaute. Das Benediktinerkloster gehörte einst der Hirsauer Reform an. *Die Klosterkirche St. Lambert* mit den romanischen Türmen aus dem 12. Jh. wurde im 15. und 17. Jh. umgestaltet. Die heute noch bestehende Kirche wurde um 1180 errichtet und Anfang des 15. Jhs. von *Konrad Pürkhel* umgebaut. Diesen Bauzustand zeigt im Wesentlichen das heutige Erscheinungsbild.
Das Benediktinerkloster Seeon war ein Ort der Gelehrsamkeit und der Kultur. Die Mönche unterhielten hier eine bedeutsame *Schreibschule*, die Handschriften und Urkunden anfertigte. Ein bekannter Auftraggeber war *Kaiser Heinrich II.*, der hier für sein neues Bistum Bamberg Handschriften fertigen ließ. Berühmt ist der *Seeoner Meister des Perikopenbuchs Heinrichs II.*
Kostbarster Besitz der Klosterkirche ist die Ausmalung mit den Renaissancefresken von 1579 in dezenten Farbtönen. In der Mitte des Raumes steht das *Stifterhochgrab des Pfalzgrafen*

Aribo I., vom *Meister Hans Heider* um 1400 geschaffen. Prächtig gestaltet sind auch der *Grabstein aus Rotmarmor von Abt Honoratus Kolb* sowie die in der Kapelle an den Wänden aufgestellten *Grabsteine anderer Klosteräbte* (15.–16. Jh.).

Die Malereien in der Klosterkirche sind vollständig erhalten.

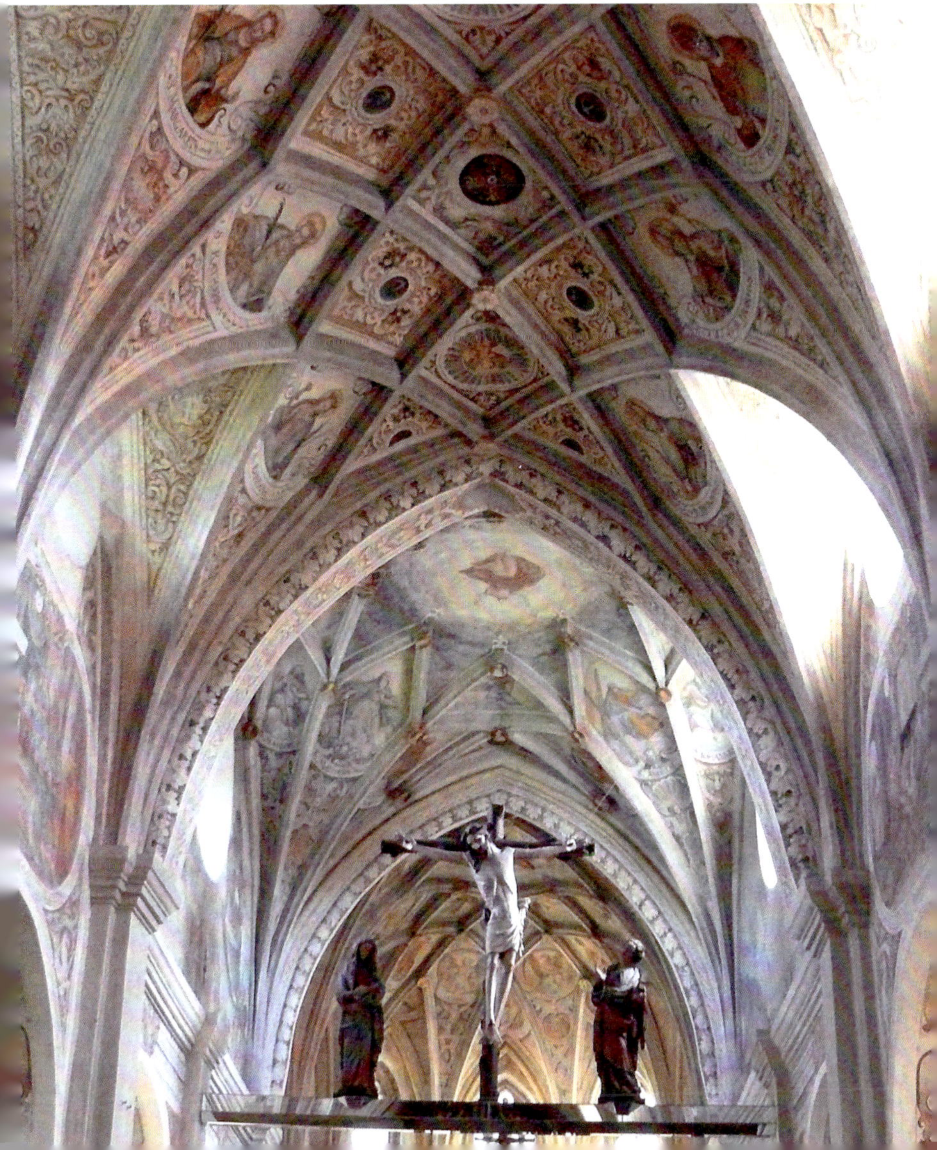

Kreuzigungsgruppe: Das ausdrucksvolle hölzerne Bildwerk vom Ende des 14. Jhs. zählt zu den bedeutendsten seiner Art. Es ist auf abenteuerlichen Umwegen aus Privatbesitz wieder in die Kirche zurückgekehrt, nachdem es zuvor auf einem Dachboden abgestellt und dort von einem Bauern wieder entdeckt worden war. Der Bauer nagelte den Christus im Freien an einen Apfelbaum, weil er glaubte, dass es nach sieben Hageljahren nicht mehr hageln werde, wenn der Herrgott dem Wetter selbst ausgesetzt sei. Tatsächlich blieb lange Zeit der Hagel aus. Daraufhin baute der Bauer zum Dank für die Kreuzigungsgruppe eine Kapelle. Jetzt ist die restaurierte Kreuzigungsgruppe als Dauerleihgabe in die Pfarrkirche zurückgekehrt.
Der *spätgotische Kreuzgang* zeigt schöne Lichtstimmungen. Ein verborgenes Kleinod des Klosters ist die 1757 erbaute *Abtskapelle St. Nikolaus*. Die Stuckaturen stammen vom bedeutenden Stuckateur des süddeutschen Rokoko, *Johann Michael Feuchtmayer* aus Wessobrunn. Die Fresken werden *Joseph Hartmann* aus Augsburg zugeschrieben. Da sich die Kapelle im inneren Bereich des Klosters Seeon befindet, ist sie nicht öffentlich zugänglich. Besichtigungen sind nach vorheriger Vereinbarung möglich.

Nach der Säkularisation 1803 erlebte das Inselkloster eine wechselhafte Geschichte. So diente es zuerst dem europäischen Hochadel und Geschäftsleuten als Unterkunft, dann wurde es als Brauerei, Flüchtlingslager, Nachkriegslazarett, Erholungsheim und Kaserne genutzt. 1986 erwarb der Regierungsbezirk Oberbayern das ehem. Kloster, um es vor dem drohenden Verfall zu retten. 1993 wurde in Seeon nach langer Renovierungszeit das *Kultur- u. Bildungszentrum Oberbayerns* eröffnet. Heute werden hier Konzerte, Ausstellungen sowie Seminare, Tagungen und Workshops abgehalten.

Pfarrkirche St. Walburgis: In Nachbarschaft zur Klosterkirche steht die der hl. Äbtissin Walburga von Eichstätt geweihte *Kirche,* die nach einem Brand Mitte des 16. Jhs. zu dem Langhaus mit Wandpfeilern umgestaltet wurde. Eine Innenrenovierung stellte die ursprüngliche heitere barocke Raumkonzeption des späten 16. Jhs. mit der ursprünglichen manieristischen Freskomalerei wieder her. Die Medaillons des Deckengewölbes zeigen *Christus Salvator* und die vier *Evangelisten Matthäus, Markus, Lukas* und *Johannes.*

Schon 1644 berichtet der Klosterabt *Honorat Kolb* in der Chronik seines Klosters, dass man im Kirchhof der *Walburgiskirche* weibliche Gebeine entdeckt habe, die wohl von Nonnen eines Benediktinerinnen-Konvents stammen, das vom 11.–13. Jh. hier existierte. Die Nonnen lebten abgeschlossen von der Welt auf einer Seeinsel, ähnlich wie die auf der Fraueninsel im Chiemsee. Ihr Konvent war von dem Salzburger Benediktinerinnenkloster Nonnberg abhängig. Die Überlieferung berichtet noch von einem Krankenhaus (Hospitalium), dessen Spitalkirche St. Walburgis war; ab 1481 wurde sie Pfarrkirche des Ortes. Ein Gebäude für eine Apotheke kam später noch hinzu. Mönche und Nonnen lebten hier also in unmittelbarer Nachbarschaft in ihren eigenen Klöstern zusammen. Die Gründe, warum sich dieses Seeoner Frauenkloster im Gegensatz zum Kloster Frauenwörth nicht halten konnte, liegen im Dunkeln. Die Walburgis-Kirche gehörte nach der Säkularisation der russischen *Adelsfamilie von Leuchtenberg* und wurde deren Begräbnisstätte. Seit 1969 gehört die Kirche der Gemeinde Seeon-Seebruck.

Auf Schnuppertour am Chiemseeufer

Anfahrt	Bahn: München–Salzburg bis Übersee, dann weiter mit Bus. PKW: A8 München–Salzburg, Ausfahrt Grabenstätt/Traunstein. Über die St 2096 sind es noch 9 km bis Chieming. Oder: Ausfahrt Prien: Über die St 2093 über Seebruck nach Chieming. Parkmöglichkeiten: in Chieming am Seeufer.
Karte	Karte kostenlos in den Tourismusinformationen erhältlich.
Infos	Chieming: Touristinformation, 83339 Chieming, Haus des Gastes, Hauptstraße 20b, Tel.: 08664-9886-47, info@chieming.de
Sehenswert	Uferspaziergang mit schönen Seebildern. Pfarrkirche in Chieming.
Hinweis	Chieming: Nordic-Walking-Strecken: Vier beschilderte Rundtouren führen teilweise auch am Ufer entlang.
Einkehr	**Chieming:** Chiemseer Wirtshaus, 83335 Chieming, Hauptstraße 32, Tel.: 08664-9846-0, info@chiemseer-wirtshaus.de Gasthof zur Post, 83339 Chieming, Laimgruber Straße 5, Tel.: 08664-1481.

Wenn sich am frühen Morgen im Sommer die Nebel mit den ersten Sonnenstrahlen zu lichten beginnen, regt sich das Leben in den Uferzonen rings um den See: Die Frösche quaken und die Vögel stimmen im Wald ihren Morgengesang an. In der Tiefe des Horizonts in Richtung Alpen erheben sich die Bergmassen mit ihren im Frühjahr noch schneebedeckten Gipfeln hinter dem See und bieten ein einmaliges Naturschauspiel, das jeden Betrachter in seinen Bann zieht. Das wechselvolle Farbenspiel von Bleigrau, Silberhell bis feurig Rot übt einen sonderbaren Reiz aus. Wenn man vom Seeufer in Chieming über die spiegelglatte

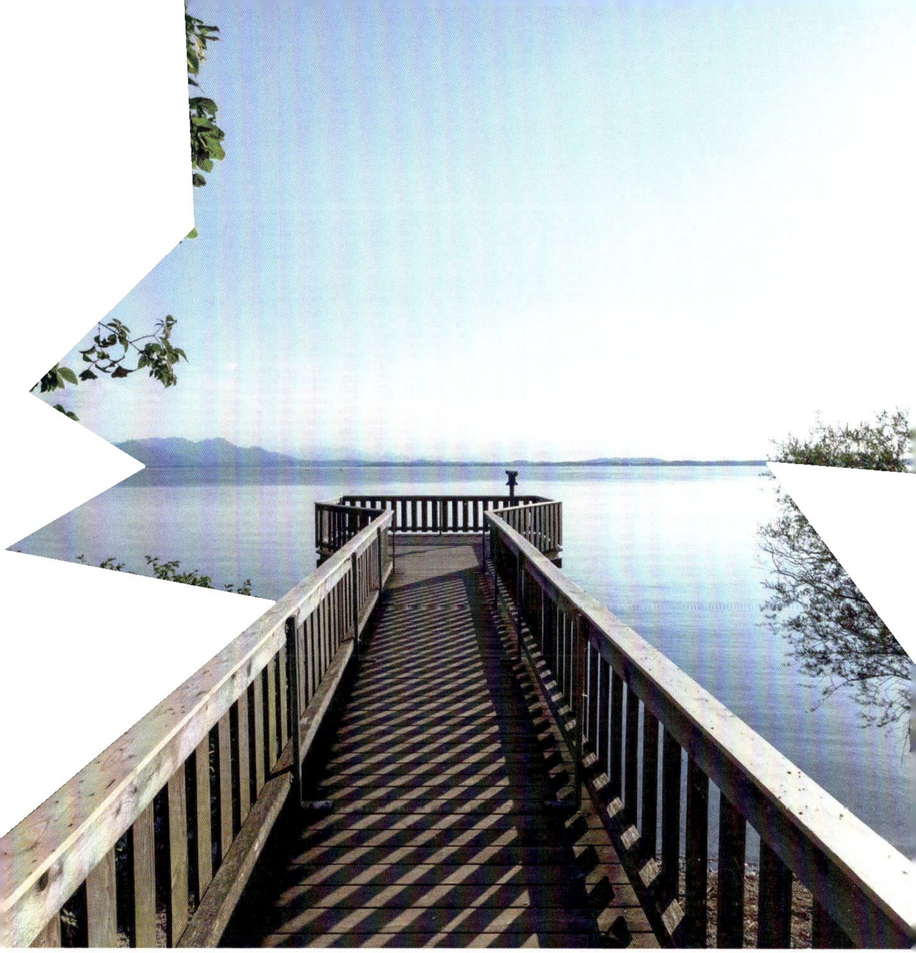

Aussichtspunkt in Chieming

Wasseroberfläche in Richtung der Alpen blickt, kann man nachvollziehen, warum dieser Ort schon seit frühester geschichtlicher Zeit eine starke Anziehungskraft auf die Menschen ausgeübt hat. Relikte menschlicher Besiedlungen findet man in allen Ortsteilen von Chieming in den vielen Bodendenkmälern, die man aus der Steinzeit sowie der keltischen, germanischen, römischen und bajuwarischen Epoche aufgedeckt hat. Die kleine, außerhalb gelegene Kirche *St. Johann* bei Stöttham und die römischen Weihesteine in der *Pfarrkirche Chieming*, die dem Gott Bedaius gewidmet sind, wirken wie Botschaften aus einer fernen Zeit.

22 Von Chieming nach Schützing und Stöttham

Weg	9 km (leicht).
Steigung	Kaum Steigungen.

Vom Parkplatz am See in Chieming geht man rechts am Ufer weiter und folgt dem Strandweg. Unterwegs kann man durch die Bäume die *Ausblicke auf den See* und das *Alpenpanorama* genießen. Nachdem man die Mutter-Kind-Klinik Alpenhof passiert hat, führt der Weg in ein Wäldchen. Nach einiger Zeit geht es kurz bergauf zu einem *Aussichtspunkt* mit Ruhebank. Bald führt der Weg hinab zum Campingplatz und dem *Ausflugslokal Seehäusl* mit Biergarten. Am Seeufer geht es dann geradeaus weiter und nach einem Stück durch den Uferwald kommt man beim *Bootshafen* von Schützing wieder ins Freie. Der Weg führt zum Bauernhof hinauf, dort geht man rechts auf dem Fahrsträßchen nach Stöttham zurück. Rechts unten liegt einsam die *St. Johanniskirche* im Tal am Waldrand. In Stöttham rechts in

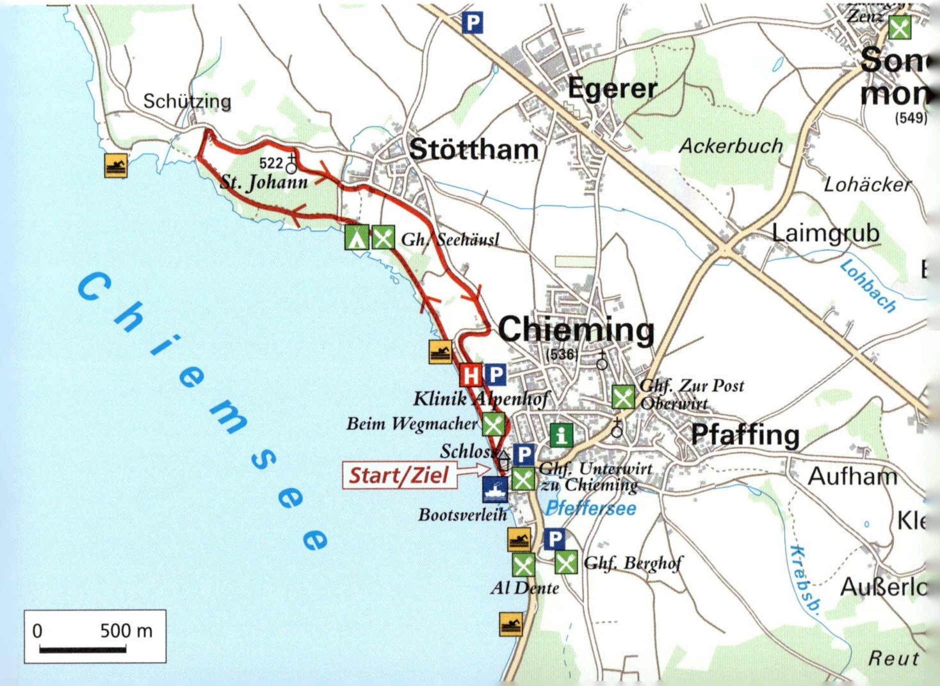

die Dorfstraße und bei der Ruhebank links in die Chieminger Straße einbiegen. Von hier geht es immer geradeaus auf Chieming zu. Im Ort von der Stötthamer Straße rechts in die Wolfgang-Klausner-Straße und dann links in die Frauenbachstraße einbiegen. Bald erreicht man rechts eine schöne *Ahornallee am Frauenbach*, die zum Ausgangspunkt am Seeufer führt.

Weitere Wanderungen von Chieming aus:
Chieming → Marwang (S. 228), Chieming → Ising (S. 284)

Sehenswürdigkeiten

Chieming

Lage: Die als Erholungs- und Luftkurort anerkannte Gemeinde mit ca. 3 900 Einwohnern liegt in 532 m Höhe ü. NN am Ostufer des Chiemsees im Landkreis Traunstein. Das Gemeindegebiet am Chiemseeufer ist ca. 7,5 km lang. Die schöne Lage zieht seit über 100 Jahren Urlauber an. Im Zuge der Gemeindegebietsreform im Jahr 1972 wurden die Gemeinden Hart und Ising in die Gemeinde Chieming eingegliedert. 1983 kamen noch Ober- und Unterhochstätt hinzu. Schöne Strandpromenade mit Bäumen, Bänken, Strandbad mit Cafe. Berühmt sind die Sonnenuntergänge am See. Die Umgebung von Chieming wird von der Landwirtschaft geprägt.

Geschichte: Der in der Nähe zur Römerstraße von Salzburg nach Augsburg gelegene Ort wird bereits im 8. Jh. urkundlich erwähnt. Der Ort Chieming hat dem Chiemsee und dem Chiemgau seinen Namen gegeben. Die Christianisierung von Chieming ging von den Klöstern Frauen- und Herrenchiemsee aus. Die ersten urkundlichen Erwähnungen gehen auf das Jahr 788 zurück, wie in einer Schenkungsurkunde des Bistums Salzburg festgehalten ist. 1165 wird eine Kirche in Chieming erwähnt, die wohl *St. Peter am Pfaffersee* war. Schloss und Hofmark

Chieming siehe weiter unten. Ursprünglich bestand Chieming aus zwei Dörfern; im Lauf der Zeit ist es mit dem Ort Pfaffing zusammengewachsen. Das erklärt, warum der heutige Ort eine beträchtliche Ausdehnung hat. Er ist aus einer von der Landwirtschaft geprägten Gemeinde hervorgegangen, wie man noch an den vielen alten Bauernhäusern erkennen kann. Heute liegt der Schwerpunkt im Handwerk, Gewerbe und Tourismus. Eine neue Welle des Tourismus begann in den 1950er-Jahren. Ein breites Freizeitangebot lockt heute Wassersportler, Golfer, Reiter, Tennisspieler, Radfahrer und Wanderer an.

Schloss und Hofmark: 1473 erhielt *Oswald Öder*, Zöllner von Traunstein, in Chieming ein Stück Land am See, auf dem er seinen Hof *Neuenchieming* erbaute, der als Kern des heutigen Chieminger Schlosses betrachtet wird. In der Landtafel Herzog Georgs des Reichen (1479–1503) taucht der Name *Neuenchieming* erstmals als Hofmark auf. Der Hofmarksherr Nikolaus Riebeisen baute 1530 hier ein neues Schloss, das er *Chiembing* nannte. 1540 erhielt der Jurist und Vertraute des Erzbischofs von Salzburg das Hofmarksrecht mit niederer Gerichtsbarkeit. Die Bauern mussten als Leibeigene dem Hofmarksherren Abgaben leisten. 1630 kam das Schloss an das Kloster Baumburg, das hier bis 1803 einen Wirtschaftshof unterhielt (heute Privatbesitz).

Ortsbild: Das stattliche Dorf mit ländlichem Charakter besitzt Häuser, die häufig mit *Lüftelmalereien* geschmückt sind und mit ihrem üppigen Blumenschmuck und *Bundwerkstadeln* einen malerischen Anblick bieten. Besonders hübsch ist das *Fischerhaus des Thomasfischers* am Seeufer mit Ausleger und barocken Malereien von 1766, welche die Mutter Gottes mit der Arche Noah und Franziskus, der den Fischen predigt, zeigen. Die ältesten schriftlichen Aufzeichnungen im Matrikelbuch von 1629 erwähnen hier einen *Wolf Schneblinger* (*piscator*), jedoch dürfte es schon im 12./13. Jh. einen Fischer gegeben haben. Eine weitere Fischerfamilie, die *Paulfischer*, die das erste Mal 1587 anlässlich eines Fischdiebstahls am Eigentum des Grundherren

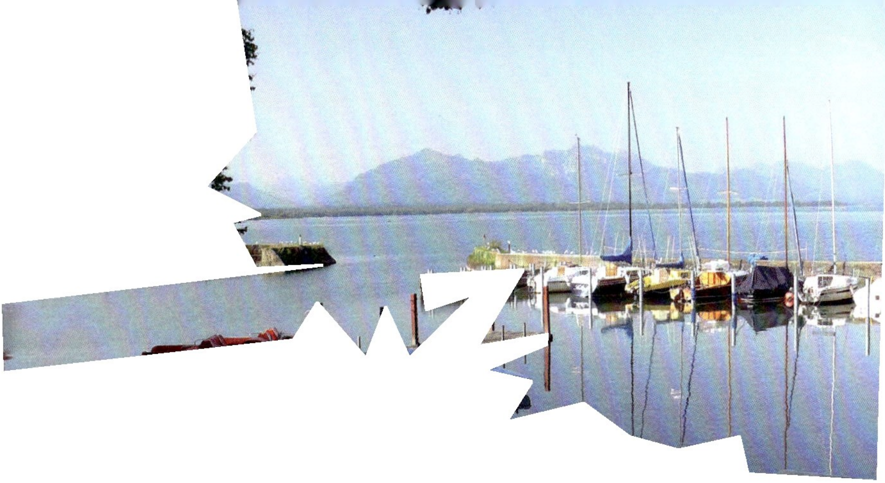

erwähnt wird, lebte nebenan (siehe Gästehaus). Am Chiemsee verdienen sich noch hauptberufliche Fischer ihren Lebensunterhalt (S. 69). Ein hübsch restauriertes Anwesen ist auch der *Denglhamer Hof* von 1822, der heute als Heimathaus dient und für kulturelle Veranstaltungen genutzt wird. Historische Dorfführungen beginnen am Heimathaus.

Pfarrkirche Mariä Himmelfahrt: Im Untergeschoß des Turms der romanischen Vorgängerkirche sind dem römisch-keltischen *Gott Bedaius gewidmete Weihesteine* sowie *Grabsteine* von Chiemgauer Geschlechtern zu sehen. Aus der Vorgängerkirche stammen noch ein frühgotischer *Schmerzensmann*, der *Taufstein,* Reste eines freigelegten *Freskos* (Jüngstes Gericht) 14. Jh., und *Votivtafeln* von 1762, die u.a. Schiffsunglücke von 1762 und 1832 auf dem Chiemsee zeigen.

Die heutige Kirche wurde 1882 im neuromanischen Stil anstelle des älteren Baus von 1480 errichtet. Das Altarbild *Himmelfahrt Mariä* stammt von dem Traunsteiner Maler *Max Fürst,* der auch diese Kirche wie die von *St. Maximilian* in Grabenstätt ausgemalt hat. Die vollständig erhaltene Einrichtung aus der Erbauungszeit wurde nach Entwürfen von *Joseph Elsner* gestaltet. Die

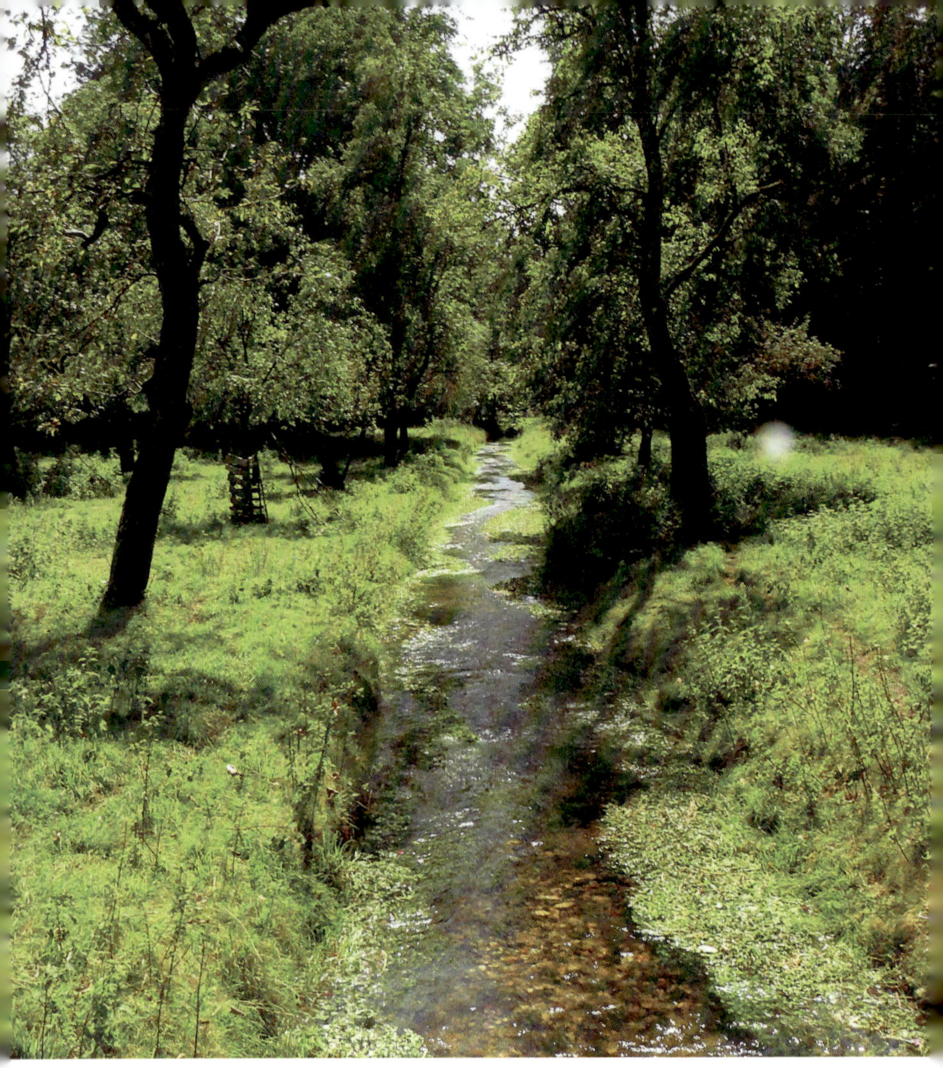

Bach bei Stöttham.

Seitenfiguren stellen den Apostel Petrus mit den Himmelsschlüsseln und Paulus mit dem Schwert dar. Die Malereien am Chorbogen greifen das frühere Petrus-Patrozinium auf und zeigen den Auftrag an Petrus, die Kirche zu lenken. An den Langhauswänden und im Chor ein barocker Apostelzyklus.

Dankwallfahrt: Auf einem 1801 von der Gemeinde gestifteten Votivbild steht zu lesen, dass die Gemeinde *Kieming, Stöttham* am 17. Dezember 1800 von der Feuersbrunst und Zerstörung durch französische Truppen bedroht war und alle Bewohner und Kinderpflegerinnen in die umliegenden Dörfer oder in den Wald fliehen mussten. Dort litten sie Hunger und Kälte, konnten aber wieder heil in ihre Häuser zurückkehren, nachdem sie Maria und den hl. Leonhard um Hilfe gebeten hatten. Zum Dank für diese Hilfe und die Verschonung des Ortes von einer Tierseuche findet seitdem jährlich eine Prozession von St. Johannes in Stöttham zur Kirche Maria Heimsuchung in Chieming statt.

Schützing (S. 283), **Stöttham** (S. 282)

Spuren der Kelten, Römer und frühen Christen

Die Anfänge der Geschichte des Ortes Chieming reichen weit in die vorchristliche Zeit zurück. Viele Fundgegenstände belegen, dass Chieming ein wichtiges frühes Siedlungsgebiet war. Wegen seiner Nähe zum See fühlten sich hier schon Kelten und Römer wohl. Wie sehr gerade diese frühe Zeit das Land geprägt hat, wird noch heute an den viele Fluss-, Berg- und Ortsnamen ersichtlich, die keltischen Ursprungs sind, wie die Flüsse *Prien*, *Inn* oder *Traun*. Immer wieder stieß man bei Bauarbeiten in Chieming auf das keltische Grab eines Mannes.

Als die Römer im Jahre 15 v. Chr. in das Voralpenland eingedrungen waren und den Chiemgau besetzt hatten, bauten sie sich in Chieming an leicht erhöht gelegenen hochwassersicheren Stellen zwischen Strandbad und Unterwirtsgarten ihre Villen. Dort wurden wie in Eglsee, Pfaffing, Ising, Wald, Wimpersing und Erlstätt römische Reste entdeckt. Fundstücke ganz besonderer Art sind freilich die *drei römischen Altäre* von Chieming, die im Untergeschoß des Turmes der *Pfarrkirche Mariä Himmelfahrt* aufbewahrt werden. Die Häufung von Funden dieser heiligen Steine aus der Römerzeit im Vorgängerbau der Kirche hat die Vermutung aufkommen lassen, dass an diesem Ort einst ein römisches Heiligtum stand. Dafür spricht auch die Inschrift auf einem Sockelstück eines aus der Mauer hinter dem Hochaltar geborgenen Altars: „Dieser, einem Gott geweihte Altar, wurde im Jahre 152 n. Chr. an einer heiligen Stelle des jetzigen Chieming errichtet". Die meisten Steine sind dem Fluss- oder Wassergott *Bedaio (Bedaius)* geweiht. Die Verehrung dieser Gottheit war einst so bedeutend, dass sogar das nahe Seebruck nach ihr *Bedaium* benannt wurde. Was es mit den ebenfalls verehrten sog. *Alounen (Alonae)* auf sich hat, ist noch unklar. Möglicherweise handelt es sich um einen bislang unbekannten Fruchtbarkeitskult. Man glaubte nämlich, dass diese Wesen die Erde mit Nahrung versorgten, um sie fruchtbar zu machen. Den ersten Bedaiusstein, einen Gelübdestein von 225 n. Chr., fand man 1813 beim Abbruch der Peterskapelle, einen zweiten 1814 bei der Kapelle des hl. Johannes in Stöttham. Zwei weitere Altarsteine aus Untersberger Marmor wurden 1882 beim Abbruch des Hochaltars der früheren Pfarrkirche bzw. am nördlichen Seitenaltar entdeckt. Von den insgesamt zehn gefundenen Weihesteinen konnten drei vor Verwitterung geschützt und gerettet werden. Neben der Grabinschrift in der *Grabenstätter Johanneskirche* ist das *Militärdiplom von Geiselprechting* zu erwähnen, welches das älteste komplett erhaltene Schriftdenkmal Bayerns ist. Darauf steht, ein Römer habe sich hier einst niedergelassen, nachdem er nach 25 Jahren Militärdienst das römische Bürgerrecht verliehen bekommen hatte. Veteranen erhielten häufig nach dem Ausscheiden aus dem Militärdienst ein Stück Land, wo sie ihren Lebensabend verbringen konnten.

Archäologen gehen davon aus, dass im Gebiet zwischen dem Chiemsee und Salzburg im Abstand von 2–3 Kilometern ein römischer Gutshof gestanden habe, wie in Erlstätt. Die zahlreichen Landgüter versorgten die umliegenden Siedlungen mit Lebensmitteln. Eine enge Anbindung ans römische Straßennetz, fruchtbare Böden und eine gute Wasserversorgung spielten für die Auswahl des Standortes eine große Rolle.

Als sich die Römer Mitte des 5. Jhs. aus dem Chiemgau wieder zurückzogen, vermischte sich die zurückgebliebene keltisch-römische Bevölkerung mit den in der Völkerwanderung durchziehenden Germanen zum Stamm der *Bajuwaren*. In dieser Zeit verkündete der *hl. Rupert* das Christentum. Angeblich hat damals der Ort Chieming seinen Namen von dem bajuwarischen Gaugraf *Chiemo* bekommen, der zur Zeit Karls des Großen hier residiert haben soll. Die Burg des *Chiemo* ist, so vermutet man, an erhöhter Stelle im Dorf bei der heutigen Pfarrkirche Mariä Himmelfahrt gestanden. Ob Chieming mit dem

Römerkopf in Seebruck.

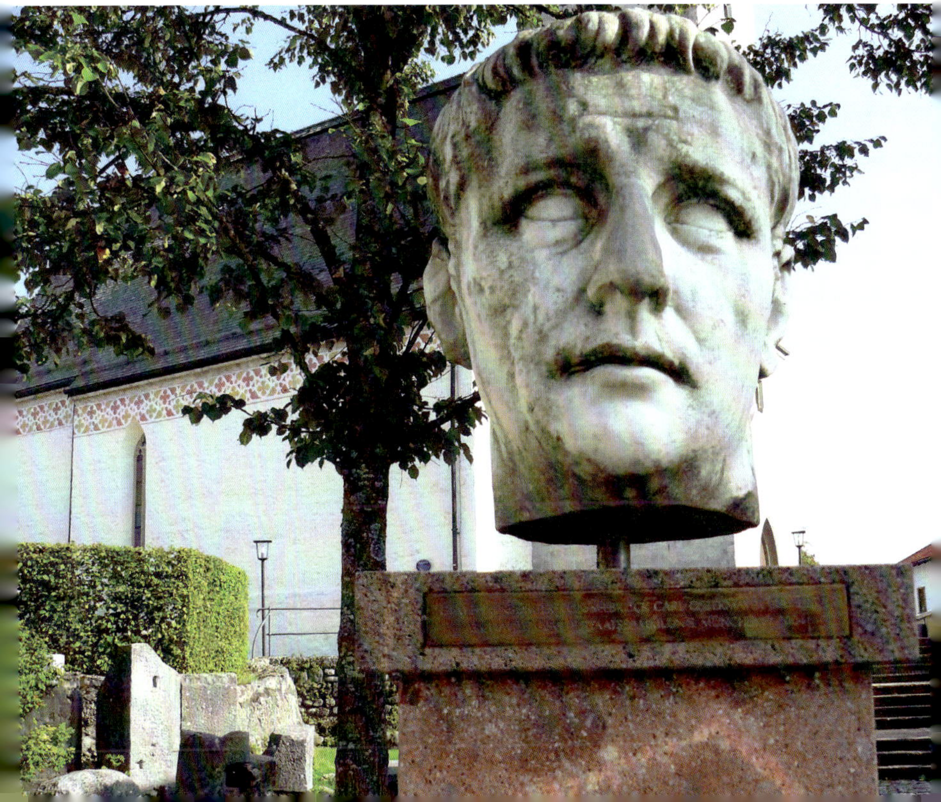

Königshof, *Chieminchhove*, der 855 in einer Urkunde erwähnt wird, identisch ist, bedarf allerdings noch weiterer Nachforschungen. *Otto Scolarus*, ein Schüler des *hl. Rupert*, der entlang der alten Römerstraßen das Christentum in den Chiemgau trug und wahrscheinlich auch in Chieming vorbeikam, soll im Chieminger See ertrunken sein. Aber auch das ist nicht bewiesen und möglicherweise nur eine Legende.

Die bisher älteste Erwähnung des Ortes Chieming wurde in einer Urkunde von 804 gefunden. Darin wird von einem Abt des Klosters *Awa* (=Aua) berichtet, das unterhalb des Ortes *Chiemingen* lag. Es wird vermutet, dass es sich um den Platz handelt, auf dem das heutige Schloss *Neuenchieming* steht. Möglicherweise wurde dieses Kloster bei den Ungarneinfällen zerstört und später an anderer Stelle neu errichtet.

Viele heidnische Bauten fanden als christliche Nachfolgebauten Verwendung. Neben praktischen Erwägungen spielte dabei auch eine Rolle, dass man demonstrieren wollte, wie stark die neue Religion gegenüber den alten heidnischen Kulten war, die sie überwunden hatte. Christliche Kirchen wurden deshalb bewusst an Stellen heidnischer Heiligtümer errichtet. Sichtbares Zeichen eines solchen Triumphes sind die Kirchen von Seebruck und Inning, die sich auf den Fundamenten römischer Bauten erheben.

Leider versuchen aber auch immer wieder Schatzsucher in diesem archäologisch interessanten Ort Gegenstände mit Sonden aufzuspüren und diese Funde zu verkaufen, sodass wichtige Informationen über die frühe Besiedlungsgeschichte Chiemings für immer verloren gehen. Der Freundeskreis *Heimathaus Chieming e.V.* erforscht deshalb selbst die Frühsiedlungsgeschichte der Gemeinde und sammelt Gegenstände aus dieser Zeit, die in einer ständigen Ausstellung gezeigt werden.

… das Beste an all dem Treiben dort in Wald und Feld, auf Berg und See und Eiland war wohl das Träumen und Sinnen. Aber nicht ein Bodenloses in die Luft hinein: sondern das Sinnen und Träumen über die Geschicke dieser Landschaft, dieser Inseln und Ufergestade, der Menschen, die hier in grauer Vorzeit gearbeitet, gekämpft, gehaßt und geliebt, gefluchet und gebetet zu vielfach wechselnden Göttern hinauf, aber immer aus den gleichen Wünschen und Hoffnungen, Ängsten und Nöthen des Menschenherzens heraus …

Felix Dahn, Vom Chiemgau

Durch Wald und Flur nach Marwang

Schläft ein Lied in allen Dingen,
Die da träumen fort und fort,
Und die Welt fängt an zu singen,
Triffst du nur das Zauberwort.
Joseph von Eichendorff

Die Faszination der Chiemgauer Alpen kann man auch von der Ebene aus erleben. Das Hinterland von Chieming wartet mit herrlichen Fernblicken zu den sich unmittelbar aus der Ebene emporhebenden Gebirgsstöcken auf, die man auf dieser Wanderung ständig im Blick hat. Das erste Ziel ist das kleine Marienheiligtum in Marwang, das eine interessante Geschichte zu erzählen weiß. Dann geht es gemächlich durch ausgedehnte Wald- und Wiesenlandschaften nach Chieming zurück. Kurz bevor man

Anfahrt	PKW: A8 Ausfahrt Übersee. Parkmöglichkeiten: in Chieming beim Rathaus oder am See. Bahn: Strecke München–Salzburg bis Übersee. Dann weiter mit Bus.
Infos	Grabenstätt: Tourist-Info Grabenstätt, 83355 Grabenstätt, Schlossstraße 17, Tel.: 08661-9887-31, Fax: -91, info@grabenstaett.de, www.grabenstaett.de
Sehenswert	Alpenpanorama, Wallfahrtskirche in Marwang, Tüttensee.
Hinweis	Grabenstätt: Römermuseum mit Funden aus römischen Gutshöfen, 83355 Grabenstätt, Hauptstraße 1.
Einkehr	**Marwang:** Gasthof Dangl, Biergarten, Alte Dorfstr. 16, 83355 Grabenstätt (Marwang), Tel.: 08661-385. **Vachendorf:** Seewirtschaft Tüttensee, Lueg 2, Tüttensee, 83377 Vachendorf, Tel.: 08661-983838.

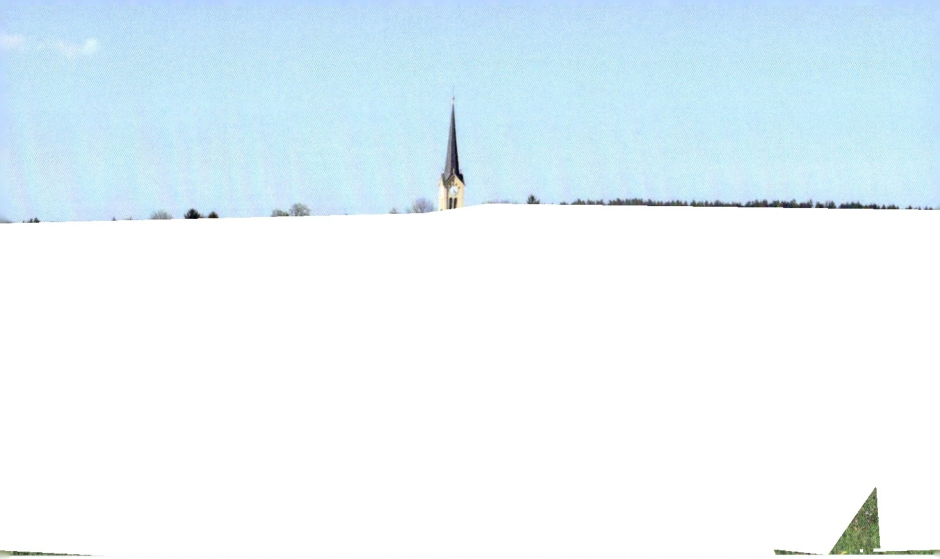

Blick auf Chieming

den Ort erreicht hat, tut es nach Verlassen des *Inninger Waldes* der Seele gut, in den milden Schein der untergehenden Sonne zu blinzeln und dem Abendchoral einer Singdrossel zu lauschen.

Von Chieming über Oberhochstätt nach Marwang 23

Weg 12 km
Steigung Nur ein kurzer Anstieg hinter Chieming und in Marwang.

Der 12 km lange Weg beginnt an der *Pfarrkirche St. Peter* in Chieming. Hier geht man die Straße *Am Zenzenberg* abwärts und geradeaus auf der *Max-Kurz-Straße* weiter über den *Krebsbach,* dann folgt man der Oberhochstätterstraße (Wanderweg C10) ein Stück bergauf. Oben bietet sich ein prächtiger Rundblick auf *Chieming,* den *Pfaffensee* und das *Chiemseeufer*. Rechts im Hintergrund ragt

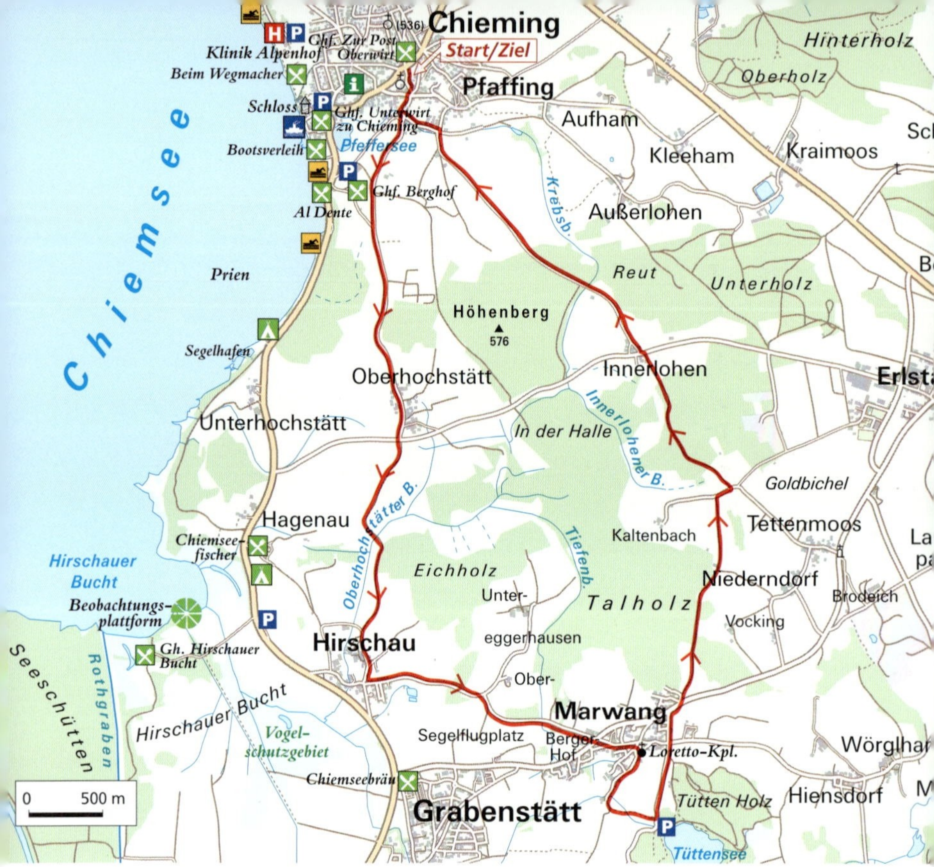

als Landmarke aus dem Wald der weiße Kirchturm der Isinger Wallfahrtskirche hervor. Kurz vor Erreichen des kleinen Ortes Oberhochstätt kann man auf einer Bank unter einer alten Feldeiche ein wenig ausruhen und einen schönen *Blick auf die Alpenkette* genießen. Immer mehr weitet sich der Blick und die Wallfahrtskirche von Maria Eck oberhalb von Siegsdorf wird sichtbar. Hinter *Oberhochstätt* überquert man eine Hauptverkehrsstraße und geht geradeaus durch die Wiesen auf ein Wäldchen zu. Man überschreitet den *Krebsbach*, der nach Chieming fließt und dort die Mühlen antreibt, bevor er in den See mündet. Der nächste Ort heißt Hirschau (nach ihm ist das *Naturschutzgebiet Hirschauer Bucht* am Chiemsee benannt), im Ort biegt man an der Wegkapelle links in Richtung *Marwang* ab. Auf dem leicht bergaufführenden Teersträßchen nach dem Wald erreicht man kurz vor

Marwang die Hauptverkehrsstraße TS 3. Diese vorsichtig überqueren und geradeaus durch die Alte Dorfstraße bis zum *Gasthaus Dangl* gehen. Bald sieht man unterhalb die *Loreto-Kapelle* liegen. Nach dem Besuch der Kapelle kann man auf dem Daxbinderweg einen Abstecher zum Tüttensee machen und dort einkehren. Danach geht man wieder zurück und auf der *Max Buchfellner Straße* bergauf bis zur TS 3. Diese vorsichtig überqueren und nach 100 m links in den Stocketweg einbiegen. Dort beginnt ein Wanderweg nach *Innerlohen.* Am Waldrand kommt man heraus und geht nach rechts bergab bis zu einer Wiese. Dort zeigt ein Wegweiser links die Richtung (C 10 *Innerlohen* und *Erlstätt*) an. Wiesen und Wald wechseln sich ab, dann durchwandert man ein herrliches Wiesental, an dessen oberem Ende man sich nach rechts wendet (C 10 *Innerlohe*). Oberhalb dieses kleinen Tals steht eine *Ruhebank*, die uns erneut zum Innehalten und Landschaftsgenuss einlädt.

Man bleibt links auf dem Weg C10 nach *Innerlohe* und geht auf ein Wäldchen zu. Dort immer geradeaus halten (kein Wegzeichen); am anderen Ende des Waldes kommt man bei dem Weiler Innerlohe wieder ins Freie. Im Ort auf der Landstraße kurz nach links und dann gleich wieder rechts (C 10 nach Chieming) gehen. Nach einem Kiesgrubengebiet bei den Verzweigungen auf dem Hauptweg immer links halten. Nach Durchquerung eines schönen lichten Tannenwalds kommt man wieder ins Freie und sieht rechts die Häuser von *Aufham* und seine Wegkapelle liegen. In der Nähe eines Heuschobers steht bei einem Baum wieder eine Ruhebank. Der Kirchturm von *Chieming* taucht jetzt vor uns auf. Zuerst geht man durch ein Feld- und Wiesengebiet, dann steigt man durch einen Hohlweg nach Chieming herunter und kommt beim *Krebsbach* heraus. Nach der Brücke links in die Max-Kurz-Straße einbiegen, die zum Ausgangspunkt, dem Verkehrsamt auf der Hauptstraße, führt.

Sehenswürdigkeiten

Oberhochstätt

Im Ort steht eine kleine *Wegkapelle* mit einer Pieta im Inneren, die man 1894 zu Ehren der Schmerzhaften Mutter Gottes erbaut und eingeweiht hat.

Marwang

Geschichte: Die erste schriftliche Erwähnung des Ortes Marwang erfolgte 790. An das einstige Schloss erinnert nur noch ein Wallgraben.

Wallfahrtskirche Unserer lieben Frau von Loreto *(Loreto-Kapelle)*: Als am Ende des Dreißigjährigen Krieges die Bevölkerung des Chiemgaus unter der Pest litt und die Schweden bereits am Inn standen (S. 224), wurde mit Unterstützung der *Gräfin Maria Katharina von Toerring* 1648 diese Kapelle nach dem Vorbild des hl. Hauses von Loreto in Italien erbaut. Zuerst wurde die Nachbildung des irdischen Hauses Mariens als schlichter Bau mit traditioneller Fensterlosigkeit und nur einer vergitterten Öffnung an der Westseite errichtet. Die Wände waren innen in einfacher Ziegelbemalung gestaltet, das Gewölbe hingegen war blau mit einem Sternenhimmel geschmückt. Neben dem Altar befand sich früher eine Nische mit symbolischem Küchengerät, Holzschüsseln und Tellern der Maria. Später entstand ein äußerer Arkadenumgang, der im Lauf der Zeit geschlossen wurde. Im Jahr 1939 wurden wegen des starken Besucherandrangs die Wände mit fünf großen Rundbögen geöffnet. Das hinter einem vergoldeten Gitter aufgestellte *Gnadenbild* mit Jesuskind, Krone und Zepter ist mit einem kostbaren Umhang gekleidet. An Weihnachten wird die Statue in schwere Seiden- und Goldstickerei gehüllt. Die Kapelle wurde lange Zeit von den Niederbronner Schwestern betreut (siehe Gedenkstein vor der Kirche).

Votivbilder: An den Wänden sind rund 70 Votivbilder aus drei Jahrhunderten angebracht, die in einer sehr direkten Sprache das Leid und die Erhörung durch die Gottesmutter schildern. Man sieht Menschen, die von Dächern und Leitern stürzen, Brände, Kranke und Bettlägerige.

Legende

Das sog. Haus der Maria im italienischen Loreto steht im Zusammenhang mit einer frommen Legende, die am Ende der Kreuzzüge aufkam und besagte, dass Engel das Haus der hl. Familie von Nazareth hierherversetzt hätten. Im Lauf der Zeit entstanden in ganz Europa Nachbildungen dieses Gebäudes, dem eine Ersatzfunktion als Pilgerort für die im Heiligen Land nicht mehr zugänglichen Heiligen Stätten zukam.

Tüttensee

Der Tüttensee ist ein mit Wasser gefüllter Toteiskessel, der vom Chiemsee-Gletscher gebildet wurde, als sich dieser nach der letzten Eiszeit zurückzog. Unweit von Marwang liegt mitten im Wald der verwunschene kleine Badesee. Hier gibt es einen Bootsverleih und ein Strandbad mit einer Gaststätte (Cafe, kalte Küche), die eine überdachte Seeterrasse hat. Einige Holzstege rund um den See führen ins Wasser und laden zum Ausruhen ein.

In der näheren Umgebung

Erlstätt

Geschichte: Reste einer ausgegrabenen Villa, die mit Bad, Mosaiken, Wandmalereien, Glasfenstern, tönernen Dachziegeln und einer Therme mit fließendem Wasser ausgestattet war, wurden in der Gemeinde Erlstätt entdeckt. Die Funde werden im Römermuseum in Grabenstätt ausgestellt. (S. 224). Der alte Kirchenort lag früher an der *Römerstraße Salzburg–Augsburg*. Urkundlich fassbar wurde der Ortsname vor über 1 200 Jahren, als Bischof Arn(o) von Salzburg 788 seine Güter in einer Urkunde erfassen ließ (*Notitia Arnonis*), um sie sich von *Karl dem Großen* bestätigen zu lassen. Darin werden zahlreiche Orte im Chiemgau, in Oberbayern, in Salzburg und Tirol erwähnt. Erlstätt ist darin mit einer durch Grundbesitz ausgestatteten Kirche verzeichnet.

Pfarrkirche St. Peter und Paul: Die erste Kirche wird im 8. Jh. angenommen. Die einschiffige gotische Kirche besitzt *reiche Netzgewölbe* und eine *spätromanische Büste des segnenden Christus* (Salvator mundi) über der Türe. Hervorzuheben sind auch die schöne *Strahlenkranzmadonna* im Langhaus und der *Petrusaltar* mit der Statue des Apostels. Im Chor befindet sich ein merkwürdiger Stein, der als *Schächerstein* oder *Gerichtsstein* bezeichnet wird. Auf seiner Vorderseite ist Christus, an den Seiten sind die beiden Schächer am Kreuz abgebildet. Als weitere Ornamente sind ein Schwert und ein glatter sowie ein gerillter Stab zu erkennen, die als Symbole des Gerichts gedeutet wurden.

Grabenstätt

Lage: In der Nähe der *Hirschauer Bucht* gelegen, mit ihren Naturschutzgebieten im Südostwinkel des Sees. Die beiden Kirchen geben dem kleinen Sommerfrischeort einen besonderen Reiz.

Geschichte: Einst hatten die Römer hier ihre Landgüter, rechts vom Eingang der St.-Johannes-Kirche befindet sich ein *römischer Inschriftenstein*. Die Römer hinterließen weitere Spuren, als sie versuchten, am Südufer des Sees eine Straße durch mooriges Gebiet zu legen. Im nahen Holzhausen hat man die Reste einer *römischen Badanlage* ausgegraben. Im Ort gibt es auch ein kleines *Römermuseum*. Die Grundmauern eines großen römischen Gutshofs sind nachgewiesen.

Die erste schriftliche Erwähnung Grabenstätts datiert in das Jahr 959 (Locus Grabanstat). Anfang des 10. Jhs. hieß die Gegend *Grafschaft des Reginbert* (Comitatus Reginberti) und gehörte zu Salzburg. Seit 1275 unterstand Grabenstätt gerichtlich und landeshoheitlich Bayern, blieb aber bis 1803 als Hofmark salzburgischer Besitz. 1803 wird die Hofmark aufgelöst. 1818 wird Grabenstätt eine selbstständige Gemeinde. 1834 gab es einen verherrenden Dorfbrand im Ort, bei dem die St.-Maximilians-Kirche, die Schlossanlage und zahlreiche Wirts- und Wohnhäuser zerstört wurden. 1978 wurden im Zug der Gemeindegebietsreform die bisherigen Gemeinden Grabenstätt, Erlstätt und Oberhochstätt zu einer Einheitsgemeinde mit dem Verwaltungssitz Grabenstätt zusammengeschlossen. 1981 werden Ober- und Unterhochstätt mit der Gemeinde Chieming verbunden.

Pfarrkirche St. Maximilian: Um 1150 gibt es eine Kirche zu Ehren des hl. Maximilian, auf deren Fundamenten in der Zeit von 1340–1410 die Maximilianskirche aufgebaut wurde. Nach einem Brand 1849 wurde die Kirche neuromanisch wiederaufgebaut. Der Innenraum weist eine seltene geschlossene Ausstattung aus dieser Zeit auf. Die Säulenarkaden mit Würfelkapitellen, bemalt mit Trauben und Blattornamenten auf Goldgrund, zeigen romanische Anklänge, das Chorfresko mit Christus als Weinstock auf Goldgrund ist byzantinisch beeinflusst. Spätgotische Fresken.

Pfarrkirche St. Johannes: Um 870 soll hier schon eine Johanneskirche bestanden haben. Das Alter des heutigen einschiffigen Baus mit Dachreiter wird auf 1 100 Jahre geschätzt. Neben dem Kirchenportal ist ein *römischer Inschriftenstein* eingelassen. Von großer Kostbarkeit sind die an der linken Langhauswand freigelegten *gotischen Fresken*, die u. a. einen lebensgroßen *St. Christophorus*, die *hl. Dreifaltigkeit* und eine *Madonna im Strahlenkranz* zeigen. Der neugotische Altar mit der *Taufe Christi im Jordan* und die hübschen Prozessionsstangen runden das Bild harmonisch ab.

Neues Schloss: Im frühen Mittelalter erbauten einheimische Adelsgeschlechter hier eine Wasserburg. 1834/1835 wird das Schloss wiederaufgebaut. Es gehörte im 18. Jh. den Grafen von Rheinstein und Tattenbach. Nach einem Brand entsteht 1863 das heutige *Neue Schloss*, wo im Sommer Konzertaufführungen stattfinden (Rathaus und Haus des Gastes).

Römermuseum Multerer: Das privat getragene archäologische Museum in der Schlossökonomie in Grabenstätt zeigt archäologische Funde aus römischen Siedlungen der näheren Umgebung, u. a. Reste von Wandmalereien und Mosaiken, die bei der Ausgrabung einer Villa im 19. Jh. bei *Erlstätt* gefunden wurden. Die über 500 geborgenen Fundstücke dokumentieren Luxus und Wohnkultur der römischen Bevölkerung in der Provinz sowie die überregionalen Kontakte in den ersten drei Jahrhunderten nach Christus. Vier Mosaik-Rekonstruktionen werden gezeigt sowie Gebrauchsgegenstände, Arbeitsgeräte, Münzen. Das *Militärdiplom von Geiselprechting* aus dem Jahr 64 n. Chr. ist das älteste komplett erhaltene Schriftdenkmal Bayerns.

Grabenstätter Moos

Dieses 1 250 Hektar große Schutzgebiet ist für seine seltenen Vögel und Pflanzen berühmt, viele davon sind geschützte Arten.
Vogelwelt: Das Chiemseegebiet ist eines der wichtigsten Rastplätze für Zugvögel und ein bedeutendes Überwinterungsgebiet für 10 000 bis 30 000 Vögel. Besonders das Achendelta ist berühmt für seine reiche Vogelwelt. Hier befinden sich die bedeutendsten Brutplätze. Allein 80 Vogelarten brüten dort, darunter seltene Arten wie *Flussregenpfeifer, Flussuferläufer, Eisvogel* und *Pirol.* Auch die bunten Streuwiesen und Schilfflächen des *Grabenstätter Mooses* sind Heimat vieler bedrohter und seltener Vogelarten. Auf den offenen Flächen sind Wiesenbrüter wie der Große Brachvogel, die Bekassine und der Wachtelkönig zu Hause. Ferner sind *Blaukehlchen, Rohrsänger* und *Karmingimpel* anzutreffen. Im See kann man Taucher-, Säger- und Entenarten sowie bis zu 20 verschiedene Watvogelarten beobachten, mit etwas Glück sogar einen Seeadler.
Pflanzen: Man findet hier noch *Mehlprimel, Trollblumen, Lungen-Enzian, Sumpfherzblatt* und verschiedene *Orchideenarten.* Am bekanntesten ist freilich die *Sibirische Schwertlilie.* Es gibt auch viele Heilpflanzen wie *Beinwell, Schlüsselblume, Baldrian,*

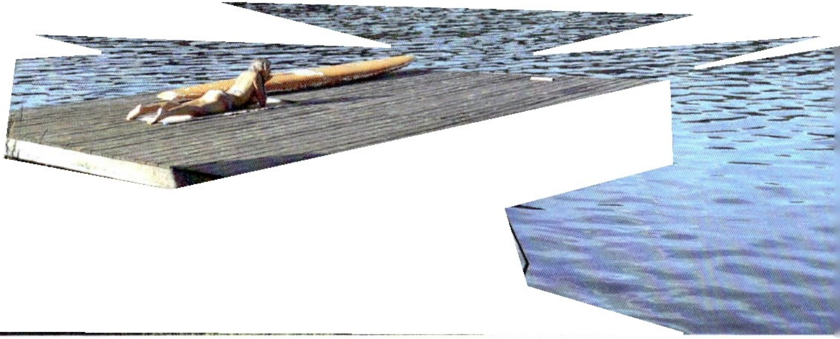

Am Tüttensee.

Augentrost, Johanniskraut, Huflattich, Odermenning, Tausendgüldenkraut, Salbei, Zinnkraut oder *Schafgarbe*.

Tiroler Achen: S. 160

Vachendorf

Lage: Der Ort in der Ebene lag an der einstigen *Römerstraße* von Salzburg nach Augsburg. Man fand hier einen römischen Gutshof und eine bronzene Entlassungsurkunde eines römischen Soldaten aus dem Heeresdient vom Jahr 64 n. Chr.

Pfarrkirche Mariä Himmelfahrt: Der Bau ist von Weitem erkennbar an seinem auffallenden Turm, der eine Doppelzwiebel mit Laternenbekrönung zeigt. Der überraschend große frühbarocke Saalbau ist streng und klar gegliedert. Er wurde von dem Graubündener Baumeister *Lorenz Sciascia* erbaut, der auch den Inseldom auf Herrenchiemsee und die Wallfahrtskirche in Antwort bei Bad Endorf geschaffen hat. Die Altäre und die Kanzel sind – wie der Altar von Herrenchiemsee (heute in der Kirche in Rimsting) – ganz in Schwarz mit Goldfassung gehalten. Der *romanische Christus* (1. Hälfte 13. Jh.) ist das älteste

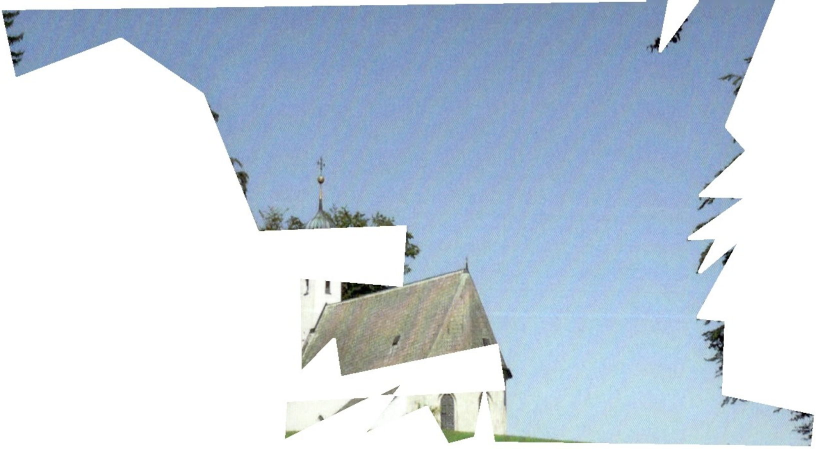

St. Georg liegt einsam oberhalb von Vachendorf.

Ausstattungsstück. Das lebensgroße Chorbogenkreuz um 1700 und zahlreiche *Prozessionsstangen* geben dem Raum auch hier wie in anderen Kirchen des Chiemgaus ein feierliches Gepräge.

Wallfahrtskirche St. Georg: Im 17. Jh. war die Kapelle auf dem Berg ein häufig besuchter Wallfahrtsort, den ein Klausner hütete. Die Mauern des St.-Georg-Kirchleins sind alt und gehen noch auf die romanische Zeit zurück; der Chor wurde in der Gotik (16. Jh.) angefügt. Der Innenraum zeigt eine *barocke Ausstattung*, die 1972 durch Diebstahl leider teilweise verloren ging. Der Altar wurde von *David Dengler* aus Weilheim 1671–1673 angefertigt. Die *Statue des hl. Georg* flankieren die Bildnisse der beiden vom Volk als Wetterheilige verehrten St. Johannes und St. Paulus.

Brauchtum: Der *St. Georgiritt in Vachendorf* ist eine alte Pferdewallfahrt mit Segnung der Pferde, die in diesem Raum auch noch in *Traunstein-Ettendorf, St. Georg im Trauntal* und in *Ruhpolding* stattfindet, wo am Ostermontagmorgen die Bauern ihre prächtig geschmückten Haflinger Pferde zu den St. Georgskirchen bringen. Die Wallfahrt trägt volksfesthafte Züge und ist fester Bestandteil des örtlichen Brauchtums. Die Zufahrt mit dem Auto erfolgt über den Weiler *Anharting* (siehe auch Ettendorf/Traunstein, S. 254).

Legende

Die heute von Wald umgebene, auf dem Berg gelegene Kirche thront weithin sichtbar über Vachendorf. Sie soll an der Stelle eines alten, germanischen Wotanheiligtums erbaut worden sein. In klaren Mondnächten soll der Sage nach auf dem Georgsberg ein weißer Schimmel weiden. Bei den Germanen war das Reiten eines Schimmels den Göttern vorbehalten. In der Kirche wird in Anlehnung dazu der hl. Georg auf einem weißen Schimmel reitend gezeigt. Andere Meinungen besagen, die Kapelle gehörte zu einer ehem. Burg St. Georg war der Patron der Ritter im Hochmittelalter.

St. Georg und St. Leonhard beschützen die Pferde

Zur Ehren des hl. Georg, des hl. Leonhard und des hl. Stephan werden in vielen Orten Bayerns Umritte mit Pferdesegnung veranstaltet. Viele Kapellen tragen die Namen dieser Volksheiligen, wobei die beiden ersten besonders oft vertreten sind. Noch heute ist die Anziehungskraft dieser Ritte ungebrochen. Wo diese Kulte ihren Ursprung haben, liegt im Dunkeln. Wahrscheinlich reichen sie noch in die germanische Vorzeit zurück, vielleicht sogar noch bis in die Antike, wo im östlichen Mittelmeerraum auch Heiligtümer in einer kultischen Handlung umgürtet wurden. Aus dem damit verbundenen Umschreiten einer Kultstätte könnte sich die magisch-religiöse Kultform des Umreitens entwickelt haben.
Der hl. Georg wurde von den Bauern sehr verehrt. In der Landwirtschaft war früher am 23. April der Georgstag deshalb ein wichtiger Tag, an dem die Pferde gesegnet wurden und anschließend

Umritte stattfanden. Georg wird auch in der Ostkirche sehr verehrt, von dort brachten die Kreuzfahrer den Georgs-Kult nach Westeuropa, wo er zum Vorbild ritterlicher Tugenden wurde. Der hl. Georg (Georgius) stammte aus Kappadozien und war römischer Soldat in dem hohen Rang eines Kommandeurs einer römischen Legion unter Kaiser Diokletian. Nachdem er als Christ seinem Glauben nicht abschwören wollte und unerschrocken dem Kaiser gegenübertrat, erlitt er im Jahre 303 den Märtyrertod. Da er trotz vieler Folterungen überlebte, wurde er am 23. April schließlich enthauptet. Im 13. Jh. steht die legendenhafte Verehrung des drachendtötenden hl. Georg als Symbol für den erfolgreichen und tapferen Kampf gegen das Böse. Vor allem Ritter und Adelige stellten sich deshalb gerne unter seinen Schutz. Im 15. Jh. wurde er einer der 14 Nothelfer. Frühe Darstellungen zeigen den hl. Georg im 10. Jh. als Krieger im byzantinischen Ornat, im 13. Jh. vereinzelt auch wie im Westen als Drachentöter zu Pferd (Ritter St. Georg). Vom einfachen Volk wird er als Schutzpatron der Pferde und der Bauern verehrt.

Alljährlich an seinem Gedenktag in der späten Jahreszeit, nämlich am 6. November, reiten die Georgspilger wie in Vachendorf zu den einsam auf einem Berg gelegenen Kirchen und Kapellen hinauf, um dort am St.-Georgs-Ritt teilzunehmen. Es gibt viele Quellen über das Umreiten von Leonhardkirchen, die bis heute unternommen werden, um die Pferde vor Krankheiten und Unglücksfällen zu schützen. Berühmte St.-Georgs-Kirchen im Chiemgau stehen in *Vachendorf, Eggstätt, Ettendorf* und *Surberg-Lauter*.

Der Kult des hl. Leonhard breitete sich gegen Ende des 11. Jhs. von der Stadt *St. Léonard-de-Noblat* am Jakobsweg in Frankreich aus, wo der Heilige begraben liegt, und erreichte über zurückgekehrte Jakobspilger auch Bayern, Schwaben und Österreich. Berichte der Pilger förderten den Kult. Leonhard, der als Mönch und Eremit lebte und ein Kloster gründete, stieg zu einem beliebten Volksheiligen auf. Bevor er Eremit wurde, lebte er der Legende nach um das Jahr 500 am Hof des Merowingerkönigs

Chlodwig. Weil er einmal der Königin erfolgreiche Geburtshilfe geleistet hatte, gilt er als der *Schutzpatron der Wöchnerinnen,* aber auch der *Kranken* und des *Viehs,* vor allem der *Pferde.* Zum Dank erhielt er vom König das Recht zur Freilassung von Gefangenen. Deshalb wird der Heilige als Mönch mit einer Kette in der Hand, oft als Begleitfigur eines Gefangenen dargestellt. Viele der Leonhardkirchen waren deshalb auch Wallfahrtsstätten für freigelassene Gefangene. In Bayern (Kaufering) und Südtirol werden Kirchen mit sog. Leonhardiketten (Kettenkirchen) umspannt.
In Bayern wird er auch als beliebter Volksheiliger für alle Bauernanliegen wie Ernte, Wetter und Vieh angerufen und an seinem Gedenktag Tiersegnungen vorgenommen, die mit Prozessionen oder Umritten und einem reichen Brauchtum verbunden sind (Leonhardi-Fahrten, Leonhardi-Ritte mit Pferdesegnung). Viele Kirchen haben zu diesem Zweck zwei gegenüberliegende Türen, um die Pferde zur Segnung durch die Kirche führen zu können.

In der Chiemsee-Region ist der Leonhardi-Ritt in *Grassau* berühmt, der im Ortsteil Weiher (Mietenkam) an der Leonhardikapelle endet. Begleitet und bestaunt wird dieses Ereignis von vielen Besuchern, denn es ist ein Fest für alle Sinne, wenn mit feierlicher Blasmusik eine lange Prozession von Reitern durch die maigrüne Landschaft zieht, vom Getrappel, Schnauben und Wiehern der festlich geschmückten Pferde begleitet. Auch bei Regen wird die Pferdepilgerfahrt nicht abgeblasen. Zwar hat durch die heutige Motorisierung der Landwirtschaft die Pferdehaltung heute stark abgenommen. Die Umritte sind aber geblieben und werden sogar wieder neu belebt. Heute steht allerdings neben dem kultisch-religiösen Charakter zunehmend der folkloristisch-touristische Aspekt im Vorgrund. Berühmte St. Leonhardkirchen gibt es im Chiemgau in *Grassau, Greimharting* (bei Rimsting) und *Almau* (Übersee).

Über sanfte Hügel durch ein stilles Land

Es färbte sich die Wiese grün,
und um die Hecken sah ich blühn,
tagtäglich neue Kräuter,
mild war die Luft, der Himmel heiter.
Ich wußte nicht, wie mir geschah,
und wie das wurde, was ich sah ...
Novalis

Am Anfang dieses Weges liegt die malerische Kapelle von Sondermoning, die einen der ältesten Schnitzaltäre im bayerischen Raum in ihrem Inneren birgt. Die beiden Kirchenpatrone haben eine besondere Beziehung zum Wasser: St. Nikolaus ist der Patron der Schiffer und St. Johannes steht für die Taufe mit Wasser. Wenn man in Nussdorf die hochgelegene Kirche erreicht hat, steht man sozusagen über den Dingen. Wer sich ganz auf diesen Weg einlässt, kann für kurze Zeit dem Rundlauf seines täglichen Hamsterrades entfliehen.

Anfahrt PKW: A8 Ausfahrt Übersee. Parkmöglichkeiten: in Sondermoning im Neubaugebiet.
Infos Siehe S. 246
Sehenswert Abwechslungsreiche Wanderung durch Wiesen und Wälder. Schnitzaltäre in Sondermoning und Nussdorf.
Einkehr **Sondermoning:** Landgasthof Zenz, Chieminger Str. 16, 83365 Nussdorf/Sondermoning, Tel.: 08669-6490.

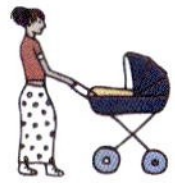

Von Sondermoning nach Nussdorf 24

Weg 8 km
Steigung Nur kurze Anstiege hinter Sondermoning.

In Sondermoning geht man von der *Kapelle St. Nikolaus und St. Johannes der Täufer* zur Kreuzung, überquert diese und biegt auf der anderen Seite bei der ersten Verzweigung nach links in die Moosstraße ein. Direkt hinter dem *Gnadenhof* zweigt rechts ein Weg ab, dem man durch die Wiesen langsam aufwärts und dann in Richtung Waldrand folgt. Es zeigen sich großartige, von Wald eingerahmte Landschaftsblicke. Am Waldrand geht es links auf dem C 7 nach Nussdorf durch den Tannenwald in mäßiger Steigung aufwärts. Wenn man aus dem Wald wieder heraustritt, sieht man rechts auf einem Hügel Nussdorf, auf dem höchsten Punkt die von Bäumen eingerahmte *St. Laurentiuskirche*, deren Turm bis Chieming zu erkennen ist. Von hier geht man hinunter bis zur Straße TS 46 und bleibt auf dem Radweg, der nach Nussdorf führt. Am Ortsanfang gleich die zweite Straße rechts (Esentalstraße) einbiegen. Durch ein Neubaugebiet kommt man auf dem C 8 zur Dorfstraße TS 46 unterhalb der Kirche. Nach der Überquerung steigt man das kurze Stück den Berg hinauf zur Kirche, die wegen ihrer Ausstattung und ihres schönen Blickes einen Besuch lohnt. Im Ort sieht man blühende Bauerngärten. Vom hübschen Dorfplatz hinunter zur Dorfstraße TS 46 und auf der Raiffeisenstraße abwärts, dann links ein Stück auf der Straße Am Martlberg gehen, bis links ein Wanderweg abzweigt, der direkt auf den Wald zuführt. An der Verzweigung kurz nach Betreten des Waldes geht man links den Berg hinab durch ein Waldtal. Man bleibt auf diesem Weg, der bald rechts einen schönen Blick auf eine Wiesenlandschaft freigibt. Vor Eglsee kommt man aus dem Wald heraus und geht

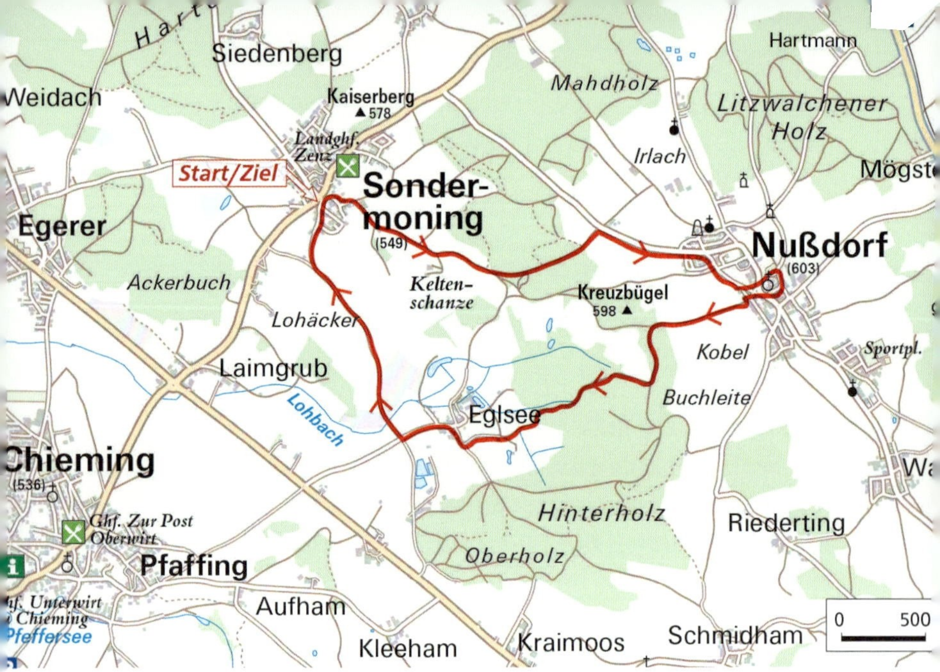

über eine Wiese auf den Ort zu. Bei der ersten Wegkreuzung wandert man rechts durch den Ort, dann auf der Fahrstraße in Richtung Staatsstraße 2095 , bis nach 200 m ein Weg rechts nach *Sondermoning* abzweigt. Kurz vor Erreichen des Ortes bei der Verzweigung rechts auf den Ort zugehen. An der Eglseer Straße kommt man in Sondermoning heraus.

Sehenswürdigkeiten

Sondermoning

Pfarrkirche St. Nikolaus und St. Johannes der Täufer: Die weiße, von einer Kirchhofsmauer umschlossene Kirche ist aus Nagelfluhquadern errichtet und holzschindelgedeckt. Der kostbare spätgotische Flügelaltar von 1490 gilt als bedeutendstes Werk im ganzen Chiemseegebiet. Zwei Künstler haben daran mitgewirkt. Die beiden Kirchenheiligen sind als Schreinfiguren gestaltet worden, auf den Innenflügeln sind als Holzreliefs *Szenen aus dem Marienleben* dargestellt. In der *Predella* sieht man Petrus und Paulus, der das Schweißtuch der Veronika hält. Sehenswert ist auch eine *Figur des hl. Sebastian* im Seitenschiff.

Schloss Neuamerang: Früher stand im Ort ein stattliches mittelalterliches Schloss, das im 14. Jh. von Heinrich Ameranger erbaut wurde und Sitz einer *Hofmark* war, die 1694 den *Grafen von Toerring* gehörte. Es wurde leider Mitte des 18. Jhs. als Steinbruch genutzt und abgerissen.

Gnadenhof: Hier finden alte, ausgesetzte, misshandelte oder ihren Besitzern lästig gewordene Tiere ein neues Zuhause und dürfen ihren Lebensabend in artgerechter Haltung verbringen (z. B. Pferde, Esel, Hasen, Enten, Ziegen, Hühner, Schafe).

Nussdorf

Geschichte: Der Ort wird schon 788 in Salzburger Handschriften erwähnt. Der Name *Nussdorf* geht wohl auf die ersten Siedler zurück, welche die Kultivierung von Nussbäumen von den

Ortsansicht von Nussdorf mit Pfarrkirche St. Laurentius.

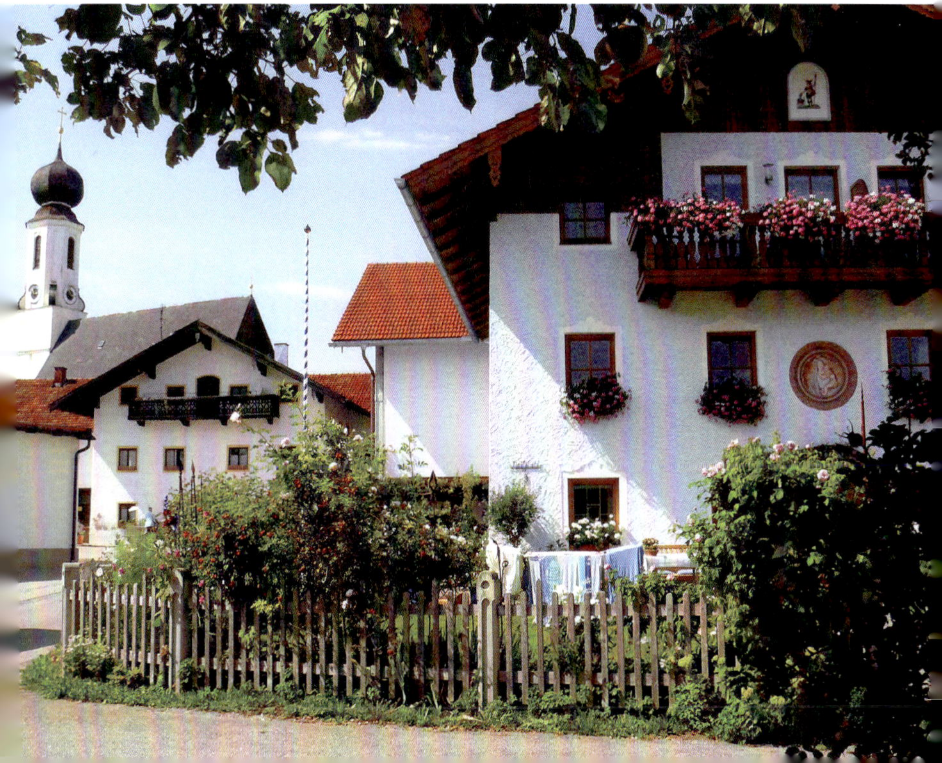

Römern übernommen hatten. Noch heute gibt es im Umkreis des Ortes viele Nussbäume. Das hier ansässige Adelsgeschlecht der *Herren von Nussdorf* zeigt im Wappen ein steigendes silbernes Einhorn auf schwarzem Grund, das im heutigen Gemeindewappen mit dem Wappen von Amerang aus Sondermoning (rote Zange) kombiniert worden ist.

Pfarrkirche St. Laurentius: Schon 788 wird hier eine Kirche erwähnt. Wahrscheinlich steht das Patrozinium des hl. Laurentius mit einer altchristlichen Tradition aus der römischen Zeit in Verbindung, denn in der Nähe zu Römerstraßen ist dieses Patrozinium häufig zu finden. Am *Flügelaltar* ist der Märtyrer St. Laurentius als Vollplastik mit dem Rost als Heiligenattribut dargestellt. Weitere Laurentiuskirchen befinden sich in *Obing* und *Bernau*. Der heutige spätgotische Kirchenbau besitzt aus Nagelfluhquadern erbaute Mauern, die noch romanischen Ursprungs sind.

Der Chor hat ein reiches, breit gelagertes *Netzrippengewölbe* aus der Erbauungszeit mit schönen Schlusssteinen, unter anderem dem Wappentier des Ortswappens (weißes Einhorn). Der gemalte *Apostelzyklus* an der Orgelempore mit ausdrucksstarken Gesichtern und Gesten stammt aus der Barockzeit.

Wallfahrt nach Hart: Die Bürger von Nussdorf unternahmen traditionell eine eigene Wallfahrt zum hl. Laurentius nach Hart, die sie allerdings ohne Pfarrer und ohne Zustimmung der Kirchenoberen am Pfingstmontag selbst durchführten. Weil sie sich aber weigerten, noch zusätzlich die Pflichtwallfahrt nach Salzburg zum Grab des hl. Rupert durchzuführen, galten sie als aufsässig (*rebellantes*). Beim Prozess vor dem Chorgericht Baumburg trugen sie jedoch am 12. Dezember 1628 einen Sieg davon und durften ihren alten Brauch beibehalten.

Brauchtum: Seit 1433 besteht im Ort der seltene Brauch der *Spend*, der 15 Nussdorfer Bauern zu einer Naturalienspende verpflichtete. Allein ein Bauer hatte 100 Eier, Getreide, zwei Hennen und ein Schwein zu liefern. Das Schweinefleisch verteilte man an

Fasching an die Armen, während die Eier in hart gekochtem Zustand an die Kinder verschenkt wurden. In Traunstein buk man 2 500 Brote, die auf dem Friedhof an Bedürftige ausgeteilt wurden. Man nimmt an, dass dieser Brauch von der früher üblichen Totenspeisung zu Allerheiligen abgeleitet ist.
Eglsee: In der Nähe des an der ehemaligen Römerstraße Salzburg–Augsburg gelegenen Weilers hat man einen *römischen Gutshof (Villa rustica)* mit einem Mosaikfußboden aufgedeckt.

Geschichten rund um den Maibaum

Die zur Zierde auf Querleisten in vielen Orten am Maibaum angebrachten Zunftzeichen (Taferl) zeigen Bilder oder Embleme von Handwerkern, Betrieben oder Vereinen. Manchmal findet man auch Wappen, Widmungen oder fromme Sprüche darauf, die den Maibaum zur Zierde eines jeden Ortes werden lassen. Beim Aufstellen auf dem Dorfplatz helfen bis zu 30 junge Männer, die mit sog. Hebestöcken den Baum in eine senkrechte Lage bringen. Mancherorts geht es schon um 10 Uhr los und man beeilt sich, dass der Baum nach alter Tradition spätestens zum Mittagläuten aufgerichtet ist. Oft musiziert zum Maibaumaufstellen am 1. Mai die örtliche Musikkapelle und spielt zum Tanz um den Maibaum auf. Dabei werden auch traditionelle Volkstänze von den Mitgliedern des Heimat- und Trachtenvereins in historischen Trachten aufgeführt. Das Wichtigste ist das anschließende gemeinsame Feiern, bei dem man bei Bier, Brotzeit und Blasmusik das gesellige Beisammensein pflegt.
Der Brauch des Maibaumaufstellens im Alpenraum reicht angeblich bis in die keltische Zeit zurück. Am 30. April jedes Jahres feierten die Kelten zu *Beltan* (*Bel* = Sonne, *tan* = Feuer) ihr Frühlingsfest. Der dabei praktizierte Kult um die feurige Sonne, von weisen Druidinnen gehütet und von Generation zu Generation mündlich weitergegeben, war das Fest von Mann und

Frau, die gemeinsam über das Feuer sprangen und sich dabei etwas wünschen durften. Später lebte der alte keltische Brauch des Feuerspringens in der Walpurgisnacht der weisen Frauen fort, die dann als Hexen verteufelt wurden. Am Morgen des 1. Mai brachten die keltischen Männer einen Maibaum ins Dorf, der aufgerichtet als Symbol für die Manneskraft galt, dann wurde von den Frauen daran ein geflochtener Kranz aufgehängt. Beide, Maibaum und Kranz, waren das Symbol der Vereinigung von Mann und Frau. Aus dieser Zeit dürften auch die Tänze mit farbigen Bändern um den Maibaum herrühren, die zu ersten Eheanbahnungen (anbandeln) führten oder wie ein Eheversprechen zu verstehen waren (verbandeln).
Andere meinen, dass das Aufstellen der Maibäume auf das Militär- und Soldatenwesen zurückgehe, wo man zu feierlichen Anlässen sog. *Ehrenbäume* errichtet hat. Immerhin weiß man, dass auf einem Fresko aus der Münchner Residenz von 1585 der erste Figurenmaibaum in Bildtafeln dargestellt ist. Im 18. Jh. häuften sich solche Darstellungen. Als *Max I. Joseph* als bayerischer König 1806 die Regierung übernahm, gab er seinem weiß-blauen Königreich eine neue Gebietsordnung, die mit der Kleinstaaterei aufräumte und nur noch 8 000 Gemeinden kannte. Die neuen, zusammengelegten Gemeinden zeigten sich loyal und bemalten ihre Maibäume in den Farben des bayerischen Königreichs. Die in den Nationalfarben neu bemalten Holzstangen wurden so zum Symbol einer neuen Freiheit und Zusammengehörigkeit.
Ein typischer Maibaum-Brauch ist heute noch das Stehlen der bis zu 40 Meter hohen Stangen noch vor ihrem Aufstellen. Manchmal werden die ausgewählten Stämme schon im Wald von Nachbargemeinden nachts entwendet. Erst gegen eine ausgehandelte Ablösung in Form von Bier und Brotzeiten wird der Stamm zurückgegeben. Andernfalls wird er verheizt oder am 1. Mai als Schandbaum neben dem Maibaum aufgestellt. Die Chiemgau-Gemeinden Übersee, Grabenstätt und Schleching passen auf ihre Maibäume besonders streng auf, denn hier ist

das Baumklauen eine Art Volkssport. Es kommt vor, dass die Bewacher durch Tricks regelrecht überlistet werden. Der Ursprung dieses Brauches ist zwar unbekannt, er dürfte sich aber erst nach 1850 herausgebildet haben.

Ein anderer Maibrauch war das *Liebesmaien*. Darunter versteht man das Aufstellen von kleinen Bäumen in der Walpurgisnacht (1. Mai) vor dem Haus der Liebsten, die von den Burschen frisch im Wald geschlagen wurden und manchmal mit Bändern geschmückt waren.

Maibaum in Übersee-Feldwies.

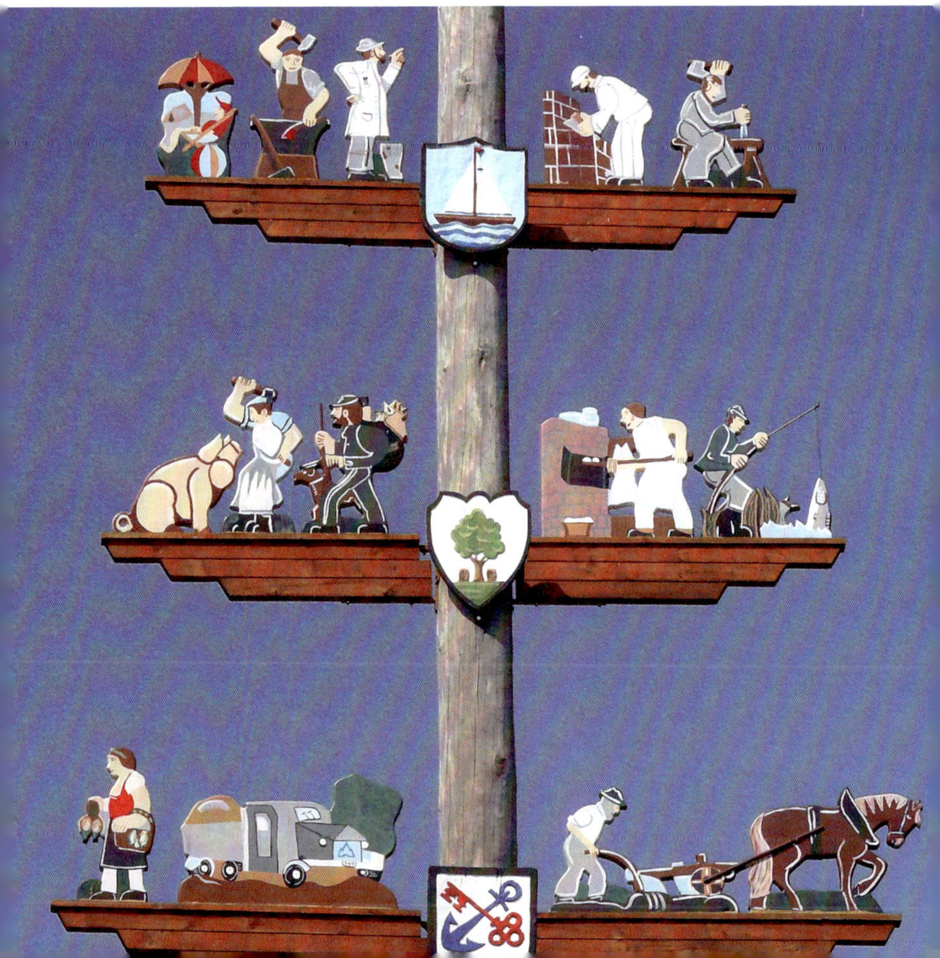

Im Tal der wilden Traun

Am höchsten Punkt liegt an der Stelle eines alten Kultplatzes die St.-Laurentius-Kirche von Nussdorf und blickt weit über das Land. Ihr hoher Turm ist ein weithin sichtbarer Orientierungspunkt, der dem Wanderer Sicherheit gibt. Denn wer ihn sieht, kann nicht verloren gehen. Hinter dem Horizont von Nussdorf geht es immer weiter ostwärts in Richtung der Traun. Doch dazwischen liegt der Wald, der dem Schreiner- und

Anfahrt PKW: A8 Ausfahrt Übersee.
Parkmöglichkeiten: in Nussdorf beim Rathaus.

Infos Traunstein: Chiemgau Tourismus e.V.,
83278 Traunstein, Ludwig-Thoma-Str. 2, Tel.: 0861-58223,
Fax: 0861-64295, E-Mail: info@chiemgau-tourismus.de
Nussdorf: Rathaus, 83365 Nussdorf, Dorfplatz 15,
Tel.: 08669-87370.

Sehenswert Wanderung durch Wald und das Trauntal,
Pfarrkirche in Nussdorf.

Hinweis Traunstein: Stadt- und Spielzeugmuseum,
83278 Traunstein, Stadtplatz 2–3, Tel.: 0861-164786.
Brauereimuseum im Hofbräuhaus mit Brauereiführung
und Verkostung, 83278 Traunstein, Hofgasse 6–11,
Tel.: 0861-98866-42.

Einkehr **Aiging:** Historisches Wirtshaus Aiging, 83365 Nussdorf,
Traunsteiner Straße 18, Tel.: 08669-787500,
info@wirtshaus-aiging.de.
Traunwalchen: Gasthaus Springer, 83374 Traunwalchen,
Schulstraße 2, Tel.: 08669-6243, Fax: 08669-358933,
info@gasthaus-springer.de

Zimmermannshandwerk in dem kleinen Ort von jeher ein Auskommen bot. Das Tal der Traun, in das wir heute hinabsteigen, bietet einen ganz anderen Landschaftseindruck. Der sich durch grüne Vegetation hindurchzwängende wilde Fluss hat bei der großen Überschwemmung im Jahr 2002 gezeigt, welch unbändige Kraft in ihm steckt. Die ständig aufgewühlten Kiesbänke in seinem Bett legen davon ein eindrucksvolles Zeugnis ab.

Im Tal der wilden Traun.

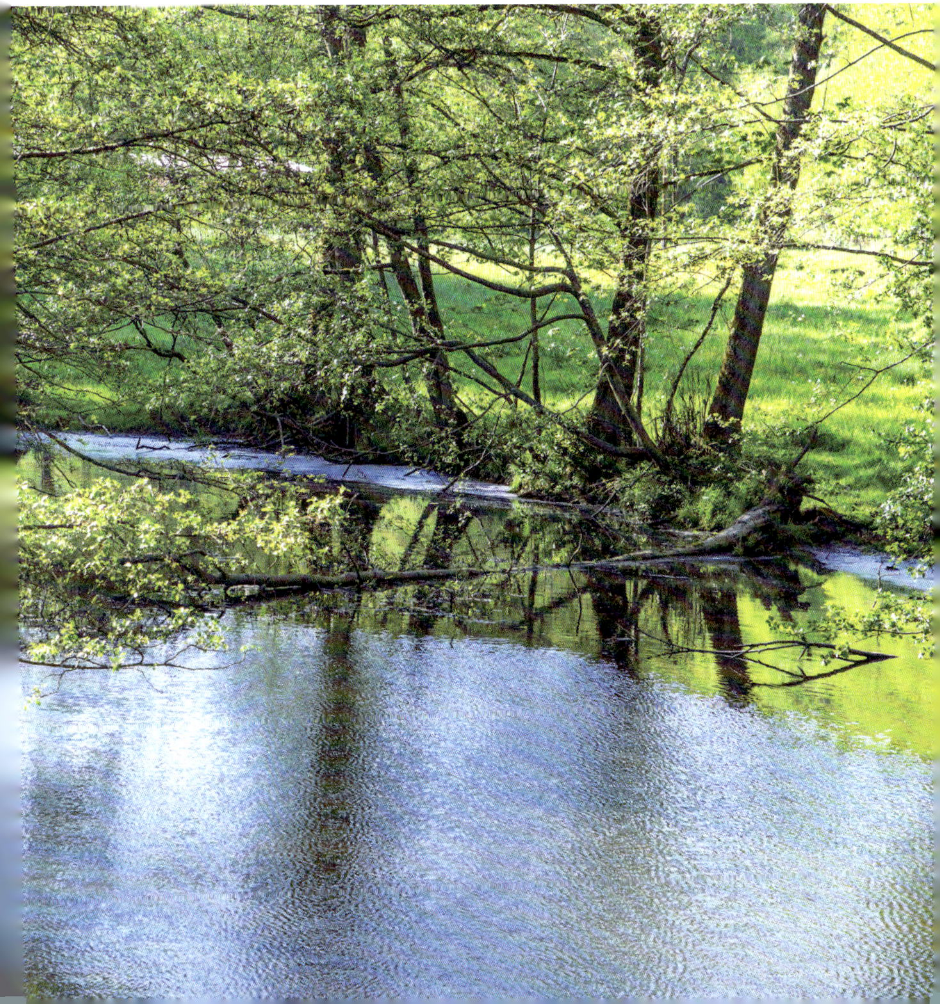

25 Von Nussdorf nach Aiging

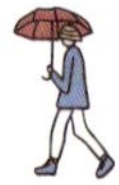

Weg 9 km
Steigung Am Rückweg Anstieg aus dem Trauntal nach Weiderting.

In Nussdorf geht man von der *St.-Laurentius-Kirche* dem Wegweiser folgend nach *Litzlwalchen*. Ein schmales Teersträßchen führt vom Kirchenparkplatz am Dorfplatz aus dem Ort hinaus. An der nächsten Kreuzung beim *Bildstock* geht es rechts leicht bergan auf den Waldrand zu. Nach etwa 10 Minuten kommt man zu einer Waldlichtung mit dem Weiler *Hartmann.* Hier auf dem Teersträßchen nach rechts hinunter zur Bundesstraße 304 wandern. Diese vorsichtig überqueren und auf der gegenüberliegenden Seite auf einer kurvigen Fahrstraße auf den Ort *Herbsdorf* zugehen. Zur Linken kann man den weißen Turm der berühmten *Wallfahrtskirche von Traunwalchen* sehen. Hinter *Herbsdorf* auf der Dorfstraße dem Wegweiser in Richtung *Ruhpoint* folgen. An der nächsten Verzweigung kann man wählen, ob man links absteigt und über *Ruhpoint* eine Wanderung am Ufer der Traun unternehmen oder ob man am oberen Talrand mit schönem Blick auf das wilde Flusstal bequemer nach *Aiging* schlendern will. Oberhalb der Traun am Talrand kommt man auf der alten *Salzstraße* nach Aiging. Im Ort erreicht man an der Stelle, wo die Traunstraße und der Radweg Chieming-Waging hinunter ins Trauntal führen, ein *historisches Wirtshaus.* Hier steigt man das Tal hinunter und geht noch vor der ersten Brücke rechts am Ufer des *Mühlenbachs* entlang auf einem schattigen Weg zur *Staustufe* (Traunwehr). Von hier wandert man noch ein Stück an der Traun entlang, bis der Weg das Ufer verlässt und nach rechts durch den Wald aus dem Tal herausführt. Man steigt geradeaus nach

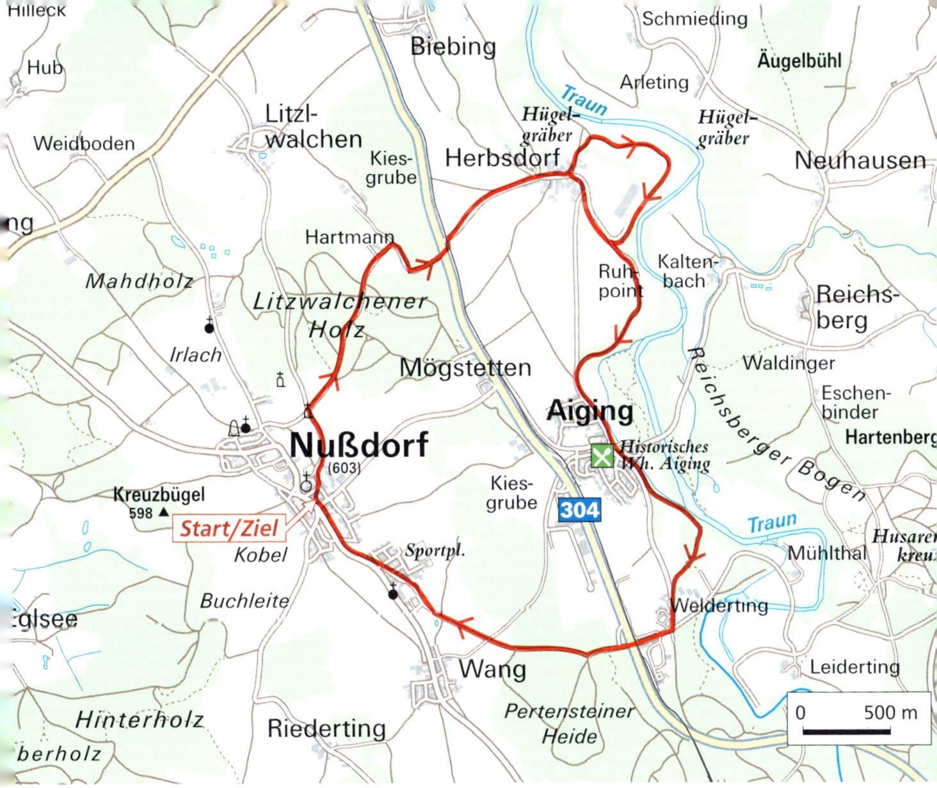

oben, bis man an einer Wiese herauskommt und am Rand zu einer Straße weitergeht. Rechts tauchen die Häuser von Weiderting auf. Auf der Fahrstraße links weiter bis zur Bushaltestelle, dort rechts ab und durch eine Unterführung der B 304 auf den Wald zugehen. Geradeaus wandert man bergauf in den Wald hinein und an einer Wegkreuzung rechts auf dem Hauptweg weiter. Bald erreicht man den Waldrand und sieht links die Häuser von *Wang*. An der nächsten Wegkreuzung in freier Flur gehen wir geradeaus auf dem *Radweg* weiter. Rechts oben sehen wir als Orientierungspunkt schon den weißen Kirchturm von Nussdorf, auf den wir jetzt zusteuern. Links ein schönes *Alpenpanorama*. Auf dem Feldschneiderweg zum Ortsrand, durch ein Neubaugebiet, dann geht es geradeaus auf einem Gehweg hinauf nach Nussdorf zum Rathaus.

Sehenswürdigkeiten

Nussdorf (S. 241)

Traun

Hinter Herbstdorf tritt der *Wildfluss* aus schattigen Waldufern heraus und schlängelt sich silbrig durch Auen, Wiesen und Äcker zur Hügelkirche von Traunwalchen.

Aiging

Geschichte: Der Name geht auf den romanischen Personennamen *Aius* bzw. *Agius* zurück. Die Endung *ing* gibt Hinweise, dass der Ort in bajuwarischer Zeit im 6. Jh. entstanden ist (S. xx).

Wirtshaus Aiging (Taferne, Taverne): Der Ort ist wegen seiner *Tafernwirtschaft* bzw. *Tavernwirtschaft* berühmt gewesen. Diese alten Bezeichnungen stehen für eine Gaststätte, deren Name von dem lateinischen Wort *taberna* (= Gasthaus) abgeleitet ist. Der Tafernwirt besaß das sog. *Tafernrecht*, eine Art Gaststättenkonzession, die der Landesherr verlieh. Ein Wirt ohne Tafernrecht war lediglich zum Ausschenken von Getränken berechtigt (Zapfwirt). Das Tafernrecht beinhaltete dagegen auch das Herbergs- und Gastrecht sowie die Fremdenstallung mit Versorgung und Unterstellung der Zug- und Reittiere. Der Wirt durfte auch Hochzeiten, Tauf- und sonstige festliche Mähler ausrichten und dabei Bier, Wein und Branntwein ausschenken. Zum Tafernrecht gehörte auch das *Braurecht*, das *Brennrecht* und die *Backgerechtigkeit*, also das Recht, einen Backofen anzulegen und Brot zu backen. Ferner wurde bei Todesfällen der Leichenschmaus in der Taferne abgehalten sowie die Nachlassverhandlung geführt. Manchmal wurden dort sogar Gerichtsverhandlungen durchgeführt. Die Taferne war daher der kommunale Mittelpunkt in weltlichen Angelegenheiten der Bewohner des Dorfes. Weil früher dort Rechtsgeschäfte mit Wein besiegelt wurden, ist heute noch der Weinkelch im Zunftschild. Es gehörte auch zu den Pflichten einer Tafernwirtschaft, wandernde Handwerksgesellen gegen Geld oder handwerkliche Gegenleistungen zu beherbergen.

Weiderting

Die Wortsilbe *ting* erinnert an das germanische Wort *Thing*, das einen alten germanischen Gerichts- und Versammlungsort bezeichnet. An einem Haus steht der Hausspruch: „Lass Hasser hassen, lass Neider neiden, was Gott dir schickt, das sollst du leiden."

In der näheren Umgebung:

Traunwalchen

Die Endung *walchen* weist auf den keltoromanischen Volksstamm der Walchen hin, der beim Untergang des römischen Reiches hier angesiedelt wurde. Viele Orte der Gegend sind nach ihnen benannt worden (vgl. Litzlwalchen, Walchenberg, Oberwalchen, Katzwalchen).

Wallfahrtskirche Mariä Geburt: Auf einem Hügel oberhalb der Traun steht die von einer Kirchhofsmauer malerisch umschlossene Kirche von 1837, deren Turm und Chor noch von dem gotischen Vorgängerbau stammen. Der Friedhof und die innen mit Arkaden geschmückte Kirchhofsmauer bieten einen malerischen Anblick. Das schöne spätgotische Madonnenbild wird seit Anfang des 16. Jhs. von Wallfahrern verehrt.

Frauenbrunn-Kapelle

Unterhalb der Kirche entspringt in der Nähe eine Marienquelle, die das Ziel einer alten Wallfahrt war. Im Mirakelbuch des Quellheiligtums sind Aufzeichnungen über Wunderheilungen seit 1508 verzeichnet. Die hölzerne achteckige Brunnenkapelle mit Kuppel von 1608 hat einen Altar mit Gnadenbild, darunter einen Pumphebel mit Becken zum Schöpfen des Quellwassers. Auf zahlreichen Kupferstichen werden die Wunder (Mirakel) gezeigt, die sich hier ereignet haben. Heilungssuchende pilgerten zu diesem Ort, der früher von Badehütten umgeben war.

Matzing

Schloss Pertenstein: Der um 1290 gegenüber der Traunwalchener Kirche am Ufer der Traun errichtete Schlossbau kam 1382 durch Erbschaft an die Grafen von Toerring. Um 1600 entstand das gräfliche Hofmarkschloss. Eine grundlegende Sanierung von Schloss und Kapelle erfolgte Ende der 1960er-Jahre.

Traunstein

Lage: Der *Traunstein*, nach dem die Stadt benannt ist, ist ein großer, im Fluss liegender Felsblock aus Nagelfluh. Traunstein liegt auf einer Anhöhe über der Traun nahe dem Erzstift Salzburg und kontrollierte den Flussübergang der wichtigen Salzhandelsroute von Reichenhall nach München.

Geschichte: Im Güterverzeichnis (Urbarbuch) des Klosters Baumburg wird *Trauwenstain* 1245 erstmals erwähnt. Eine wichtige Einnahmequelle für Traunstein war ab 1275 die Erhebung einer Maut. Um 1300 ist Traunstein eine Stadt mit drei Mühlen, einer Umwehrung mit zwei Toren sowie einem Graben, der den weiten, saalartigen Markt entlang der alten Salzstraße umschloss. Einen Rat der Stadt gab es ab 1314. Die Stadtrechte wurden 1375 durch Herzog Friedrich bestätigt. Durch einen Brand von ungarischen Panduren wurde die Stadt 1704 und noch einmal 1851 (Stadtbrand) in Schutt und Asche gelegt.

Salzhandel: Die von den Wittelsbachern gegründete Stadt war wegen ihrer Salzprivilegien im Mittelalter ein bedeutender Salzhandelsplatz. Das in Reichenhall mit seinen natürlich vorkommenden Solequellen produzierte Salz wurde über Traunstein und Wasserburg nach München und Süddeutschland transportiert. In Traunstein wurde bereits um 1300 das Reichenhaller Salz in einem *Salzhaus* gelagert (Niederlage). Zwischen Traunstein und Wasserburg bestand eine Arbeitsteilung: Seit 1359

Blick auf Traunstein in der Abenddämmerung

holten die Traunsteiner das Salz von Reichenhall herbei und lagerten es, während die Wasserburger es von hier an den Inn schafften (Salzstraßen siehe S. 257). Eine Statue des hl. Rupert, Missionar und Bischof von Salzburg, mit dem Salzfass erinnert an das einst wichtige Handelsgut. Ab 1587 war der Salzhandel einschließlich des Siederechts fast vollständig von den bayerischen Herzögen unter staatliches Monopol gebracht. Als die reichen Salzkaufleute weggingen, brach der florierende Handel ein und die wirtschaftliche Entwicklung der Stadt ging zurück. Weil in Reichenhall nicht mehr genügend Holz für das Salzsieden vorhanden war und die Straßen für den Holztransport nicht ausgebaut waren, wurde 1611–1619 unter Herzog Maximilian I. eine *Soleleitung* von Reichenhall nach Traunstein gelegt und dort ein großes *Salzsiedewerk* in der Au errichtet, das bis 1912 in Betrieb war. Vom Salzhandel künden noch heute das Hauptsalzamt, das 1716 vom barocken *Hofbaumeister Viscardi* errichtet wurde, die ehem. Wohn- und Sudhäuser der

Salinenanlage sowie die *Salinenkapelle St. Rupertus* von 1630 im Stadtteil Au mit frühbarocken Fresken.

Pfarrkirche St. Oswald: Der Neubau von 1696 im italienischen Renaissancestil wurde nach Plänen von *Caspare Zuccalli* von *Lorenzo Sciascia* und *Antonio Riva*, die beide der Graubündner Schule angehörten, als Wandpfeilerkirche mit Emporen vollendet. Am Hochaltar die barocken Figuren des hl. Rupert und der hl. Maria. Die beiden künstlerisch wertvollen Altäre am Chorbogen von 1709 sind in der sog. *Scagliolatechnik* unter Verwendung von Intarsien aus Stuckmarmor ausgeführt.

Stadtbild: Sehenswert sind der Stadtplatz mit dem *Lindl-Brunnen* von 1526, der eine *Rossschwemme* hatte, sowie die Reste der Stadtbefestigung mit Brothausturm, Löwentor und Teilen der Stadtmauer. Der sog. *Jacklturm* wurde 1999 wieder neu errichtet und schließt jetzt die frühere Lücke. Im *Oberen Turm* von 1541 und dem benachbarten *Zieglerwirtshaus*, das mit Laubengängen und Erkern geschmückt ist, befindet sich das *Heimatmuseum*, in dem auch Exponate zur Salinengeschichte der Stadt zu finden sind.

Brauereien: Von den sieben größeren Brauereien der Stadt gibt es heute noch vier: Wochinger, Schnitzlbaumer, Hofbräuhaus und Maximiliansbräu (ehemals Kieselbräu).

Ettendorfer St. Georgiritt: In Ettendorf/Traunstein wird der Georgiritt zum hl. Georg seit 1492 durchgeführt. Am Ostermontag bewegt sich dort ein Festzug mit prunkvoll geschmückten Pferden und Wagen unter Kirchengeläut vom Stadtplatz in Traunstein zum sog. *Ettendorfer Kircherl*, das umrundet wird, während der Pfarrer dazu den Segen spendet. Den Zug begleiten Fanfarenbläser, Trommler, Pfeifer und Schwerttänzer in Landsknecht-Kostümen. Bevor der Zug beginnt, führen junge Handwerksgesellen den sog. *Schwerttanz* auf, bei dem 16 Tänzer mit den Zuschauern ihre Späße treiben. Eröffnet wird der Tanz mit dem Schwerttanzlied. Der Schwerttanz, dessen Tradition bis ins Jahr 1530 zurückgeht, ist eigentlich ein heidnisches

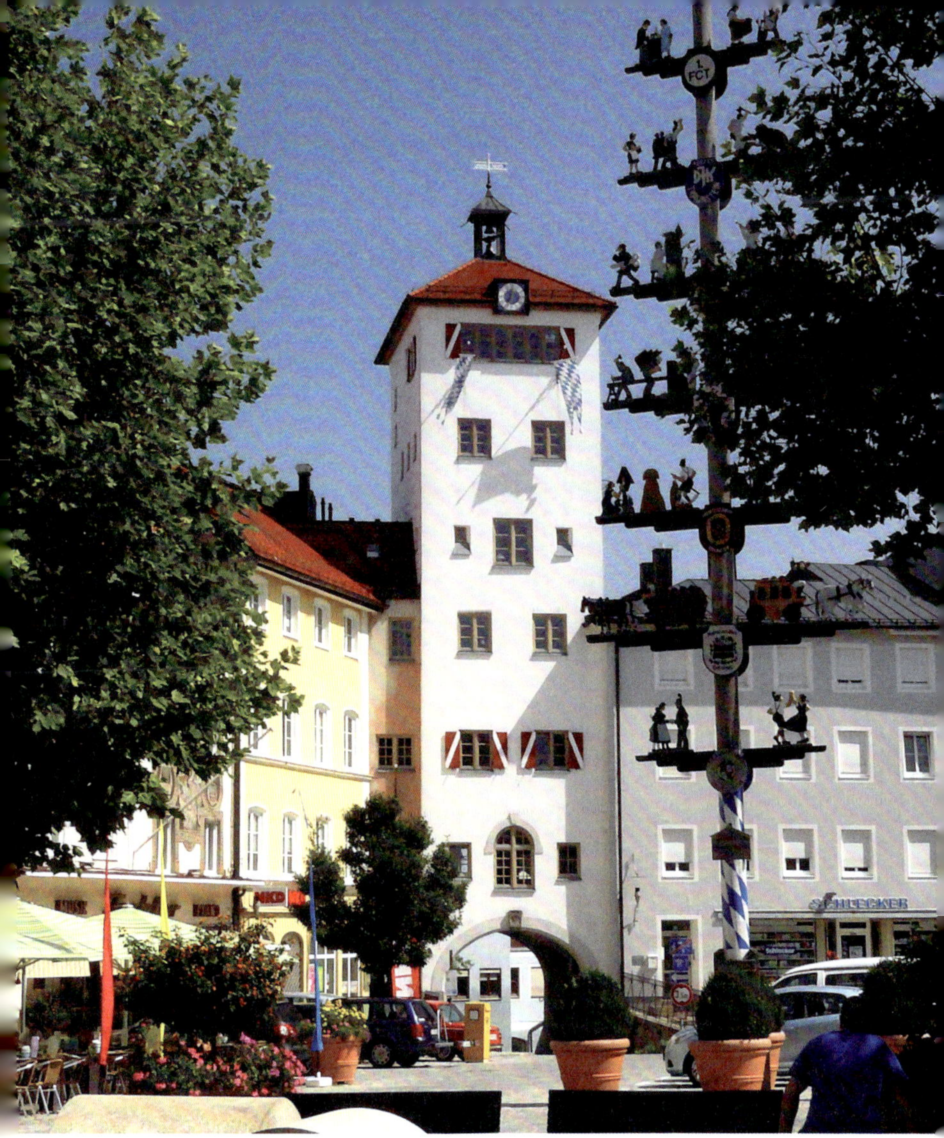

Der Jacklturm in Traunstein.

Jahreszeitenritual. Er symbolisiert den Kampf zwischen den Jahreszeiten Winter und Frühling (Austreibung des Winters) sowie zwischen Sommer und Winter. Er wird seit 1926 wieder regelmäßig aufgeführt.

In der näheren Umgebung

Sankt Georgen

Pfarrkirche St. Georg: Die Kirche auf einem markanten Hügel kann auf eine lange Geschichte zurückblicken. Sie wurde vermutlich an der Stelle eines germanischen Heiligtums errichtet. Eine frühe Kirchengründung ist in nachrömischer Zeit bei den Keltoromanen (Walchen) zu vermuten. Der heutige spätgotische Nagelfluhbau wurde 1504 nach einer Zerstörung im Landshuter Erbfolgekrieg errichtet. Im Inneren *Hochaltar mit einer Madonna* aus der Erbauungszeit.

Fresken: Kunsthistorisch bedeutsam sind die aufgedeckten spätgotischen Fresken, die u. a. die *Marter des Achatius* mit 10 000 Märtyrern, die am Berg Ararat in die Dornen geworfen werden, zeigen. Ferner *Einhornjagd* und *Einhornmystik*: Das Einhorn verliert dadurch seine Wildheit, wenn es auf dem Schoß einer keuschen Jungfrau ruht (hier Mariens). Ebenfalls selten ist die Darstellung des Erzengels Gabriel mit Posaune, von Jagdhunden begleitet, welche die christlichen Tugenden der Liebe, der Barmherzigkeit, des Friedens und der Gerechtigkeit verkörpern. Die reiche Ausstattung der Kirche lässt auf einen Wohlstand der Bürger durch den Salzhandel schließen.

Auf der anderen Seite der Traun liegt im Dorf Irsing die gotische *Kapelle St. Johannes der Täufer* von 1504, der um 1600 zwei Seitenschiffe angefügt wurden. Innen Madonna auf der Mondsichel und farbig gefasste Pieta aus Steinguss von 1430.

Wandertipp:

Im Land der Walchen von Herbsdorf nach Traunwalchen

Herbsdorf → Matzing → Schloss Pertenstein → Traunwalchen (Wallfahrtskirche und Frauenbrunn-Kapelle) → Walchenberg → Neuhausen → Kaltenbach → Aiging → Herbsdorf.

Die Spur des Weißen Goldes

Vom Salzhandel und seinen Straßen

Aiging liegt an der Römerstraße zwischen Salzburg und Augsburg, die im Bereich der heutigen Stadt *Traunstein* die *Traun* überquerte und über Wiederting nach Norden entlang des Hochufers der Traun über *Aiging, Herbsdorf, Biebing* und *Matzing* nach *Altenmarkt* und *Wasserburg* führte. Im Mittelalter war diese Transportroute für den Salzhandel bedeutsam, da auf ihr das Salz von Reichenhall über Traunstein und Aiging auf der Oberen Salzstraße über die Alzbrücke von Truchtlaching nach Süddeutschland transportiert wurde. Da die Altstraße am Hochufer der Traun im 14. Jh. immer häufiger benutzt wurde, war eine Raststation in Aiging notwendig geworden. Der Weg von Aiging war anfangs nicht befestigt, sondern bestand nur aus Fahrspuren, die bei schlechten Wetterverhältnissen schwierig zu befahren waren. Durch den Neubau der Straße nahm der Verkehr so stark zu, dass die Bauten erweitert wurden.

An dieser ehemaligen Römer- und Salzstraße steht noch heute am Hochufer der Traun in Aiging das stattliche Gebäude des historischen *Wirtshauses (Taferne)*, das zu den ältesten Bauten des Ortes zählt und unter Denkmalschutz steht. Es trägt die Jahreszahl 1471, die daran erinnert, wann das Haus zum ersten Mal urkundlich erwähnt wurde. Einst war dies nicht nur ein Wirtshaus für Reisende und Wanderer, sondern auch ein bedeutender Haltepunkt als Rast-, Übernachtungs- und Umspannstation für mehrspännige schwere Fuhrwerke, die auf der Salzstraße unterwegs waren.

Diese Fuhrwerke transportierten das *Reichenhaller Salz* meist in Scheiben nach ganz Süddeutschland. Salz war in der damaligen Zeit ein kostbares Gut, das zum Würzen und vor allem zum Konservieren von Lebensmitteln Verwendung fand. In umgekehrter Richtung waren die Fuhrwerke mit Getreide oder Wein beladen. Heute ist in Aiging noch der Wohn- und

Herbergsbereich des Gebäudes nach dem Umbau um 1794 erhalten. Dieser wurde notwendig, weil man wegen des zunehmenden Verkehrs auf der Salzstraße größere Räume benötigte.
Es gab auch noch andere Salzwege, zum Beispiel den sog. Mittleren Weg, der die Mautzahlung in *Traunstein* umging und von *Reichenhall* über *Schönram* und *Waging* nach *Altenmarkt* führte. Neben den mit schweren Fuhrwerken befahrenen Salzstraßen gab es noch die sog. *Saumwege*, die wegen ihrer schwierigen Geländeführung nicht von Pferdefuhrwerken, sondern nur von den Pferdekarawanen der Salz-Säumer (Samer) benutzt werden durften.
Die Salztransporte waren vielen Vorschriften unterworfen. In vielen Städten waren Händler (Sender) zu Lagerung und Weiterverkauf verpflichtet (Stapelpflicht). Wer eine Stadt ausließ, wurde mit hohen Strafen belegt, da die Städte streng auf ihre Einnahmequellen achteten. Zum Beispiel durfte das Salz von einem Fuhrwerk nur auf einer genau vorgeschriebenen Route geführt werden. Die Nachbildung eines *Chiemgauer Fuhrwagens* in der Wirtsstube zu Aiging zeigt, wie die Sechsspänner zum Transport schwerer Güter über lange Strecken im 18. und 19. Jh. ausgesehen haben.
Die Lage an der Salzstraße brachte auch dem ortsansässigen Handwerk vielfältige Aufträge. Mit den Fuhrwerken verdienten z. B. Wagner und Schmiede, aber auch Weber, die Planen aus Webstoff zum Abdecken der Ladung herstellten. Durch den Bau der Bahnverbindung Salzburg–München 1860 und der Nebenstrecke Traunstein–Trostberg 1891 nahm die Bedeutung der Salzroute schlagartig ab, weil der Güterschwertransport von der Straße auf die Schiene verlagert wurde. Die großen Stall- und Stadelgebäude des Aiginger Wirtshauses wurden nicht mehr gebraucht und abgebrochen. Die große Zeit Aigings war vorbei. Heute lassen es sich Radler und Feriengäste in dem historischen Gebäude der ehemaligen Taferne am Traunufer gut gehen.

St. Rupert mit dem Salzfass in Traunstein.

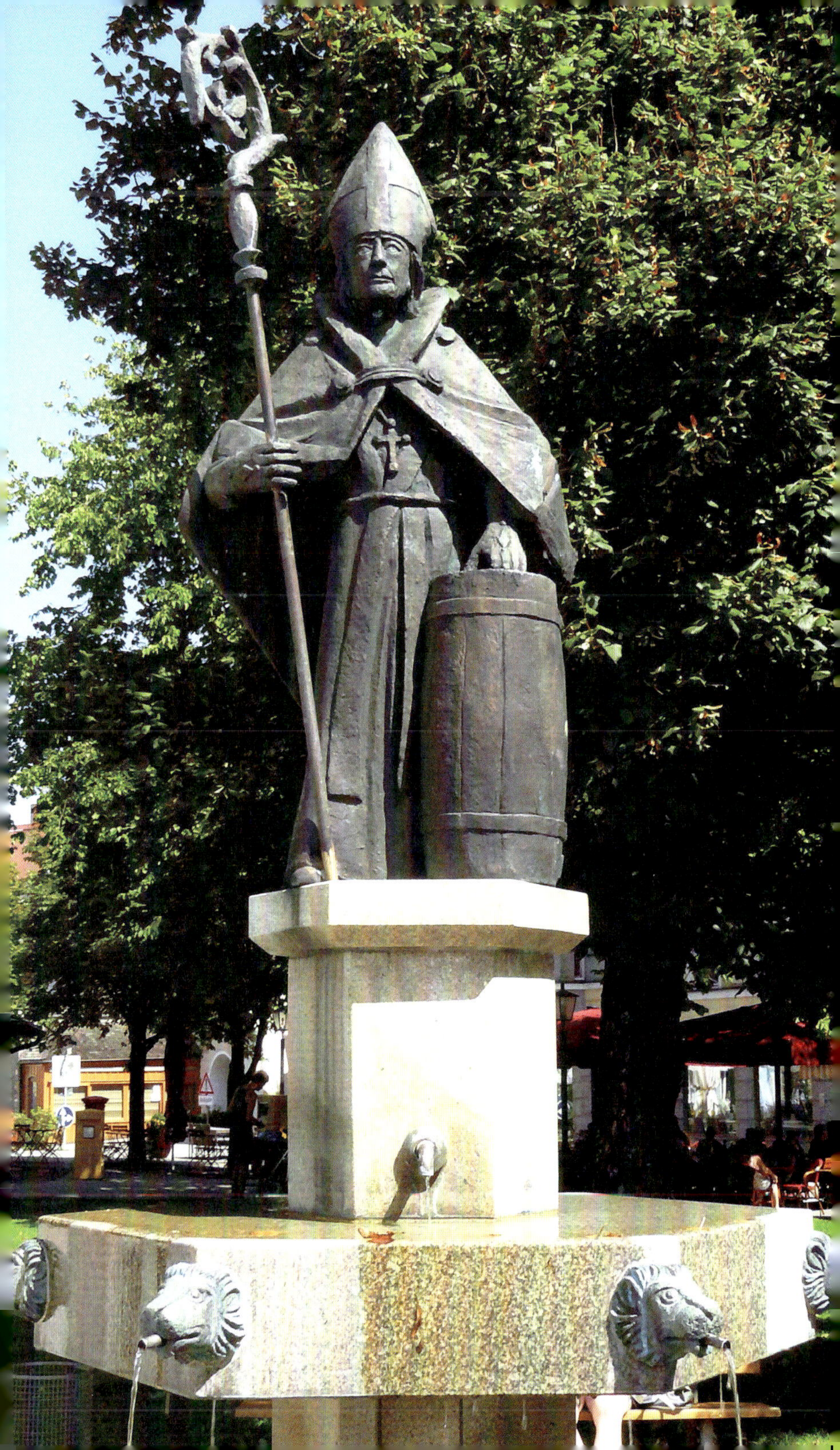

Geheimnisvolle Stätten der Römer und Kelten

Entdeckungen zwischen Seebruck und Seeon

Anfahrt	PKW: A8 Ausfahrt Prien. Parkmöglichkeiten: in Seebruck am Hafen. Bahn: Strecke München–Salzburg bis Prien. Dann weiter mit Bus.
Infos	Seebruck Tourist Information, 83358 Seebruck, Am Anger 1, Tel.: 08667-7139, tourismus@seeon-seebruck.de, www.seeon-seebruck.de. Kloster Seeon: www.kloster-seeon.de
Sehenswert	Stätten der Vorzeit zwischen Seebruck und Truchtlaching; Grabener Moos
Hinweis	Begleitprogramm zum Archäologischen Rundweg, Führungen. www. roemermuseum-seebruck.de Heinrich Kirchner Galerie, 83358 Seebruck, Jakob-Weyrer Platz 4 (gegenüber Römermuseum Bedaium)
Einkehr	**Seebruck:** SeeHotel Wassermann, 83358 Seebruck a. Ch., Ludwig-Thoma-Str. 1,Tel.: 08667-871-0, reservierung@seehotel-wassermann.de, www.seehotel-wassermann.de.

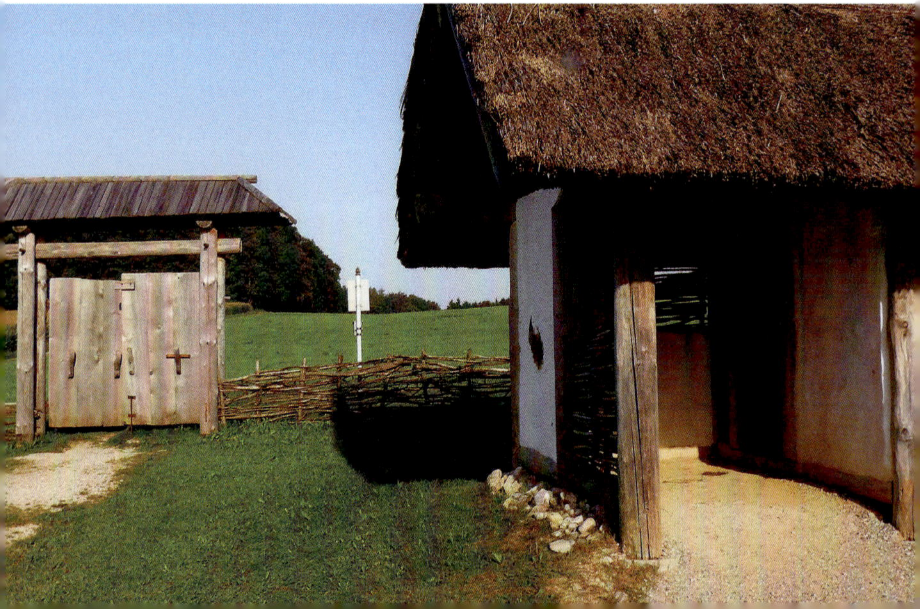

Archäologischer Rundweg 26

Weg 25 km
Steigung 153 hm

Radroute, Wanderung

Der mit roten Metallschildern versehene Rundweg mit dem Abzeichen der augusteischen Legion des Römerortes Bedaium kann erwandert oder mit dem Rad befahren werden. Er zeigt einen Ausschnitt der Geschichte in herrlicher landschaftlicher Umgebung und verbindet die Stationen der Fundorte miteinander. Für die Wegführung wurden möglichst ruhige und verkehrsarme Pfade und Straßen ausgewählt. An jeder Station befinden sich große Informationstafeln zum Wegverlauf mit einer Beschreibung der örtlichen Funde. Der Weg führt durch die drei Gemeindeteile Seebruck, Truchtlaching und Seeon.
Wem die Strecke zu lang ist, kann sie auch in zwei Etappen gehen (1. Tag: Seebruck–Ischl, 2. Tag: Ischl–Seebruck). Der Weg beginnt und endet in Seebruck am Römermuseum Bedaium und führt zunächst über Graben nach Stöffling am rechten Alzufer. Die gesamte Route zu den prähistorischen und frühgeschichtlichen Fundstätten und Bodendenkmälern hat folgende Stationen:
Streckentelegramm: Seebruck → Graben → Stöffling → Truchtlaching → Ried → Steinrab → Ischl → Heimhilgen → Burgham → Esbaum → Seebruck

Station 1: Römermueum Bedaium/Seebruck, Kastellmauer
Station 2: Das römisch-norische Gräberfeld in Graben
Station 3: Keltisches Gehöft in Stöffling
Station 4: Keltenschanze bei Truchtlaching
Station 5: Frühmittelalterliche Fluchtburg bei Truchtlaching
Station 6: Hallstattzeitliche Hügelgräber von Steinrab
Station 7: Altbajuwarisches Gräberfeld von Ischl

Keltendorf in Stöffling.

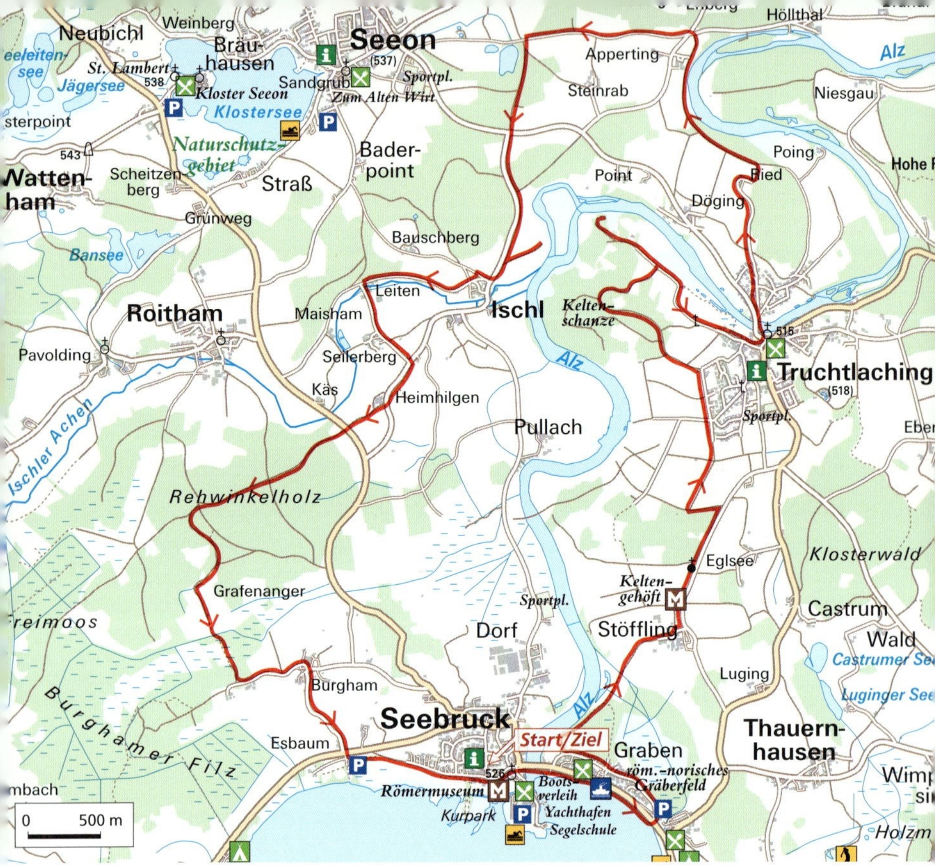

Station 8.1: Bronzezeitliche Fundstätten bei Heimhilgen
Station 8.2: Hochäcker-Kultur im Gebiet Roitham und Burgham
Station 9: Römerstraße Salzburg–Augsburg bei Esbaum
Station 10: Überdachte Ausgrabung einer Darre an der Römerstraße in Seebruck

Die nachfolgenden Beschreibungen geben eine Zusammenfassung der ausführlichen Texte auf den Informationstafeln bei den einzelnen Stationen wieder:

Station 1: Seebruck: Römermuseum Bedaium: Der Brückenplatz an der Alz kann auf eine lange Siedlungsgeschichte zurückblicken. Die bei Grabungen des Landesamts für Denkmalpflege gemachten Funde wie Glas, Keramik, Münzen, Metallgeräte und Schmuckgegenstände sind im Römermuseum Bedaium ausgestellt (S. 269).

Station 2: Graben: Römisch-norisches Gräberfeld. Östlich am Ortsausgang von Seebruck liegt auf einem Schotterfeld mit dem Flurnamen Eichbuckel ein Gräberfeld, das 1998 im Zusammenhang mit dem archäologischen Rundweg nachgebaut wurde. Hier gab es vom 1.–3. Jh. n. Chr. Brandbestattungen. Aus diesem Grund wurden die römischen Friedhöfe außerhalb der Orte angelegt. Als Zeichen der Verbundenheit mit den Toten wurden manchmal prunkvolle Grabdenkmäler errichtet, die zum Teil stattliche Ausmaße erreichten.

Station 3: Stöffling: Keltengehöft. In der Nähe des Fundortes einer spätkeltischen Siedlung hat man eine Ansiedlung aus dieser Zeit nachgebaut (um 250 v. Chr.). Das Keltengehöft von Stöffling zeigt anschaulich Leben und Bauweise in keltisch-römischer Zeit.

Leben im Keltendorf: Mitglieder des *Vereins Kelten-Römer- E. V.– Geschichte zum Anfassen* treten im Keltendorf zu bestimmten Anlässen in römischen und keltischen Gewändern auf, wie sie in der Zeit 50 vor bis 50 nach Chr. getragen wurden. Eine besondere Bedeutung hatte der Baumkult der Kelten, denn man nahm an, dass dort die Götter ihren Sitz haben. Bäume galten deshalb als heilig. Bäume waren aber auch Orte, wo man Recht sprach, Verträge aushandelte oder über Kriegshandlungen entschied.

Station 4: Truchtlaching: Keltenschanze. Durch Verschmelzen mit Zuwanderern bildete sich eine keltische Herrenschicht heraus, die befestigte Siedlungen (Oppida) an geografisch oder wirtschaftlich bedeutsamen Punkten errichtete, die Zentren der keltischen Macht waren.

Station 5: Truchtlaching: Frühmittelalterliche Fluchtburg: Die einzelnen Höfe im Alztal konnten sich bei Gefahr allein nicht verteidigen. Daher wurden im frühen Mittelalter Flieh- oder Fluchtburgen erbaut, um den Menschen mit ihrem beweglichen Hab und Gut Schutz zu geben. Der Ringwall war an zwei Seiten von Flusswasser oder morastigen Uferbereichen umgeben, während die Süd- und Ostseite durch Gräben und Wälle mit Holzpalisaden

gesichert wurden, deren Spuren heute noch erkennbar sind.
Station 6: Steinrab: Hallstattzeitliche Hügelgräber von Steinrab. Grabhügel gab es in vielen Kulturen der Frühgeschichte. Besonders in der mittleren Bronze- und der Hallstattzeit sind Hügelgräber die häufigste Grabform. Nach den damaligen Glaubensvorstellungen sollte der Hügel als Totenhain an den dort Begrabenen erinnern.
Station 7: Ischl: Altbajuwarisches Gräberfeld. In der Nähe des westlichen Alzufers wurde in den 1880er-Jahren auf der *Flur Pestacker*, einem ehemaligen Pestfriedhof, bei der Entnahme von Kies das Grab eines bajuwarischen Kriegers entdeckt, der in einer Festtagstracht und mit seinen Waffen bestattet worden war. Die Bajuwaren bestatten ihre Toten in Flachgräbern, die in unmittelbarer Nähe zueinander als sog. Reihengräber angelegt wurden. Man spricht deshalb auch von der Reihengräberzeit. Die Toten wurden in Ost-West-Richtung bestattet, mit dem Kopf im Westen, damit der Tote immer die aufgehende Sonne erblicken konnte.
Station 8.1: Heimhilgen: Bronzezeitliche Fundstätten (Depotfund). Die in der Bronzezeit versteckt angelegten Depots weisen neben Waffen, Werkzeugen oder Schmuck hauptsächlich Vorräte an Werkstoffen aus Rohbronze in Form von Spangen oder Ringen, wie sie damals handelsüblich waren, auf. Mit diesen Rohbronzestücken wurde Tauschhandel betrieben. Solche Hortfunde könnten bei kriegerischen Auseinandersetzungen als Verstecke angelegt worden oder Weihe- und Opfergaben gewesen sein.
Station 8.2: Roitham und Burgham: Hochäcker-Kultur. Der Name kommt nicht von der hohen Lage eines Ackers, sondern von einem Feld, das mehrere erhöhte Ackerbeete hatte, die durch breitere Furchen getrennt waren. Diese Beete waren gleich lang (bis zu 100 m), gleich breit (5 bis 8 m) und in der Mitte erhöht. Das Erdreich wurde beim Pflügen immer zur Mitte des Ackerbeetes hin gewendet. Mit der Zeit wurden diese Wölbungen in der freien Flur durch landwirtschaftliche Tätigkeit und natürliche Abschwemmung abgeflacht, in Wäldern, wo der Boden ungestört blieb, sind diese langen Erdwälle gut erhalten.

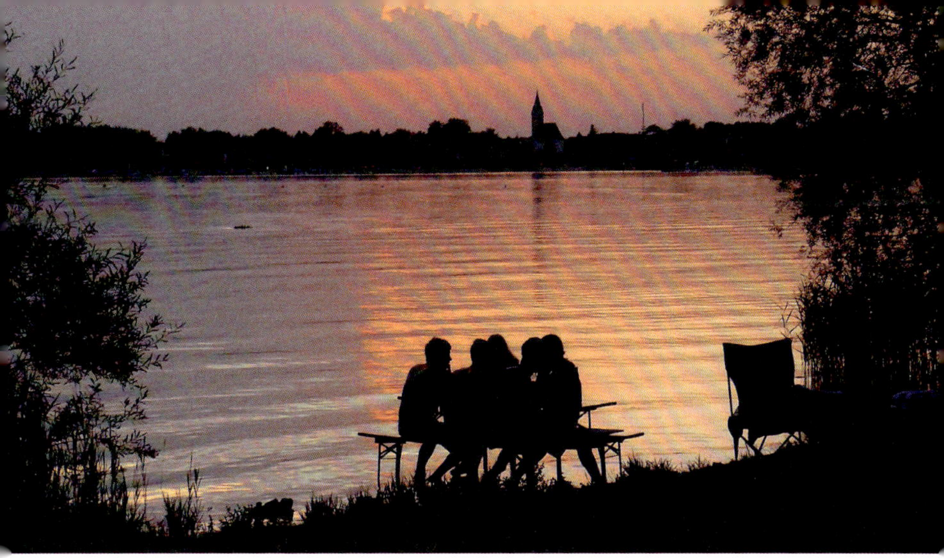

Abendrot in Seebruck.

Station 9: Esbaum: Römerstraße Salzburg–Augsburg. Das römische Straßennetz reichte in der Zeit seiner größten Ausdehnung vom hohen Norden Schottlands bis zur Sahara in Afrika. Mit einer Länge von 80 000 bis 100 000 km durchzogen gut ausgebaute und befestigte Fernstraßen das ganze römische Reich. Der Unterbau bestand meist aus schräg nebeneinandergestellten Steinen, darüber befand sich eine festgestampfte Decke aus Kies und Sand. Eine römische Fernstraße war 5–7 m breit, dann folgte zu beiden Seiten ein 2–3 m breiter Randstreifen, der nicht bepflanzt oder bebaut werden durfte. Am Straßenrand standen Meilensteine (2–3 m hohe Steinzylinder) mit Entfernungsangaben in Meilen (1 Meile = 1478 m). Auf solchen Straßen, die in gerader Linie über die Höhen führten und die Täler meist mieden, sollten die Legionen zur Sicherung des Herrschaftsgebiets schnell von einem Kastell zum anderen marschieren können (Heeresstraßen). Daneben gab es noch viele kleinere Verbindungsstraßen zwischen Siedlungen und Villen. In der Kaiserzeit dienten die Straßen auch dem Handel und der Wirtschaft; viele Römerstraßen wurden noch im Mittelalter benutzt.

Station 10: Seebruck: Ausgrabung einer Darre an der Römerstraße. Eine Darre war eine gewerblich betriebene Räucherkammer für Fisch und Fleisch. Neben einem Trockenofen befand sich ein 4 Meter tiefer Brunnen, der mit vier übereinander gestellten Holzfässern (Originale im Museum) verschalt war.

Sehenswürdigkeiten

Alz

Vom Chiemsee beginnt die Alz in Seebruck ihren mäanderförmigen Lauf, zuerst in nördlicher, dann in nordöstlicher Richtung fließend, bis sie schließlich zwischen Neuötting und Marktl in den Inn mündet. Zwischen Seebruck und Höllthal fließt die Alz, ihren Weg durch die Endmoränen suchend, die den Norden des Chiemseebeckens umkränzen. Bei Point, Apperting und Offling gibt es Steilhänge, die der kleine Fluss herausgesägt hat.

Seebruck

Lage: Der anerkannte Luftkurort liegt am nördlichen Seeende beim Abfluss der Alz aus dem See. Gute Infrastruktur mit ausgeschilderten Rad- und Wanderwegen.
Gasthaus Post: Unterhalb der Kirche liegen der große Yachthafen und das historische *Gasthaus Post*, das eine ehemalige Poststation war. Diese wurde 1892 von der Mutter des Heimatdichters Ludwig Thoma betrieben. Als sie hier 1894 starb, war Ludwig Thoma zugegen, obwohl gerade mitten im juristischen Staatsexamen.
Hafen: Der Yachthafen ist einer der größten in Bayern. Segelschule, Bootsverleih, Freibadgelände.
Pfarrkirche St. Thomas und St. Stephan: Auf einem Hügel über der Alz erhebt sich auf den Fundamenten eines Kastells, das einst den Flussübergang überwachte, die spätgotische Kirche. Ihre Mauern bestehen aus Steinen des römischen Kastells, dessen Grundmauern außen vor der Kirche freigelegt wurden. Sie

gehörte wie der ganze Ort bis zur Säkularisation 1803 zum Kloster Frauenwörth. Zum ersten Mal wird um 1220 eine Holzkirche zu Seebruck erwähnt. Der heutige Bau wurde 1474–1478 errichtet.

Ischl (S. 195)

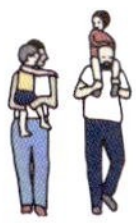

Moor-Rundwanderweg Grabener Moos 27

Weg 3 km
Steigung keine

Auf diesem ausgeschilderten Rundwanderweg kann man die Entwicklung von Hochmooren erleben, die im Lauf von Jahrtausenden durch die Verlandung von Seen und Stillgewässern sowie durch das Wachstum von Torfmoosen entstanden sind. Hochmoore haben eine perfekt angepasste Pflanzen- und Tierwelt. Man beginnt in Seebruck bei der *Pfarrkirche St. Thomas und St. Stephan* und geht in Richtung Alzbrücke. Beim Landungssteg der Chiemsee-Schifffahrt überquert man die Traunsteiner-Straße und folgt dem Moorweg zur Haushofer-Straße. Dort links weiter, nach einigen Metern beginnt rechts der Weg in das Grabener Moos. Beim *Fuß- und Radweg Seebruck-Stöffling* geht man links entlang der Alz zurück nach Seebruck und kommt bei der Haushofer-Straße wieder heraus. Links geht es dann über die Brücke zurück zum Ausgangspunkt.

28 Heinrich-Kirchner-Skulpturenweg

Weg	20 km
Steigung	120 hm

Ein Skulpturenweg verbindet diejenigen Orte, in denen in der Gemeinde Seeon-Seebruck die Werke des Künstlers Prof. Heinrich Kirchner aufgestellt sind (Seeon, Seebruck, Stöffling, Truchtlaching). Mit dem Fahrrad lässt sich der 20 km lange Skulpturenweg gut abfahren (Karte mit Prospekt bei den Tourismusinfos).

Beeindruckend und ausdrucksvoll sind Kirchners *Plastiken*, die in der heiteren Landschaft des Chiemgaus zwischen Eggstätt und Seeon aufgestellt sind und eine fast archaische Ausstrahlung haben. Mitten in einer Wiese stehen die Figuren und recken die Arme in die Höhe. Der wandernde Mensch durch die Zeit und Wandel waren Kirchners Themen. Viele seiner Werke sind auch rund um sein Wohnhaus, den *Fischerhof in Pavolding*, aufgestellt, den er 1970 erwarb und mit seinen Schülern ausbaute.

Streckentelegramm: Seebruck → Stöffling → Truchtlaching → Seeon (Dorf) → Bräuhausen → Seeon (Kloster) → Pavolding → Roitham → Burgham → Esbaum → Seebruck (= Bronzeplastik)

Sehenswürdigkeiten

Seebruck

Heinrich-Kirchner-Galerie: In unmittelbarerer Nähe zum Römermuseum Seebruck werden Werke des Künstlers Prof. Heinrich Kirchner (1902–1984) gezeigt. Heinrich-Kirchner-Galerie, Jakob-Weyerer-Platz 4, 83358 Seebruck

Seebruck lag an der Römerstraße

Bei Seebruck lag einst der Hauptort der keltischen *Alaunen*. Seine Lage am Abfluss der Alz am Nordufer des Chiemsees machte den Ort strategisch interessant. Die Römer erkannten sofort die Bedeutung dieser Stelle, als sie 50 n. Chr. hier eine Brücke über die Alz erbauten, über die sie die römische Fernstraße von Salzburg nach Augsburg führten. Diese Straße verband die Flüsse Inn und Salzach und berührte im Chiemgau die Orte Teisendorf – Surberg – Erlstätt – Seebruck – Bad Endorf – Rosenheim. Bei der Ausbaggerung der Alz um 1900 stieß man auf den Unterbau dieser römischen Fernstraße und die Reste einer Brücke. Zur Sicherung des Flussübergangs und des Hafens bauten die Römer hier einen Militärstützpunkt.

Den im 1. Jh. n. Chr. in der Provinz Noricum gegründeten Ort nannten die Römer *Bedaium* nach einer keltischen Gottheit. Möglicherweise stand hier schon ein Heiligtum der lokalen Wassergottheit des Jupiter-Bedaius, dessen Verehrung die Römer von den Kelten übernahmen (vgl. Weihesteine in der Chieminger Pfarrkirche S. 219). Die römische Siedlungspolitik in den neu eroberten Provinzen war stets darauf ausgerichtet, Religion, Sitte und Brauchtum der Urbevölkerung unverändert zu erhalten und in das Reich zu integrieren, um so eine Einführung der römischen Kultur zu erleichtern.

Die römische Siedlung von Bedaium wurde durch Angriffe der Alemannen in den Jahren 241 und 259/60 zerstört. Dabei gingen auch der Tempel und die erste Militärstation unter. Aber der Straßenknotenpunkt und die Brücke blieben weiterhin für die Römer wichtig. Deshalb ließ Kaiser Diokletian (284–305) diesen sensiblen Straßenpunkt durch ein Kastell sichern. Ende des 3. Jhs. entstand es auf dem Hügel, auf dessen Fundamenten die heutige Kirche steht. Von dieser Anhöhe aus waren See und Hinterland gut zu überblicken. Aufgabe der hier stationierten römischen Truppen war es, die Straße und den Hafen zu

überwachen. Einwandfreie Straßen und Brücken waren die Voraussetzung für schnelle Beweglichkeit und damit Schlagkraft des römischen Heeres. Ebenso waren die Verwaltung und der Handel auf gute Straßen angewiesen. Bedaium wurde so nicht nur zu einem Verkehrsknotenpunkt, sondern auch zu einem Mittelpunkt für die verstreut im Hinterland liegenden römischen Gutshöfe zwischen Inn und Salzach. Auch auf dem Chiemsee gab es schon einen regen Schiffsverkehr mit Handelsgütern, wie man an den ausgegrabenen Hafenanlagen in Seebruck erkennen kann.
Die Sicherheit von Bedaium war nach dem Bau des Römerkastells allerdings nur von kurzer Dauer. Im Jahre 357 n. Chr. überfielen die Juthungen die Militärbasis und zerstörten sie erneut. Danach wurde Bedaium von den Römern nicht mehr aufgebaut und fristete als bewachter militärischer Straßenposten ein eher kümmerliches Dasein, bis schließlich nach 400 auch das Militär ganz abzog.

Nach der Entdeckung des Römer-Kastells kamen bei Grabungen weitere römische Siedlungsreste in Seebruck zum Vorschein. Davon werden im *Museum Bedaium* 500 Exponate in 18 Vitrinen gezeigt, darunter Keramikfunde wie Terra sigillata (rotes Geschirr aus Ton), Architekturfragmente aus der Stein- und Bronzezeit sowie römischer und bajuwarischer Zeit, die das Leben in den Dorfgemeinschaften zeigen. In der Nähe liegen die freigelegten Fundamente eines römischen Gebäudes, das zum Trocknen von Fisch (Fischdarre) diente. Seebruck gilt heute als einer der besterforschten Römerorte in Bayern.

In der darauffolgenden frühchristlichen Zeit hieß der Ort *Potena*, im Mittelalter nannte er sich *Prucca*, daraus wurde schließlich das heutige Seebruck. Der 924 erstmals genannt Ort stand unter der Herrschaft des Klosters Frauenchiemsee. An der Stelle, wo das ehemalige römische Kastell stand, erhebt sich heute die *Kirche St. Thomas und St. Stephan*. Der Ort ging zusammen mit

Gstadt und Gollenshausen durch Schenkung 969 in den Klosterbesitz von Frauenwörth über. Zusammen mit weiteren Besitzungen wurde am nördlichen Seeufer die *Hofmark Seebruck* gebildet, die 1165 urkundlich erwähnt ist. Man erhob hier einen Brückenzoll, der anteilig dem Kloster Frauenwörth zufloss; dessen Äbtissin übte auch hier die niedere Rechtssprechung aus. Im Mittelalter waren in Seebruck die *Edlen von Seebruck* ansässig. Ein großes Unglück traf das Dorf im Jahre 1336, als es fast gänzlich ein Raub der Flammen wurde. Heute ist man sich der römischen Vergangenheit bewusst und bringt ihre Spuren durch den Bau des Museums und den Archäologischen Rundweg wieder in Erinnerung.

Weitere Spuren der Römer am Chiemsee

Entlang der von Salzburg herführenden Römerstraße, die bei Ettendorf (Traunstein) die Traun überquerte, findet man im östlichen Chiemgau Inschriftensteine in den Kirchen von *Chieming, Stötthum* und *Grabenstätt*. Weitere Ausgrabungsfunde hat man in Breitbrunn gemacht. Aufgrund einer bei Bernau entdeckten Eichenbohlentrasse wird vermutet, dass auch südlich des Chiemsees eine alte Römerstraße bestanden hat. Diese soll aber wegen der häufigen Überschwemmungen später aufgegeben worden sein. Deshalb setzte sich die nördliche, über Seebruck führende Römerstraße als die bedeutendere Route durch. Über den Verlauf der Römerstraße von Seebruck nach Bad Endorf siehe S. 219.

An den Seeufern des Chiemsees siedelten neben lateinischen Bauern auch ehemalige Soldaten (Veteranen), die hier in südlichem Ambiente ihren Ruhestand verbrachten.

Entdeckungen im Bergener Moos

Eine Wanderung in das Naturschutzgebiet von Bergen

Anfahrt PKW: Autobahn München–Salzburg, Ausfahrt Bergen. Bahn: Strecke München–Salzburg bis Bergen.
Infos Touristinformation Bergen/Chiemgau, 83346 Bergen, Raiffeisenplatz 4, Tel.: 08662-8321, Fax: -5855, tourismus@bergen-chiemgau.de, www.bergen-chiemgau.de
Sehenswert Bergen Ortsbild, Naturschutzgebiet Bergener Moos
Hinweis Bergener Schwimmbad, Freibad am Waldrand mit Liegewiesen, großem Naturbecken, das von einer natürlichen Quelle gespeist wird. 83346 Bergen, Schwimmbadweg 15, Tel.: 08662-8376

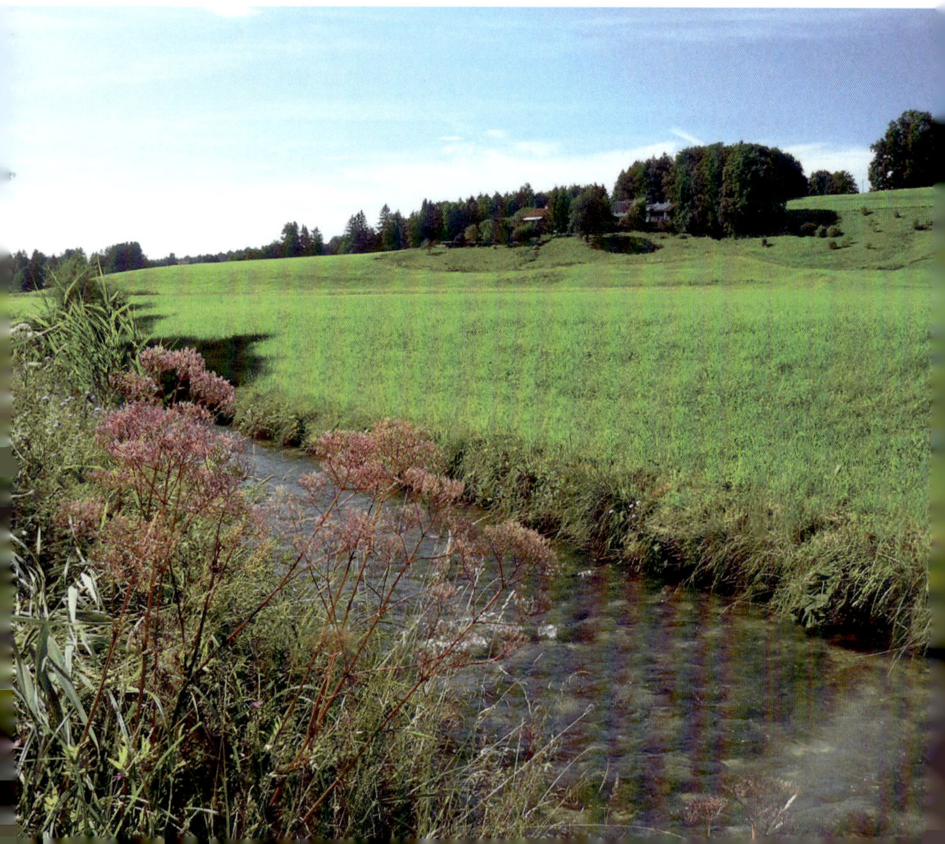

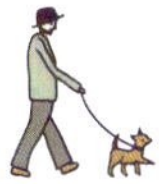

Der Gang ins Bergener Moos 29

Weg	6 km
Steigung	keine

In der Ortsmitte von Bergen geht man vom Reisebüro durch die Weißacher Straße in Richtung Evangelische Kirche. Noch vor der Brücke rechts in die Schellenbergstraße einbiegen. An der Brücke links über die Weiße Achen, die in die Tiroler Achen mündet, und gleich danach rechts auf der Achenstraße weiter. Beim Friedhof am Ortsrand rechts in den Achenweg durch ein lichtes Wäldchen immer am ungestüm dahineilenden Gebirgsfluss entlang. Beim Verlassen des Wäldchens sieht man bald das Moor vor sich liegen. Am Bachrand wachsen seltene geschützte Pflanzen. Auf dem Kreuzotternweg (bitte Schild beachten: Wege verlassen verboten) kommt man zu einer Brücke, wo eine Hinweistafel den Besucher darüber aufklärt, dass hier fünf vom Aussterben bedrohte Vogelarten (Wiesenbrüter) ihre letzten Rückzugsgebiete haben (Bitte Verhaltenshinweise deshalb genau beachten!). Hier kann man auf eigene Faust einen Gang ins Bergener Moos wagen. Auf der anderen Seite (Wanderweg Nr. 21) geht es dann nach Bergen zurück.

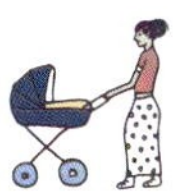

Spaziergang auf den Schellenberg 30

Weg	4 km
Steigung	170 hm

Von der Pfarrkirche in Bergen an der Turn- und Sporthalle vorbei zum Säulner Weg und dann nach 100 m rechts in den Tannenweg

Am Bergener Bach.

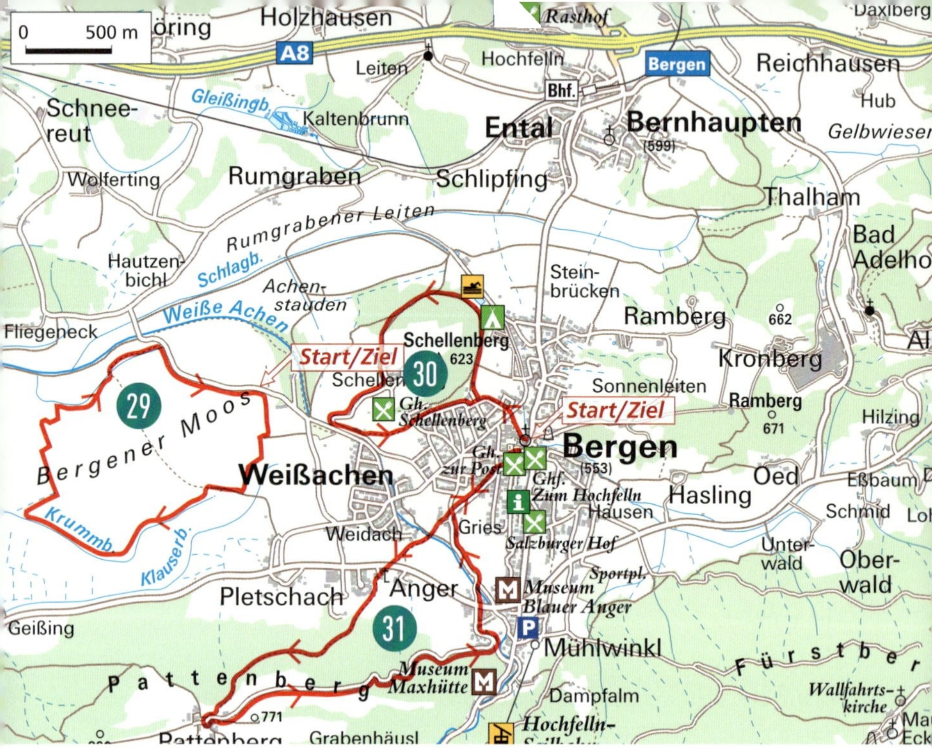

einbiegen. An dessen Ende rechts auf der Geigelsteinstraße weiterwandern, bis der Weg in einen Wanderweg übergeht. Beim Querweg im Wald rechts weiter um den Berg herum und hinauf zum Ortsteil Schellenberg (623 m) mit gleichnamigem Gasthaus. Oben ist das Gasthaus Schellenberg. Rückkehr nach Bergen über die Schellenberger und die Weißacher Straße.

31 Wanderung nach Pattenberg

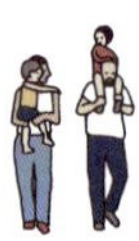

Weg 6 km
Steigung 220 hm

Von der Ortsmitte in Bergen geht es über Anger durch den Wald zu dem Dorf Pattenberg unterhalb des Pattenbergs (772 m).

Erfahrene (!) Bergwanderer können vom Berggasthof auf dem Weg 12 zum Engelstein (872 m) aufsteigen. Hinweis: Den Gipfel erreicht man nur durch geübtes Klettern am Fels. Rückkehr nach Bergen auf demselben Weg oder ein Stück über die Pattenberger Straße, dann rechts abzweigen zur Maximilianshütte (Weg 11).

Sehenswürdigkeiten

Bergener Moos (S. 276)

Sehenswert in der näheren Umgebung

Raiten

Wallfahrtskirche „Unsere Liebe Frau zu den Sieben Linden" mit einem sehenswerten Friedhof mit vielen schmiedeeisernen Grabkreuzen.

Streichenkirchlein (St. Servatius): Hoch über dem Tal der Tiroler Achen steht idyllisch inmitten von Bergwiesen das freskenreiche gotische Kirchlein, das 1410 erbaut wurde und Ziel einer Wallfahrt war. Die gut erhaltenen Fresken eines Salzburger Meisters an den Wänden des Langhauses, am Chorbogen und im Chor erzählen Geschichten von Heiligen, Maria mit den Heiligen Drei Königen und Christophorus (um 1450). Spätgotische Schnitzaltäre, darunter ein kleiner Tragaltar mit acht Tafelbildern, sind zu sehen. Wahrscheinlich wurde das Heiligtum an der Stelle eines heidnischen Platzes (Thingstätte?) erbaut. Die Zufahrt erfolgt von Marquartstein über Schlechting. Der ½-stündige Fußweg zum Kirchlein führt durch eine herrliche Berglandschaft.

Moore, Filze und Streuwiesen sind Rückzugsgebiete für seltene Tiere und Pflanzen

Mit Beginn der letzten Wärmeperiode vor 15 000 Jahren, die im Grund bis heute anhält, war der Chiemsee infolge einer starken Gletscherschmelze mit rund 200 km² viel größer als der heutige See, und seine Ufer reichten bis an den Fuß des Hochfelln heran. Im Vergleich dazu beträgt die heutige Ausdehnung des Sees nur noch 81 km². Von Bergen bis Grassau lag das Land also unter Wasser, nur einige Inseln ragten hervor wie der Schellenberg bei Bergen, der Buchberg bei Grassau oder der Oster- und Westerbuchberg. Die Seetiefe betrug bis zu 250 m.
Die mit Wasser bedeckten Moore sind die letzten Überreste aus dieser Zeit. Sie entstanden durch Verlandung von Seen, die zu Nieder- oder Flachmooren (bayerisch: Moosen) wurden, wie das Bergener Moos. Ein durch Regen gespeistes Torfwachstum hingegen führte zur Ausbildung von Hochmooren (bayerisch: Filzen). Die Bedingungen für die Bildung von Hochmooren sind im Alpenraum besonders günstig, da es hier während der Vegetationsperiode ausreichend regnet und die Temperaturen gemäßigt sind. Weitere Faktoren sind Sauerstoffmangel und ein hoher Säuregrad, welche die Zersetzung abgestorbener Pflanzenteile hemmen und so zur Torfbildung beitragen.
Im großen Kreislauf der Natur bestimmen die Moore als große und unversiegbare Wasserreservoirs den Grundwasserspiegel und das örtliche Klima wesentlich mit. Vorrangiges Ziel sind heute der Erhalt und die Verbesserung der Hoch- und Niedermoorbereiche. Bei Hochmooren steht die Wiederherstellung des natürlichen Wasserhaushalts und bei den Niedermooren die Pflege bracher Streuwiesen im Vordergrund. Leider sind die Moore mancherorts durch Torfabbau gänzlich vernichtet worden. Zwischen Bernau und Übersee hatte sich eine richtige Torfindustrie entwickelt, die sogar einen eigenen Bahnanschluss besaß (Torfbahnhof bei Rottau). Das Torfmuseum bei Rottau

erzählt vom Raubbau an der Natur in dieser Landschaft. Bergen besitzt aber noch eines der schönsten ursprünglichen Moorgebiete Bayerns. Um dieses Naturschutzgebiet zu erhalten und auszubauen, wurde das *Life-Projekt* vom Bayerischen Umweltministerium mit Unterstützung der EU ins Leben gerufen.

Im Frühjahr zeigt sich das Bergener Moos von seiner schönsten Seite. Anfangs tauchen es die Blüten der Mehlprimel in einen rosa Schleier, später dominiert das Weiß des Wollkrauts. Auch rote und blassgelbe Orchideen sind hier anzutreffen, im Herbst blüht der Schwalbenwurzenzian. Eine Besonderheit der Moorvegetation ist die fleischfressende Pflanze Sonnentau. Diese Pflanzen mussten eine neue Strategie des Überlebens entwickeln, weil sie keine Verbindung mehr zum nährenden Grundwasser hatten. Ursache war, dass abgestorbene Pflanzen nicht auf dem vom Toteis gebildeten wasserundurchlässigen Untergrund und in dem darauf angestauten Wasser verrotten konnten. Daher mussten die Pflanzen ihre Nahrung aus der Luft beziehen. So ernährt sich der Sonnentau von Insekten, die er durch ein Sekret anlockt und aufweicht.

Die Kendlmühlfilzen bei Grassau (S. 156) sind das bedeutendste Hochmoor im Chiemseegebiet. Man kann diese Welt der Hochmoore auch auf eigene Faust erkunden, z. B. beim *Museum Klaushäusl* zwischen Rottau und Grassau, wo der Ausgangspunkt des Moorlehrpfads liegt (S. 156).

Das nordwestlich von Grabenstätt zwischen dem Mündungsgebiet der Tiroler Achen und der Hirschauer Bucht liegende Moor ist ein einzigartiges Naturschutzgebiet. Im Mai und Juni blühen hier seltene geschützte Pflanzen wie die Sibirische Schwertlilie, das Sumpfknabenkraut und verschiedene Heilkräuter wie der Lungenenzian. Das Flachmoor ist mit Weiden, Erlen und Ulmen durchzogen und bietet seltenen Vogelarten einen Lebensraum (bis zu 200 brütende oder durchziehende Vogelarten). Am Seeufer gibt es eine Vogelbeobachtungsstation.

Naturschutzgebiete mit Mooren sind *Hacken* und *Rottauer Filz* bei Rottau/Bernau, *Sossauer Filz* und *Wildmoos* zwischen Grabenstätt und Bergen, *Mettenhamer Filz* bei Unterwössen/Mettenham, das *Süssener* und *Lanzinger Moos* bei Marquartstein und das *Kühwampenmoos* bei Bernau.

Streuwiesen haben sich aus ungedüngten Flachmooren oder feuchten Viehweiden (auf Almenland) gebildet. Man erkennt sie an den gelb-braunen Färbungen, die sie von den grünen Futterwiesen unterscheiden. Diese Wiesen werden nur ein Mal im Jahr zur Herbstzeit gemäht, aber nicht zur Futtergewinnung wie andere Grünlandwiesen, sondern zur Gewinnung von Einstreu für die Viehställe. In dem getreidearmen Alpenvorland waren Streuwiesen also eine wichtige Strohquelle für die seit dem Mittelalter zunehmende Winterstallhaltung des Viehs. Bereits im Mittelalter entstanden auf einem Teil der Viehweiden wegen der zunehmenden Stallhaltung im Winter die ersten Streuwiesen. Die meisten von ihnen wurden jedoch erst im 19. Jh. angelegt und noch in den 1960er-Jahren des vorigen Jahrhunderts bewirtschaftet. Das Mahdgut wurde in hohen Haufen gelagert, die man *Trischen* oder *Tristen* nannte.
Neben den Trocken- und Halbtrockenrasen zählen Streuwiesen zu den artenreichsten Lebensräumen in Mitteleuropa. Hier gedeihen Pflanzenarten, die mit dem Rhythmus der Herbstmahd gut zurechtkommen. Dazu zählen vor allem spät blühende Pflanzen wie Blutwurz, Pfeifengras, Schwalbenwurz-Enzian, Teufelsabbiss und viele zu den Orchideen zählende Knabenkrautarten.

Im Schutzgebiet Mündung Tiroler Achen befinden sich die Streuwiesengebiete des Grabenstätter Mooses und des Lachsgangs. Weitere Streuwiesengebiete gibt es im Schutzgebiet Chiemsee und in Ufergebieten bei Schafwaschen (Gemeinde Rimsting), bei Osternach (Gemeinde Prien), im Harrasser Moos und im Bernauer Moos (Gemeinden Prien und Bernau). Auch diese

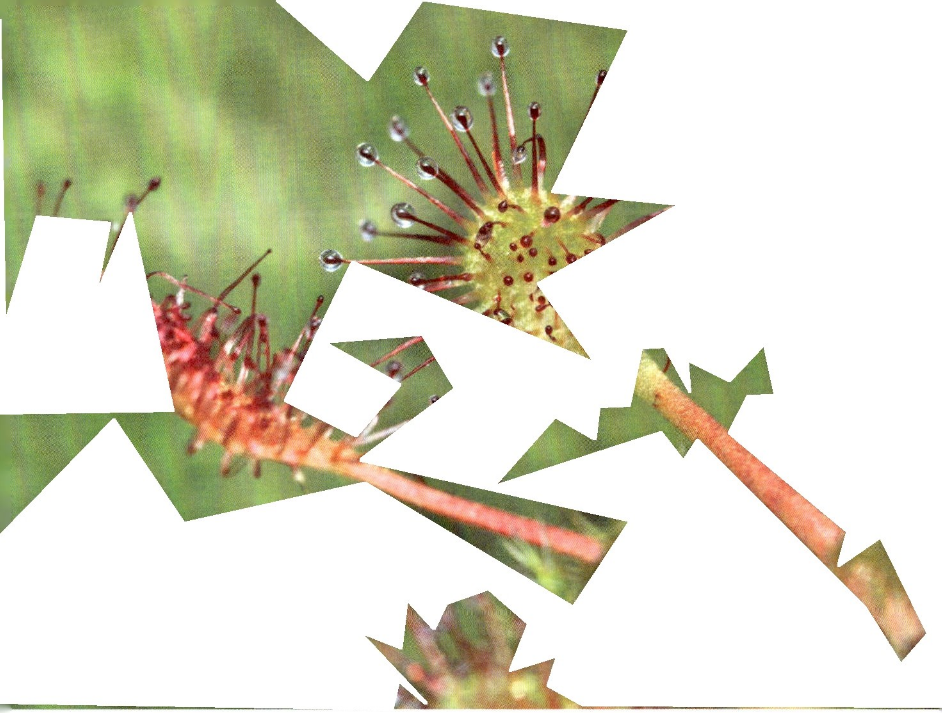

Gebiete können auf einem landschaftlich reizvollen Uferweg erwandert werden. Auf den in der Region der Eggstätt-Hemhofer-Seenplatte geschützten Streuwiesen findet der Botaniker noch seltene Pflanzenarten und eine große Artenvielfalt.

Richtiges Verhalten: Diese Streuwiesengebiete dürfen auf den Wegen zu Fuß durchwandert werden. Da diese großflächigen Wiesen die letzten Rückzugsgebiete für selten gewordene wiesenbrütende Vögel sind, wie zum Beispiel Brachvogel, Wachtelkönig, Bekassine, Braunkehlchen, Wachtel oder Kiebitz, gibt es für sie im südlichen Chiemgau besondere Schutzgebiete, in denen während der Brutzeit (1.3.–30.6.) strenge Vorschriften für das Betreten (Wegepflicht) und für Hunde (Anleinpflicht) zu beachten sind. Auf solchen Wiesen sollen Störungen der in der freien Landschaft brütenden Vögel außerhalb der Wege durch Mountainbiker, Spaziergänger und freilaufende Hunde vermieden werden.

Alte Lindenallee und ein hübscher Wallfahrtsort

Von Stöttham nach Ising und Hart

Anfahrt	PKW: A8 Ausfahrt Übersee. Parkmöglichkeiten: in Chieming am See (Landungssteg). In Ising unterhalb der Kirche in der Kirchbergstraße gegenüber Gasthof Goldener Pflug.
Infos	Gemeinde Chieming siehe S. 215 ff.
Sehenswert	St.-Johannes-Kapelle in Stöttham, Wallfahrtskirche, Eichenallee in Ising
Hinweis	Ising: Reitsport: Das Gut Ising ist eines der wichtigsten Zentren des Reitsports im Chiemgau; das Reitgelände umfasst 160 ha Wiesen und Wälder sowie die Reithallen, von denen eine die modernste in Europa ist (68 x 28 m). Isinger Pferde- und Kutschenmuseum: Kutschen, Sättel, Kleidung
Einkehr	**Ising:** Gutsgasthof Zum Goldenen Pflug, Kirchbergstraße 3, 83339 Chieming, Tel.: 08667-790, hotel@gut-ising.com. **Stöttham:** Gasthaus Seehäusl, Beim Seehäusl 1, 83339 Chieming, Tel.: 08664-303.

Stimmungsvolle Allee am Anfang des Weges in Chieming.

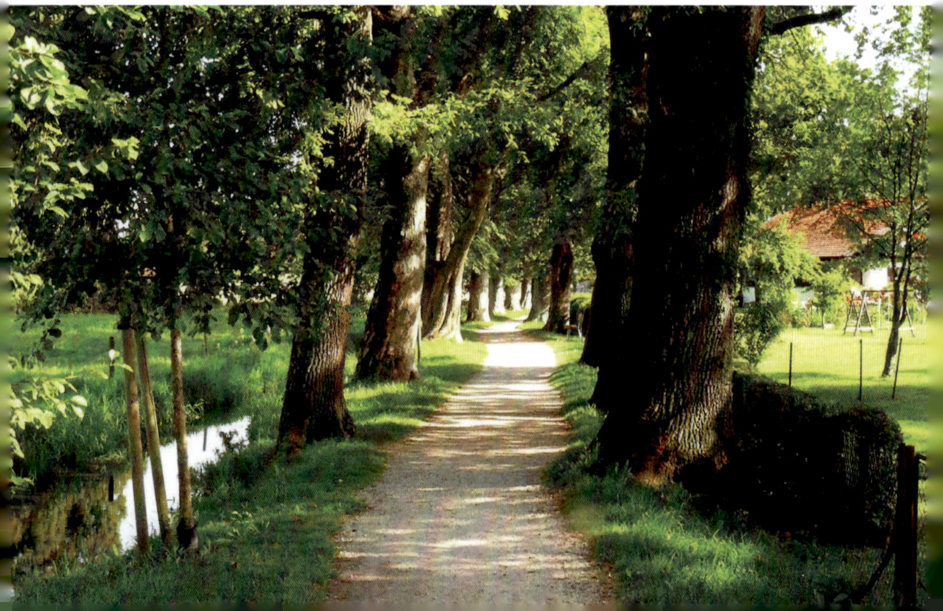

Von Stöttham nach Ising 32

Weg 12 km
Steigung kurzer Anstieg vor Ising

Vom Parkplatz am See in Chieming geht man rechts an der von hohen Mauern umgebenen ehemaligen Burg vorbei. Kurz danach biegen wir in die stimmungsvolle Ahornallee am Frauenbach nach rechts ab. Geradeaus geht der Weg weiter durch die Gallinger Straße, die in die Stötthamer Straße einmündet, der man nach links folgt. Man geht auf dieser Straße bis nach Stöttham und vom Ortsrand auf der Cheminger Straße geradeaus bis zur Ruhebank im Ort. Hier senkt sich der Weg. Auf der Steinheilstraße geht es am denkmalgeschützten *Unkener Hof* vorbei zur von einer Kirchhofsmauer umschlossenen *St.-Johannes-Kapelle* in einsamer Lage. Auf dem Feldweg wandern wir hinauf zu der kleinen Teerstraße und dann links nach Schützing, wo man einen schönen Seeblick hat. Vorbei an der Ruhebank mit Kreuz geht man auf der Straße weiter bis zum nächsten Hof. Dort links zum Seeufer und rechts am See entlang, bis kurz vor Arlaching rechts eine Weg zur St 2095 abzweigt. Nach Überquerung der Straße geht es aufwärts nach Ising. *Gut Ising* mit den Bundwerkstadeln, das ehemalige *Schloss* im englischen Stil und die *Wallfahrtskirche Mariä Himmelfahrt* lohnen eine Besichtigung. Man setzt die Wanderung fort und geht den Kirchberg rechts abwärts (Richtung Chieming). Bei der Lindenallee links einbiegen und zunächst dem Wegweiser in Richtung Wimpassing folgen. An der Verzweigung der Allee rechts gehen wir in der ausgeschilderten Richtung nach Fehling. Man durchquert ein Wäldchen, bis man schließlich am Waldrand herauskommt und den Weiler Fehling vor sich liegen sieht. Im Ort rechts in den Weg Fehling einbiegen, der zur TS 31 und dann nach Waidach

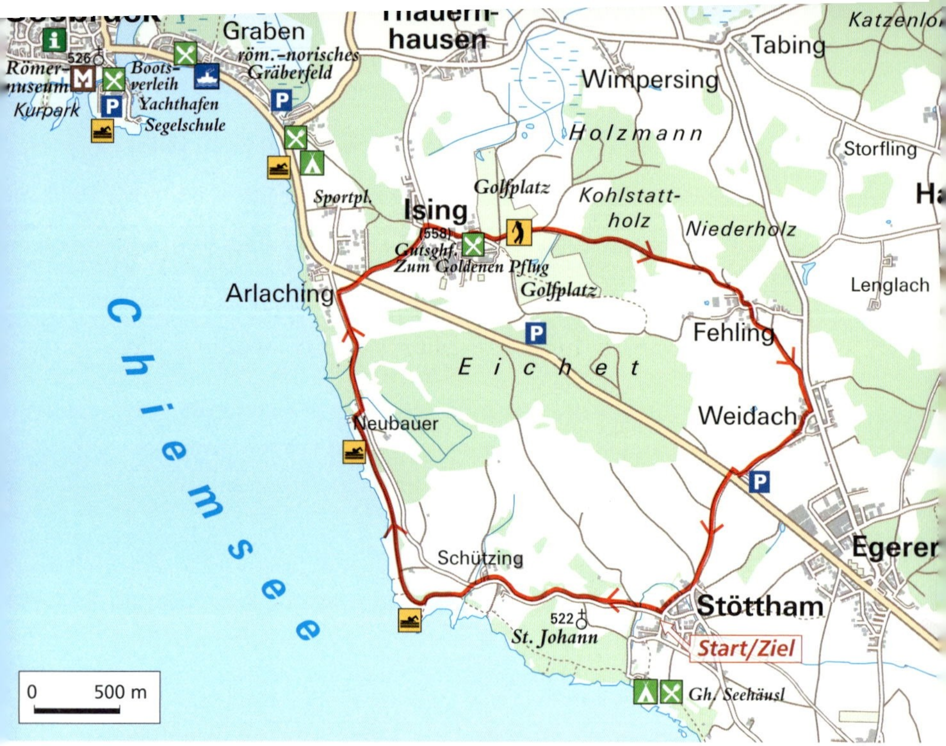

führt. Im Ort rechts in die Straße Waidach einbiegen und bis zur St 2095 gehen (Rastplatz). Die gegenüberliegende Straße führt zurück zum Ausgangspunkt in Stöttham.

Sehenswürdigkeiten

Chieming (S. 215)

Stöttham

Geschichte: Gebäudereste und Funde aus der Römerzeit weisen auf eine frühe Besiedlung hin. Ein hier aufgefundener *römischer Weihestein* von 226 n. Chr. stand bis 1818 neben dem Kirchenportal der St.-Johannes-Kirche. Er war aufgrund eines Gelübdes dem keltischen Chiemseegott Bedaius gewidmet.

Unkener Hof: Im Ort an der Wegkreuzung auf dem Weg zur St.-Johannes-Kirche liegt rechts der denkmalgeschützte *Salzburger*

Flachgauhof von 1838, der in barocker Bautradition errichtet wurde. 1982/83 wurde er restauriert und umgestaltet.

St.-Johannes-Kirche: Die dem hl. Johannes dem Täufer geweihten Kirchen lagen oft außerhalb geschlossener menschlicher Siedlungen. Man verlegte sie in einsame Lagen, weil auch der Namenspatron als Einsiedler lebte. Oft war allerdings die Vorgeschichte oder die topografische Besonderheit des Ortes bestimmend für die Lage solcher Taufkirchen, die man gern in der Nähe von Quellen oder den in vorchristlicher Zeit verehrten heiligen Orten errichtete (christliche Umwidmung). Die heutige Kirche wurde 1350 erbaut, der Altarraum stammt aus späterer Zeit (1660). Der wertvolle und in Bayern seltene Renaissancealtar um 1590 wurde ebenso wie die Marmorgrabsteine vor der Kirche vom Kloster Baumburg geschenkt. Als man im Zug der Säkularisation in Chieming die alte St.-Peters-Kirche abriss, entging diese Kirche nur knapp dem gleichen Schicksal. Am 10.07.1971 entwendeten Plünderer die Figuren des Altars. Nur die sehr wertvolle und seltene frühgotische *Johannesschüssel* von 1340 übersahen die Diebe. Die Schüssel wurde früher Kranken mit Kopfleiden auf das Haupt gelegt.

Pestfriedhof: Im Mittelalter legte man um die Kirche einen Pestfriedhof an, nachdem eine Pestepidemie 1350 fast alle Bewohner bis auf zwei Buben dahingerafft hatte. Eine Geschichte erzählt, wie die beiden auf einem Hausdach sitzend und auf einer Pfeife blasend auf sich aufmerksam machten. Noch heute gedenkt man der Pestopfer mit einem Gottesdienst am 7. Januar jeden Jahres. Der Friedhof wurde erst nach 1945 wieder neu belegt.

Römischer Gelübdestein: 1814 fand man den in die Kirche vermauerten Gelübdestein zu Ehren des Jupiter Arubianes und des Sanctus Bedaius mit der Jahreszahl 225 v. Chr.

Schützing

Geschichte: 1245 wird hier schon ein Meierhof (curia) genannt, der dem Kloster Baumburg tributpflichtig war.

Hohe Schule Chiemsee: An der Stelle, wo der Uferweg landeinwärts führt, war auf einem Hügel in der NS-Zeit 1939 eine Eliteschule zur Heranbildung von Führungskräften geplant. Das gigantisch angelegte Bauvorhaben mit einer Länge von 1700 m ist nach dem Kriegsausbruch nicht mehr zur Ausführung gekommen.
Lindenalleen: Praktisch alle Straßen, die aus den vier Himmelsrichtungen auf den Wallfahrtsort am Berg zuführen, sind mit Lindenalleen bepflanzt. Heute sind die wunderbaren Baumdenkmäler nicht nur untrennbar mit Isings Geschichte verbunden, sondern auch ihr ganzer Stolz.

Ising

Geschichte: Der älteste urkundlich erwähnte Ort in der Gemeinde Chieming ist weithin sichtbar auf einem Hügel gelegen, der schon in römischer Zeit besiedelt war. Früher stand hier ein Wachtturm, der die Römerstraße im Blick hatte. Beim Bau des Schlosses fand man einen Mosaikboden und die Reste einer Hypokaustenheizung aus der Römerzeit, die auf ein Landgut (villa rustica) schließen lassen. 744 findet Ising als *Villa Usinga* seine erste schriftliche Erwähnung. Herzog Odilo machte zwischen 737 und 748 das Gut Usinga zum Salzburger Eigenbesitz. 749 erhielt Gunther, Graf im Chiemgau, von Herzog Tassilo die Genehmigung, das Gut Ising seinem Kloster zu übereignen. Auf einer Tafel beim Landgasthof Zum Goldenen Pflug steht zu lesen, dass der Niedermayr- oder Undermayr-Hof in Ising nach urkundlichen Eintragungen schon im Jahre 1581 bestand und Lehen der Erzabtei St. Peter in Salzburg war.
Wallfahrtskirche Maria Himmelfahrt: In der Substanz ein spätgotischer Bau, dessen hoher Turm eine Landschaftsmarke ist. Im Mittelpunkt der 1751/52 barockisierten Kirche steht der *Altar aus Rotmarmor* des Steinmetzmeisters *Michael Mateo* mit dem Gnadenbild der Isinger Madonna. Die spätgotische Madonna mit Jesuskind und Zepter, nach barocker Art mit einem

Stoffgewand gekleidet, ist das Ziel einer alten Marienwallfahrt. Sie wurde vom Bildhauer *Hanns Schweicker* aus Ulm um 1450 geschaffen. Neben dem Gnadenbild stehen die weiblichen Assistenzfiguren der hl. Katharina und der hl. Barbara von *Joseph Dietrich aus Traunstein* (Ende des 18. Jhs.), dessen Künstlerfamilie auch weitere Schnitzarbeiten geschaffen hat, z. B. den Schnitzdekor des Hochaltars und St. Josef sowie die Statue des zweiten Kirchenpatrons St. Leonhard mit Ketten, Patron der Gefangenen. Am linken Seitenaltar sieht man den hl. Ulrich, den Schutzpatron der Fischer, inmitten einer Chiemseelandschaft. Schöner Gewölbestuck von 1751 und ein wertvoller gemalter Apostelzyklus (z. B. St. Jakobus mit Pilgerstab und Hut, Patron der Pilger) sind zu sehen. Das kunstvolle Kirchengitter schuf der Traunsteiner *Daniel Frommknecht*. Kanzel und Seitenaltäre sind vom Traunsteiner *J. G. Pflaumer*. Die Schatzkammer neben der Kirche ist nur sonntags geöffnet.

Wallfahrt: In der Barockzeit erreichte die Wallfahrt zu Unserer Lieben Frau von Ising ihren Höhepunkt. Gebetserhörungen und Wunder, die sich hier ereignet haben sollen, zogen immer mehr Pilger an und brachten viel Geld ein, was Ising zur reichsten Pfarrei im Chiemgau werden ließ. Die Dankbarkeit für erhörte Gebete in den Nöten des Lebens fand in Votivbildern ihren künstlerischen Ausdruck.

Bundwerkstadel: Die reich verzierten Holzstadel haben geschnitzte Lüftungslöcher oder einen Türsturz mit bemalten Papageien (S. 290).

Fehling

Durch Wiesen steigt man leicht zu dem weltentrückten Fehling an, wo die Zeit stehengeblieben zu sein scheint. Im Ort gibt es stattliche Höfe mit großen Holzbalkonen und großartigem Blumenschmuck. Am Ortsende steht links ein alter Bildstock von 1668 mit Marienbildnis.

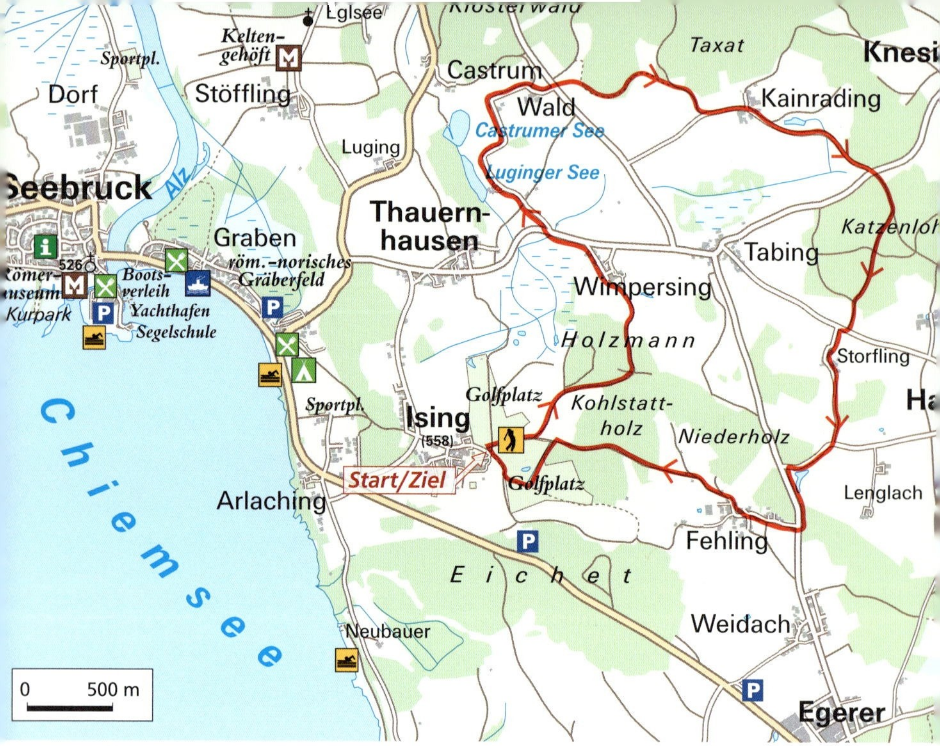

33 Von Ising nach Hart

Weg 11 km
Steigung keine

In Ising beim hübsch bemalten Gasthof Goldener Pflug mit Ausleger und einer Heiligenfigur die Kirchbergstraße bergab in Richtung Chieming wandern und beim Golfplatz links in die Lindenallee einbiegen. Ein Wegweiser zeigt den Weg C3 nach Wimpersing an. An der Verzweigung links weiter auf dem Weg C3, der in ein Wäldchen führt. Nach kurzer Zeit tritt man schon wieder ins Freie heraus und geht im Bogen durch Wiesen auf den Weiler Wimpersing zu. An einem Baum neben einem Jägerhäuschen hängt ein ausdrucksvolles Holzkruzifix. An der

Hauptstraße TS11 angekommen, geht es etwa 200 m nach links, dann auf der gegenüberliegenden Seite nach Wald. Das schmale Teersträßchen führt am Seemannshof vorbei in ein abgelegenes Wiesental, an dessen Ende ein Weiher liegt (Luginger See und Thauernhausener See, auch Castrumer See genannt, Abstecher nach links möglich). Beim nächsten Hof macht die Straße einen Knick nach rechts und führt zum letzten Hof (Bertlhof) mit schönen Bundwerkstadelschnitzereien und weiter zur Straße TS31. Man überquert diese und geht geradeaus ohne Wegausschilderung durch einen Grasweg leicht bergan zum Waldrand. Von hier bietet sich ein Panoramablick auf Ising und die Alpenkette (Ruhebank). Am Waldrand entlang geht es weiter mit großartigen Landschaftsblicken, dann durch ein kleines Wäldchen, später durch Wiesen und Weiden auf Kainrading zu. Im Ort bei der Baumgruppe rechts halten und auf dem Teersträßchen bleiben, das gemächlich bergab durch die Wiesen bummelt. Links an einem kleinen Weiher vorbei zur Hauptstraße TS11 wandern, auf die andere Seite wechseln und auf einem gut ausgebauten Forstweg in den Wald hineingehen (keine Markierung). Nach 300 m links auf dem Hauptweg durch den Wald. Am Waldrand sieht man schon die Häuser von Storfling mit der baumbeschatteten Wegkapelle an der Hauptstraße auftauchen. An der Kapelle folgt man dem Wegzeichen C5 und geht auf der Straße durch einen Bauernhof zur Fehlinger Straße, die links zu dem Dörfchen Hart führt, dessen bemerkenswerter Kirchturm schon einige Zeit zu erkennen ist. Ein Abstecher dorthin ist lohnenswert, weil in der Kirche wertvolle *Gewölbemalereien* entdeckt wurden. Wieder auf derselben Straße zurück bis zur Hauptstraße TS 47, dort links ein kurzes Stück auf der linken Seite bergan bis zur Fehlinger Wegkapelle gehen. Hier nach rechts abbiegen, jetzt hat man wieder einen ruhigen Wegabschnitt vor sich mit schönen Landschaftsblicken in Richtung Fehling. Im Ort biegt die Straße nach rechts und führt dann hinab in ein von Wäldern eingerahmtes Wiesengebiet, dort gibt es einen schönen Vorblick auf die Kirche von Ising (Ruhebank). Hinter dem Weiler tauchen wir wieder in ein Wäldchen ein und kommen bei der Lindenallee heraus, die links den Berg hinauf nach Ising führt.

Sehenswürdigkeiten

Ising (S. 284)

Castrum
Der Name ist von lat. *Castrum* = Lager abgeleitet; die Römer hatten im nahen Seebruck ein Kastell (Bedaium).

Weg bei Castrum.

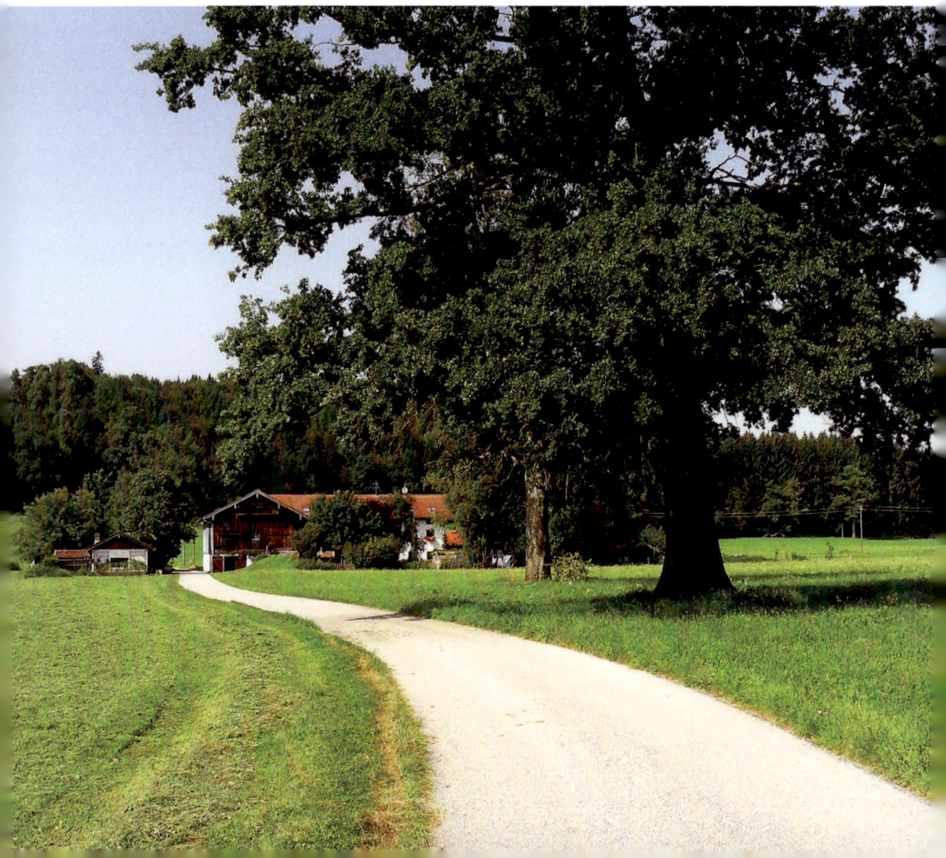

Storfling

Im Inneren der Wegkapelle befinden sich volkstümliche Malereien: Ein Schutzengel behütet die Kinder, während die Eltern ihre Feldarbeiten verrichten; ferner ein hl. Georg.

Hart

Geschichte: Der Ort dürfte schon in der Jungsteinzeit besiedelt gewesen sein, da man im Wald ein prähistorisches Messer fand. Einst lag auf einem Hügel nördlich des Ortes die Burg der Ritter von Hart (de Harde).

Kirche St. Laurentius: Das Patrozinium des hl. Laurentius wurde wahrscheinlich von dem älteren Kirchort Nussdorf auf das später gegründete Hart übertragen. Dieses Patrozinium reicht in noch ältere Zeiten zurück und steht mit der Fortsetzung einer altchristlichen Tradition aus der römischen Zeit in Zusammenhang (die Römerstraße verläuft hier in 2 km Nähe). Ein Vorgängerbau stand hier schon um 1150. Die spätgotische Kirche besitzt einen markanten Turm von 1757, im Inneren haben sich Gewölbemalereien aus dem 15. Jh. erhalten. Im Vorraum eine große Muttergottes mit Jesuskind, gegenüber ein Schmerzensmann (barock). Durch eine alte, reliefgeschmückte Holztür gelangt man in das einschiffige Innere, das eine qualitätvolle neugotische Ausstattung besitzt. Die Bürger von Nussdorf führten traditionell eine eigene Wallfahrt zum hl. Laurentius nach Hart durch (S. 242).

Sehenswert in der näheren Umgebung

Seebruck (S. 266)
Stöffling (S. 263), Truchtlaching (S. 188)

Eine Zimmermannskunst und ihre Geheimnisse: das Bundwerk

Als Bundwerk bezeichnet man eine Zimmermannskunst, welche die Front- oder Giebelseite bäuerlicher Wirtschaftsgebäude von Vierseithöfen ziert. Hauptsächlich waren dies Getreidestadeln, in denen das Saatgut oder die Ernte aufbewahrt wurde. Stadel oder Scheunen dienten auch als Lagerraum für Heu, Stroh und Getreide. Die außen angebrachten Bundwerkverzierungen sind als Gerippe vor der Bretterverschalung sichtbar gemacht und verbinden die Balken in Gitterform oder gestalten sie schräg zu Andreaskreuzen. Die Konstruktion wurde ohne Eisennägel ausgeführt. Mehrere sich überschneidende Andreaskreuze formten sog. Rautenspiegel.

Eine gesicherte Erklärung für Herkunft und Zweck des Bundwerks gibt es nicht. Möglicherweise lebt hier noch die Vorstellung des frühen Mittelalters weiter, dass durch Flechtwerk böse Geister abgewehrt werden sollen (vgl. Flechtwerkstein im Tympanon des Münsters von Frauenchiemsee). Kreuze wie zum Beispiel das Andreaskreuz waren zudem auch Fruchtbarkeitssymbole. Alle diese Zeichen hatten einen tieferen Sinn, vieles davon besitzt heidnische Wurzeln und wurde vom Christentum nachträglich umfunktioniert.

Es gibt in dieser Region noch ca. 300 Bundwerkstadel bei Vierseithöfen, die aus dem 19. Jh. datieren und für die bäuerliche Kulturlandschaft zum Wahrzeichen geworden sind. Schöne Stadel findet man westlich des Chiemsees von Breitbrunn bis Truchtlaching und in der Umgebung von Chieming. Bauerngehöfte mit prächtigem Bundwerk sind als Zeugnisse eines auf seinen Besitz stolzen Bauernstandes besonders im Bereich der Hemhof-Eggstätter Seenplatte in Gachensolden, Hemhof und Ising zu bewundern. Die meisten der im nördlichen Chiemgau geschaffenen Bundwerkstadel stammen von dem Zimmerermeister *Anton Mitterer* aus dem Handwerkerdorf Herhof bei Bad Endorf (S. xx).

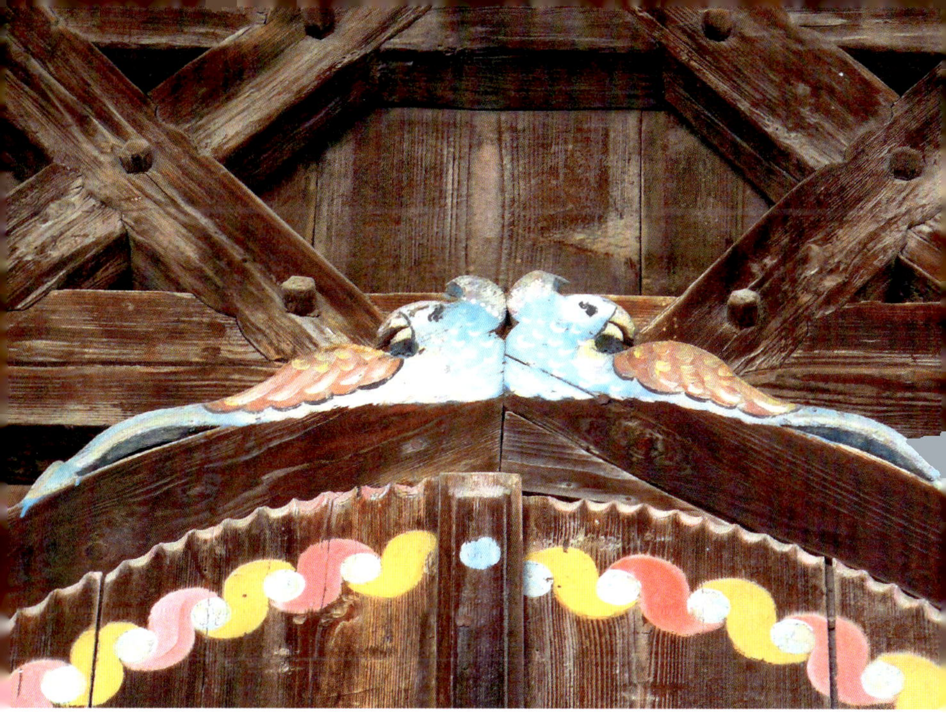

Vögel und Figuren zieren die Bundstadel.

Viele Stadel sind mit fantasievollen Ornamenten und Vögeln (z. B. Papageien in Ising) bemalt. Die farbigen Darstellungen zeigten auch Fabelwesen oder christliche Symbole. Die Funktion der Geisterabwehr hatten die grotesken Fratzen am Fachwerk, die man *Neidblecker* nannte. Manchmal wurden oben im Gebälk Fabelwesen, Schlangen oder Echsen angebracht. Auch sie sollten das Böse bannen oder die bösen Geister erschrecken wie die Gipfelkreuze der Höfe oder Figuren des heiligen Brandschützers Florian. Im Eingangsbereich zu einem bäuerlichen Gebäude waren nicht nur besonders viele derartige Zeichen zu finden, auch die Verhaltensweisen der Menschen unterlagen strengen Regeln. So durfte ein Haus nie mit dem linken Fuß betreten werden, weil sonst das Glück nicht hereinkam. Ein besonders reich verzierter Bundwerkstadel ist der des *Schmidhuberhofes* in Armutsham bei Trostberg. Der Höfeweg in Bernau führt zu schönen alten Bauernhöfen rund um den Ort.

Tipps und Informationen

Anreise

Flugzeug: Von den Flughäfen Salzburg oder München erreicht man den Chiemsee mit dem PKW in ca. 1–2 Stunden.

PKW: Die Autobahn A8 München–Salzburg führt durch das Gebiet Chiemsee/Chiemgau. Autobahnausfahrten: Bernau oder Felden/Chiemsee bzw. Grabenstätt oder Traunstein/Siegsdorf.

Bahn: Bundesbahn: Auf der Strecke München–Salzburg fahren Züge im Stunden-Takt. IC-Strecke bis Traunstein. Der Bayerntakt fährt stündlich von München oder Salzburg zum Bahnhof Prien.
Chiemgau-Bahn zwischen Prien und Aschau (Aschauer Bockerl), Tel.: 08052-90490.
Chiemseebahn zwischen Prien-Bahnhof und Prien-Stock (Priener Bockerl), Tel.: 08051-6090.

Bus: Chiemsee-Ringbus-Linie: Von Ende Mai bis Anfang Oktober fahren Busse rund um den Chiemsee (RVO-Rad und Wanderbus).

Tourismusinformation/Verkehrsämter

Chiemsee-Alpenland Tourismus GmbH & Co. KG,
83233 Bernau am Chiemsee, Felden 10,
Tel.: 08051-96555-0, Fax: -30, info@chiemsee-alpenland.de.
Chiemgau Tourismus e.V., 83278 Traunstein, Leonrodstraße 7,
Tel.: 0861-90 95 90-0, Fax: -20, www.chiemsee-chiemgau.info.
Chiemseeinformationscenter, 83233 Bernau, Felden 10,
Tel.: 08051-96555 0, Fax: -30, www. chiemsee-alpenland.de.

Aschau, Gemeinde Aschau i. Chiemgau, Kampenwandstraße 36, Tel.: 08052-95109-0, Fax: -71, gemeinde@aschau.de.

Bergen, Touristinformation Bergen, Raiffeisenplatz 4, Tel.: 08662-8321, Fax: -5855, tourismus@bergen-chiemgau.de.

Bernau a. Ch., Tourist-Info Bernau am Chiemsee, Aschauer Str. 10, Tel.: 08051-9868-0, Fax: -50, info@bernau-am-chiemsee.de.

Breitbrunn a. Ch., Tourist-Info Breitbrunn, Gollenshausener Str. 1, Tel.: 08054-234, Fax: -1272, info@breitbrunn.com.

Bad Endorf, Touristinfo, Bahnhofsplatz 2, Tel.: 08053-3008-50, Fax: -60, info@bad-endorf.de.

Chieming, Touristinformation, Haus des Gastes, Hauptstraße 20 b, Tel.: 08664-9886-47, info@chieming.de.

Eggstätt, Chiemgau Tourist Information, Obinger Str. 7, Tel.: 08056-9046-19, Fax: -46, gemeinde@eggstaett.de.

Grabenstätt, Schlossstraße 17, Tel.: 08661-988731 Fax: -988791, info@grabenstaett.de.

Grassau/Rottau, Kirchplatz 3, Tel.: 08641-69796-0, Fax: -16, hallo@grassau.info.

Gstadt a. Ch., Tourist Info Gstadt, Seeplatz 5, Tel.: 08054-442, Fax: 08054-7997, info@gstadt.de.

Prien a. Ch., Kur- und Tourismusbüro Prien, Alte Rathausstraße 11, Tel.: 08051-6905-0; Fax: -40, info@tourismus.prien.de.

Rimsting, Tourist Info Rimsting, Schulstraße 4, Tel.: 08051-6876-21, Fax: -44, info@rimsting.de.

Seebruck, Tourist-Information, Römerstraße 10, Tel.: 08667-8885-0, Fax: -30.

Übersee-Feldwies, Tourist-Information Übersee, Feldwieserstr. 27, Tel.: 08642-295, Fax: 08642-6214.

Samerberg, Dorfplatz 3, Tel.: 08032-8606, Fax: 08032-989419, www.samerberg.de.

Campingplätze

Chieming

Camping Seehäusl, 83339 Chieming/Stöttham, Beim Seehäusl 1, Tel.: 08664-303, Fax: -1887, info@camping-seehaeusl.de, www.seehaeusl.com.

Möwenplatz, 83339 Chieming, Gräbenstätter Str.18, Tel.: 08664-361. H.Lintz@t-online.de, www.moewenplatz.de.

Übersee-Feldwies

Chiemsee Camping Rödlgries, 83236 Übersee-Feldwies, Rödlgries 1, Tel.: 08642-470, Fax: -1636, info@chiemsee-camping.de, www.chiemsee-camping.de.

Prien

Campingplatz u. Ferienhaus Hofbauer, 83209 Prien a. Ch., Bernauerstr. 110, Tel.: 08051-4136, Fax: -62657, Ferienhaus-Campingpl.Hofbauer@t-online.de, www.camping-prien-chiemsee.de.

Panorama Camping Harras, 83209 Prien am Chiemsee, Harrasser Straße 135, Tel.: 08051-9046-13, Fax: -16, info@camping-harras.de, www.camping-harras.de.

Seebruck

Chiemgau Camping Lambach, 83358 Seebruck a. Ch., Tel.: 08667-7889, Fax: -809610, mail@camping-am-chiemsee.de, www.camping-am-chiemsee.de.

Schifffahrt

Auf dem Chiemsee fahren Schiffe der Chiemseeschifffahrt Ludwig Fessler zwischen Prien und Gstadt und den Chiemseeinseln. Die Schiffe verbinden zudem die Hauptorte am See. Zustiege zu Rundfahrten in Seebruck und Chieming. Die Boote der Vereinigten Schiffer fahren ab Gstadt. Die Chiemsee-Dampfschifffahrt begann am 5. Mai 1845, als von Feldwies aus der erste Chiemseedampfer in See stach. Schon bald folgte ein moderneres Dampfschiff, das der Kupferschmied Josef Fessler erbaute. Die Familie Fessler betreibt bis heute die Dampfschifffahrt auf dem Chiemsee. Stars ihrer beachtlichen Chiemseeflotte sind die 52 m lange *Ludwig Fessler* und die 49 m lange *Edeltraud*.
Chiemsee-Schifffahrt Ludwig Fessler, 83209 Prien a. Ch., Seestraße 108, Tel.: 08051-6090, Fax: -62943, info@chiemsee-schifffahrt.de, www.chiemsee-schifffahrt.de.

Segeln

Wettbewerbe
Chiemsee Champions Week heißt der international bekannte und gut besuchte Wettbewerb aller elf olympischen Segel- und Surfklassen, der jedes Jahr Ende September ausgetragen wird. Weitere Wettbewerbe richtet der **Segelclub Harras Chiemsee e.V.** aus, Tel.: 089-4606486.
Segelschulen

Chiemsee-Segelschule Seebruck, Tel.: 08667-7462, segelschule.huber@t-online.de.
Segelschule Prien, 83209 Prien a. Ch., Gladiolenweg 3, Tel.: 08051-3438, segelschule-prien@t-online.de.
Chiemsee-Yachtschule Gollenshausen, 83257 Gollenshausen/Gstadt, Mitterstraße 3a, Tel.: 08054-7170, schunck@cyg.de.

Bootsverleih

83257 Gstadt a. Ch., Heistracher, Seeplatz 8, Tel.: 08054-906690, info@ChiemseeYacht.de

Wandern

Der Chiemgau kann eines der größten und am besten ausgebauten Wandergebiete Deutschlands aufweisen. Besonderen landschaftlichen Reiz dieser bayerischen Tourismusregion haben die Uferwege mit Blicken auf den Chiemsee und das Alpenpanorama sowie auf herrliche Sonnenuntergänge. Jeder Urlaubsort verfügt über ein weitläufiges

Netz von Wanderwegen, die z. T. an große thematische Wanderwege angeschlossen sind. Wer nicht allein losziehen will, kann an geführten Wanderungen teilnehmen.
Ausrüstung: Gutes Schuhwerk ist bei Tageswanderungen unverzichtbar. Proviant und wetterfeste Kleidung je nach Wetterlage, Verpflegung je nach Tour und Verbandszeug sollten mitgeführt werden. Eine kleine Decke zum Ausruhen für unterwegs ist anzuraten. Bei den Gaststätten sollte man sich vorher über Öffnungszeiten und Ruhetage erkundigen.

Wanderkarten
Chiemsee und Umgebung, 1:40 000, Alpen-Verlag, München.
Rad- und Wanderkarte Chiemsee, 1:50 000,Verlag Publicpress.
Karte „Chiemgauer Seenplatte“ mit eingezeichneten Wander- und Radwegen (kostenlos in den Tourismusinformationen erhältlich).

Überregionale Radwege

Im Chiemgau und rund um den Chiemsee gibt es ein gut ausgebautes und ausgeschildertes Radwanderwegnetz mit Touren unterschiedlicher Länge und Schwierigkeitsgrade.
Chiemgau Radweg: Durch imposante Berglandschaften, weite Tallandschaften und zu unberührten Seen führender Radweg. Lange: 134 km, Höhen: Geringe Steigungen und Gefälle: 685–840 m.
Streckentelegramm: Ruhpolding → Inzell → Reit im Winkl.
Chiemseeuferweg: Ist ein Klassiker und gilt als einer der schönsten Fahrradwege im Voralpenland. Siehe Seite xx.
Benediktenweg: Der Weg folgt den Spuren Papst Benedikts XVI. zwischen Inn und Salzach. Länge: 248 km. Nur geringe Steigungen und Gefälle.
Streckentelegramm: Altötting → Neuötting → Marktl am Inn → Burghausen → Raitenhaslach → Marienberg → Tittmoning → Waging am See → Hufschlag → Traunstein → Chieming → Seebruck → Kloster Seeon → Gstadt → Amerang → Wasserburg → Gars → Kloster Au → Aschau am Inn → Mühldorf → Tüßling → Altötting
Via Julia Radweg: Die Route verläuft entlang der Römerstraße auf einer Länge von ca. 280 km von Günzburg bei Augsburg nach Salzburg und berührt dabei das nördliche Chiemseegebiet. Der Streckenverlauf ist beschildert. Der ausgeschilderte Radfernweg hat im Chiemgau folgendes Streckentelegramm: Rosenheim → Bad Endorf → Breitbrunn → Seebruck → Chieming → Traunstein
Alz-Inn-Weg: Der Radweg verbindet das Alztal mit dem Voralpenland

und dem Inntal, hat eine Länge von 88 km und weist nur geringe Steigungen und Gefälle auf. Streckentelegramm: Altenmarkt → Wasserburg → Stephanskirchen → Amerang → Obing → Rabenden → Altenmarkt
Mozart-Radweg: Er führt zu den historisch belegten Wirkungsstätten Wolfgang Amadeus Mozarts und verbindet Salzburg mit Oberbayern. Der grenzüberschreitende Radfernweg führt vom Inn, Seeon, Chiemsee, Chiemgau in das Berchtesgadener Land und das Salzburger Land. Er hat eine Länge von ca. 400 km (Rundkurs). Der Weg ist durchgehend einheitlich und in beiden Richtungen beschildert.

Fahrradverleih

83209 **Prien:** Radlverleih, Am Minigolfplatz, Tel.: 08051-964789.
83233 **Bernau:** Chiemgau-Biking: Chiemseestraße 84,
Tel.: 08051-9614973.
Fritz Müller, Chiemseepark Felden, Tel.: 0170-485 1930.
Litewheelz, Rottauer Str. 4a, Tel.: 08051-962 4350.
83093 **Bad Endorf:** Fahrrad Heinrichsberger, Bahnhofstraße 35,
Tel.: 08053-9848, Fax: 08053-9848.
Rund ums Rad, Traunsteiner Str. 2, Tel./Fax: 08053-2801,
www.fahrrad-chiemsee.de
83358 **Seebruck:** Bikes and More, Am Seefeld 4, Tel.: 08667-876855,
info@bikes-and-more.net,www.bikes-and-more.net

Ringbuslinie

Von Mai bis Oktober können Besucher (mit Gästekarte) gratis den Ringbus des RVO (mit Fahrradanhänger) benutzen, der täglich mehrmals um den Chiemsee fährt. Ein Zeitplan informiert über Fahrzeiten, Streckenführung und Haltestellen dieser Ringbuslinie. Eine Fahrradbeförderung kostet 1,– €.

Ballon

Wer den Chiemsee aus der Luft sehen möchte, kann sich eine Ballonfahrt gönnen. Aufstiegsmöglichkeiten gibt's in Aschau, Bernau, Chieming und Prien.

Bootfahren

Im Sommer kann man ab dem 1. Juli mit dem Schlauchboot auf der Alz vom Chiemsee über Truchtlaching bis nach Altenmarkt fahren.

Golfplätze

83339 **Chieming/Ising:** Golf Club Gut Ising, Kirchberg 3,

Tel.: 08667-79358, golfclub@gut-ising.de, www.gut-ising.de.

83339 **Chieming/Hart:** Golfclub im Chiemgau Chieming e.V., Kötzing 1, Tel.: 08669-87330, Fax: -873333, info@golfchieming.de, www.golfchieming.de.
83129 **Höslwang:** Golf Club Höslwang im Chiemgau e.V., Kronberg 4, Tel.: 08075-714, Fax: 08075-8134, info@golfclub-hoeslwang.de. www.golfclub-hoeslwang.de.
83119 **Obing-Kleinornach:** Der Golf Club am Obinger See e.V., Kirchreitbergstr. 2, Tel.: 08624-875623, Fax: -875624, dergolfclub@t-online.de, www.dergolfclub.de.

Reiten

83339 **Ising/Chieming:** Familie Peter Mitterleitner, Kirchberg 2, Tel.. 08667-7106, Fax: 08667 885956, info@wimmerhof-ising.de.
Reitschule Gut Ising, Kirchberg 3,Tel.: 08667-7773, Fax: 08667-79432, reitsport@gut-ising.de, www.reitschule-gut-ising.de.
83355 **Grabenstätt:** Niedermoyer-Hof, Niederndorf 21, Tel.: 08661-322.
83313 **Siegsdorf:** Göbelhof , Oberscharam 3, (Kinderreiten) Tel.: 08662-7803, info@goebelhof.de, www.goebelhof.de
83339 **Chieming:** Bertl-Hof, Wald 1, Tel.: 08667-473, Fax: -876861, www.bertlhof.de.
83253 **Greimharting/Prien:** Fürstner Hof, Fürst 1, Tel.: 08051-4374, Fax: 08051-64361, information@fuerstner-hof.de, www.fuerstner-hof.de.

Schwimmbäder/Hallenbäder

83209 **Prien:** Prienavera Erlebnisbad am Chiemsee für alle Altersgruppen mit Badepass und Wellnesserlebnis (Sauna), Seestraße 120, Tel.: 08051-609570, Fax: 08051-60 95 720, info@prienavera.de.
83093 **Bad Endorf:** Chiemgau Thermen, Jodthermalbad mit der stärksten Jod-Thermalsolequelle Europas. Beheiztes Innen- und Außenbecken mit bis zu 34 °C Wassertemperatur. Ströbinger Str. 18, Tel.: 08053-200900, Fax: 08053-200976, info@chiemgau-thermen.de
83229 **Aschau:** Hallenbad, Schützenstr. 16, Tel.: 08052 860.
83346 **Bergen:** Freibad, beheizt, 83346 Bergen, Schwimmbadweg 15, Tel.: 08662-8376.

Seilbahnen, Bergbahnen

83346 **Bergen:** Bergener Hochfelln-Seilbahnen: In 15 Min. auf die Aussichtsterrasse des Chiemgaus, den 1674 m hohen Hochfelln.

Maria-Eck-Straße 8, Tel.: 08662-8511, Fax: 08662-5886, info@hochfelln-seilbahn.de, www.hochfelln-seilbahn.de.
83229 **Aschau:** Kampenwandseilbahn: An der Bergbahn 8, Tel.: 08052-4411, info@kampenwand.de, www.kampenwand.de.
83250 **Marquartstein:** Hochplattenbahn, Bergwandern auf gut markierten Wegen, Höhenrundwanderweg um den „Kleinen und Großen Staffen", Friedenrath, Hochplatte, Kampenwand und Almen. Verwaltungsgemeinschaft Marquartstein, Rathausplatz 1, Tel.: 08641-6995-0, Fax: 08641-6995-30, rathaus@marquartstein.de, www.marquartstein.de.
83098 **Brannenburg:** Wendelsteinbahn (Zahnradbahn): Der Wendelstein gilt als einer der schönsten Aussichtsberge Deutschlands, Gipfelwege, Almenrundwege, Wendelsteinhöhle, Geopark, eine Zeitreise in die Urzeit der Alpen. Kerschelweg 30, Tel.: 08034-308-0, Fax: -308-106, info@wendelsteinbahn.de, www.wendelsteinbahn.de.

Naturbeobachtungszonen

Siehe S. 33ff

Kulturelle Sehenswürdigkeiten

Die berühmtesten Sehenswürdigkeiten liegen auf den Chiemseeinseln. Ein Besuch des Traumschlosses König Ludwigs II. auf der Herreninsel oder des Klosters auf der Fraueninsel sind absolute Höhepunkte eines Chiemseeurlaubs. Aber auch in vielen Chiemsee-Orten rund um den See gibt es manche Rarität zu entdecken, sei es die Keltensiedlung bei Seebruck oder die Jakobskirchen rund um den Chiemsee wie die in Bernhaupten, Rabenden oder Urschalling. Der Chiemgau ist aufgrund seiner Hügel und Berge und der Bodenfruchtbarkeit reich an stattlichen Herrensitzen. Die Klosterbasilika von Seeon, an einer traditionsreichen Stätte erbaut, besitzt eine gute Ausstattung und Ausmalung. Kunstgeschichtlich hat im Chiemgau besonders die barocke Baukunst bemerkenswerte Bauten hervorgebracht, wie z. B. die Klosterkirche von Kloster Baumburg oder die weithin vom Land sichtbaren Wallfahrtskirchen von Ising und Traunwalchen, das Marienheiligtum von Marwang, die einsam in einem Pestfriedhof außerhalb von Stöttham gelegene ehemalige Taufkirche St. Johannis, die mit einer alten Kirchhofmauer umgebene schindelgedeckte Kirche von Sondermoning mit wertvollem spätgotischen Schnitzaltar, die auf einem Hügel thronende Kirche St. Laurentius von Nussdorf. Die in der Nähe zu den Wanderwegen gelegenen Kirchen von Eggstätt, Grabenstätt und Vachendorf verdienen einen Besuch wegen ihrer besonderen Lage und Baugeschichte oder ihrer Ausstattung.

Museen
83358 **Seebruck:** Römermuseum Bedaium, Römerstraße 3, Tel.: 08667-7503, www.roemermuseum-seebruck.de, Verein „Kelten und Römer – Geschichte zum Anfassen e. V."
83355 **Grabenstätt:** Römermuseum Multerer, Traunsteinerstr. 1, Tel.: 08661-242.
83278 **Traunstein:** Stadtmuseum und Spielzeugmuseum, Stadtplatz 2–3, Tel.: 08061-164786.
83346 **Bergen:** Maxhütte, Tel.: 08662-8511 oder -8189.
83224 **Grassau/Rottau:** Bayerisches Moor- und Torfmuseum, am Ende der Hackenstraße, Tel.: 08051-9677701, www.torfbahnhof-rottau.de.

Musik- und Konzertveranstaltungen
Am Chiemsee gibt es ein reiches Kulturleben. Angefangen von den klassischen Konzerten im großartigen Spiegelsaal von Schloss Herrenchiemsee finden auch in vielen anderen Kulturstätten Konzertaufführungen statt, wie z. B. in Kloster Seeon, Münster Frauenchiemsee, Kloster Herrenchiemsee, Schloss Grabenstätt, Schloss Pertenstein, Salinenkapelle in Traustein. Beliebt sind auch Veranstaltungen auf der Chiemsee-Seebühne in Bernau. Termine und Preise können beim Informationszentrum Chiemsee erfragt werden (Tel.: 08051-96555-0).

Volkstheater
Bergen: Bauerntheater, Tel.: 08662-8321.
Bernau: Bernauer Volksbühne e.V., 83233 Bernau a. Ch., Hochfellnstr. 41, Tel.: 08051-7332, hofmann.bernau@t-online.de, www.bernauer-volksbuehne.de.
Riedering: Chiemgauer Volkstheater, 83083 Riedering, Tel.: 08036–7158, Fax: 08036-3762, www.chiemgauer-volkstheater.de
Truchtlachig: Heimatbühne, Johann Stadler, Tel.: 08667-207.
Übersee/Feldwies: Volksbühne, Tel.: 08642-6515.
Das Chiemgauer Volkstheater gastiert in mehreren Sommerspielorten (Bad Endorf, Prien und Aschau), Tel.: 08052-904937.

Bauernmärkte

Wochen- oder Bauernmärkte gibt es rund um den See. Eine Liste aller Bauernmärkte findet man im Internet.

Urlaub auf dem Bauernhof

Anbietergemeinschaft Chiemgau, 83368 St. Georgen, Kirchplatz 3, Tel.: 08669-4001.

Index

Literatur

Arbeitsgemeinschaft Grenzenlos (Hrsg.): Wanderführer Grenzenlos, Erlebniswanderweg zwischen König und Kaiser, Aschau • **B**ärnthaler, T./ Herpell, G.: Unter Brüdern, Süddeutsche Zeitung Magazin, Nr. 34 • **D**ahn, F.: Vom Chiemgau, Leipzig 1896 • **D**annheimer, H.: Torhalle auf Frauenchiemsee, Band 83 der „Großen Kunstführer“ Schnell & Steiner 1980 • **D**annheimer, H.: Torhalle Frauenchiemsee, Steinmetzarbeiten der Karolingerzeit, Ausstellungskatalog, München 1980 • **D**ewiel, L.: Oberbayern, Köln 2004 • **E**hrhard, U.: Prien. Prien und Umgebung erleben, in Kooperation mit Priener Tourismus • **G**ärtner, H.: Hexenkraut und Donnerbesen, Chiemgau-Blätter 12/2006 • **G**ärtner, H.: Schwere Zeiten für die Hofmark Seebruck, Chiemgau-Blätter 8/2007 • **G**ebhard-Westerbuchberg, F. S.: wikipedia.org/wiki/Franz_Sales_Gebhardt-Westerbuchberg • **G**eiger, W.: wikipedia.org/wiki/Willi_Geiger_(Maler) • **G**emeinde Seeon (Hrsg), Heinrich Kirchner: Faltblatt zur Galerie, Pavolding und dem Skulpturenweg • **G**ötze, S.: www.chiemgau-alpenverband.de/Brauchtum.brauchtum.0.html 2004 • **G**raßler, A.: Werden und Vergehen des Chiemsees, Chiemgau-Blätter, Nr. 35/2001 • **H**abbel, F.L.: Erwanderte Heimat, Stuttgart 1959 • **H**erold, A./Quenzer, G.: Lexikon der Europäischen Fernwanderwege, Kompass • **K**apfer, A./ Konold, W.: Streuwiesen. in: Naturlandschaft, Kulturlandschaft, 44. Jg. Heft 1: 50–54, 1994 • **L**engerbauer, F.: Chiemgau, Frankfurt 1972 • **L**öberl-Schreyer/Heyn, H.: Oberbayern zwischen Donau und Alpen, München 1977 • **K**noll, G.: Feuchttherapie für ein verwundetes Moor, in: Süddeutsche Zeitung Nr. 76, 2009 • **K**ronenbitter, W.: http://artroots.com/art6/hely.htm • **L**eitermann, R.: Beitrag zur Siedlungsgeschichte von Chieming (I), (II) und (III), http://chieming.com • **M**erian Chiemgau 2012 • **M**oser, M.: Freizeitatlas Chiemgau, Verlag Ludwig, München 1995 • **R**eclams Kunstführer, Bayern, Stuttgart 1970 • **S**chacherl, L.: Der Chiemgau, München 1983 • **S**chindler, H.: Reisen in Oberbayern, München 1985 • **S**chmidt, P.F.: Wanderungen in Deutschland, Stuttgart 1953 • **S**chnell Kunstführer: Bad Endorf 1988 • **S**chnell Kunstführer: Vachendorf 1977 • **S**chröder, R.A.: http://www.gutebotschaft.com/pdf/musseundstille.pdf • **S**chwarz, E.: Weiße Segel, goldne Sonne, Leipzig 1935 • **S**chwarz, E.: Urlaub in den deutschen Alpen, Gütersloh 1962 • **S**eidel, H.: Häuser und Höfebuch der Gemeinde Chieming, Grabenstätt 1993 • **S**molik, H.-W.: Wandern mit offenen Augen, Gütersloh 1957 • **S**oika, C.: Bei uns. Geschichte und Kultur zwischen Chiemsee und Salzach 1988 • **T**önspeter, E./Widmann, W. A.: Chiemsee, Hamm 1993 • **W**eichselgartner, A.: Das andere Chiemsee. Unser Bayern. Beilage der Bayerischen Staatszeitung August 1978 • **W**idmann, W. A.: Der Chiemgau, Regensburg 1980 • **W**inter, R.: Chiemgau, Kultur und Freizeit rund ums Bayerische Meer, München 1994

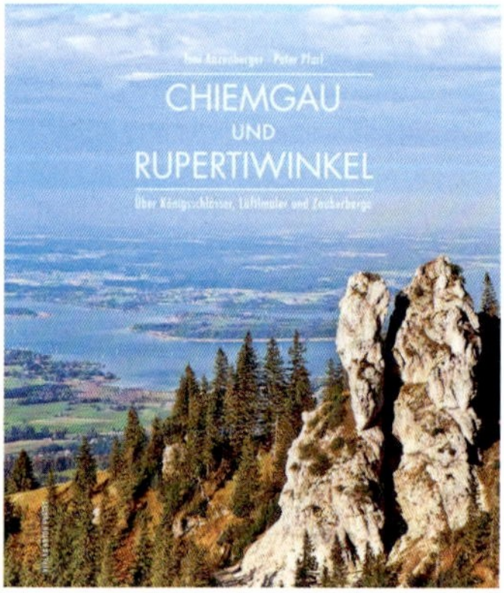

Toni Anzenberger,
Peter Pfarl

Chiemgau und Rupertiwinkel
Über Königsschlösser,
Lüftlmaler und Zauberberge

Die Landschaft in Oberbayern lockt jedes Jahr unzählige Touristen an. Aber was steckt hinter dem Charme, mit dem die Menschen, Bauwerke und Orte dieser Region ihre Besucher verzaubern?
Autor Peter Pfarl und Fotograf Toni Anzenberger sind der Frage nachgegangen. Tauchen Sie ein in eine Welt voller Geheimnisse und Sonderbarkeiten und lernen Sie die Geschichte einer besonderen Gegend kennen.

176 Seiten, Hardcover
21 x 24 cm, farbig bebildert
ISBN 978-3-7025-0821-0, € 25,–

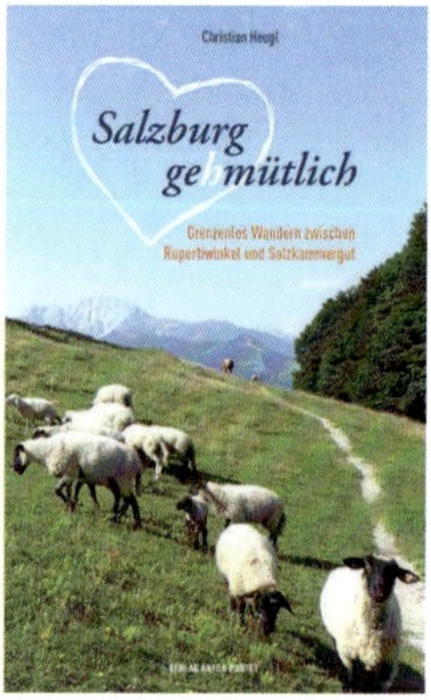

Christian Heugl

Salzburg gehmütlich
Grenzenloses Wandern
zwischen Rupertiwinkel
und Salzkammergut

Sie wandern gerne und die kulinarische Belohnung sollte auch nicht zu kurz kommen? Christian Heugl stellt 40 Genuss-Wanderungen im Zentralraum Salzburg vor, gibt Tipps für die Anfahrt mit öffentlichen Verkehrsmitteln und besondere Einkehrmöglichkeiten, sodass schon das Lesen dieser „ge(h)mütlichen Wanderungen" zum Vergnügen wird. Und dann soll es kein Halten mehr geben – hinaus in die Natur!

256 Seiten, franz. Broschur
11,5 x 18 cm, farbig bebildert
ISBN 978-3-7025-0891-3, € 22,–